宁夏大学西夏学研究院
中国社科院西夏文化研究中心 编

西夏学

第十一辑

杜建录 主编

上海古籍出版社

目　录

Main Contants

（Translated by Wang Peipei； Rivised by Peng Xiangqian）

《西夏文献研究丛刊》总序

郝 平

西夏在中国，大量的西夏文献收藏在俄罗斯，西夏研究成为中俄两国共同关注的学术领域。为此，2009 年在国家领导人的亲切关怀下，中俄人文合作委员会秘书处（教育部）将“西夏文化研究”列入两国语言年活动项目，由宁夏回族自治区教育厅和宁夏大学承担。在教育部的指导下，宁夏大学西夏学研究院和俄罗斯科学院东方文献研究所签订协议，成立中俄人文合作交流机制下研究机构——中俄西夏学联合研究所，宁夏大学西夏学研究院院长杜建录教授任中方所长，俄罗斯科学院东方文献研究所所长波波娃教授任俄方所长。

2010 年 7 月 26 日，我利用中国高等教育学会外国留学生教育管理分会银川学术年会间隙，专门考察了宁夏大学西夏学研究院，该院主持完成的《中国藏西夏文献》《中国藏黑水城汉文文献》《说西夏》等著作，给我留下了深刻的印象。作为中俄人文合作委员会教育合作分委会主席，我高兴地看到，中俄西夏学联合研究每年都有新成果、新亮点。2010 年 9 月中俄西夏学联合研究所在宁夏大学揭牌，2011 年 8 月俄中西夏学联合研究所在俄罗斯科学院东方文献研究所揭牌。连续召开三届西夏学国际学术论坛，一批西夏学中青年骨干赴俄罗斯访问研究。更令人欣慰的是，两国学者不是停留在一般性的往来上，而是围绕西夏法律文献、社会文书、佛教典籍等领域开展实质性的合作研究，相继完成“西夏社会文书研究”、“夏译《孟子》研究”、“天盛律令研究”、“党项西夏碑刻研究”、“西夏《功德宝集偈》跨语言对勘研究”、“黑水城出土汉文文书释录”等课题，陆续出版的《西夏文献研究丛刊》和《黑水城出土汉文社会文书释录》，就是其中的一部分。

中俄西夏学联合研究源远流长，20 世纪 30 年代，《国立北平图书馆馆刊》刊出西夏文专号，中苏等国西夏学者发表成果，相互酬唱，成为佳话；90 年代以来，中俄两国学者联合整理出版大型文献丛书《俄藏黑水城文献》；进入新世纪，中俄人文合作交流框架下的西夏学合作研究，是在西夏文献整理出版基础上的深入研究，相信在两国政府的支持和两国学者的共同努力下，一定会取得丰硕的成果，为推动中俄全面战略协作伙伴关系的发展做出应有贡献。

（郝平，中华人民共和国教育部副部长、中俄人文合作委员会教育合作分委会中方主席）

《〈天盛律令〉研究》前言

杜建录　波波娃

一

西夏在中国，大量的西夏文献收藏在俄罗斯，因此，西夏学是两国共同关注的学术话题。2009年4月，在中俄人文合作委员会中方主席、国务委员刘延东的亲切关怀下，“西夏文化研究”被中俄人文合作委员会秘书处（教育部）确定为中俄“语言年”活动项目。按照项目要求，2010年6月2日，宁夏大学西夏学研究院和俄罗斯科学院东方文献研究所签订“成立中俄（俄中）西夏学联合研究所协议”，两国西夏学合作研究步入了新的发展阶段。

2010年10月17日，中俄西夏学联合研究所在宁夏大学揭牌成立，俄罗斯科学院东方文献研究所所长、俄中西夏学联合研究所俄方所长波波娃，宁夏大学西夏学研究院院长、中俄西夏学联合研究所中方所长杜建录共同揭牌。宁夏大学党委书记齐岳，校长何建国，著名学者史金波、陈育宁、克恰诺夫等出席揭牌仪式。2011年9月21日，俄中西夏学联合研究所在俄罗斯科学院东方文献研究所揭牌，宁夏大学校长何建国，俄罗斯科学院东方文献研究所所长、俄中西夏学联合研究所俄方所长波波娃共同揭牌。

在成立联合研究机构的同时，两国学者通过协商，围绕黑水城文献与西夏社会研究、俄藏西夏文献整理保护、俄罗斯西夏学论著汉译、中国西夏学论著俄译等领域，设计了一系列切实可行的研究课题，使两国新时期西夏学合作研究从协商讨论进入实质性的操作阶段。

2011年，在中俄人文合作委员会秘书处（教育部）的指导下，制订了《中俄人文合作交流机制下研究机构——宁夏大学中俄西夏学联合研究所中长期（2012—2020）规划》。按照该规划，未来的发展方向主要有四：一是联合开展西夏文献与西夏社会研究；二是联合开展俄藏西夏文献的整理编目；三是联合开展俄藏黑水城西夏艺术品和实物资料数字化研究；四是互派访问学者，通过国家西部留学项目，带着课题到俄罗斯科学院东方文献研究所访问研究。目前已开展的合作研究有“西夏法律文献研究”、“中国藏黑水城汉文社会文书考证校勘”、“俄藏黑水城汉文社会文书考证校勘”等，项目成果将陆续在《西夏文献研究丛刊》、《黑水城出土汉文社会文书释录》中出版，《天盛律令研究》就是《西夏文献研究丛刊》之一种。

二

西夏文《天盛改旧新定律令》（以下简称《天盛律令》）是西夏天盛年间颁行的一部法典，有西夏文和汉文两种版本，[①]汉文本已佚，西夏文本1909年出土于内蒙古额济纳旗黑水古城出土，现藏俄罗斯科学院东方文献研究所。该法令共20卷，150门，1461条，没有注释和案例，全部是律令条文，包括刑法、诉讼法、行政法、民法、经济法、军事法，是研究西夏社会和中国法制史的重要资料。

1932年，苏联著名西夏学家聂历山在《国立北平图书馆馆刊》“西夏文专号”撰文介绍藏于亚洲博物馆（东方文献研究所前身）的西夏律令。[②]1963年，戈尔芭乔娃和克恰诺夫在《西夏文写本和刊本》一书中，[③]对《天盛律令》的卷次、页码，各编号的叶面尺寸、行数、字数、保存情况等作了描述。在文献整理的同时，克恰诺夫开始致力于进一步研究和资料的运用，1965年他发表的《有关西夏政府机构的西夏文史料》，[④]就是对《天盛律令》卷十《司序行文门》的介绍和研究。1968年克恰诺夫出版的《西夏史纲》，[⑤]也大量利用《天盛律令》中的资料。1987—1989年克恰诺夫相继出版四卷本《天盛改旧新定律令》，[⑥]第一卷为研究篇，是他对法典的研究成果，第二、三、四卷为法律条文的俄译本和西夏文影印件。该书刊布并翻译了20世纪80年代以前识别出的《天盛律令》刻本，但缺少卷首《名略》及部分尚未释出的叶面。克恰诺夫倾注了二十年心血，第一次把西夏文《天盛律令》翻译成俄文，在西夏法律文献翻译史上具有开创性意义。更为重要的是，与译文一同刊布的影印件让更多的人见到了《天盛律令》的原貌，为中国学者的研究提供了可以参照的底本。由于文本上的局限，克恰诺夫的俄译本在中国没有得到充分的利用。

1988年宁夏社会科学院组织专家对克恰诺夫俄译本进行翻译，出版《西夏法典——天盛改旧新定律令（1—7章）》，[⑦]遗憾的是只出版了前七章，后面的工作没能继续下去。中国社会科学院民族研究所专家利用克恰诺夫的影印件直接汉译，完成汉译本《西夏天盛律令》，1994年在《中国珍稀法律典籍集成》甲编第五册出版，[⑧]从此中国读者能够看到这部法律的全貌。

1998年，《俄藏黑水城文献》第八、九两册刊布了《天盛改旧新定律令》刻本和五种写本，另收录二卷名略以及刻本零叶和写本残件。[⑨]史金波等先生据此对1994年出版的汉译本《西夏天盛律令》进行了五方面的修订：（一）补译了原来所缺的内容，包括卷首《天盛律令》名略二卷，卷十四《误伤杀与斗殴门》中新识别出的二十三条，以及少量刻本零叶和据写本新校补的残字；（二）删除了原汉译本中关于西夏字意的大量注释，仅在原件残缺或意义不明的地方出注；（三）参照当时西夏文献释读新成果改译了一些词语；（四）对一些句子的语序和标点进行了调整，以求译文顺畅；（五）将出

---

① 史金波、聂鸿音、白滨译：《天盛改旧新定律令》“颁律表”记载：“合汉文者奏副中兴府正汉大学院博士杨时中；译汉文者西京尹汉学士讹名□□；译汉文纂定律令者汉学士大都督府通判芭里居地；译汉文者番大学院博士磨勘司承旨学士苏悟力”，第108页。

②［俄］聂历山：《西夏语研究小史》，《国立北平图书馆馆刊》“西夏文专号”，1932年。

③［俄］戈尔芭乔娃、克恰诺夫：《西夏文写本和刊本》，苏联东方文学出版社，1963年；汉译本见中国社会科学院民族研究所历史研究室资料组编译《民族史译文集》第三辑，1978年。

④《有关西夏政府机构的西夏文史料》《亚洲民族研究所简报》第69期，1965年。

⑤［俄］克恰诺夫：《西夏史纲》，苏联科学出版社，1968年。

⑥［俄］克恰诺夫：《天盛改旧新定律令》，苏联科学出版社，1987—1989年。

⑦［俄］克恰诺夫著、李仲三汉译、罗矛昆校：《西夏法典——天盛改旧新定律令》（1—7章），宁夏人民出版社，1988年。

⑧ 史金波、聂鸿音、白滨译：《西夏天盛律令》，“中国珍稀法律典籍集成”本，科学出版社，1994年。

⑨ 俄罗斯科学院东方学研究所圣彼得堡分所、中国社会科学院民族研究所、上海古籍出版社编，史金波、魏同贤、克恰诺夫等主编：《俄藏黑水城文献》八、九册，上海古籍出版社，1998—1999年。

现较多的法律术语和专有名词编成“译名对照表”，便于查阅。①2000 年 1 月法律出版社出版了增订的《天盛改旧新定律令》(简称《天盛律令》)。

汉译本《天盛律令》开创了直接将西夏文法律文献译成汉文的先河，难能可贵的是，史金波等先生利用整理俄藏黑水城西夏文献的便利，通过西夏文佛经发愿文、夏译汉籍、西夏文字辞书、类书、诗歌等文献中的资料，解决了大量西夏法律术语和名物制度的翻译，不仅为研究者提供了完整的汉文译本，而且为后来翻译西夏文《亥年新法》、《法则》等法律文献提供了重要依据，也为解读西夏社会文书提供了重要依据，成为迄今通行最广、影响最大的译本。

三

文献翻译、校勘、考证绝非易事，校书如扫落叶，旋扫旋生，翻译、考证又何尝不是呢！正如俄译本作者克恰诺夫教授指出的：“这类典籍任何时候也不可能一译而就，需要一代、两代、三代学者，对它们二次、三次甚至十次翻译，每次都要仔细推敲原文，才能使译文臻于完善。”②汉译本《天盛律令》出版近 20 年来，随着新资料不断发现、公布和考释，对译本所依据原文进一步补充、推敲、考证成为可能。当然，必须指出的是，这些工作是在原汉译本的基础上进行的，研究的思路和方法也是受汉译本的启发。③

（一）西夏文版本需进一步梳理。目前流行的西夏文本有克恰诺夫整理的影印件④和《俄藏黑水城文献》甲种本。1994年科学出版社出版的汉译本《西夏天盛律令》，完全依据克恰诺夫俄译本所依据的影印件，该影印件是对不同编号文本的缀合。2000年法律出版社出版的《天盛改旧新定律令》补译了原来所缺的内容，包括卷首《名略》二卷、卷十四《误伤杀与斗殴门》中新识别出的二十三条、以及少量刻本零叶和据写本新校补的残字。应该说以一种相对完整的文本为基础，补充该文本缺失而其他版本或复本里所存的叶面、字句，或其他文本墨迹相对清楚者，是一件非常艰辛的文献缀合工作。他为研究者提供了比较完整的西夏文本，是功德无量的事。但从版本学的角度看，这种文本不是真正意义上的西夏版本，特别是前述两次文本整理，均没有注明哪些条文是补缀的以及补缀文献的编号和版本情况，这样又给研究带来了一些不便，有的读者把它们误作一种版本使用。因此，版本梳理显得格外重要。这是其一。

其二，俄译本和汉译本均依据克恰诺夫整理的西夏文本，汉译者在第二版增订过程中，虽然对克氏整理的西夏文本进行了补充，但依然有不少问题，有的是缺漏，如卷十五《催缴租门》漏译第一、二行，即“[illegible]”，意思是“京畿所辖七个郡县，根据土地的贫瘠程度，将地租的交纳数额分成几个等级，最优良土地的每亩纳租一斗，其次八升”。这两行正文和门类目录同在一面（俄藏甲种本 39—1）。同时，因缀合失误，《催缴租门》还漏译了俄藏甲种本 39—15 右面半叶 9 行，从“[illegible]”到“[illegible]”，内容包括交租时间、催交地租和催促磨勘等。有的是页码顺序错乱，前述《催缴租门》第二行后的 9 行 107 字，即图版 39—2 右半叶空白部分，被错置在同卷《春开渠事门》，

① 史金波、聂鸿音、白滨译：《天盛改旧新定律令》前言，法律出版社，2000 年，第 6—7 页。

② [俄]克恰诺夫著、李仲三汉译、罗矛昆校：《西夏法典——天盛改旧新定律令》（1—7 章）序言，宁夏人民出版社，1988 年，第 5 页。

③ 律令经常出现的一个职官，“中国珍稀法律典籍集成”本从原字面译“言过处”，后来翻译者在俄藏西夏佛经发愿文中，看到这个词语汉文发愿文中的“提点”对译，由此在法律出版社本中一律改译“提点”。

④ 克恰诺夫俄译本附西夏文原件，苏联科学出版社，1987—1989 年。

也就是上文提到的第二部分漏译内容的前半段（俄藏甲种本 39—15）。[①]

其三，《英藏黑水城文献》中的《天盛律令》残件、《俄藏黑水城文献》混入其他法律文献的《天盛律令》残件，需要进一步考证校勘，有的可补《天盛律令》之缺失。如《俄藏黑水城文献》第八册《天盛改旧新定律令》甲种本《名略》卷十一中间部分略有残缺，其中出工典门第三条标题缺失 3 字，且最后 2 字模糊不清；第六条标题缺失 2 字。[②]《俄藏黑水城文献》第八册《天盛改旧新定律令》乙种本中《名略》卷十一亦缺失。为此，汉译本该条名略缺译中间二字。[③]而英藏编号 Or.12380—0044(K.KII0283.aaa)、[④]Or.12380—0033(K.KII.0283.aaa)[⑤]残件，恰好是《名略》卷十一，所存文字正好弥补俄藏《天盛改旧新定律令名略》卷十一第三条所缺，该行文字补全为“[illegible]”，汉译“使役不许打杀”。

（二）研究思路和方法需进一步梳理。西夏文字是一种死文字，西夏文《天盛律令》又是多种文本缀合，目前通行的汉译本除了上述缺漏、页码错乱等方面的问题外，在译文上还存在进一步探讨的地方，如有的意译，有的是音译，使用者大多没有对照原文，考证原始本意，直接引用汉译本的资料，出现了一些以讹传讹或望文生义的现象；对部分难以理解的名物制度，还有必要利用西夏社会文书进一步考释；除了《唐律疏义》、《宋刑统》等法典外，缺乏和《庆元条法事类》等同时代法律文献比照研究。

四

针对上述问题，宁夏大学西夏学研究院和俄罗斯科学院东方文献研究所，将《天盛改旧新定律令》整理研究确定为合作研究的重点，并获得中俄人文合作委员会（副总理级）秘书处的支持，分门别类考释研究，目前已开展的有农业、畜牧、内宫待命、司序行文、为僧道修寺庙、催索债利、边防、交通驿站等门类。具体做法如下：

（一）西夏文本对勘

以《俄藏黑水城文献》中的甲种本（刻本）为底本，和其他几种写本、克恰诺夫教授译本所据的刻本以及俄藏、英藏残件进行对勘，缀合、补充出比较完整的西夏文影印件和计算机录入文本。出校内容主要有四方面：（1）其他版本中的缺字、衍字、误字；（2）其他版本中行数、格式的不同；（3）叶面残缺、顺序颠倒；（4）根据其他版本和残件补充和缀合情况。

经过对勘、补充、缀合出的西夏文本，应是迄今最好的文本，一是参考目前能见到的所有西夏文《天盛律令》，内容比较完整；二是调整了原整理本错乱叶面；三是根据原始文献或影印件，注明克恰诺夫和史金波等先生缀合、补充情况，便于版本研究和史料运用。

（二）汉译本考证

以重新整理的西夏文文本为底本，对史金波等先生的汉译本进行考证、注释和补充。目前对西夏文《天盛律令》整理研究中，有的直接引用译文，有的重新意译，有的先直译，然后意译。无论是直

① 潘洁：《〈天盛改旧新定律令·催缴租门〉一段西夏文缀合》，《宁夏社会科学》2012 年 6 期，第 94—96 页。

② 俄罗斯科学院东方学研究所圣彼得堡分所、中国社会科学院民族研究所、上海古籍出版社编，史金波、魏同贤、克恰诺夫等主编：《俄藏黑水城文献》第八册《天盛改旧新定律令名略》甲种本卷下（15—1 右），上海古籍出版社，1998 年，第 15 页。

③ 史金波、聂鸿音、白滨译：《天盛改旧新定律令》，法律出版社，2000 年，第 56 页。

④ 西北第二民族学院、上海古籍出版社、英国国家图书馆编：《英藏黑水城文献》第一册，上海古籍出版社，2005 年，第 19 页。

⑤ 西北第二民族学院、上海古籍出版社、英国国家图书馆编：《英藏黑水城文献》第一册，上海古籍出版社，2005 年，第 19—20 页。

译还是意译，大都参考了汉译本《天盛改旧新定律令》，意思与原译文基本一致，只是用词和表述有所区别，以及对个别错误作了修订。基于学术规范和尊重前贤的原则，不再另行翻译，只对其中的错误、遗漏进行修正补充，包括：（1）对专用术语、名物制度的音、形、义进行注释和考证；（2）和俄译本对勘，指出二者之间的异同；（3）订证译文中的佚、衍、误；（4）翻译汉译本的缺漏。

（三）利用相关文献考释

《天盛律令》中不少规定，单从字面上难以理解，如卷三《催索债利门》："全国诸人放官私钱、粮食本者，一缗收利五钱以下，及一斛收利一斛以下等，依情愿使有利，不准比其增加。其本利相等仍不还，则应告于有司，当催促借债者使还。"①西夏法律规定借贷粮食"一斛收利一斛以下"，不得超过 100%，即所谓的"倍称之息"，和同时代宋朝的借贷利息大体一致；②借钱则"一缗收利五钱以下"，从字面来看，是 0.5%的利息，是粮食借贷利息的二百分之一。长时期以来，对这条法律文献无法进一步阐释。直到在俄藏黑水城文献中，发现了三件汉文西夏天盛十五年贷钱文契，这个问题才迎刃而解。

该文契俄藏编号分别为 7779A、7779B 和 7779E，均为西夏文佛经《种咒孔雀明王经》封套裱纸。7779A 被切割成大小略同的两块残片，残片结合部约缺半字，文契背面为收支钱账，存"每贯日生利□，每夜送壹贯"、"壹佰叁拾夜"等文字；7779B 文契有三块残片，存"天盛癸未十五年"等文字；7779E 存"贰拾文，限陆拾伍夜为满"等文字。

西夏贷粮按年、月、日计息，③西夏天盛十五年贷钱文契则按夜计息，7779A 文契的偿还期限为 130 夜，7779E 文契偿还期限为 65 夜，是 7779A 偿还期限的一半。无论 130 夜还是 65 夜，都不是整月，利息只能按"夜"，也即"天"来计算，所谓"每贯日生利□□，每夜送一贯……"

遗憾的是"每贯日生利"后面一字被裁掉，另一字看不清，我们无法知道确切的日（夜）利率，但它准确无误地告诉我们，西夏借钱是按夜（天）计息的，前引《天盛律令》："全国中诸人放官私钱、粮食本者，一缗收利五钱以下，及一斛收利一斛以下等，依情愿使有利，不准比其增加。""一缗收利五钱以下"，当是一缗每日（夜）收利五钱，日利率 0.5％，月利率 15％，65 日（夜）利率 32.5％，130 日（夜）利率 65％。"一斛收利一斛以下"，应指全部利息。反映出法律规定粮食借贷以全部利息计算，货币借贷按每日（夜）利息计算。编号 7779 钱贷文契正好印证了法律上的规定。

《天盛律令》卷十七《物离库门》在规定库藏物品损耗时，记录了二百多种中药名，这些名词大多是宋代西北汉语方言的西夏音译，1994 年版《西夏天盛律令》中，有近半数只是标音，没有翻译出药名，2009 年据存世的《政和证类本草》，重新翻译了《天盛律令》中的中药名，纠正了原译本里的错误七十余条。④

《天盛律令》经常出现一个直译为"言过处"的官名，单从字面理解，很难翻译准确，后来在俄藏西夏文佛经发愿文中看到这个西夏名词和汉文"提点"对译，汉译者在修订中，一律将"言过处"改为"提点"⑤。

（作者通讯地址：宁夏大学西夏学研究院　银川　750021；俄罗斯科学院东方文献研究所）

---

① 史金波、聂鸿音、白滨：《天盛改旧新定律令》卷三《催索债利门》，法律出版社，2000 年，第 188 页。

② 杜建录：《西夏经济史》第八章《通货流通与高利借贷》，中国社会科学出版社，2002 年，第 249 页。

③ 史金波：《西夏粮食借贷契约研究》，《中国社会科学院学术委员会集刊》第一辑，2004 年，第 186—204 页；杜建录：《西夏高利贷初探》，《民族研究》1999 年 2 期，第 59—63 页。

④ 聂鸿音：《西夏〈天盛律令〉里的中药名》，《中华文史论丛》2009 年 4 期，第 291—312 页。

⑤ 史金波、聂鸿音、白滨：《天盛改旧新定律令》前言，法律出版社，2000 年，第 6 页。

西夏学 第11辑 2015年3月
Xixia Studies,Mar,2015,Vol.11

略论西夏文草书

史金波

摘　要：西夏文草书与楷书相比，笔画省略、连接，字形发生变化，趋于简化，产生于实践中对快速书写的需求，其结字有相对稳定的规律，同时也存在随意性，有自己的特色。西夏文草书的使用范围比较宽，存世的西夏文草书文献种类繁多，包括历史、法律、文学、历法、医学、社会文书、音韵书籍以及经书译作和佛经等，学术价值很高，因而也引起了学界的重视。寻求西夏文由楷书嬗变为草书的规律，探索西夏文草书笔画和结构的特点，不仅增加对西夏文草书本身的认知，还有助于释读大量存世的西夏文草书文献，从而为西夏研究提供新的手段和资料。

关键词：西夏文草书　文献　文字

一　西夏文草书的地位和价值

提起“草书”，一般人们会想到是汉文中书写流利、龙飞凤舞的草字。权威的辞书对“草书”的解释皆指汉字。《现代汉语词典》给“草书”的释义为：“汉字字体，特点是笔画相连，书写快速。”[①]《辞海》的定义是“为书写便捷而产生的一种字体”，接来下的解释“始于汉初”，表明也仅指汉字而言。[②]现在看来这些定义都需要补充修订了。

中国是一个多民族的国家。自古以来，各民族分别形成了各自的民族文化，同时也丰富、发展了共同的中华民族文化。一些民族在不同的历史时期创制并使用了本民族文字。在中国境内，历史上先后创制或使用过多种少数民族文字，形成了种类多样、数量惊人、内容丰富的民族古籍文献。这些少数民族文字及其文献是中华民族传统优秀文化的重要组成部分。

在这些文字中，与汉字性质最为接近的是西夏文字。西夏文的创制受到汉字的巨大影响，西夏文不仅利用了汉字的笔画，也借鉴了汉字的造字方法，更为重要的是完全吸收了汉字的表意原则。这与汉语和西夏语同属汉藏语系有一定关系。契丹文和女真文的创制尽管也受到汉字的影响，文字笔画模仿汉字，但其文字性质却主要不是表意性质，而基本属于表音性质。

汉字在长期使用过程中形成了各种书体，包括甲骨文、金文、大篆、小篆、隶书、草书、楷书、行书等。创制于11世纪的西夏文虽然没有汉文那样悠久的历史，但其使用范围也较宽、使用时间也较长，在长期使用过程中，由于实践书写的需要，逐步由楷书衍生出行书，再衍生出草书，形成了不同的书体。近些年，随着大量西夏文文献陆续刊布，西夏文不同字体琳琅满目地呈现出来，其中有楷书、行书、草书、篆书等多种字体。西夏文的草书文献很多，很有特色。应该说西夏文草书是除汉字

① 中国社会科学院语言研究所辞典编辑室编：《现代汉语词典》第6版，商务印书馆，2012年，第130、511页。
② 辞海编纂委员会：《辞海》，上海辞书出版社，2009年，第227页。

外最典型的草书。

中国历史上先后约有 30 种古文字，分属不同的文字类型。有的文字虽不是汉字系统，属于拼音文字，但在使用、书写过程中也出现了草书字体。藏文除楷书外，还有一种书写迅速、笔画相连，字形简约草写体，藏文叫“丘”(vkhyug)。藏文草书形体简约流畅，与正书体差别甚大，常用于书信、记录、文书、文稿、签名等事项。如中国民族图书馆藏《帕·当巴桑结息结汇集》的封面即是藏文草书。又回鹘文也有草书体文献，如法国国家图书馆藏回鹘文《常啼菩萨求法故事》。这些民族文字的草书也应属于中国的草书范围。

这样，对“草书”的定义应改为“文字的一种书体，特点是笔画相连，书写快速，汉字、西夏文等皆有草书”。

文字的书写趋于方便，趋于简化，这是一般的规律。在不到两个世纪时间内，西夏文形成并发展了实用、自然、流畅、美观的草书系统，这在文字发展、流变史上具有重要意义。西夏文草书本身就是一个研究课题，而且是一个难度很大的课题。因为在明、清以后西夏文已变成世上无人能识的死文字。在近代大量西夏文文献出土后，经过一个世纪几代专家的共同努力解读，虽有了很大进展，但仍然有不少未知的问题，西夏文草书的解读便是难度很大的攻关课题。解读西夏文草书不仅在文字学上具有重要意义，并且由于西夏文草书文献种类较多，数量较大，内容丰富，蕴含着很多反映西夏社会的真实资料，解读西夏文草书在文献学上更具有重要价值。

汉文与西夏文字同属于表意文字，都是笔画繁复的方块字，他们文字性质相近，结构相似，最具可比性。过去认识、研究汉文草书，是对汉字草书自身的观察和研究，也可以做纵向的历史发展研究，但缺乏与其他民族文字草书的对照，未能与同类事物进行横向类比。原来研究表意文字草书仅有汉文一种实例，现在又增加了西夏文草书实例，使两种文字草书形成可以对照的双璧。作为唯一与汉文最接近西夏文草书，其形成、流行、发展、特点的研究，可以对汉文草书的研究形成新的支点和对比点，起到其他文字难以企及的重要作用，同时也扩大了草书的认识视野，拓展了草书研究领域。西夏文草书与汉文草书研究的互动可能使草书研究进入一个新的阶段。

西夏文草书在不长的时间内发展成熟，对汉文草书的发展颇有启发。过去都依据《说文解字》中说：“汉兴有草书”，认为“草书始于汉初”。汉字使用历史久远，汉代以前已有长期使用的历史。汉字在由篆书到隶书转变过程中，开始使用易于书写的毛笔，书写材质出现了帛，这样的变化使文字的书写更为便捷。在汉以前的战国的帛书中，可以看到夹杂着笔画简化、连笔的字，是否可以说那时已经出现了草书趋向。汉文从正书趋向草书也许会早于汉代。

当今进入电脑时代后，汉字的书写受到了极大的挑战，手写的机会越来越少。现在快速书写教育的缺失，使社会上汉字书写水平降低，行书和草书往往成为少数人的书法艺术。汉文和西夏文草书的规律性和共识性，会给我们很大启发。看到西夏的基层村社文书中的草书流畅圆融、有条不紊、美观耐看，就可以知道西夏文行书、草书流行范围之广，实用价值之高。在文字教育并不普及的西夏，西夏文的快写方法行书、草书是怎样实用、扎根于基层的，不是也值得当今认真研究吗？

二　西夏文草书的产生和发展

无论是汉文，还是西夏文，楷书始终是社会应用的主流书体。汉文的草书是为了书写便捷而产生的一种书体。西夏文草书和汉文一样，在实际书写中当需要快捷、速成时，使笔画简约、省略，便自然而然产生了草书书体。

从已见到的西夏文草书文献看，草书字体多由实践中的需要形成。比如即时笔录，需要记录跟上讲述者的语速；在登录户籍或军籍时，需要一家一户登录，边问边写；在书写社会文书时，需要双方或多方当事人在场的情况下，即时写就。这些往往都需要快速书写。在抄写典籍时，为赶时间，也会用便捷的草书。一般抄写佛经要以虔诚的态度，工整书写，但如为了积累抄经数量，作为功德，也用行书或草书抄录；若是雇佣抄经手抄经，抄经手为多赚取抄经费也会提高速度，以行书或草书抄写。有的手写本开始还是楷书或较为清晰的行书，但写来写去越写越快，最后变成草书。快速书写的实践是西夏文草书产生的根本原因。

西夏文草书产生很早。目前所能见到有明确时代标志最早的西夏文草书文献，是天赐礼盛国庆元年（1069）、二年（1070）的《瓜州审案记录》，离西夏文创制仅 30 多年。在西夏文创制不很长的时间内就出现草书，其原因可能是西夏文创制后即广泛推行使用，在很多[①]人实际应用中草书自然形成。此外，西夏王朝大力吸收汉族文化，境内同时流行汉语、汉文。当时汉文草书已是广泛流行的成熟书体，敦煌石室出土的汉文文书中就有不少草书。这对西夏文草书的形成、发展可能有直接的借鉴作用，使西夏文草书的形成较快，成熟较早。

图 1　北京大学图书馆藏天赐礼盛国庆元年（1069）《瓜州审案记录》

一件手写文献有时难以区分他是行书还是草书。因为以行书为主的文献会夹杂着草体字，同样以草书为主的文献又有很多行书体字。《瓜州审案记录》中的西夏文字，就是既有行书字又有草书字的文献，可以说是向草书迈进的西夏文书体。其文字主要表现为书写随意、快捷，已出现连笔，如上述图版第 1 行第 1 字[illegible]（农）字的左部的 5 笔，已简化为为 3 笔，成为；第 2 行的[illegible]（言）字的左部 3 笔，已简化为为 1 笔，成为；第 4 行[illegible]（十）字的右部 5 笔，已简化为 3 笔，成为；第 8 行[illegible]（我）字的左部的[illegible]第 3、4 笔，已连为 1 笔，成为。尽管此记录多数字还基本保留着行书的字形和笔画，但从行文看，书写随意、自然，简化、连笔多处可见，有些字的偏旁识别已有难度，当进入草书序列。

《瓜州审案记录》的背面是西夏文《六祖坛经》，也可入草书之列。其文字也基本属于向草书迈进的西夏文行书。

不难看出，在西夏文流行使用的初期，人们在快速书写过程中，已经自然而然地连写笔画，简约笔画，从楷书、行书向草书过渡。

① 本文图片分别见俄罗斯科学院东方文献研究所、中国社会科学院民族研究所、上海古籍出版社编，史金波、魏同贤、克恰诺夫主编的《俄藏黑水城文献》，上海古籍出版社，及俄罗斯东方文献研究所特藏部所藏；宁夏大学西夏研究中心、国家图书馆、甘肃五凉古籍整理研究中心编，史金波、陈育宁主编的《中国藏西夏文献》，甘肃人民出版社、敦煌文艺出版社。本文作者在英国大英图书馆拍摄。

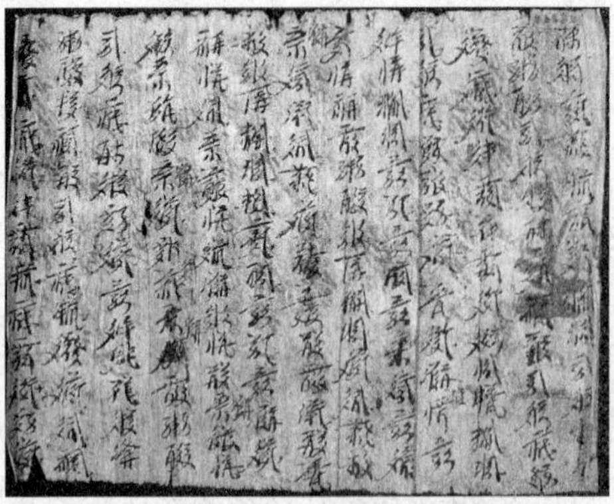

图 2　北京大学图书馆藏《瓜州审案记录》背面的《六祖坛经》

从已发现的西夏文文献看，西夏中后期主流书体仍然是楷书，但行书、草书种类也很多，数量也很多，并且除仍有接近行书的草书外，还有不少笔画更为简化、书写更为流畅、字形由方形趋向圆润、识读更为困难的草书书体。这种草书形体离楷书越来越远，有的与楷书差别很大，似乎成了两个字。

现在见到有具体年代的西夏文文献，像《瓜州审案记录》这样西夏早期的文献极少，西夏中期的文献也不多，属于西夏晚期的是绝大多数。西夏文草书也是如此，多集中在西夏晚期。有一件西夏文天盛二十二年寡妇耶和氏宝引卖地契（俄藏 И н в . No. 5010），基本上都是行书，也夹杂若干草书。如第一行第一字[illegible]（天）的右部[illegible]，已经简化成 1 笔，成为[illegible]。[illegible]在左部时已经变成两笔，如第 5 行的[illegible]、第 10 行的[illegible]。特别是文书最后的两行大字[illegible]（税已交）、[illegible]（八日）都是典型、成熟的草书。

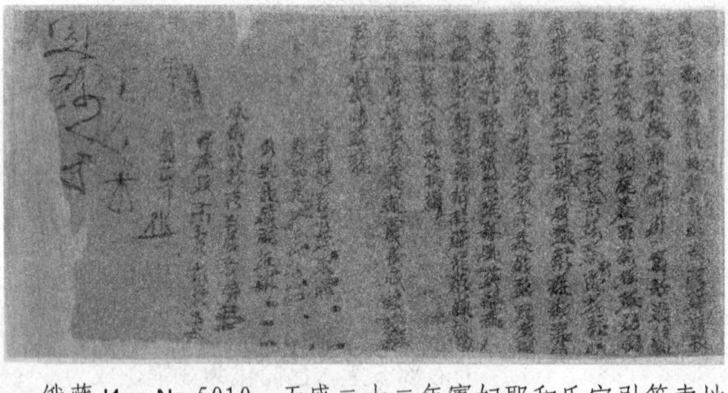

图 3　俄藏 Инв.No.5010　天盛二十二年寡妇耶和氏宝引等卖地契

三　西夏文草书文献及研究

在西夏，西夏文草书使用非常广泛。西夏文文献中有印本和写本，印本中无论是刻本还是活字印本，都是工整的楷书，而写本中既有楷书，也不乏行书和草书。学术价值最高、数量最多的俄藏黑水城文献中，也以写本占多数。在写本中有一笔一画的楷书，也有不少是快写的行书或草书。

（一）西夏文草书的使用范围比较宽，存世的西夏文古籍中包括历史、法律、文学、历法、医学、社会文书、音韵书籍以及经书译作和佛经等都有草书文献。如：

1．法律文献中的草书文献，有《新法》、《亥年新法》、《法则》等。其中俄藏 Инв.No. 6374《法则第二》、《法则第三》、Инв.No. 6092《法则第四》都以流利的草书写成，但书写风格迥异。

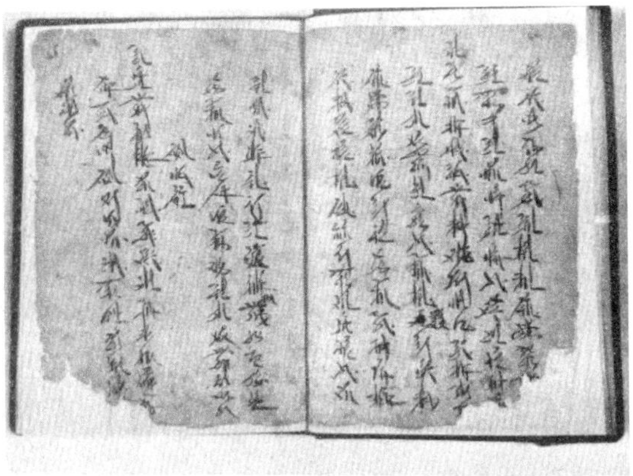

图 4　俄藏 Инв.No. 6374《法则第二》　　图 5　俄藏 Инв.No. 6092《法则第四》

2．历史文献中的草书文献，有俄藏 Инв.No.4225 西夏文历史文书卷子。其中有大小两种草书字体，大字为标题，小字为详细解释。其中解释皇帝生平的草书，字小而草甚。

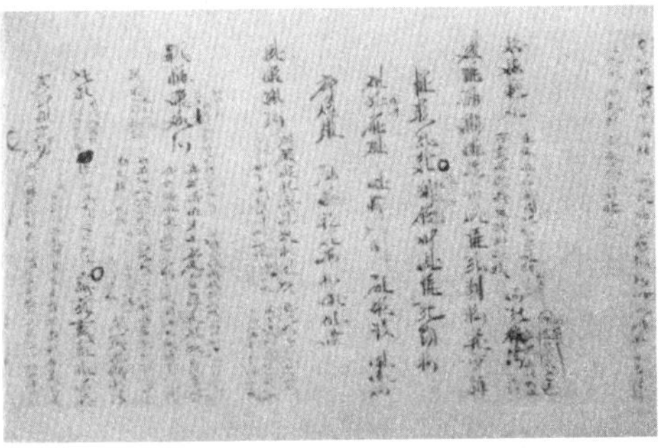

图 6　俄藏 Инв.No.4225 历史文书

3．医药文献中的草书文献，有俄藏 Инв.No.2630《明堂灸经》以及多种医书、医方等。《明堂灸经》以行书为主，而西夏文医方和汉文医方一样，多为草书。其中俄藏 Инв.No.911、4979 医方长卷每味药下的药量用更小的草字书写。

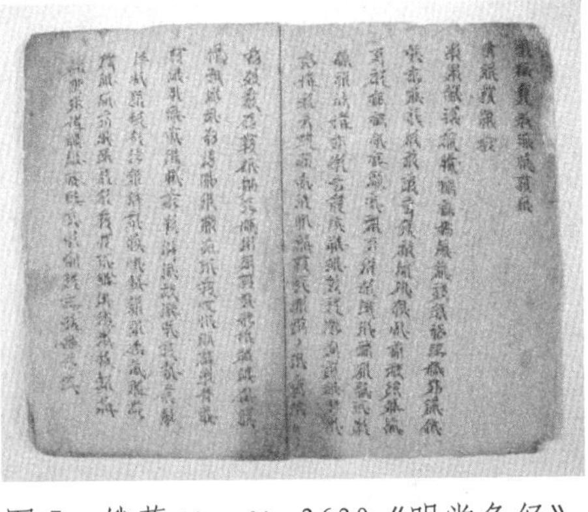

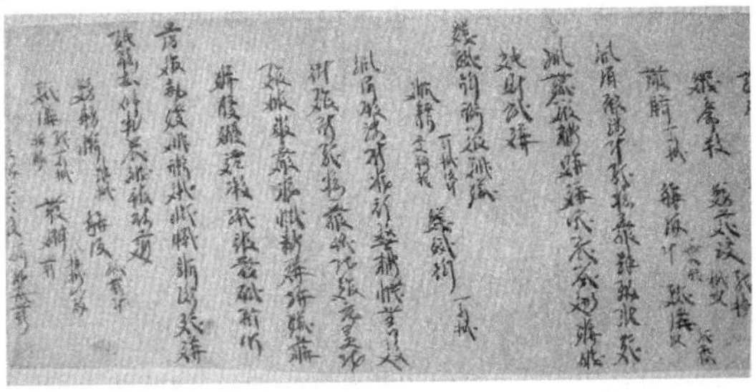

图 7　俄藏 Инв.No.2630《明堂灸经》　　图 8　俄藏 Инв.No.4979 医方

4．文学文献中的草书文献，有多种诗歌集和曲子辞。俄藏 Инв.No.121V 是一种宫廷诗集，写在刻本诗集背面的行间，行、草兼有，令人眼花缭乱。仔细释读，仍可辨认。而另一种宫体诗集俄藏 Инв.No.876，则是较规范的行书和草书。

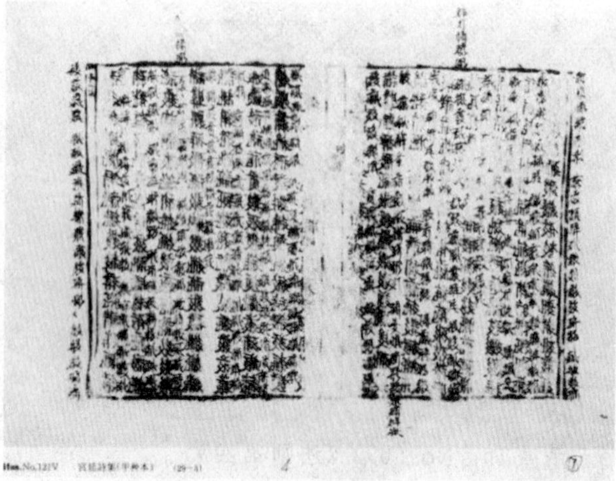

图 9　俄藏 Инв.No.121V 宫廷诗集（甲种本）

图 10　俄藏 Инв.No.876 宫廷诗集（乙种本）

5．社会文书中的草书文献，有审案记录、户籍、账目、契约、军籍以及告牒、书信等官私文书。西夏文社会文书多是在基层、民间使用的实用文书，分布地区较广，书写量很大，保存至今的文献较多，约有1千多件。其中有确切时代标志的西夏草书文献，多属西夏晚期，如买卖、借贷契约及军籍文书等。其中粮食借贷契约数量很多，时间集中在西夏后期的50多年内，以桓宗天庆和神宗光定年间居多。较早的为西夏仁宗乾祐年间，如5949-28为乾祐子年（1180）贷粮契。借贷粮食的文书如4979-1天庆甲子年粮食借贷契、6377-16光定卯年（1217）粮食借贷契约等。此外其他买卖契约、军籍、众会契等文书的时代也差不多如此。这些文书中不乏漂亮而成熟的西夏文草书。

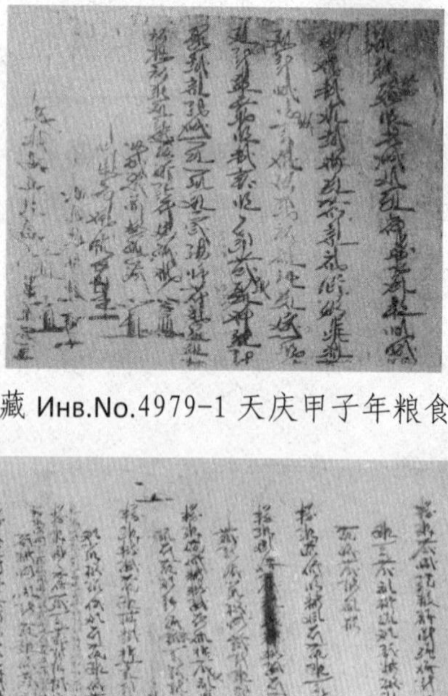

图 11　俄藏 Инв.No.4979-1 天庆甲子年粮食借贷契约

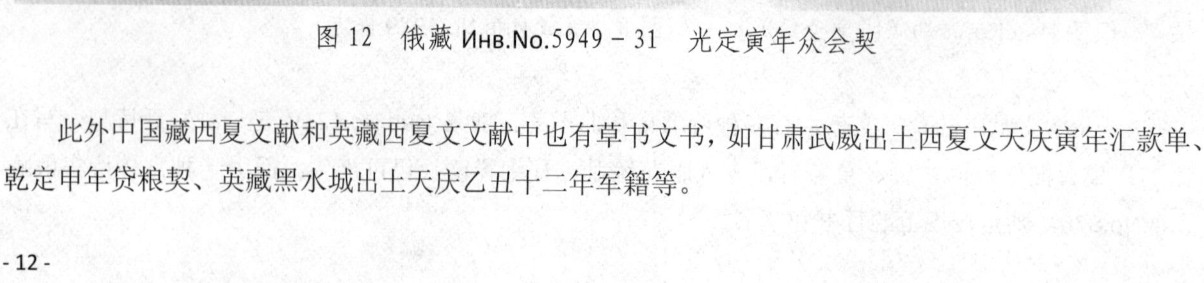

图 12　俄藏 Инв.No.5949 - 31　光定寅年众会契

此外中国藏西夏文献和英藏西夏文文献中也有草书文书，如甘肃武威出土西夏文天庆寅年汇款单、乾定申年贷粮契、英藏黑水城出土天庆乙丑十二年军籍等。

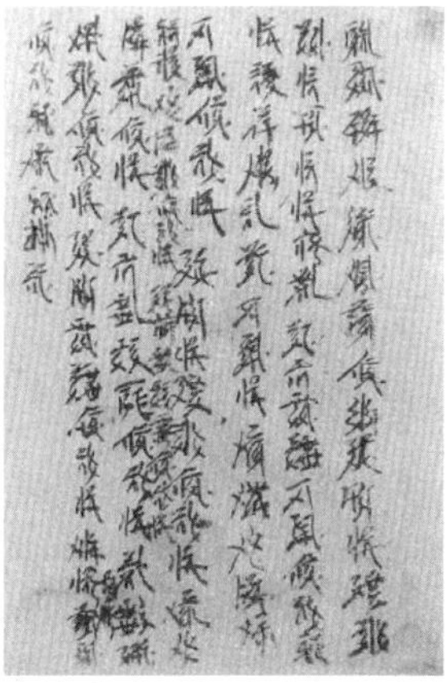

图 13　甘肃省博物馆藏武威出土
天庆寅年会款单

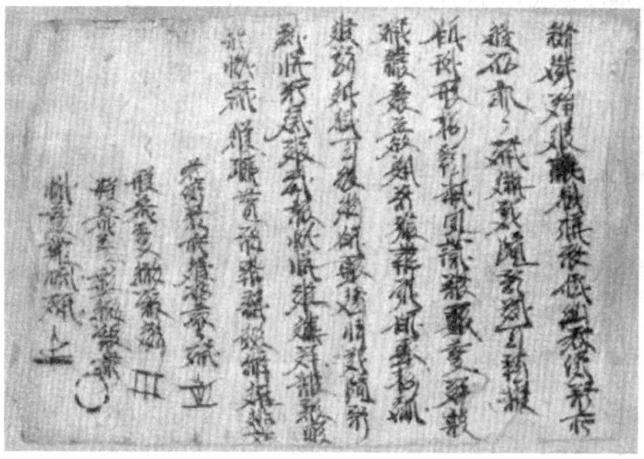

图 14　武威博物馆藏乾定申年贷粮契

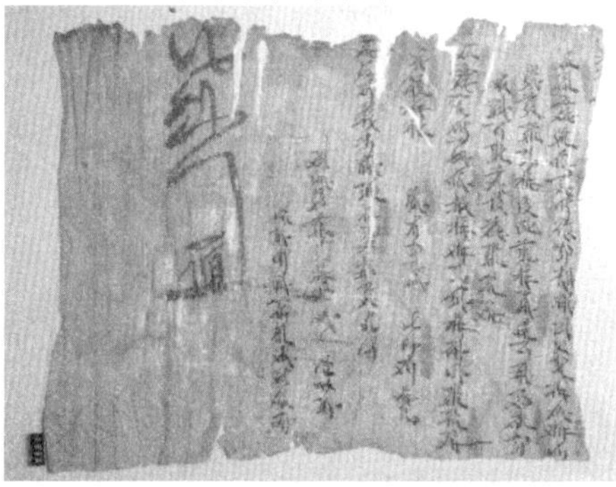

图 15　英藏 Or.12380-3521 天庆乙丑十二年军籍

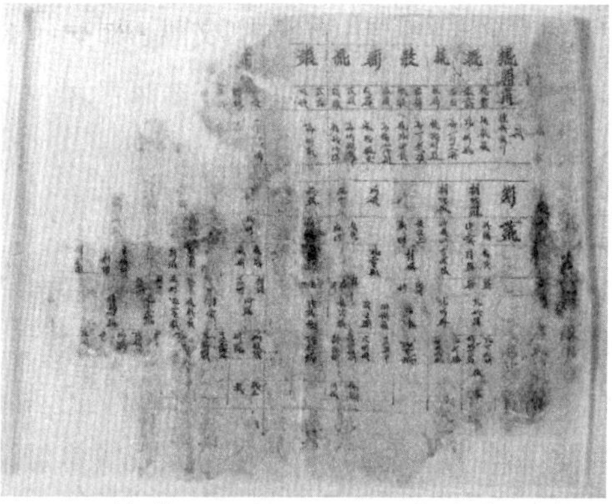

图 16　俄藏 Инв. No.5868 庚申年历书

6．历书中的草书文献，有连续 80 多年的历书以及其他草字历书。其中 Инв.No.5868 庚申年历书，除上部表月份字和右部表项目字为大字楷书外，其余皆为小字草书，间或有个别汉文数字。

7．占卜文献中，有多种草书文献。其中 Инв.No.5868《谨算》为一长卷，开始时较工整的楷书，后逐渐变为行楷兼有，后来由行变草，最后以草书为主，反映出书写者越写越快、越写越草的渐进过程。相面图中的西夏文字说明也用的是草书。

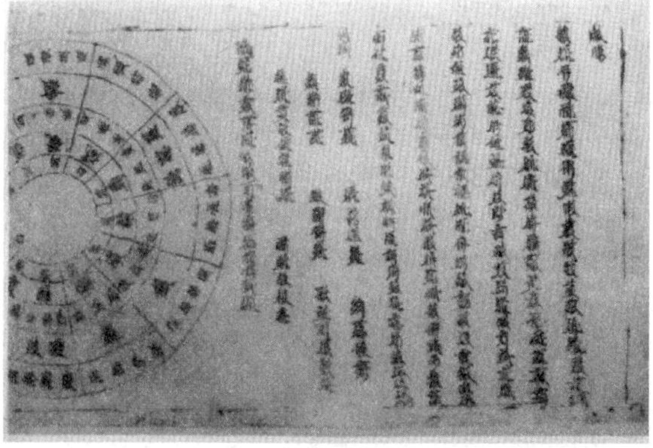

图 17-1　俄藏 Инв. No. 5868《谨算》卷首

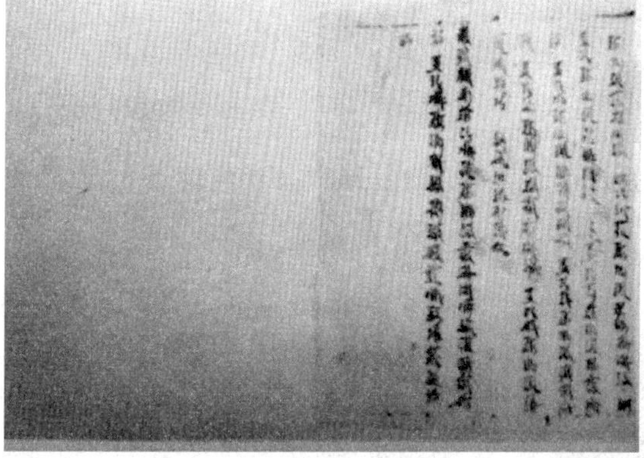

图 17-2　俄藏 Инв. No. 5868《谨算》卷尾

图 18-1　俄藏西夏文相面图（正面）

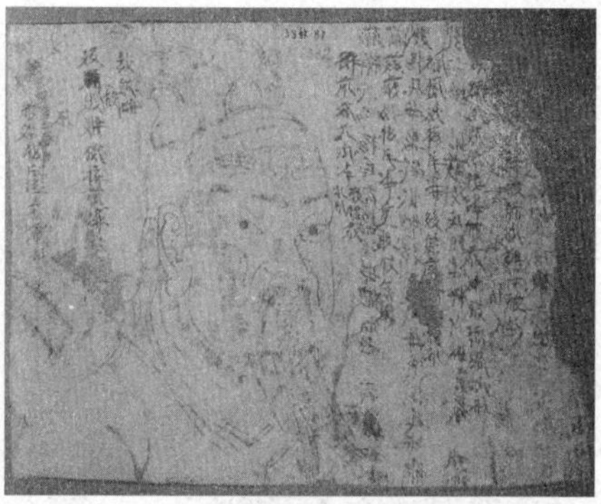

图 18-2　俄藏西夏文相面图（背面）

8. 音韵书籍中的草书文献。如 Инв.No.4154、8364 写本《文海宝韵》中大字是笔画规范清晰的楷书，注释小字，特别是数目字，多为草书。有一种刻本《音同》（丁种本，X1V）背面有注释字，也为行书和草书相间的字体。

9. 译自汉文的经书、兵书和史书中有几种是西夏文草书文献。如俄藏 Инв.No.2627《孝经》全部是书写流畅的草书，其中有朱笔校改，改动字也是草书。其正文和注文字大小一样，但注文降格书写，以示区分。英藏黑水城出土文献 Or.12380-3858 也是草书《孝经》，其章名和正文以大字书写，注文以小字单行接写。核对两种草书译文，为不同译本。俄藏 Инв.No.775《孙子传》和《太宗择要文》也是草书文献。

图 19　俄藏 Инв.No.4154、8364《文海宝韵》

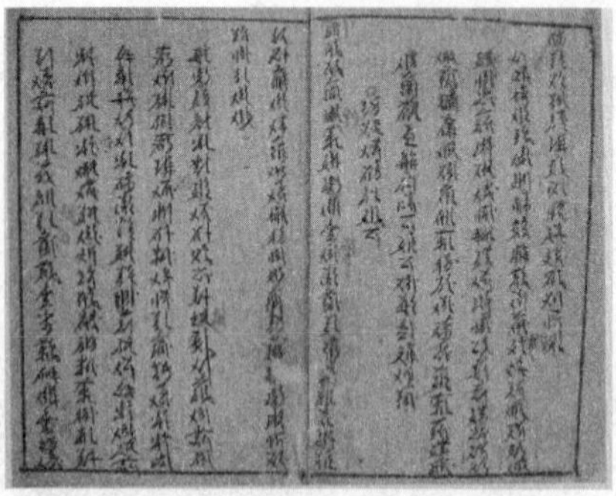

图 20　俄藏 Инв.No.2627《孝经》

图 21　英藏 Or.12380-3858《孝经》

图 22　俄藏 Инв.No.775《孙子传》

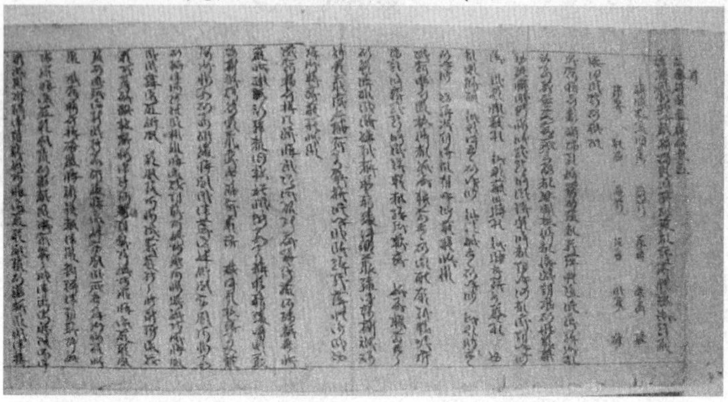

图 23　俄藏 Инв.No.775《风气心上入法》

10．佛经中的草书文献很多。除上述《六祖坛经》，还有西夏帝师慧宣所传注的经典《风气心上入法》以及《药师琉璃光七佛本愿功德经》等。还有西夏文楷书刻本和草书写本对照的佛经，如《圣妙吉祥真实名经》、《近住八斋戒文》等。

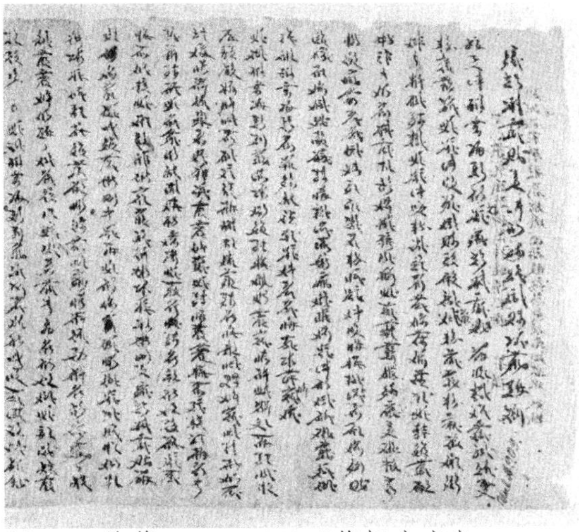

图 24　俄藏 Инв.No.909《药师琉璃光七佛本愿功德经》

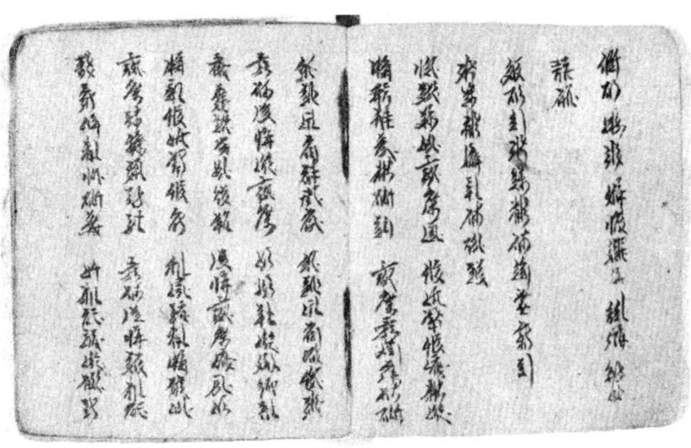

图 25　俄藏 Инв.No.7578《圣妙吉祥真实名经》

（二）西夏文草书文献早就引起西夏学专家的注意。20 世纪 30 年代，王静如先生对《瓜州审案记录》进行考证，应是对西夏文草书的首次释读、研究。这是一件没有任何文献可以参考的草书文献。王先生第一次比较准确地译出文书名称为“瓜州审判档案残卷”，释出主要内容和文献形成时间，在 70 年前取得这样的成就难能可贵。[①]同时罗福成先生对 5 纸《瓜州审案记录》背面的《六祖坛经》残本作了释文，虽有汉文本《六祖坛经》可资借鉴，也需有释读西夏文草书的一定功力。[②]

丹麦学者格林斯塔德（Eric Grinstead）对西夏文草书的研究做出了重要贡献，他在 1972 年出版的《西夏文字分析》一书中，对西夏文草书《孝经》作了很好的研究，将《孝经》中的西夏文草字旁注出西夏文楷书字。[③]在 40 多年前这样深入地研究、解析西夏文草书，所注西夏文楷书多数正确，显示出他释读西夏文的高超水平。

笔者在 20 世纪 90 年代初期，考究当时所能见到的 12 纸西夏文草书《六祖坛经》，虽主要是考证经文内容、版本，也涉及草书的释读，对西夏文草书有了新的认识。[④]

自 1993 年始，中、俄共同整理出版《俄藏黑水城文献》，在俄国专家整理的基础上，我们对其中的有关草书文献进行整理、定题工作，识别出一批草书文献，并确定题名。特别是有一项重大收获是在俄藏黑水城文献中新发现了约 1500 件西夏文社会文书，其中很多是在未编目的 110 盒散乱文献中发现的，有的则是在封套中的一层一层衬纸中拍摄的。这些文书多是难以释读的草书残卷、残叶，定题十分困难。我自 1997 年开始整理这些草书文献，为出版这些文书做定题工作。面对这样大量人写人异、五花八门的草书文献，我一面反复阅读文书，一面积累各类草书的字形特点，并列出文字及笔画对照表，日积月累，草书识别能力不断提高。经过 8 年的释读和修订，于 2005 年交出了《俄藏

① 王静如：《〈国立北平图书馆馆刊〉（西夏文专号）引论》，《国立北平图书馆馆刊》第 4 卷第 3 号（西夏文专号），1932 年。

② 罗福成：《六祖大师法宝坛经残本释文》，《国立北平图书馆馆刊》第 4 卷第 3 号（西夏文专号），1932 年。

③ Eric Grinstead, *Analysis of the tangut script*, First Edition 1972; Second Edition 1975, Studentlitteratur :Curzon Press, Sweden.［丹］格林斯塔德《西夏文字分析》，第一版，瑞典，1972 年；第二版，伦敦，1975 年。

④ 史金波：《西夏文〈六祖坛经〉残页译释》，《世界宗教研究》1993 年 3 期。

黑水城文献》社会文书部分（12、13、14 册）的定题目录，尽管其中仍有部分残叶难以定题，已经定题的仍有进一步研究的余地，但总算完成了一个比较准确的草书文献定题目录。[①]

在整理俄藏西夏文草书社会文书、编纂目录的同时，感到这批文书学术价值很高，与唐、宋时期的社会文书相比毫无逊色，甚至有自己独特的价值和特色。21 世纪初，我试就其中的一些专题文献如西夏户籍、契约、租税、历法、军籍、社条等草书文献进行翻译和研究，先后发表了一系列论文。[②]

日本的松泽博先生较早地研究西夏文社会文书，他先后发表了数篇文章，对解读西夏文草书做出了贡献。[③]

梁松涛博士致力于西夏文献译释研究，特别是对西夏文法典、诗歌和医药文献翻译用功最勤，其中不乏草书文献。她已发表的有关西夏文医学文献的论文即有十数篇，显示出她对西夏文草书有较好的释读能力。[④]

彭向前博士近些年对西夏文草书文献的研究情有独钟，特别对西夏文《孝经》从文字到内容做了细致的研究，于西夏文草书的探讨很有成就。[⑤]

由于西夏文草书文献数量较多，文献价值不菲，且译释难度大，有相当大的挑战性，引起了部分研究者的兴趣。往往解破一个难以解读的西夏文草书字，会感到兴奋异常。西夏文草书的研究方兴未艾，西夏文草书的进展将成为推动西夏学的又一动力。

四　西夏文草书的形制和特点

在拙著《西夏文教程》中，我曾专设“西夏文社会文书及草书翻译”一讲，其中论及西夏文草书：

> 草书与楷书相比，笔画简少，字形发生变化，往往点画连绵，如行云流水，书写时省时，但

---

① 俄罗斯科学院东方文献研究所圣彼得堡分所、中国社会科学院民族研究所、上海古籍出版社编，史金波、魏同贤、克恰诺夫主编：《俄藏黑水城文献》第 12、13、14 册，上海古籍出版社，2006、2007、2011 年。

② 史金波：《西夏户籍初探》，《民族研究》2004 年 5 期；《西夏粮食借贷契约研究》，《中国社会科学院学术委员会集刊》第 1 辑（2004 年），社会科学文献出版社，2005 年；《西夏农业租税考》，《历史研究》2005 年 1 期；《西夏的历法和历书》，《民族语文》2006 年 4 期；《西夏的物价、买卖税和货币借贷》，《宋史研究论文集》，上海人民出版社，2008 年；《西夏军抄文书初释》，《中国多文字时代的历史文献研究》，社会科学文献出版社，2010 年；《黑水城出土西夏文卖地契研究》，《历史研究》2012 年第 2 期；《西夏文军籍文书考略——以俄藏黑水城出土军籍文书为例》，《中国史研究》2012 年 4 期；《黑水城出土西夏文租地契研究》，《吴天墀教授百年诞辰纪念文集》，四川人民出版社，2013 年；《英国国家图书馆藏西夏文军籍文书考释》，《文献》2013 年 3 期；《西夏社会文书简论》，《宋史研究论文集》（2012），河南大学出版社，2014 年；《黑水城出土西夏文众会条约（社条）研究》，《西夏学》第十辑，上海古籍出版社，2014 年；《黑水城出土西夏文卖人口契研究》，《中国社会科学院研究生院学报》2014 年 3 期；《西夏文卖畜契和雇畜契研究》，《中华文史论丛》2014 年 3 期；《西夏军抄的组成、分合及除减续补》，《宋史研究论丛》第十五辑，河北大学出版社，2014 年。

③ 松泽博：《西夏文谷物借贷文书之我见》，《东洋史苑》31、38、46 号，1988－1996 年；《武威西夏博物馆藏亥母洞出土西夏文契约文书》，《东洋史苑》第 75 号，2010 年 7 月；《西夏文〈瓜州监军司审判案〉遗文》，《国家图书馆学刊》增刊《西夏研究专号》，2002 年。

④ 梁松涛：《黑水城出土西夏文古医方“天雄散”考述》，《云南中医学院学报》2011 年 2 期；《黑水城出土西夏文药方“四白丸”考述》，《敦煌学辑刊》2011 年第 4 期；《黑水城出土西夏文三则治疗肠风泻血方考述》，《河南中医》2011 年 7 期；《俄藏 ИHB. No.911 号医书第 142 页药方考释——兼论西夏文医药文献的来源及特点》，《西夏学》（第八辑），上海古籍出版社，2011 年；《俄藏黑水城出土西夏文“五倍丸方”考释》，《西夏研究》2012 年第 1 期；《黑水城出土三则偏头疼西夏文药方考释》，《河北中医》2012 年第 3 期；《俄藏黑水城医药文献 4894 号所载“五补丸”方考释》，《宁夏师范学院学报》2012 年 1 期；《黑水城出土 4384(9-8)与 4894 号缀合西夏文医方考释》，《宁夏社会科学》2012 年第 2 期；《黑水城出土西夏文古医方“人参半夏散”考述》，《时珍国医国药》2012 年第 7 期。

⑤ 彭向前：《西夏文〈孝经传〉草书初探》，《宁夏社会科学》2014 年 2 期；《西夏文草书〈孝经传序〉吕惠卿系衔考》，《吴天墀教授百年诞辰纪念文集(1913－2013)》，四川人民出版社，2013 年。

不易识读。特别是当代人对西夏语和西夏文的掌握程度，难以达到西夏时期文献书写者和识读者的水平，释读西夏文草书十分吃力。现在对西夏文草书的释读仅仅是在开始阶段。

经过近些年释读西夏文草书的经验可知，西夏文草书也有一定的书写规律，有时两三笔、甚至数笔化成一笔，同一形态往往有相同的简化形体。如䊔[平]字 11 笔，写成草书为，简化成 5 笔。𗧓[耶]字 9 笔，写成草书为，简化成 3 笔。𗰓（姓氏）字 15 笔，写成草书为，简化成 4 笔。由上可以看到，西夏文楷书和草书差别比较大。但仔细观察，可以看到一些规律。如西夏文的偏旁彡在一个字的左边简化成，在一个字的右边简化成或。有的则比较难以识别，如𘈩（一）简化成或，𗍫（三）简化成，𗤶（有）简化成，𗧓（者）简化成，𗫂（则）简化成，𗅲（不）简化成，𗅲（又、复）简化成，𗰗（章）简化成。如果认真琢磨，在草书文字上都可以看到楷书的影子，找出其笔画变化的路数，也能形成规律性的认识。①

草书的实际意义就是行文快速。西夏文草书在快速书写过程中形成的特点是简化，而简化的主要方式一是连笔，包括上下钩连和左右钩连；二是减笔，使一笔、两笔代替多笔。如上述天盛二十二年寡妇耶和氏宝引等卖地契中末尾签署的大字草书的𗤁（八）字中间的彡，即曲折多次连为 1 笔，而𗂧（天）的右部彡，已经简化成 1 笔。虽然简化了，但不离原字的大致形体，保留有原来结构的意蕴，使人能从草字联系到楷书，得以认识。如果草书使读者释读不出原来的字，也就失去了草书快速书写的实践意义。

草书是稳定性和随意性共存。西夏文草书行文自然、简约，但也具有相对的稳定形体，不仅书写者个人总有比较稳定的写法，各书写者之间也在约定俗成中形成共识，有共同遵从的规矩，使草书可以识读，具有延续流行的生命力。然而草书既是快捷书法，就会随着书写者的不同、实际需要的不同、书写环境的不同而有所区别，形成随意性的特点。即便是同一书写者在同一文书中的同一个字，也会有不同的写法。在西夏文草书文献中不乏各种不同风格的草书。

分析多种西夏文草书文献，特别是像天庆戊午年卖地契（Инв.No.4193）等较为成熟、典型的草书书体，可以分析到西夏文草书的特点：

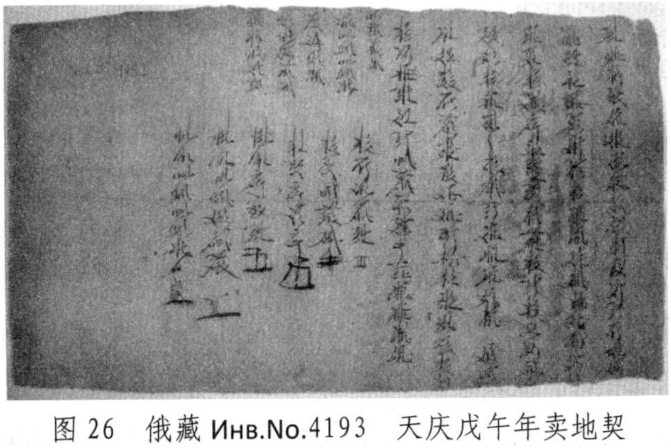

图 26　俄藏 Инв.No.4193　天庆戊午年卖地契

1. 一个字中笔画多的、较为复杂的部位是简化的重点，往往需要草化。如𗂧（天）字笔画较多，由左、中、右 3 个形体组成，草化成。左部𗤁 7 画，简化成 3 画，也可简化成 2 画；中部 5 画简化成 3 画，或曲折连成 1 画；右部 4 画，简化成 1 画。𗋽（戊）字笔画也较多，从楷书的 13 笔，减为 4 笔，草化为。𗦬（正月之“正”）中间部位笔画较多，此字主要简化中间部位，由 6 画组成，

① 史金波：《西夏文教程》，社会科学文献出版社，2013 年，第 385 页。

减为 2 画，草化成。𗥃（日）字笔画也比较多，共 11 画，左部和右部都分别减为 1 笔和 2 笔，草化成。𗗙（子）的左部 5 笔简化成 2 笔或 3 笔，特别是右部的 7 笔简化成婉转曲折的 1 笔，草化成。

2．一个字中笔画简单，又不可或缺的部位一般不再省笔或简化。如上文提到的𗥤（戊）中的一竖，不再省略，而是明显保留；𗥃（日）字中的一竖，也不再省略，而是保留。𗏁（月）字的右部竖拐和一点，也未简略，予以保留；𗏁（五）字的右下部的竖拐和一点，也未简略，予以保留。这样的形体位置显著，在字的结构中举足轻重，保留下来不至于影响整体造型，且所费笔墨不多。若省减这样的笔画不仅对快速书写效果不大，还会拉大与原字形差距，徒增识别之累。

3．同一形体在字的同一部位可简化成不同形式，这是草书书写者的随意性所致。𗍫（四）的右部和𗍫（年）的右部，同为彡，但在不同的文献中简化成不同的形体，分别草化为、。即便同一人在同一文献中书写也会发生这种情况，如此卖地契中末尾当事人签署的 3 行中的 3 个𗗚（卖）字分别写成，左右两边的形体显然简化的方式和程度都不同。又如𗒹（有）的上部和𗒹（仅）的上部都是相同的 4 画形体，但在同一人写的文书虽然都简化成为两笔，但两笔的方向都不相同，成为和。

4．相近而不同形体简化时尽量以不同的形式加以区分，以免混淆。如𗒹（有）的上部和𗒹（相）的上部相近而不相同，后者的上部多一横折成为以示区别。

5．有时相近而不同形体又可以用相同的简化形式。这要依据此简化形式与字中的其他形体结合起来识读、揣测，或依据上下文来推测、判断，它应是哪一种形体的简化形式。如𗒹（有）的上部和𗒹的上部相近而不相同，写成草书可以有一样的简化形式、。

6．一个字的同一形体在字的不同部位可简化成不同形式。如上述彡，在字的左部可以是一左撇，在字的右部可以是一右撇，在字的中间可以简化成一竖。

7．有的草书形体改变了原楷书的部分章法布局，突破原来楷书的窠臼，使两者差异很大。不熟悉者乍一看很难识读，往往需要依据多次出现，再根据上下文文意推断。当识读出以后再看此字仍能看到楷书的影子。如前述𗦇（者）简化成，𗗙（则）简化成，𗏁（不）简化成，𗏁（又、复）简化成等。𗒹（有）最后一笔向右拐，草书则向左拐，成为。𗥤（变）倒数第二笔向右拐，而草书则趋向左收，成为。关键笔画走向的变形，增加了识读的难度，成为破解草书的工作重点。

8．有的字有不同的草书写法，但仍可见其有相似之处。如𗗙（三）字可分别草化成、或，左部虽也变化很大，还能看出简化的痕迹，右部的两笔很难看出其本来面目，但他们简化的形体则相当类似。

9．草书写法的随意往往使字中出现夸张的成分，在落笔时更为突出。这表现出书写者的个性舒张，淋漓痛快、笔势狂放，把丰富的情感融注于笔画的大幅度流变之中。如𗗙（第）字的末笔拉得很长，𗏁（知）字在契约三行的“知人”中，末两笔成为一笔，都夸张地高高起笔。

10．草书中上下两字连笔较多。在行书和草书中，如上下两字相重复，则可书写上字后从上字末笔连下一拐即可。如𗏁𗏁（差异）为，𗗙𗗙（仔细）为。这与汉文重复字的行草书处理方式一样。

草书既要简约易写，又要尽量保持字的大体轮廓和框架，便于识认。西夏文草书行笔连贯，柔缓自然，变化多端，有的可以上下交叉，有的达到笔画连绵、龙飞凤舞的境界。有的一篇西夏文草书文献从单个字的连贯圆融，到整体布局的恢弘气韵，表现出很高的艺术水准。我们可以通过不同书体的文献去审视西夏文由楷书向行书、再向草书过渡的各种形式，以便于借助这样的动态认识增加对西夏文草书的了解，寻找出更多的规律性认识。西夏文草书虽有规律可循，但毕竟是个人个性书写，人写人异，繁简不一。每件草书文献的撰写者文化水平不等，书写习惯和风格不同，形成西夏文草书书写带有很强的随意性。这给我们释读西夏文草书、寻找草书识别规律带来了困难。识别西夏文草书，需要在熟练掌握西夏文楷书的基础上，认真审视、反复揣摩文书，既要分析记忆，又要注重总结规律，在反复释读过程中，利用已知文字，分析解剖，再进而解破未知文字，不断积累成果，扩大释读范围，进一步总结释读西夏文草书的规律，并在这一过程中提高对西夏文草书形成、发展的认识。

五　补论

当这篇论文完成之后，笔者从北京第四季度德宝拍卖会得到了多种西夏文文献的信息，并在网上见到了部分拍卖品的图片，其中65号拍品中有一页[①]对西夏文草书研究大有裨益，不得不补充介绍、研讨。该图版显示此页为西夏文蝴蝶装刻本，四周粗栏框，中间未见版心（似原有版心），两半页各有文字9行。右半页在第1、4、8行始有阴刻文字，应是题目。第1行阴刻6个西夏字，译为“单独三十字母”，其后2、3行以点、横、竖、撇、拐为顺序各列西夏文最基本、最简单的字形结构。第4行阴刻西夏字2个，译为“字头”，其下4行列有代表性的西夏文字头即部首，笔画较粗重。第4行7个字头，第5、6、7行各8个字头，共计31个字头。每一字头下有一带有此字头的楷书代表字，皆为常用字。更引人注目的是，此代表字下又列出此字的草体字。如第一字头为，代表字为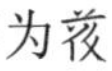（文），草书字为；第二字头为，代表字为（十），草书字为。第7行第6个字头无代表字。第8行阴刻西夏字2个，为“字偏”，其下各行列有西夏文字的左右两边的代表性结构，即偏旁，笔画也较粗重。同样，每一偏旁下有一带有此偏旁的楷书代表字，也多为常用字，开始是地、水、火、风等字，这些代表字下也列出此字的草体字。如第一字偏旁为，代表字为（地），草书字为；第二偏旁为，代表字为（水），草书字残，为。右半页8、9行和左半页全部9行皆是这类偏旁及其楷书、草书代表字，共有75个。最后似乎还没有结束，下页应该还接续。根据西夏文《文海》对文字的分析有（头）、（左）、（右）、（下）等，[②]像下部的等当在后面。这页带有草书的刻本给了我们很多信息和启发。

首先，西夏人文字研究造诣很高，对文字构造的分解很细致、很成熟。不仅有过去已经熟知的《文海宝韵》（简称《文海》）对每个西夏字构造的注释，更有此图片所显示的对西夏文字的抽象分解，总结出部首、偏旁，并以代表字举例说明。其列举的部首、偏旁，与我们从《文海》中总结出的部首、偏旁十分接近。汉代许慎作《说文解字》，根据汉字的形体，归纳设立540个部首，首创部首、偏旁之说。西夏字的创制受到汉字影响，其部首的分析和设置也会借鉴汉文的成功经验。

第二，西夏人对西夏文草书早已做了综合、抽象研究，对流行的草书总结出带有规律性的认识，列举的常用草书成为实用草书的典范，说明西夏文草书流行广泛，已成为西夏人的常用字体，并与楷书一起进入字书，得到规范。其草书的简化规律与我们近些年分析研究出的规律性认识高度重合。

第三，西夏人将草书雕刊流行，是中国文字史上的一件创举。汉文草书形成、流行很早，隋唐之际出现雕版印刷后，刻本仅限于楷书，草书屈曲弯转，雕版难度大，中古时期未见有汉文草书刻本。而此文献刻印西夏文草书，或为中国最早的草书刻本，开中国草书雕版之先河，在中国草书发展史上写出了浓墨重彩的一笔。

① http://www.dbpm.cn/auction/sdetail.asp?cid=143&id=70636。

② 史金波：《从〈文海〉看西夏文字构造的特点》，载《文海研究》，中国社会科学出版社，1983年，第1—29页。

从网上发布的信息看，第65号拍品中还有其他字书页面，有的尾题为“择要常传同名杂字序一部”[①]。近又见同号有蝴蝶装刻本西夏文字书《音同》一页，经比对与《俄藏黑水城文献》第7册中的《音同》（丁种本）第6页排列顺序相合，但细审并非同一刻本。[②]或许上述一页文献是一种新的字书版本，前列有关西夏文结构的部分，具有特殊的文献价值。

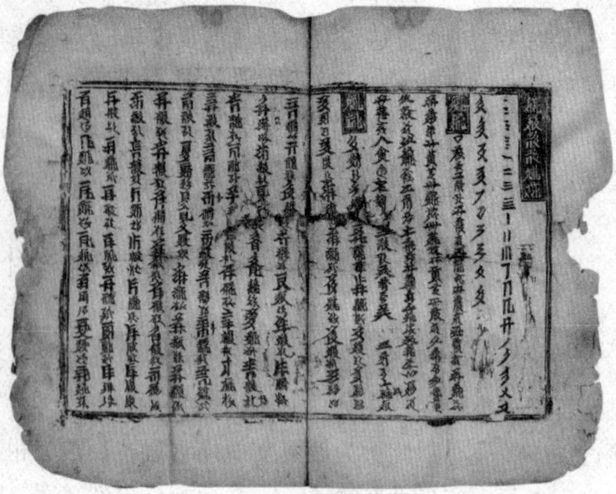

图27　西夏文刻本字书[③]

（作者通讯地址：中国社会科学院民族学与人类学研究所　北京　100081）

（责任编辑：彭向前）

① http://pmgs.kongfz.com/detail/3_545386/。

②《俄藏黑水城文献》第7册，上海古籍出版社，1996年，第66页。

③ http://www.dbpm.cn/auction/sdetail.asp?cid=143&id=70636。

西夏学 第 11 辑 2015 年 3 月
Xixia Studies,Mar,2015,Vol.11

西夏历日文献中关于长期观察行星运行的记录*

彭向前

摘　要： 西夏历法文献多以表格的形式撰写的，右部表头自上而下为日、木、火、土、金、水、罗（罗睺）、孛（月孛）、炁（紫炁）九曜星宿，上部表头自右而左为一年十二个月的月序。表格中填写的内容多为数字与地支的组合，以往学界认为是用来表示九曜星宿与该月日、时的关系的，实则是以十二次为背景，记载九曜星宿运行情况的。其间夹杂的一些关于描述行星运行的术语可以作证。本文首次披露西夏历日文献中有大量长期观察行星运行的记录，仅 инв. No.8085 中的观察数据就达 88 年之久，希望能引起古代天文历法学界的注意。

关键词： 西夏　历日　十二次　行星

1908－1909 年、1914 年，俄人科兹洛夫（Козлов）和英人斯坦因（Stein）相继在黑水城遗址（今属内蒙古额济纳旗）掘获大批西夏文献，其中包括十余件至为珍贵的西夏古历日，分藏于俄罗斯科学院东方文献研究所和英国国家图书馆（编号为：инв.No. 647、5282、5285、5306、5868、6711、7385、7926、8085、8177、8214；TK.No.269、5229、5285、5469；Or. No.12380-2058、2919 等）。此外，1972 年在甘肃武威小西沟岘发现的西夏文献中也有一纸历书残片，现藏武威市博物馆。这些西夏历法文献多以表格的形式撰写的，右部表头自上而下为日、木、火、土、金、水、罗（罗睺）、孛（月孛）、炁（紫炁）九曜星宿，①上部表头自右而左为一年十二个月的月序。各曜占一横行，逐月以竖线隔开，网格中多为数字与地支的组合，时而写西夏文，时而写汉文。那些数字与地支的组合，以往学界有的避而不谈，有的则认为是用来表示日、木、火、土、金、水、罗、孛、炁九曜星宿与该月日、时的关系的，即把十二地支当作纪时系统——本文将证明这种看法是错误的。实际上，这里的十二地支并不代表十二个时辰，而是代表周天的十二个等分，即十二次。也就是说表格中数字与地支的组合，是用来记载九曜星宿运行情况的。

先介绍十二次。中国古代为了观测日、月、五星的位置和运动，把周天按照由西向东的方向划分为星纪、玄枵等十二个部分，称为十二次。十二次还与岁星纪年有关。岁星即木星，木星自西向东运动，每 12 年一周天，每年行经一次，于是就用其所在星次来纪年，故木星被称为岁星。十二次的方向由西向东，与太阳的视运动由东向西不一致。古人为了纪年方便，还按照与十二次相反的方向把周

* 本文为国家社会科学基金一般项目《西夏历法研究》（项目编号：09BMZ009）阶段成果。

① 西夏的这种历日文献似乎与印度《九执历》有某些关联。《九执历》是公元 7 世纪前后出现于印度的较为先进的历法。日月五星加罗睺和计都，合称九曜，九执的名称即来源于此。罗睺和计都是印度天文学家假想的两个看不见的天体，实指黄、白道相交的升交点和降交点。罗睺、计都、紫炁、月孛等合称四余星。

天分为“十二辰”，并想象出一个与岁星运行方向相反的“太岁”（又称岁阴、太阴），在天上自东向西运行，每年移行一辰。分别与十二地支子、丑、寅、卯、辰、巳、午、未、申、酉、戌、亥相对应。这种纪年法叫太岁纪年法。①见下表：

序号	1	2	3	4	5	6	7	8	9	10	11	12
十二次（由西向东）	星纪	玄枵	诹訾	降娄	大梁	实沈	鹑首	鹑火	鹑尾	寿星	大火	析木
十二辰（由东向西）	丑	子	亥	戌	酉	申	未	午	巳	辰	卯	寅

这样一来，十二次虽然每次都有自己的名称，但又常用十二地支来表示。上面提到的西夏历日文献中的十二地支，指的就是十二次，还是用具体的例子来作说明。

инв. № 8085 西夏历日，迄今尚未刊布。初次著录见戈尔芭乔娃、克恰诺夫于 1963 年合著的《西夏文写本和刊本》。此后直到 2006 年，史金波先生在《西夏的历法和历书》一文中首次对该件西夏历日作了初步研究。该文称：俄罗斯所藏黑水城出土文献有西夏文、汉文合璧历书，为表格式。每年一表占一页，分左右两面，右上角有该年的干支。其中 инв. №8085 号历时最长，从庚子年至西夏第二乙丑年，共 86 年的历书，也即从西夏元德二年（1120）至天庆十二年（1205），中缺戊午年历书，又有 инв. № 647 号残页，正为戊午年历书，补上所缺。该件历书前几页和最后几页有不同程度的残缺，此外还有一些残片。每一表中每月占一竖行，各行分为上下很多横格，自上而下为月序，该月朔日干支，日、木、火、土、金、水、罗睺、月孛、紫炁等九曜星宿与该月时日的对照关系。文中并首次指出：此历书经西夏崇宗、仁宗、桓宋三朝，时间跨度大，是目前所知中国保存至今历时最长的古历书，十分难得。②但不知什么原因，已经出版的《俄藏黑水城文献》对如此重要的一部文献，并未收录。2013 年，笔者利用赴俄罗斯科学院做访问学者科研工作的机会，始得以一睹其庐山真面目。在俄留学期间，写出《俄藏 инв. № 8085 西夏历日目验记》一文，指出其装帧形式不是蝴蝶装，而是缝缋装。连续 88 年，而非 86 年。戊午年历书不缺，инв. № 8085 中有两个戊午年历书，其中之一因与丁未年历书互倒，使人误以为缺本年历书。③同时已经发现表中所列非九曜星宿与该月时日的对照关系，而是九曜星宿的运行周期情况。但因时间过于紧迫，直到次年归国后才来得及整理成文。书归正传，试以 инв. № 8085 中较为完整的西夏仁宗乾祐七年丙申年（1176）历书为例：

拾二 壬申	拾一 壬寅	拾 壬申	九 癸卯	八 癸酉	七 甲辰	六 甲戌	五 乙巳	四 丙子	三 丙午	二 丁丑	正 丁未		丙申
													火
十二 子	十五 丑	十八 寅	十八 卯	十六 辰	十二 巳	十一 午	十未	九申	八酉	四戌	二亥	日	

① 唐凌：《历史年代学》，广西师范大学出版社，1992 年，第 97—98 页。

② 史金波：《西夏的历法和历书》，《民族语文》2006 年第 4 期。

③ 顺便指出 инв. № 647 号戊午年历书与 инв. № 8085 中的两个戊午年历书皆不相符，该件历书上面表头被裁去，没有月大小、每月朔日、二十四节气、二十八宿注历等，定年比较困难，将于另文考证。

	十三寅	十八夕伏	廿二夕伏				五留				六卯留	木	
廿二辰			廿七巳	三午		十七未	四申		廿一酉	七戌	亥	火	
	卅留				十留				十五见	六伏	酉	土	
十六子	二寅 廿四丑	九卯	十三辰	十六巳	廿午	十五未	廿八申	廿五酉	十七留	二酉 十五退戌	戌	金	
十一子	八寅 廿二丑	三退卯	廿寅	十一辰 廿八卯	廿二巳	八未 卅午	十三午	十一申 廿五未	六戌 廿六酉	八反亥	十八戌	水	
戌											戌	首	
					廿八寅				三酉		卯	孛	
											戌	炁	

由于其出土年代大致范围已定，不出 11—13 世纪，根据表格中提供的信息，借助中国史历日工具书，我们可以把该件历书年代确定下来。右上角“丙申”为干支纪年，上表头十二个月份下的干支则为每月的朔日。查陈垣《二十史朔闰表》，与此相同者为宋淳熙三年（1176），①即相当于西夏仁宗仁孝乾祐七年。表格中数字与地支的组合，如“十二巳”，不是说太阳在该年七月与十二日巳时有某种关系，而是说太阳在本年七月十二日躔巳，即进入十二次的“鹑尾”部分。“廿五酉”不是说金星在该年四月与二十五日酉时有某种关系，而是说金星在本年四月二十五日躔酉，即进入十二次的“大梁”部分。余以此类推。

说表格中数字与地支的组合，是以十二次为背景记载九曜星宿视运动情况的。最明显的证据就是其间还夹杂着一些关于描述行星相对太阳视运动的术语。行星相对太阳的视运动非常复杂，除了快慢变化以外，还有其他奇怪的“举动”，古人为此用特定的一套术语来加以描述。这些术语同样为西夏历日文献所继承，只不过以往学界未曾注意到。

关于行星的运行情况，分为内行星（金、水）和外行星（火、木、土等）两种。②就内行星来说，上合以后出现在太阳东边，表现为夕始见。此时在天空中顺行，由快到慢，离太阳越来越远。过了东大距以后不久，经过留转变为逆行，过下合以后表现为晨始见，再逆行一段，经过留转又表现为顺行，由慢到快，过西大距以至上合，周而复始。在星空背景上所走的轨迹如图示，呈柳叶状。

① 陈垣：《二十史朔闰表》，中华书局，1999 年，第 139 页。
② 张闻玉：《古代天王历法讲座》，广西师范大学出版社，2008 年，第 100—102 页。

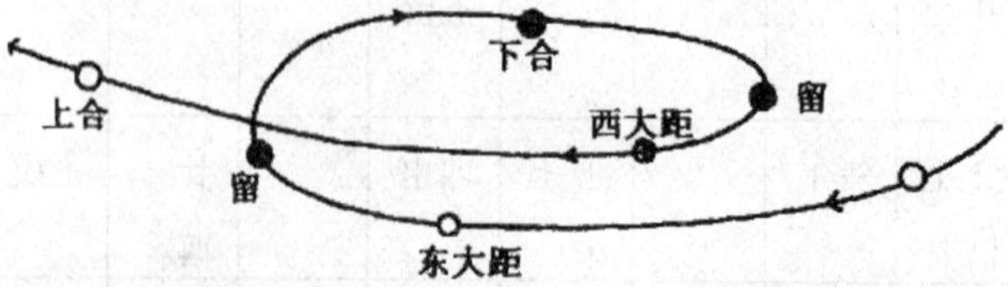

和内行星不同，外行星在合以后，不是出现在太阳的东边，而是在西边，表现为晨始见。因为外行星的线速度比太阳的小，虽然仍是顺行，离太阳却越来越远，结果它在星空所走的轨迹如图示，呈“之”字形。其先后次序是：合—西方照—留—冲—留—东方照—合。

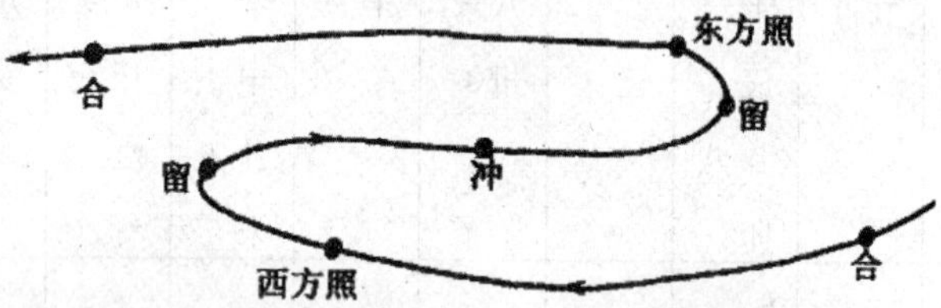

本文所讨论的该件西夏历书中描述行星运行的术语：

留——指行星在一段时间内看起来停留在原处，既不前行，也不后退。“留”字反复出现，如木星在正月“六卯留”，土星在七月“十留”，金星在三月“十七留”等。

退——行星在视运动中也有退行的阶段，称之为“退”。如表中金星在二月“十五退戌”，水星在十月“三退卯”。

伏——指行星看不见了。如土星在二月“六伏”，是说土星在二月六日开始隐没。

见——指行星隐没后又重新出现。如土星在二月“六伏”，三月“十五见”，是说土星在二月六日开始隐没，到三月十五日又出现了。

兹以水星为例，根据表格所载，可以描述出它在西夏乾祐七年（1176）的视运动状况（包括相对星空背景的视运动和相对太阳的视运动）：水星在该年正月十八躔戌；二月初八退回亥次；三月初六再次躔戌，本月二十六躔酉；四月十一日躔申，本月二十五日躔未；五月十三躔午；六月初八退回未次，本月三十再次躔午；七月二十二日躔巳；八月十一日躔辰，本月二十八日躔卯；九月二十日躔寅；十月初三退回卯次；十一月初八再次躔寅，本月二十二日躔丑；十二月十一日躔子。

再看木星，每 12 年一周天，每年行经一次。所以表格中木星在正月初六停留在卯次，五月初五仍然停留在卯次，九月二十二日傍晚开始隐没，十月十八日傍晚仍然处于隐没状态，十一月十三日才躔寅。亦即木星本年行经大火，用岁星纪年的说法，就是“岁在卯”。

在西夏历日文献中，像这样详细记录九曜运行周期状况的，除了 инв. № 8085 外，还有好几件，如俄藏 инв. № 647、инв. № 5282，英藏英藏 Or.12380-2058，武威市博物馆藏小西沟岘发现的历书残片等等。但以 инв. № 8085 最为集中，连续 88 年，跨度之长，在流传至今的中国古代天文历法文献中绝无仅有。这么长时间关于天体运行不间断的记载，是需要几代人通力合作来完成的。西夏历日文献除历法方面的价值外，还为我们研究古代天文观测方法乃至今天的行星运行积累了大量的数据，提供了一批宝贵的观察资料，希望能够引起学界的注意。

（作者通讯地址：宁夏大学西夏学研究院　银川　750021）

（责任编辑：王培培）

俄藏黑水城出土西夏文占卜文书5722考释

梁松涛　袁　利

摘　要： 本文对黑水城出土西夏文5722文书进行录文、校勘、注释、翻译，认为其为西夏时期一位三十七属虎习判的占卜记录，其成文年代为西夏应天元年（1206）。本文对西夏使用星平术进行占卜的推算过程进行了探讨，认为其三幅图应为推算图，西夏占卜具有多样性、杂糅性、兼容性的特点。

关键词： 黑水城　占卜　黄道十二宫　西夏文化

黑水城出土的5722号西夏文写本的著录，最早见俄国戈尔巴乔娃、克恰诺夫在《西夏文写本和刊本》，在此目录中戈尔巴乔娃、克恰诺夫将此文献归入“咒语与医书”类，译题“谨護”，描述为“写本，书法工整，卷子，卷高20厘米，长360厘米，保存良好。此为三幅法术图，依十二生肖作圆形排列”①。国内则对此文献著录为“谨算　不分卷，西夏旧写卷。卜算书，苏联目录入‘咒语与医书’类。译题‘谨護’，云‘法术图三幅，依十二生肖作圆形排列’。按书题西夏文二字含义不甚明确，盖‘谨慎计算’之意。是书迄今未获解读”②。《俄藏黑水城文献》第十册《内容提要》云：“另有谨算一种，旧译谨護，似为历法学著作。”③魏灵芝在《俄藏黑水城文献西夏文世俗部分叙录》中认为“谨算又译谨護，西夏写卷，卜算著作”④。近年出版的《俄藏黑水城文献》第十四册《叙录》描述为“写本。卷子。麻纸。高20，宽360，行20字。卷首楷书，以下行书。卷端题‘谨算’，疑即书题。卷中有十二生肖图三幅”⑤。

由于5722号文书至今未获解读，故学界对其性质观点不一，有人认为是法术著作，有人认为是历法学著作，也有人认为是卜算著作。笔者通过对文书5722号文书录文、译释并结合文书内容，对其性质及其所反映的历史文化考述如下。

① [俄]戈尔巴乔娃、克恰诺夫：《西夏文写本和刊本》，中国社会科学院民族研究所、历史研究室资料组编译《民族史译文集》（3），中国社会科学院民族研究所历史研究资料组出版，1978年，第45页。

② 史金波、聂鸿音：《俄藏西夏文世俗文献目录》，《传统文化与现代化》1998年第2期，第93页。

③ 俄罗斯科学院东方研究所圣彼得堡分所、中国社会科学院民族研究所、上海古籍出版社编：《俄藏黑水城文献·内容提要》第10册，上海古籍出版社，1999年。

④ 魏灵芝：《俄藏黑水城文献西夏文世俗部分叙录》，《图书馆理论与实践》2005年第2期，第119页。

⑤《俄藏黑水城文献·叙录》（第14册），上海古籍出版社，2011年，第11页。

一　5722 号文书的录文与译释

[illegible]① 14-1-1

[illegible] [1] [illegible] [2] [illegible]」14-1-2 [illegible] [3] [illegible] [4] [illegible] [5] [illegible] [6] [illegible]」14-1-3 [illegible] [7] [illegible] [8] [illegible]」14-1-4 [illegible] [9] [illegible]」14-1-5 [illegible]」14-1-6 [illegible] [10] [illegible] [11] [illegible]」14-1-7 [illegible]」14-1-8 [illegible] [12] [illegible] [13] [illegible]」14-1-9 [illegible]」14-1-10 [illegible] [14] [illegible] (1) [illegible] 14-1-11

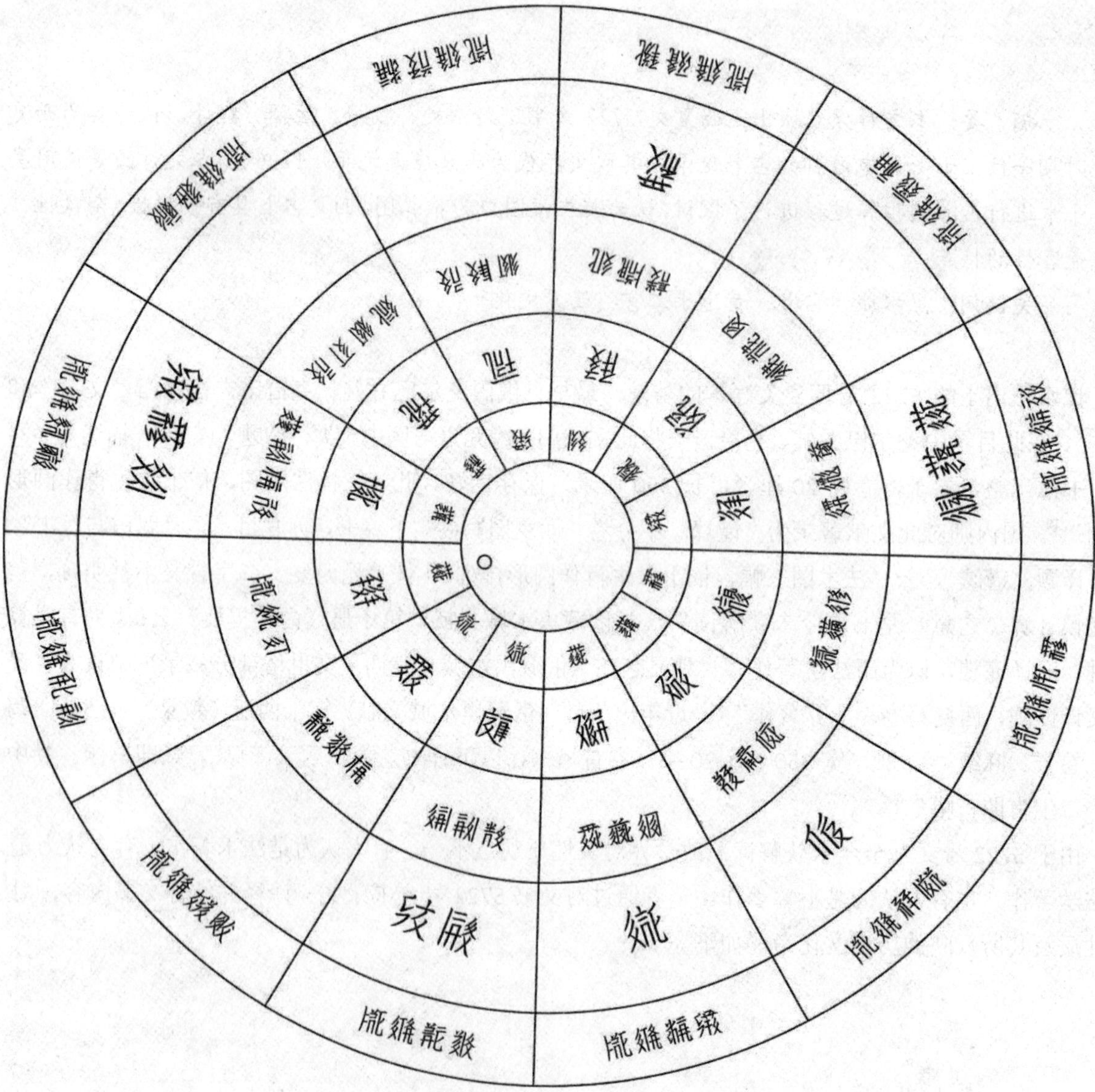

图 1 西夏文推算图一

[illegible] [15] [illegible]」14-2-1 [illegible] [16] [illegible] [17] [illegible] [18] [illegible]

①《俄藏黑水城文献》，第 10 册，第 175—188 页。

[illegible]」14-2-2/[illegible][19][illegible]/[illegible][20][illegible]」14-2-3/[illegible][21][illegible]/[illegible][22][illegible]」14-2-4/[illegible]/[illegible]」14-2-5[illegible]/[illegible]/[illegible][23][illegible]」14-2-6/[illegible]/[illegible]/[illegible]」14-2-7[illegible]/[illegible]/[illegible]」14-3-1[illegible]/[illegible](2)[illegible]/[illegible]/[illegible]14-3-2

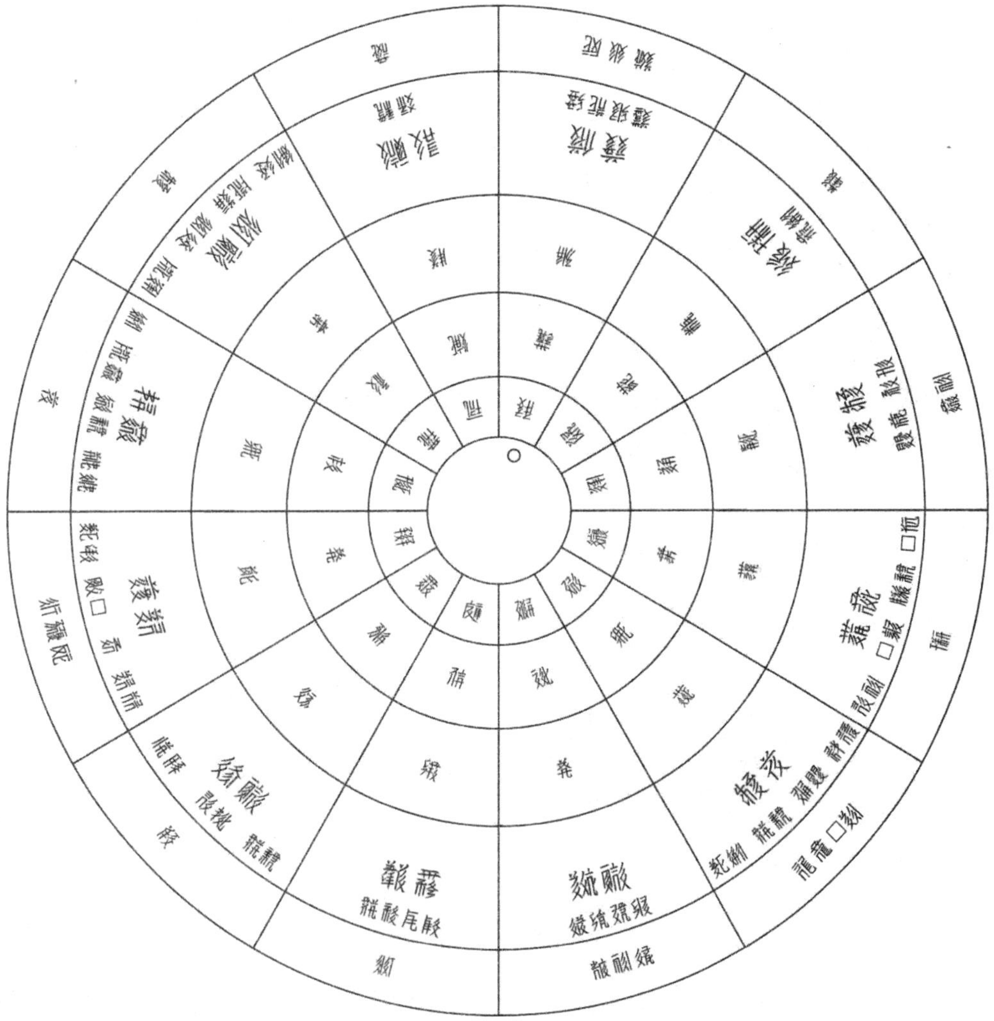

图 2 西夏文推算图二

[illegible]/[illegible]/[illegible]」14-3-3[illegible][24][illegible]/[illegible]/[illegible]」14-3-4[illegible]/[illegible]/[illegible][25][illegible]/[illegible][26][illegible][27][illegible]/[illegible]」14-3-5/[illegible]/[illegible][28][illegible]」14-3-6/[illegible]/[illegible][29][illegible]」14-3-7/[illegible]/[illegible][30][illegible]」14-4-1/[illegible]/[illegible]/[illegible][31][illegible]/[illegible][32]」14-4-2/[illegible]/[illegible][33][illegible]/[illegible][34][illegible]/[illegible][35][illegible]」14-4-3/[illegible]/[illegible][36][illegible][37][illegible]/[illegible][38][illegible]/[illegible][39][illegible]」14-4-4/[illegible][40][illegible]/[illegible][41][illegible]14-4-5

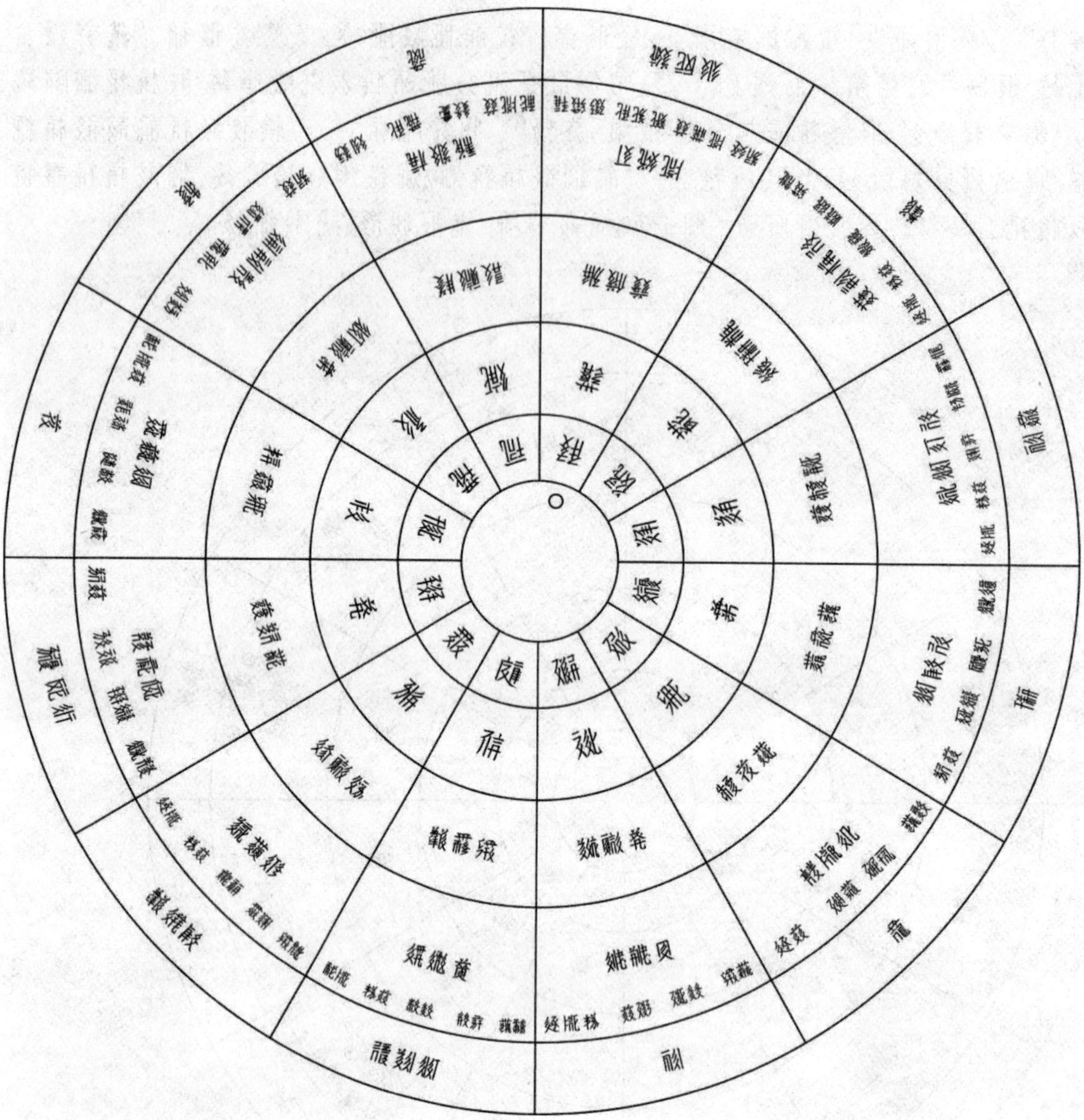

图 3 西夏文推算图三

注释：

[1] [illegible]：“[illegible]”译为“习”①，“[illegible]”译为“判”②，《天盛改旧新定律令》中译为“习判”③，故“[illegible]”译为“习判”。

[2] [illegible]：“[illegible]”译为“庚”④，“[illegible]”译为“寅”⑤，“[illegible]”译为“相”⑥，故“[illegible]”可译为“庚寅相”。属虎。

---

①《番汉合时掌中珠》，第 55 页。

②《番汉合时掌中珠》，第 58、59、61 页。

③《天盛改旧新定律令》卷七第一门“为投诚者安置”第 18 条，详见《俄藏黑水城文献》第 8 册，上海古籍出版社，第 163 页（32—24）第 15 行；史金波、聂鸿音、白滨译：《天盛改旧新定律令》，法律出版社，2000 年，第 285 页。

④ 《番汉合时掌中珠》第 20 页。

⑤ 《番汉合时掌中珠》第 21 页。

⑥ 《番汉合时掌中珠》第 8 页。

[3] [illegible]：《金光明最胜王经卷八夏藏汉合璧考释》中有“[illegible]（无量庆喜）”[1]。故“[illegible]”可译为“庆喜”。

[4] [illegible]：《佛母大孔雀明王经夏梵汉藏合璧校释》中有“[illegible]（寿命）”[2]，故“[illegible]”译为“寿命”。

[5] [illegible]：译为“大阳”[3]，即“太阳”，指日、太阳。《汉书·元帝纪》载：“是以氛邪岁增，侵犯太阳，正气湛掩，日久夺光。”颜师古注：“太阳，日也。”[4]

[6] [illegible]：《过去庄严劫千佛名经考释》中有“[illegible]（五体投地）”[5]。故“[illegible]”译为“五体”。

[7] [illegible]：译为“全备”[6]。

[8] [illegible]：《金光明最胜王经卷八夏藏汉合璧考释》中“[illegible]（苗实皆成熟）”[7]。故“[illegible]”译为“成熟”。

[9] [illegible]：“[illegible]”译为“命”[8]，“[illegible]”译为“宫”[9]，故“[illegible]”可译为“命宫”，星命术士以本人生时加太阳宫，顺数遇卯为命宫。例如太阳在子宫，生于酉时，即以酉时加于子宫，顺数到午遇卯，即为其人之命宫。《旧五代史·周书·赵延义传》：“其年夏初，火犯灵台，延义自言星官所忌，又言身命宫灾并，未几其子卒，寻又妻卒……”[10]

[10] [illegible]：“[illegible]”译为“野”[11]，“[illegible]”译为“相”[12]，故“[illegible]”译为“野相”，指二十八宿。天文学家把周天黄道的恒星分成二十八个群，称为“二十八宿”或“二十八舍”。又将二十八个群分为四组，称为四象、四兽、四维、四方神，每组各有七个星宿。《淮南子·天文训》讲到“五星、八风，二十八宿”时，高诱注：“二十八宿，东方：角、亢、氐、房、心、尾、箕；北方：斗、牛、女、虚、危、室、壁；西方：奎、娄、胃、昴、毕、觜、参；南方：井、鬼、柳、星、张、翼、轸也。”[13]

[11] [illegible]：《同音》中“[illegible]”译为“善恶”[14]，故“[illegible]”可译为“善恶”，因占卜中常言“吉凶”。

[12] [illegible]/[illegible]/[illegible]/[illegible]：译为“庚寅木年，丙戌土月，甲午金日，戊辰木时”。表示人的生辰八字。星命家以人出生的年、月、日、时，各配以天干地支，每项两个字，合称“八字”，据以推算人的命运。唐代吴融《送策上人》诗：“八字如相许，终辞尺组寻。”[15]八字构成星相家所用的四柱算命法中的四柱。

---

① 王静如：《金光明最胜王经卷八夏藏汉合璧考释》，《西夏研究》第三辑，中研院史语所单刊甲种之十三，1933年，第180页。

② 王静如：《佛母大孔雀明王经夏梵汉藏合璧校释》，《西夏研究》第一辑，中研院史语所单刊甲种之八，1932年，第194页。

③《番汉合时掌中珠》，第17页。

④（汉）班固：《汉书·元帝纪》卷九，中华书局，1962年，第289页。

⑤ 王静如：《过去庄严劫千佛名经考释》，《西夏文专号》，国立北平图书馆馆刊第四卷第三号，1932年，第108页。

⑥《番汉合时掌中珠》，第41页。

⑦ 王静如：《金光明最胜王经卷八夏藏汉合璧考释》，《西夏研究》第三辑，中研院史语所单刊甲种之十三，1933年，第226页。

⑧《番汉合时掌中珠》，第38页。

⑨《番汉合时掌中珠》，第21页。

⑩（宋）薛居正：《旧五代史·周书·赵延义传》卷一三一，中华书局，1976年，第1730页。

⑪《番汉合时掌中珠》，第33页。

⑫《番汉合时掌中珠》，第8页。

⑬（汉）刘安撰、（汉）高诱注：《诸子集成·淮南子注·天文训》卷三，世界书局，1935年， 第36页。

⑭ 李范文：《同音研究》，宁夏人民出版社，1986年，第330页。

⑮ 全唐诗编委会：《全唐诗》（第20册）卷六八五，中华书局，1960年，第7866页。

[13] 豵飊：译为“大轮”。“豵”译为“大”[1]，“飊”译为“轮”[2]，故“豵飊”译为“大轮”。史金波先生在《中国藏西夏文文献新探》一文中对西夏文文书《大轮七年星占书残页》进行了录文与翻译，将“豵飊”也译为“大轮”[3]。

[14] 豵旒：译为“大行”。“豵”译为“大”[4]，“旒”译为“行”[5]，故“豵旒”译为“大行”，即行年。行年又叫流年，旧时星命家所谓某人当年所行的运。唐代张籍《赠任道人》诗曰：“欲得定知身上事，凭君为算小行年。”[6]星命家用“大行”推算人十年的运，“小行”推算一年的运。

[15] 矖飈：译为“性情”[7]。

[16] 祳秝：译为“壁宿”。“祳”译为“野”[8]，“秝”译为“壁”[9]，“野相”指二十八宿，故“祳秝”译为“壁宿”，二十八宿之一，玄武七宿的末一宿。

[17] 絾燹：译为“水涡”[10]。

[18] 祳貀：译为“尾宿”。“祳”译为“野”[11]，“貀”译为“尾”[12]，故“祳貀”译为“尾宿”，二十八宿之一。

[19] 祳緋：译为“井宿”。“祳”译为“野”[13]，“緋”译为“井”[14]，故“祳緋”译为“井宿”，二十八宿之一。二十八宿中朱鸟七宿的第一宿，也称“东井”、“鹑首”。有星八颗，属双子座。《元史·天文志一》：“癸亥，太阴犯井宿。”[15]

[20] 祳蕭：译为“斗宿”。“祳”译为“野”[16]，“蕭”译为“斗”[17]，故“祳蕭”译为“斗宿”，二十八宿之一。俗称南斗，共六星。北周庾信《周柱国大将军长孙俭神道碑》：“乃惟嗣德，实秉英灵，身图斗宿，面绕枢星。”[18]

---

①《番汉合时掌中珠》，第 24 页。
②《番汉合时掌中珠》，第 75 页。
③ 史金波：《中国藏西夏文文献新探》，《西夏学》第二辑，宁夏人民出版社，2007 年，第 15—16 页。
④《番汉合时掌中珠》，第 24 页。
⑤《番汉合时掌中珠》，第 20 页。
⑥ 全唐诗编委会：《全唐诗》（第 12 册）卷三八六，中华书局，1960 年，第 4352 页。
⑦ 李范文：《同音研究》，宁夏人民出版社，1986 年，第 340 页。
⑧《番汉合时掌中珠》，第 33 页。
⑨《番汉合时掌中珠》，第 11 页。
⑩ 李范文：《同音研究》，宁夏人民出版社，1986 年，第 247 页。
⑪《番汉合时掌中珠》，第 33 页。
⑫《番汉合时掌中珠》，第 11 页。
⑬《番汉合时掌中珠》，第 33 页。
⑭《番汉合时掌中珠》，第 12 页。
⑮（明）宋濂：《元史·天文志一》卷四八，中华书局，1976 年，第 1021 页。
⑯《番汉合时掌中珠》，第 33 页。
⑰《番汉合时掌中珠》，第 11 页。
⑱（北周）庾信撰、（清）倪璠注、许逸民校点：《庾子山集注》卷一三，中华书局，1980 年，第 828 页。

[21] □□：译为"觜宿"。"□"译为"野"[①]，"□"译为"觜"[②]，故"□□"译为"觜宿"，二十八宿之一。

[22] □□：译为"年岁"。"□"译为"年"[③]，"□"译为"岁"[④]，故"□□"译为"年岁"[⑤]。

[23] □□：《同音》译为"猕猴"[⑥]。《文海》释曰："□□□□□□□□（猕者猕猴、猫儿之谓）"[⑦]（海 20.262），《金光明最胜王经卷九夏藏汉合璧考释》中有"□□□（猕猴王）"[⑧]。

[24] □□："□□□□□（贵者尊仰也）"[⑨]，故"□□"译为"尊仰"。

[25] □：译为"昴"[⑩]，指二十八宿之一的昴宿。

[26] □□：译为"窃窃、谆谆"[⑪]。

[27] □：译为"虚"[⑫]，指二十八宿之一的虚宿，北方玄武七宿的第四宿，也称玄枵。

[28] □□：《同音》中译为"行走"[⑬]。《佛母大孔雀明王经夏梵汉藏合璧校释》中译为"游行"[⑭]。

[29] □□：译为"福禄"[⑮]。

[30] □□：译为"威仪"[⑯]。

[31] □：译为"星"，《同音》中"□□"译为"星宿"[⑰]。《文海》中"□□□□□□□□□□□□□□□□（星者星宿、星宿也，靠近天上日月宫门也）"[⑱]。《番汉合时掌中珠》中用"□□"表示"星宿"[⑲]。二十八宿之一，朱鸟七宿的第四宿，共七星。亦泛称二十八宿。

[32] □：译为"星"。

---

①《番汉合时掌中珠》，第 33 页。

②《番汉合时掌中珠》，第 12 页。

③《番汉合时掌中珠》，第 20 页。

④《番汉合时掌中珠》，第 14 页。

⑤《同音研究》，第 364 页。

⑥ 李范文：《同音研究》，宁夏人民出版社，1986 年，第 314 页。

⑦ 史金波、白滨、黄振华：《文海研究》，中国社会科学出版社，1983 年，第 169 页。

⑧ 王静如：《金光明最胜王经卷九夏藏汉合璧考释》，《西夏研究》第三辑，中研院史语所单刊甲种之十三，1933 年，第 252 页。

⑨《文海研究》，第 164 页。

⑩《番汉合时掌中珠》，第 12 页。

⑪《同音研究》，第 263 页。

⑫《番汉合时掌中珠》，第 11 页。

⑬《同音研究》，第 352 页。

⑭ 王静如：《佛母大孔雀明王经夏梵汉藏合璧校释》，《西夏研究》第一辑，中研院史语所单刊甲种之八，1932 年，第 220 页。

⑮《同音研究》，第 427 页。

⑯《同音研究》，第 232 页。

⑰《同音研究》，第 375 页。

⑱《文海研究》，第 262 页。

⑲《番汉合时掌中珠》，第 10 页。

[33] [illegible]：译为“危”[①]，指二十八宿之一的危宿。

[34] [illegible]：译为“毕”[②]，指二十八宿之一的毕宿。古人以为主兵主雨，故亦借指雨师。《宋史·天文志四》：“毕宿八星，主边兵弋猎。”[③]

[35] [illegible]：译为“房”[④]，指二十八宿之一的房宿。苍龙七宿之第四宿。有星四颗，即天蝎座的π、ρ、δ、β四星。古时以为主车马，故称之为天驷、房驷。《宋史·天文志三》载：“房宿四星，为明堂，天子布政之宫也，亦四辅也。下第一星，上将也；次，次将也；次，次相也；上星，上相也。南二星君位，北二星夫人位。”[⑤]古时以之象征天马。《晋书·天文志上》：“房四星……亦曰天駟，为天马，主车驾。”[⑥]唐·李贺《马诗》之四：“此马非凡马，房星本是星。”[⑦]

[36] [illegible]：《同音》译为“病患”[⑧]。

[37] [illegible]：译为“轸”[⑨]，指二十八宿之一的轸宿。

[38] [illegible]：译为“翼”[⑩]，指二十八宿之一的翼宿。

[39] [illegible]：译为“张”[⑪]，指二十八宿之一的张宿，又称“鹑尾”，朱雀七宿的第五宿，有星六颗，在长蛇座内。

[40] [illegible]：译为“鬼”[⑫]，指二十八宿之一的鬼宿，朱雀七宿的第二宿，有微弱的星四颗，皆属巨蟹座。鬼宿四星围形似柜，中有一星团，叫“积尸气”，也叫鬼星团。

[41] [illegible]：译为“秽”。《金光明最胜王经卷一夏藏汉合璧考释》中载：“[illegible]（有污秽者身洁净）。”[⑬]

译文：

详占

恭命刁判大人，庚寅虎，年三十七，九月十七日辰时生。寿命者，与大阳前相同。五体成，与夏花同开；六根齐全，与果实同成熟。得富人身者寿长远。观诸福祸，皆看命宫中吉凶、星强弱与否，及人根、福星、祖根、主宫星衰，得不得利益。知盛衰事依三纲，亦敬神，禄神、利神、凶神、野相、诸母宫吉凶等皆仔细推占如下：庚寅木年，丙戌土月，甲午金日，戊辰木时，戊寅土（月）怀胎。大轮一年运气，二百七十五日交运，大轮十年一行。大行己丑火宫，自三十二至四十二岁。

---

① 《番汉合时掌中珠》，第11页。
② 《番汉合时掌中珠》，第12页。
③ （元）脱脱：《宋史·天文志四》卷五一，中华书局，1977年，第1041页。
④ 《番汉合时掌中珠》，第11页。
⑤ （元）脱脱：《宋史·天文志三》卷五〇，中华书局，1977年，第1003页。
⑥ （唐）房玄龄：《晋书·天文上》卷一一，中华书局，1972年，第300页。
⑦ 全唐诗编委会：《全唐诗》（第12册）卷三九一，中华书局，1960年，第4404页。
⑧ 李范文：《同音研究》，宁夏人民出版社，1986年，第462页。
⑨ 《番汉合时掌中珠》，第12页。
⑩ 《番汉合时掌中珠》，第12页。
⑪ 《番汉合时掌中珠》，第12页。
⑫ 《番汉合时掌中珠》，第12页。
⑬ 王静如：《金光明最胜王经卷一夏藏汉合璧考释》，《西夏研究》第二辑，中研院史语所单刊甲种之十一，1933年，第26页。

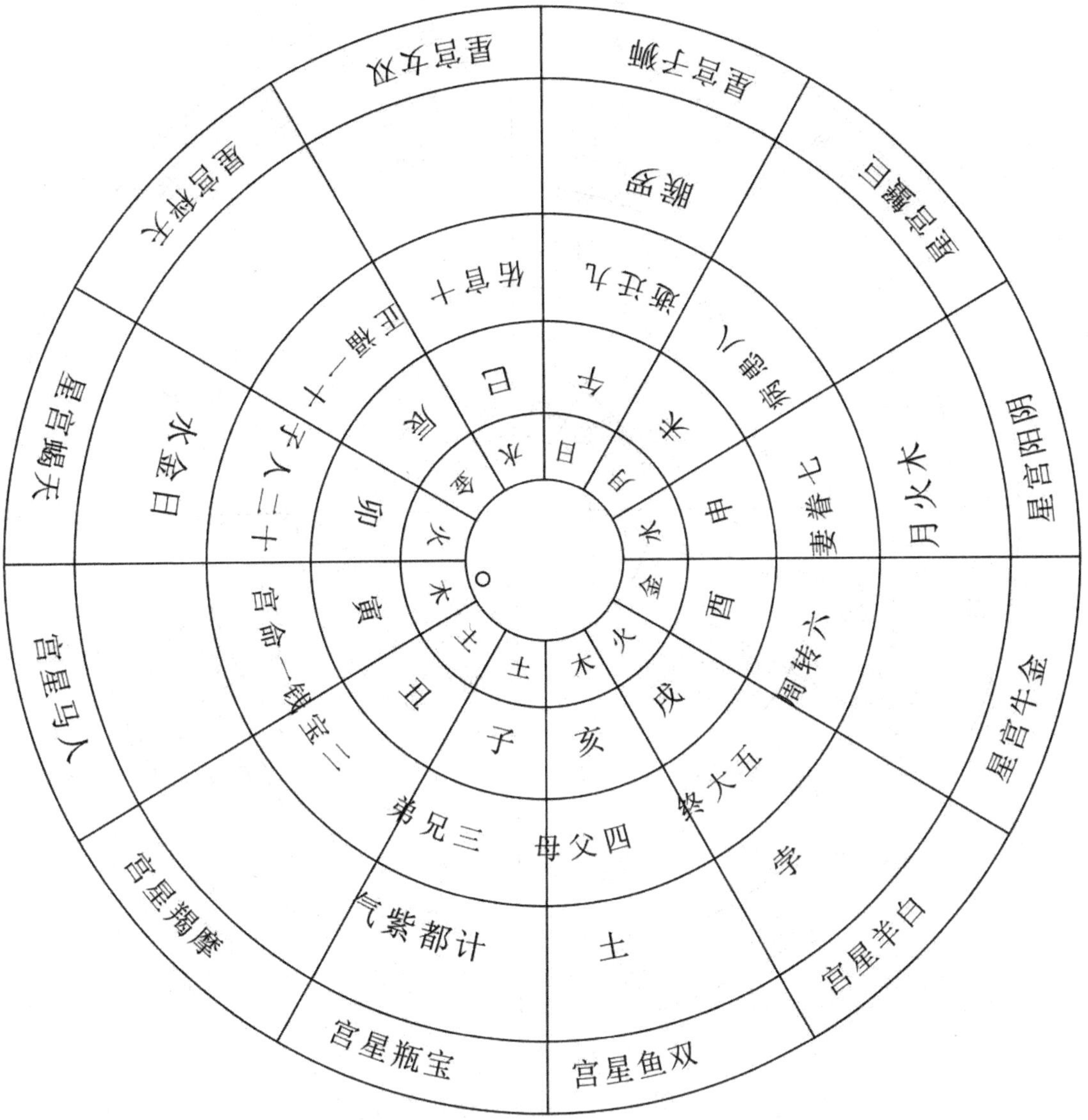

图 4 汉文对应的推算图一

依野相定性情贵贱。胎，午火宫，有壁宿、水涡；祖，丑草宫，有尾宿、火、虎；子，未园宫，有井宿、木、雁；命，卯林宫，有斗宿、木、蟹；身，酉刀宫，有觜宿、火、申。年岁者林、水，倦岁也。其宫内二年有壁宿、水涡、马、鹿、獐同宫。至十二岁，与羊、北雁一宫。自十三至二十二岁，与猕猴、猴同宫。自二十三至三十二岁，与鸡、乌鸦、鸡一宫。自三十二至四十二岁，与犬、麝、狼二宫住。自四十二至五十二岁，本宫内河与福海、大瓶一宫，上年福，无灾祸也。

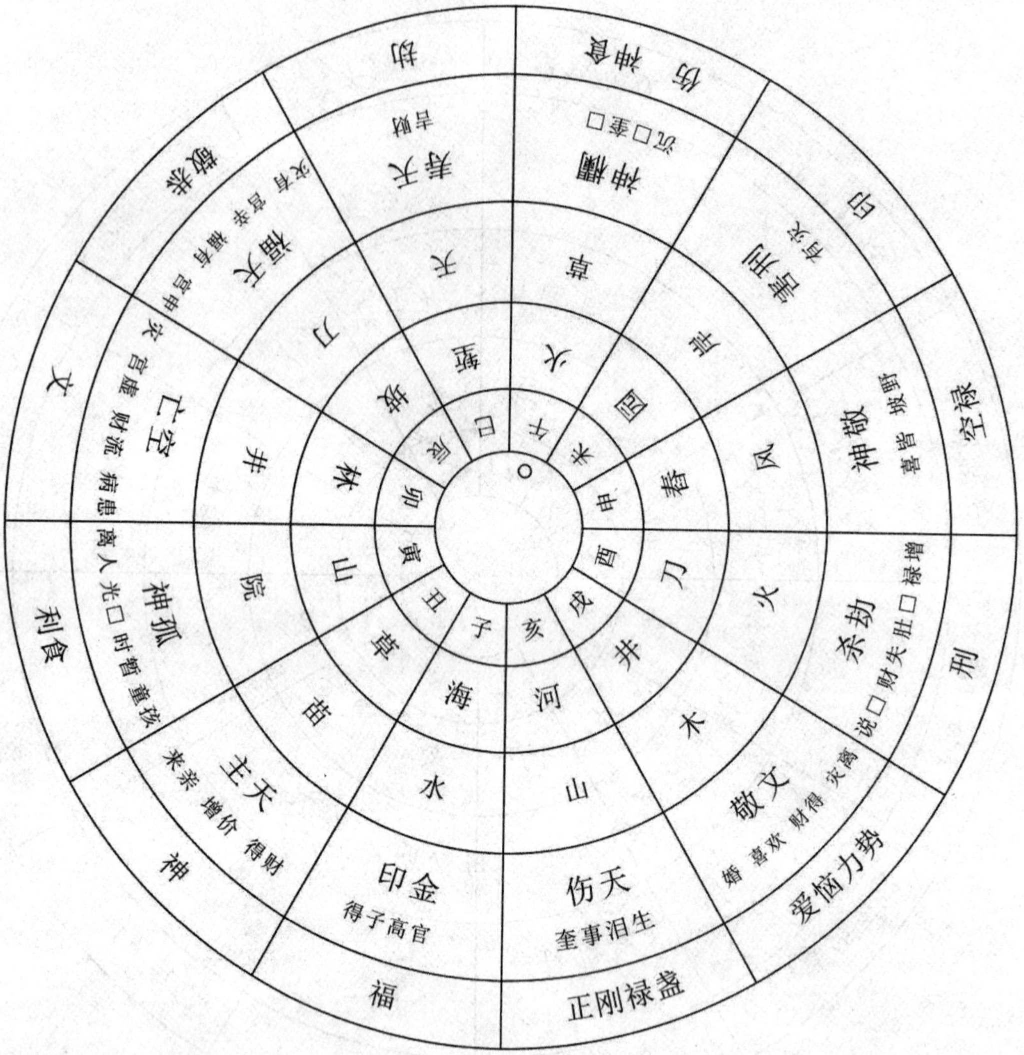

图 5 汉文对应的推算图二

五十二至六十二岁，鼠、气焰、燕子在海宫时，人见尊仰，所做获利。自六十二至七十二岁，壁宿，水涡、牛、蟹、牲畜同一宫。有草、苗时，昂宿，豹、虎也。人谆谆，虚宿，言不聪，谋颂。壁宿、水涡、星性聪明伶俐。行走，体美，善言。喜吃甜食，喜近花。至河海宫福禄大。壁宿、水涡者至戌宫时，丽也。仙集大奇，依卜：一命宫，午，壁宿、水、涡；二宝钱，巳，星宿、日、马；三兄弟，翼宿，日、马、龙；四父母，卯，危宿，诸月；五大巫，寅，毕宿，月、雁；六转周，丑，房宿，水、猴；七妻妾，子，觜宿，火、猕猴；八病患，亥，轸宿，水、生；九迁逝，戌，翼宿，火、蛇；十官福，酉，张宿，月、鹿；十一福德，申，鬼宿，金、羊；十二人秽，未，房宿，水、猴。

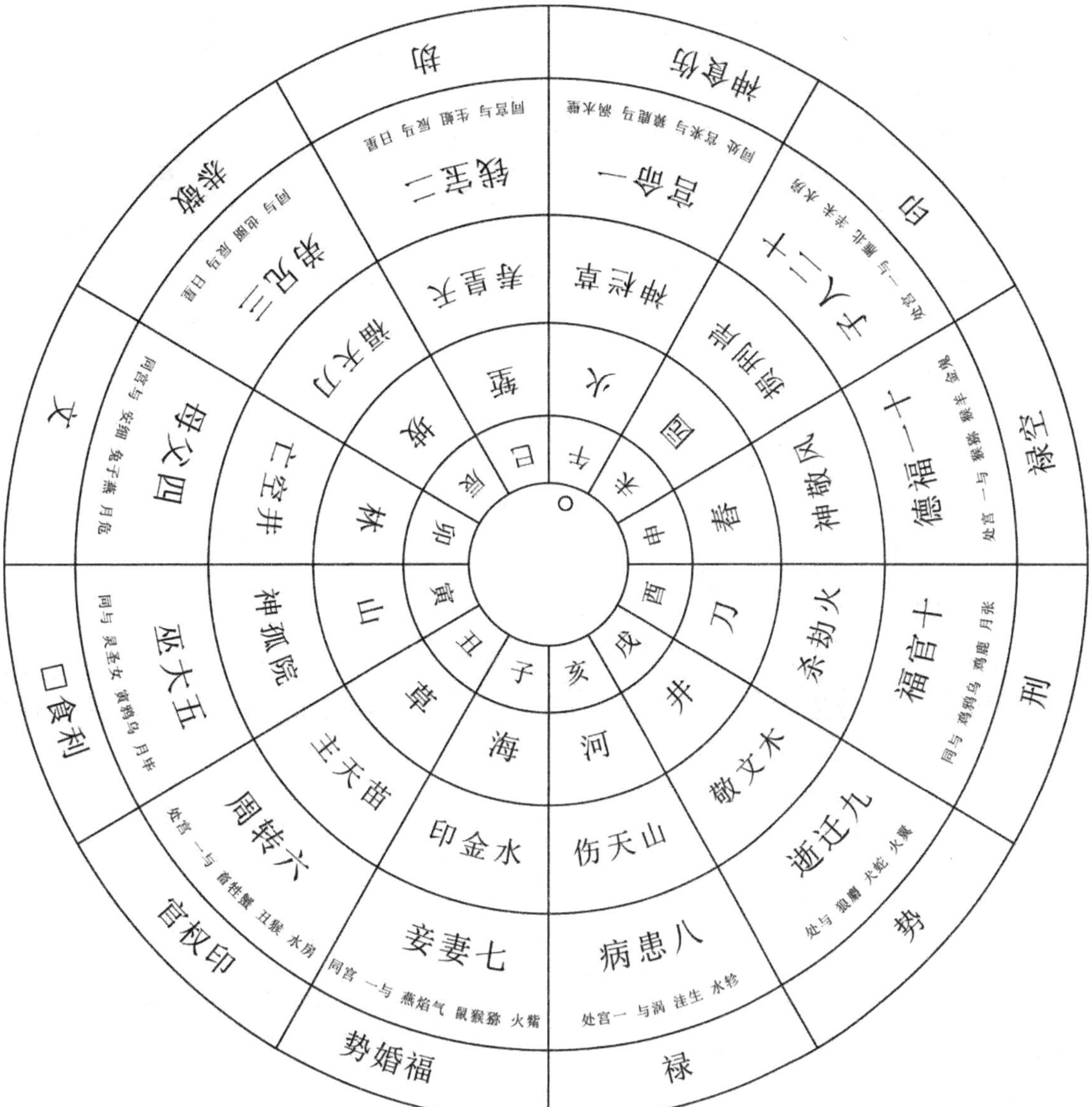

图 6 汉文对应的推算图三

校勘：

[1]此字原为“[illegible]”，无涂改痕迹，据下文意思，误，应为“[illegible]”。

[2]“[illegible]”三字写在“[illegible]”二字旁，无涂抹痕迹，存疑。

[illegible][1][illegible]①[illegible] 14-4-6 [illegible][2][illegible][3][illegible] 14-4-7

译文：

命宫为人马星宫，木星全宫，生时居果宫，日为同宫内见木、火、月三星，和宫内见罗睺、孛星等。

---

① 史金波先生在翻译《大轮七年星占书残页》文书是有“自身成柱，月癸亥水苗，日戊午火花 ，时癸丑木果，胎甲寅水根”，彭向前在《一件西夏文星命占卜文书的历学价值》中有：所谓“根、苗、花、果”，借喻年、月、日、时之关系，“又曰年为根，月为苗，日为花，时为实，故苗无根不生，实无花不结。所以遁月从年，遁时从日”。

注释：

[1] [illegible]：“[illegible]”译为“人马”①，“[illegible]”译为“星宫”②，故“[illegible]”可译为“人马星宫”。人马星宫为黄道十二宫之一。《蕃汉合时掌中珠》中载有黄道十二宫名称，③其中将室女宫称为双女宫。笔者认为《蕃汉合时掌中珠》中记录有全部十二星宫的名称，详见下文“阴阳星宫”注释。

[2] [illegible]：“[illegible]”译为“罗睺星”④。印度天文学把黄道和白道的降交点叫做罗睺，升交点叫做计都，同日、月和水、火、木、金、土五星合称九曜。因日月蚀现象发生在黄白二道的交点附近，故又把罗睺当作食（蚀）神。印度占星术认为罗睺有关人间祸福吉凶。辽代希麟《续一切经音义》卷六《最胜无比大威德金轮佛顶炽盛光陀罗尼经》内“罗睺”注称：“罗睺即梵语也，或云摆护，此云暗障，能障日月之光，即暗曜也。”⑤宋代沈括《梦溪笔谈·象数一》：“故西天法：罗睺、计都皆逆步之，乃今之交道也。交初谓之罗睺。”⑥随后出现了月孛、紫气，占星术中将罗睺、计都、月孛、紫气合称为“四余”。古代将“四余”、五星、日、月和称“十一曜”，与黄道十二宫相结合来推算人命。元代马端临《文献通考》卷二百二十《经籍考》中著录有：“《秤星经》三卷。晁氏曰：不著撰人。以日、月、五星、罗睺、计都、紫气、月孛十一曜，演十二宫宿度，以推人贵贱、寿夭、休咎，不知其术之所起，或云天竺梵学也。”⑦这里的晁氏即南宋目录学家晁公武。宋代王应麟在《困学纪闻》卷九“历数”中提到：“以《十一星行历》推人命贵贱，始于唐贞元初都利术士李弥干。”⑧可见唐时已用十一曜进行占卜。

[3] 寄：“聚寄”译为“月孛”⑨，指孛星，彗星。《汉书·五行志下之下》：“北斗，人君象；孛星，乱臣类，篡杀之表也。”⑩《晋书·天文志中》：“二曰孛星，彗之属也。偏指曰彗，芒气四出曰孛……晏子曰：‘君若不改，孛星将出，彗星何惧乎！’由是言之，灾甚于彗。”⑪旧时星相术士亦以指灾厄之星，是占星术中的“四余”之一。

译文：

一定人马星宫命宫也，木星全主宫，至生时实宫有日也。同宫内见木、火、月三星，和宫内见罗睺、孛星等。

[illegible][1][illegible]」14-4-8 [illegible][2]/[illegible][3][illegible]」14-5-1

注释：

[1] [illegible]：“[illegible]”译为“阴阳”⑫，“[illegible]”译为“星宫”⑬，故“[illegible]”译为“阴阳星

---

①《番汉合时掌中珠》，第15页。
②《番汉合时掌中珠》，第21页。
③《番汉合时掌中珠》，第15页。
④《番汉合时掌中珠》，第17页。
⑤《大正新修大藏经》第54册No. 2129《续一切经音义》卷六，第75页。
⑥（宋）沈括著、胡道静校：《梦溪笔谈校证》，上海古籍出版社，1987年，第312页。
⑦（元）马端临：《文献通考·经籍考四十七》卷二二〇，中华书局，1986年，第1781页。
⑧（宋）王应麟著，（清）翁元圻等注，栾保群、田松青、吕宗力校点：《困学纪闻·历数》（全校本）卷九，上海古籍出版社，2008年，第1147页。
⑨《番汉合时掌中珠》，第17页。
⑩（汉）班固：《汉书·五行志下之下》卷二七，中华书局，1962年，第1511页。
⑪（唐）房玄龄：《晋书·天文中》卷一二，中华书局，1972年，第323页。
⑫《番汉合时掌中珠》，第40页。
⑬《番汉合时掌中珠》，第21页。

宫”，即“双子宫”，黄道十二宫之一。《番汉合时掌中珠》中有“[illegible]（阴阳）”、“[illegible]（十二星宫）”①，此文书出现了“阴阳星宫”，而前辈学者认为《蕃汉合时掌中珠》中仅有十一个星宫名（缺双子宫），笔者认为西夏时期称“双子宫”为“阴阳星宫”，《蕃汉合时掌中珠》中记录了完整的十二星宫名称。

[2] [illegible]：“[illegible]”译为“紫檀星”②，故“[illegible]”可译为“紫”，指紫气，“四余”之一。

[3] [illegible]：“[illegible]”译为“计都星”③，故“[illegible]”译为“计都”，“四余”之一，旧时星命家以为它们均主灾咎。前蜀杜光庭《奉化宗祐侍中黄箓斋词》：“飞宫遇于计都，天符临于生月，恐为灾滞，志在懺祈。”④

译文：

阴阳星宫身宫也。水星全主宫，至生时弱宫内，其宫内有木、金、月，和宫见紫气、计都等。

[illegible] 14-5-2 /[illegible] 14-5-3

译文：

人根福者水星也，生时人秽弱，宫内福禄过。强，或成或毁，日、金、水同宫，则福也。

[illegible] 14-5-4 [illegible] 14-5-5

译文：

人根印星者，水星也，弱，宫内依印少财神，然与日同宫，则印精也。依此则福神俱聚也。

[illegible][1][illegible] 14-5-6 [illegible] 14-5-7 [illegible] 14-5-8 [illegible][2][illegible] 14-5-9 [illegible][3][illegible] 14-5-10

注释：

[1] [illegible]：“[illegible]”译为“天蝎”⑤，“[illegible]”译为“星宫”⑥，故“[illegible]”译为“天蝎星宫”，黄道十二宫之一。

[2] [illegible]：译为“大阴”⑦，又称“太阴”，指月亮。唐代杨炯《盂兰盆赋》：“太阴望兮圆魄皎，阊阖开兮凉风嫋。”⑧

[3] [illegible]：译为“喜欢”。《金光明最胜王经卷八夏藏汉合璧考释》中有“[illegible]（常生喜欢心）”⑨。

①《番汉合时掌中珠》，第 18、40、21 页。
②《番汉合时掌中珠》，第 17 页。
③《番汉合时掌中珠》，第 17 页。
④（清）董诰等编：《全唐文》（第 6 册）卷九三四，山西教育出版社，2002 年，第 5740 页。
⑤《番汉合时掌中珠》，第 15 页。
⑥《番汉合时掌中珠》，第 21 页。
⑦《番汉合时掌中珠》，第 17 页。
⑧（唐）杨炯：《杨炯集》卷一，中华书局，1980 年，第 15 页。
⑨ 王静如：《金光明最胜王经卷八夏藏汉合璧考释》，《西夏研究》第三辑，中研院史语所单刊甲种之十三，1933 年，第 212 页。

译文：

三方主者金、火、月。始主金者，天蝎星宫，人秽，宫内二十五年，虽弱然与日同宫，则福也，无灾祸也。仲主火星，居两宫，则自二十六至五十一岁无灾，为福也。末主大阴，二十五年，自五十一至七十五岁，有福，官升进财，有喜事，大利。

[illegible]」14-5-11 [illegible]」14-5-12 [illegible]」14-5-13 [illegible] 14-5-14

译文：

三福星者，火星者天上福星，主官位也，居贵宫则升官进财。土星者地下福星，主宝物，居上鬼则宝物聚集也。金星主全乐，居弱宫则五行不全，有祸，先前病患减轻。

院内全少有灾祸。

[illegible]」14-5-15 [illegible]」14-5-16 [illegible](1)[illegible]」14-5-17 [illegible][1][illegible][2][illegible]」14-6-1 [illegible][3][illegible]」14-6-2 [illegible][4][illegible][5][illegible] 14-6-3

注释：

[1] [illegible]：“[illegible]”译为“狮子”①，“[illegible]（星宫）”②，故“[illegible]”译为“狮子星宫”，黄道十二宫之一。

[2] [illegible]：“[illegible]”译为“玉”，“[illegible]”译为“北斗”③，故“[illegible]”译为“玉斗”，指北斗星。李白《秋夜宿龙门香山寺奉寄王方城十七丈奉国莹上人从弟幼成令问》诗：“玉斗横网户，银河耿花宫。”④白居易《洛川晴望赋》：“金商应律，玉斗西建。”⑤金杨云翼《应制白兔》诗：“光摇玉斗三千丈，气傲金风五百霜。”⑥

[3] [illegible]：译为“白羊星宫”，“[illegible]”译为“白羊”⑦，“[illegible]（星宫）”⑧，故“[illegible]”译为“白羊星宫”，黄道十二宫之一。

[4] [illegible]：《同音》中译为“多增”⑨。

[5] [illegible]：《同音》中译为“牢固”⑩。《金光明最胜王经卷六夏藏汉合璧考释》中载“[illegible]（坚固地神）”⑪。

---

①《番汉合时掌中珠》，第 15 页。

②《番汉合时掌中珠》，第 21 页。

③《番汉合时掌中珠》，第 10、17 页。

④ 全唐诗编委会：《全唐诗》（第 5 册）卷一七二，中华书局，1960 年，第 1767 页。

⑤ 周绍良主编：《全唐文新编》（第 3 部第 3 册）卷六五六，吉林文史出版社，2000 年，第 7426 页。

⑥ 阎凤梧、康金聲主编：《全辽金诗》，山西古籍出版社，1999 年，第 1807 页。

⑦《番汉合时掌中珠》，第 15 页。

⑧《番汉合时掌中珠》，第 21 页。

⑨《同音研究》，第 449 页。

⑩《同音研究》，第 475 页。

⑪ 王静如：《金光明最胜王经卷六夏藏汉合璧考释》，《西夏研究》第三辑，中研院史语所单刊甲种之十三，1933 年，第 26 页。

译文：

命宫人马星宫内十五年，本宫无星。宫主木星者，居财宫则多福也。同宫阴阳星宫内木、火、月三星同宫。火者凶星也，或成或毁，和宫内有罗睺星。狮子星宫性室，则福多也。何缘玉斗晦言一星入室，则三公福禄悬也。白羊星宫内有孛星，有小灾，根本多木星，担利益，福命牢也。

校勘：

[1]原文作“[illegible]”，意为“制、作、做”，误。根据上下文意，应改为“[illegible]”，意为“恶、凶”。

[illegible]」14-6-4 [illegible]」14-6-5 [illegible]」14-6-6

译文：

十六岁至天蝎星宫，使者宫也，其宫内日、金、水三星同宫。虽是弱宫，然星星时福也。和宫有土星，则生福，人之灾祸轻也。此宫内十年。

[illegible]」14-6-7 [illegible]」14-6-8 [illegible]」14-6-9 [illegible] 14-6-10

译文：

伏南方福德宫内十一年，虽本宫内无星，然同宫内有孛星，三和宫内有紫气、计都星、木、火、月等，布六星中两年不安稳，孛星数也。其十一年之中或成或毁，有灾祸。

[illegible]」14-6-11 [illegible]」14-6-12 [illegible][1] [illegible]」14-6-13 [illegible]」14-6-14 [illegible]」14-6-15 [illegible][2] [illegible]」14-7-1 [illegible][3] [illegible]」14-7-2 [illegible]」14-7-3 [illegible]」14-7-4 [illegible]」14-7-5 [illegible]」14-7-6 [illegible][4] [illegible]」14-7-7 [illegible]」14-7-8 [illegible]」14-7-9 [illegible]」14-7-10 [illegible]」14-7-11 [illegible]」14-7-12 [illegible]」14-7-13 [illegible]」14-7-14 [illegible]」14-7-15 [illegible]」14-7-16 [illegible](1) [illegible]」14-8-1 [illegible]」14-8-2 [illegible](2) [illegible]」14-8-3 [illegible]」14-8-4 [illegible]」14-8-5 [illegible]」14-8-6 [illegible]

[illegible]」14-8-7 [illegible](3)[illegible]」14-8-8 [illegible]」14-8-9 [illegible][redacted][illegible]」14-8-10 [illegible]」14-8-11 [illegible](4)[illegible]」14-8-12 [illegible]」14-8-13 [illegible]」14-8-14 [illegible](5)[illegible]」14-8-15 [illegible]」14-8-16 [illegible]」14-8-17 [illegible]」14-9-1 [illegible]」14-9-2 [illegible](6)[illegible]」14-9-3 [illegible]」14-9-4 [illegible][5][illegible]」14-9-5 [illegible]」14-9-6 [illegible]」14-9-7 [illegible]」14-9-8 [illegible][6]」14-9-9 [illegible]」14-9-10 [illegible]」14-9-11 [illegible]」14-9-12 [illegible][7][illegible]」14-9-13 [illegible]」14-9-14 [illegible] 14-9-15

注释：

[1] [illegible]：“[illegible]”译为“双女”①，故“[illegible]”译为“双女星宫”，黄道十二宫之一。

[2] [illegible]：“[illegible]”译为“摩羯”②，故“[illegible]”译为“摩羯宫”，即摩羯星宫，黄道十二宫之一。

[3] [illegible]：“[illegible]”译为“双鱼”③，故“[illegible]”译为“双鱼星宫”，黄道十二宫之一。

[4] [illegible]：译为“参”④，指二十八星宿之一的参宿，西方白虎七宿的末一宿，即猎户座的七颗亮星。

[5] [illegible]：“[illegible]”译为“金牛”⑤，故“[illegible]”译为“金牛宫”，即金牛星宫，黄道十二宫之一。

[6] [illegible]：“[illegible]”译为“天秤”⑥，故“[illegible]”译为“天秤星宫”，黄道十二宫之一。

[7] [illegible]：“[illegible]”译为“宝瓶”⑦，故“[illegible]”译为“宝瓶星宫”，黄道十二宫之一。

译文：

三十七至五十一岁，十五年居本宫，同宫无星，除土星外，三和宫无星。其十五年内除有土星，祸福均有。本宫双女星宫内虽无吉凶星，然主宫水星者，虽在弱宫内，然不与日同，则福也。二年之中无灾祸。依行年，三十七岁人马宫、木星宫得利益，居宫为福。三十八虽行年至摩羯宫，无星，土、日宫为小灾。三十九岁双鱼星宫内二年居土星。四十一岁，依行年，三十九岁入土星一年，四十岁入

① 《番汉合时掌中珠》，第 15 页。
② 《番汉合时掌中珠》，第 15 页。
③ 《番汉合时掌中珠》，第 15 页。
④ 《番汉合时掌中珠》，第 12 页。
⑤ 《番汉合时掌中珠》，第 15 页。
⑥ 《番汉合时掌中珠》，第 15 页。
⑦ 《番汉合时掌中珠》，第 15 页。

白羊星宫内，一年有孛星。四十一岁此二年避免病患。后食禄不顺，应慎行，方能搏灾挽福。大运自三十二至四十一岁，庚寅火宫内有参宿。小运年三十七岁居壬寅金宫，三十八岁至癸卯，三十九岁至甲辰。四十岁至乙巳宫。四十一岁至丙午，四十二岁至丁未。四十一岁至四十二岁，一年状宫内无吉凶星，祸福皆无。四十二岁至摩羯宫，无吉凶星，祸福皆无。四十三岁至和宫至双女星宫。四十五岁二年内无吉凶星，福祸皆无。四十五岁福渐入宫内。四十七岁二年居土星，本和福气，人暂有大厄，不死不精，本宫内巳蛇土星，二十九岁有月星，此二年中多灾厄，不死也。善根福侧，则获利也。四十七岁三□宫内各自居一年也，无吉凶星，则福祸皆无也。四十九岁入本宫双女星宫内，无吉凶星，则福祸皆无也。五十一岁，自五十一至五十二岁，一年居土星，此一年之中避免利事、病患，应不求利也。则土星过遮蔽灾祸也。大运四十二岁至五十二岁至辛卯木宫内，多灾祸、少言也。小运四十二至四十三岁，一年居戊申宫，主驿马。四十三岁至四十四岁一年在乙酉土宫，阳刃文神不来。四十四至四十五岁，壬戌金宫有金梨禄也。四十五至四十六岁，一年全居辛亥金宫，全和日也。四十六至壬子木宫内。四十七岁，四十七岁至四十八岁一年居癸丑木宫。四十八至四十九岁，一年居甲寅水宫。四十九至五十岁，一年在乙卯宫。五十至五十一岁居丙辰火宫。五十一至五十二岁，一年居丁巳火宫。五星依行年，四十一至四十二岁，一年居白羊星宫，一年有孛星。四十二至四十三岁，一年居金牛宫，无吉凶星。四十三至四十四岁，一年居阴阳星宫，其宫内有木、火、月三星。四十四至四十五，一年居狮子宫内，此宫内有罗睺星，室宫也。四十五至四十六岁，一年入双女星宫内，无星。四十六岁，入天秤星宫一年。四十七岁入天蝎星宫内，一年有日、金、水三星。四十九岁入人马宫内一年。五十岁入摩羯星宫内一年。五十一岁入宝瓶星宫一年，其宫内有紫气、计都二星，吉凶星也。依野相，二宫中有壁宿、水涡、木、器。自四十二至六十二岁二十年内，高官得财，灾祸弱，福也。

校勘：

[1]原文作“[illegible]”，意为“蛇、巳”，与前一字重复，疑为误写。

[2]此处似缺一字，原文有空隙。

[3]此字应为改“[illegible]”字之误。

[4]此字后有“[illegible]”，根据上下文意，应为衍字，故不录。

[5]此字边上有两字，似为“[illegible]”，意为“午火”。似为更改“[illegible]”二字。存疑。

[6]此字前有一字看不清，似为“[illegible]”字的误写，后涂掉。

[illegible]/[illegible]」14-9-16 [illegible]/[illegible]/[illegible]」14-10-1/[illegible]/[illegible]/[illegible]」14-10-2 [illegible]/[illegible]」14-9-16 [illegible]/[illegible]」14-10-3 [illegible]/[illegible]」14-10-4 [illegible]/[illegible]/[illegible][1]/[illegible][2][illegible]」14-10-5/[illegible](1)[illegible]/[illegible]」14-10-6/[illegible]/[illegible]/[illegible]/[illegible]」14-10-7 [illegible]/[illegible]」14-10-8 [illegible]/[illegible]/[illegible]」14-10-9 [illegible]/[illegible]/[illegible]」14-10-10/[illegible]/[illegible][3][illegible][4][illegible]」14-10-11 [illegible]/[illegible](2)[illegible](3)[illegible]/[illegible]」14-10-12 [illegible]/[illegible]/[illegible]」14-10-13 [illegible]/[illegible]/[illegible]/[illegible]」14-10-14 [illegible]/[illegible]/[illegible]/[illegible]/[illegible]」14-10-15 [illegible]/[illegible]」14-10-16 [illegible]/[illegible]

[illegible]/[illegible]」14-10-17 [illegible]/[illegible]/[illegible]」14-11-1 [illegible]/[illegible]」14-11-2 [illegible]/[illegible]/[illegible]」14-11-3 [illegible]/[illegible]/[illegible]」14-11-4 [illegible]/[illegible][5]/[illegible]」14-11-5 [illegible]/[illegible]/[illegible]」14-11-6 [illegible]/[illegible]/[illegible]」14-11-7/[illegible][6][illegible]/[illegible]」14-11-8 [illegible]」14-11-9 [illegible]/[illegible]/[illegible]」14-11-10 [illegible]/[illegible]/[illegible]/[illegible]」14-11-11 [illegible]/[illegible]/[illegible]」14-11-12 [illegible]/[illegible]/[illegible]/[illegible]/[illegible]」14-11-13/[illegible]/[illegible]」14-11-14

注释：

[1] [illegible]：“[illegible]”译为“世间扬名”①。故“[illegible]”译为“扬名”。

[2] [illegible]：译为“增”。《文海》中有“[illegible]（益者得增上利之谓）”②，《同音》译为“殊胜”③。

[3] [illegible]：译为“和合”④。

[4] [illegible]：译为“所作”。《金光明最胜王经卷九夏藏汉合璧考释》中有“[illegible]（所作皆随意）”⑤。

[5] [illegible]：译为“安稳”⑥。

[6] [illegible]：“[illegible]”译为“巨蟹”⑦，故“[illegible]”译为“巨蟹星宫”，黄道十二宫之一。

译文：

一定自五十二生福至六十岁生福，八年迁驿宫内，入狮子星宫，其宫内罗睺星室宫也。缓见宝瓶星宫内有紫气、计都二星，三和宫内有孛星。五十二岁生福过，迁驿宫入狮子星宫也，其宫内罗睺星主室。自五十二生福至五十四岁生福，二年之中官高得财，名扬四方，福德殊也。五十四岁生福过，慢见入宝瓶星宫，其宫内有紫气、计都等星，福始也，植少、亲近全失财，有灾祸也。至五十六岁生福也。自五十六生福至五十八岁生福，二年之中门下心不乐，有言语。五十八岁生福过。至六十岁生福，和宫、本宫来狮子宫内，其宫内有罗睺星，二年之中官高得财，福德和合，所做得利，喜欢所获。大行在壬辰土宫内，自五十二生福至六十一岁生福，有九年。小行年五十二岁生福过，在戊午宫。五十三岁生福过，至己未宫，敬神垢从。五十四岁生福过，至庚申木宫，禄、马全从。五十五岁至辛酉宫，或成或毁。五十六岁生福，在壬戌金、梨、禄宫。五十七岁生福过，至癸亥。五十八岁生福过，至甲子金宫。五十九岁生福过，至乙丑金宫。六十岁生福过，至丙寅火宫。六十一岁生福过，至丁卯宫。依五星行年，五十二岁生福过，入双鱼星宫，其宫内有土星，心应轻也。五十三岁生福过，入白羊星宫内，一年有孛星，门下心不安稳。五十四岁生福过，入金牛星宫内，一年无吉凶星。五十五岁

---

①《番汉合时掌中珠》，第55页。
② 史金波、白滨、黄振华：《文海研究》，中国社会科学出版社，1983年，第292页。
③ 李范文：《同音研究》，宁夏人民出版社，1986年，第231页。
④《番汉合时掌中珠》，第40页。
⑤ 王静如：《金光明最胜王经卷九夏藏汉合璧考释》，《西夏研究》第三辑，中研院史语所单刊甲种之十三，1933年，第246页。
⑥ 李范文：《同音研究》，宁夏人民出版社，1986年，第268页。
⑦《番汉合时掌中珠》，第15页。

生福过，入阴阳星宫内，一年有木、火、月三星，吉多灾少。五十六岁入巨蟹星宫内，其宫内无吉凶星也。五十七岁生福过，入狮子星宫内，其宫内有罗睺星，主室宫，福也，官高得财。五十八岁生福过，入双女星宫内，其宫内无吉凶星，福祸皆无。

五十九生福过，入天秤星宫内，一年无吉凶星，福祸不为也。六十岁生福过，入天蝎星宫内，其宫内有日、金、水三星，福多也。六十一岁生福过，入人马宫内，虽无星，然主宫得宫。

校勘：

[1]原文作"[illegible]"，误，根据上下文意，应为"[illegible]"，今改之。

[2]此字写在"[illegible]"字旁边，根据上下文意应为更改"[illegible]"字，故改之。

[3]"[illegible]"字写在"[illegible]"字旁边，应更改为 "[illegible]"字，但据上下文意此处应为"[illegible]"，意为"土"，因为大运是按五行运作的，此处应为土宫，故改为"[illegible]"。

[4]此字模糊不清，但根据上下文意应为"[illegible]"，意为"九"。

[illegible]/[illegible]」14-11-15 [illegible]/[illegible]/[illegible]」14-11-16 [illegible]/[illegible]/[illegible]/[illegible]」14-11-17 [illegible]/[illegible]/[illegible]」14-12-1 /[illegible]」14-12-2 [illegible]/[illegible]/[illegible]」14-12-3 [illegible]/[illegible]」14-12-4 /[illegible]/[illegible]/[illegible]」14-12-5 /[illegible]/[illegible]」14-12-6 /[illegible]/[illegible]」14-12-7 [illegible]/[illegible]/[illegible]/[illegible]/[illegible]」14-12-8 [illegible]/[illegible]」14-12-9 [illegible]/[illegible]/[illegible]/[illegible]」14-12-10 [illegible]/[illegible]/[illegible]」14-12-11 [illegible]」14-12-12 /[illegible]/[illegible]」14-12-13 [illegible]」14-12-14 [illegible]/[illegible]/[illegible]」14-12-15 [illegible]/[illegible]/[illegible]」14-12-16 [illegible]」14-12-17

译文：

一定自六十生福至六十七岁生福，属病患宫巨蟹星宫，其宫内七年在本宫，慢见无诱星，三和宫内有土星及日、金、水四星。六十岁生福过，入巨蟹宫内，有二年无吉凶星，则福祸皆无。六十二岁生福过，慢见入人马星宫内，虽有二年无吉凶星，然主宫木星得宫时，有福也。六十四岁生福过，入双鱼星宫内，一年有土星，少有灾祸。六十五岁和宫入天蝎宫内，有日、金、水三星，福也。六十六岁入和宫、本宫内，一年祸福皆无也。五星小行年，六十二岁生福过，入摩羯宫内，无凶少吉。六十三岁生福过，入宝瓶宫内，有紫气、计都等星。六十四岁生福，入双鱼宫。至六十五岁变，一年有土星，有灾祸，不死。六十五岁生福过，入白羊宫，至六十六岁变，一年有孛星，门下不安稳，孛星也。自六十六岁生福变，金牛宫内。至六十七岁生福变，一年无吉凶星也。大行自六十二岁生福变，在癸巳水宫。小行年六十二岁生福过，至戊辰木宫。六十三岁生福过，至己巳木宫。六十四岁生福过，至庚午土宫。六十五岁生福过，至辛未土宫。六十六岁生福过，至壬申金宫。六十七岁生福过，在癸酉金宫，暂有吉受用，应少。

[illegible]」14-12-18 [illegible][1][illegible]/[illegible]/

[illegible]」14-13-1 [illegible]」14-13-2 [illegible] [redacted] [illegible]」14-13-3 [illegible]」14-13-4 [illegible]」14-13-5 [illegible]」14-13-6 [illegible][2] [illegible] [redacted] [illegible]」14-13-7 [illegible]」14-13-8 [illegible]」14-13-9 [illegible](1) [illegible]」14-13-10 [illegible]」14-13-11 [illegible]」14-13-12 [illegible]」14-13-13 [illegible]」14-13-14 [illegible]」14-13-15 [illegible]」14-13-16 [illegible](2)」14-14-1 [illegible]□□(3) [illegible]」14-14-2 [illegible]」14-14-3 [illegible]」14-14-4 [illegible]」14-14-5 [illegible][3] [illegible]」14-14-6 [illegible]」14-14-7 [illegible] 14-14-8

注释：

[1] 原文确为“[illegible]”二字，但此处应为某星宫，是否西夏时期某宫也称为“妻妾宫”？存疑。

[2] [illegible]：《同音》译为“时时”①（同34A3）。《文海》载：“[illegible]（时者时时也，时时也，续不绝之义是）（海37.143）。”②

[3] [illegible]：译为“丽龙”，此词仅见于聂斯克的《西夏语文学》第Ⅰ卷第548页。《同音》译为“蛟龙、螭龙”③。

译文：

自六十七至七十八岁福至，十一年入妻妾宫内，其间本宫阴阳星宫内，二年木、火、月三星同宫，吉凶双行。六十九岁生福过，入人马宫内，二年虽无星，然主宫木星所生时得宫，在宫则福也。七十一岁生福过，入宝瓶宫内，一年有紫气及计都星等，福祸双有。七十二岁生福过，入天秤宫内，无吉凶星。七十三岁生福过，入本宫阴阳宫内，有木、火、月三星，五亲作福同宫，因盛时死亡小，长寿也。小行年六十七岁生福过，入阴阳宫内，一年有木、火、月三星。六十八岁生福，入巨蟹宫内，无吉凶星。六十九岁生福过，入狮子宫内，其宫内罗候星入室，福也。七十岁生福过，入双女宫，无星。七十一岁生福过，至天秤宫，无星。七十二岁生福过，入天蝎宫，日、金、水三宫同，福也。七十三岁生福过，入人马宫，主宫得宫。七十四岁生福过，摩羯宫内，无星。七十五岁生福，入宝瓶宫内，有紫气、计都等，福祸双也。七十六岁入双鱼宫，有土星，多灾祸也。大行七十二岁生福，至甲午金宫内。小行六十八岁生福过，在甲戌宫。六十九岁生福过，在乙亥宫。七十岁生福过，丙子宫恶□□。七十一岁生福过，在丁丑宫。七十二岁生福过，在戊寅土宫。七十三岁生福过，在己卯宫。七十四岁生福过，在庚辰金宫。七十五岁生福过，在辛巳宫，则有祸，心轻也，野相亦应少。六十二岁生福过，至丑草宫内，时丽龙也。七十二岁生福变过，与虎豹斑鹿不同，则寿终也。

---

① 李范文：《同音研究》，宁夏人民出版社，1986年，第367页。

② 史金波、白滨、黄振华：《文海研究》，中国社会科学出版社，1983年，第202页。

③ 李范文：《同音研究》，宁夏人民出版社，1986年，第331页。

校勘：

[1]原文脱“[illegible]”字，根据上下文意，今补之。

[2]此字后似有一“[illegible]”，有涂改，故不录。

[3]此处有缺损，有三个字看不清。

二　5722号文书考定及其所反映的西夏文化

（一）　文书性质、时间及占卜人考

1．文书性质与定名

关于此文书的定名，学界有不同见解，一种定名为“谨謾”，另一种定名为“谨算”。文书开始有“[illegible][illegible]”二字应为书题，“[illegible]”为“谨、畏”之意，《文海·杂类》释曰：“谨者恭谨也，惧也，恐也，惊怕也，畏惧之谓也”①；“[illegible]”为“算、卜”之意，而《文海》中释“算”曰：“算者算数也，根茎也，使有无分明之谓也”②，故此处取“占卜”意最为合适。故“[illegible][illegible]”应译为“详占”。文中详细记载了一个人的占卜信息。此次占卜运用了天干地支四柱推命法、十二星次、分野、二十八宿、十一曜及黄道十二星宫等相结合的星命术推命方法，推算了此人一生的命运，根据大运、小运详细推算了每一年的运程。

文中还附有三幅图，这些图既不是先前学者们认为的法术图，也不是十二生肖图，而是推算图。此图将四柱、十二星次、分野、二十八宿、十一曜与黄道十二星宫等相结合，根据时间的推移推算此人每个流年的运程。

2．文书年代考

由于5722号文书之前从来未被释读，学界只是认为其为西夏时期的占卜文献，本文通过对5722的释读，结合文书的内容及相关资料，对该文书的书写年代作出判断。

文书记载了一个生于九月十七的人，此人属虎，生辰八字为“庚寅木年，丙戌土月，甲午金日，戊辰木时”，占卜时此人三十七岁。由于九月十七日是甲午日，即可推出九月初一为戊寅日。由于此文书是西夏文书写，而西夏文的运用时间是西夏建国以后至明朝中期，故从《二十史朔闰表》中的宋代开始，查找庚寅年九月初一为戊寅日的年代，得出此年为南宋孝宗乾道六年（1170），③即推算出此人出生于南宋孝宗乾道六年（1170年，西夏天盛二十二年）。此文书写于此人三十七岁时，古代人采用的是虚岁计算年龄的方法，故此文书即写于1206年（南宋开禧二年，西夏应天元年）。

3．占卜人身份考

文书题名下第一行字即书“[illegible]……”，译为“愿敬命习判大人，属庚寅虎相……”。其中“[illegible]”译为“习”④，“[illegible]”译为“判”⑤，故“[illegible][illegible]”二字译为“习判”。《天盛改旧新定律令》中也译为“习判”⑥，西夏职官，具体执掌不明。“[illegible]”字译为“大”，在法律文书中一般

---

①《文海研究》，第534页。

②《文海研究》，第459页。

③ 陈垣：《二十史朔闰表》，中华书局，1962年，第138页。

④《番汉合时掌中珠》第429页。

⑤《番汉合时掌中珠》第430、433、435页。

⑥《天盛改旧新定律令》卷七第一门“为投诚者安置”第18条，详见《俄藏黑水城文献》第8册，上海古籍出版社，第163页（32—24）第15行；史金波、聂鸿音、白滨译：《天盛改旧新定律令》，法律出版社，2000年，第285页。

都译为“大人”，也是用来表示官职身份的词。据此可以得出此占卜人是具有一定社会地位的官吏。

西夏信奉占卜之风是举国皆行的，无论上层官员还是下层普通百姓，遇事就要占卜。作为普通百姓进行占卜，因为没有文字基础，即使记录下来也看不明白，所以根本没有记录下来的必要。而本文的占卜人则是具有一定社会地位的官员，所以把占卜内容记录下来，以供占卜人观看阅读。这也是此占卜文书得以流传下来的重要原因。

（二） 本文书反映的西夏星命推算过程

星命术的推算过程比较复杂，一般分为两大步骤：一、推算星神，即根据四柱排定各个星曜神煞①在星盘上的位置；二、分析判断，即根据各个星曜在星盘上的布局和各种基本要诀对星神的位置及其相互关系进行分析，以判断星曜神煞对一个人的命运各方面的影响，最终断定其一生命运变数及吉凶祸福。

本文书反映的星命术为“五星术”与“子平术”相结合的“星平术”，其星命术推算运程的具体步骤如下：1. 确定算命人的四柱，即诞生时的年月日时，写为生辰八字。②2. 星神推算，即按照一个人出生的年月日时，推算出星宿（十一曜）和神煞的位置。星宿的位置以周天黄道度数（即二十八宿的度数）为准。神煞的位置或以星宿的位置而定，或以干支的顺序推定，或以五行生克关系推定。再根据五行理论推算出干支冲合，星命家将十天干配以五行，甲乙为木，丙丁为火，戊己为土，庚辛为金，壬癸为水。又将十二地支分属五行，亥子为水，丑为土，寅卯为木，辰为土，巳午为火，未为土，申酉为金，戌为土。干支不仅纪年月日时，而且与方位相配，在根据五行生克制化的理论，推算人生命运祸福。③3. 推算大运、小运、流年和命宫，④排定命运十二宫及宫主、度主等，并与黄道十二宫一一对应。命运十二宫的分布和推算方法是确定了命宫所在，按逆时针方向与十二地支分别排列，如命宫在寅，则财帛宫在丑，兄弟宫在子，田宅宫在亥，男女宫在戌，奴仆宫在酉，妻妾宫在申，疾厄宫在未，以此类推。从出生时命宫起算，一年准一宫，又因为一宫三十度，则一度准十二又六分之一日。再根据各宫主星、五星分属的排定度数等因素，即可对任意一宫、一度，亦即人生的任何一年、一月、一日的吉凶作出预卜。4. 确定星格（即星神的不同位置合成的格局）。⑤5. 分析判断，依据以上的数据及格局，参考星命家的经验要诀和义理阐释，最终推断一个人的命运之各方面的情况，即详细地批八字、评判吉凶。⑥

星命术算命法必须依据若干工具：1. 星盘，即将周天宿度。十二次、黄道十二宫、分野、十二支等编排为一个圆盘，并留出若干空行，以填写推算出的星神位置、命宫十二宫、宫主、度主等。2. 量天尺，又叫过宫度数表，即把二十八宿度数排列在十二宫（子宫到亥宫）时，每宫起始的星宿度数。星命术主要是用它来查行限的。其用法是，在确定命度之后，如命度在子宫危宿十度，则相貌至田宅

---

① 神煞是星命术虚构的各种神。吉者为神，凶者为煞，又写作“杀”。神煞有二百多种，常见的一部分神煞及其意义如下：天禄（主亨禄）、天暗（主暗昧）、天福（主获福）、天耗（主破耗）、天荫（主荫庇）、天贵（主嗣贵）、天刑（主犯刑）、天印（主有印）、天囚（主囚禁）、天权（主重权）、天官（主官星）、生官（主官高）、伤官（主坏名）、禄元（主有禄）、马元（主利动）、仁元（主延年）、文星（主能文）、魁星（主夺魁）、官星（主官职）等等。

② 详细推定年月日时天干地支的方法见李不言、里一主编的《中国古代预测学大成——第二辑：星命学》，延边大学出版社，1993 年，第 430—432 页。

③ 详见李不言、里一主编的《中国古代预测学大成——第二辑：星命学》，延边大学出版社，1993 年，第 432—438 页。

④ 具体推算方法见李不言、里一主编的《中国古代预测学大成——第二辑：星命学》，延边大学出版社，1993 年，第 438—439 页。

⑤ 具体方法参见《渊海子平》、《三命通会》。

⑥ 详见李不言、里一主编的《中国古代预测学大成——第二辑：星命学》，延边大学出版社，1993 年，第 439—441 页。

的各行限为 20 岁到 91 岁，其余类推。3. 长历。即附有日月五星四余视位置的万年历，用来换算和推定生辰时刻（从公历换阴历）的干支以及推定出生之时的日月五星四余的位置数据。①常用的有《七政四余万年历》、《五纬捷算》、《七政四余演算例解》等。

本文书将星命术的两种类型（“五星术”与“子平术”）合而为一去推算一个人的命运过程。本文书附有三幅推算图（详见本文录文部分），现描述如下：

图一：共五圈，由内到外，第一圈为七曜（日、月、水、金、火、木、土）；第二圈为十二地支（应表示十二次），顺时针排列；第三圈为星命占卜的命运十二宫（其中西夏星命占卜的十二宫名称与中原十二宫名称有差异），逆时针排列；第四圈为十一曜分布在十二格中，与十二宫相对；第五圈为黄道十二宫，按逆时针排列。该图第一宫命宫对应木星、寅、人马星宫，代表起始位置。

图二：共五圈，由内到外，第一圈为十二地支（应表示十二次），顺时针排列；第二圈顺时针为“海、草、山、林、坡、堑、火、园、春、刀、井、河”，不知为何；第三圈顺时针为“水、苗、院、井、刀、天、草、岸、风、火、木、山”，不知为何；第四圈为神煞；第五圈为神煞。

图三：共五圈，由内到外，第一圈为十二地支（应表示十二次），顺时针排列；第二圈顺时针为“海、草、山、林、坡、堑、火、园、春、刀、井、河”，不知为何；第三圈为神煞与“水、苗、院、井、刀、天、草、岸、风、火、木、山”的结合，不知为何；第四圈为星命占卜的命运十二宫（同图一），逆时针排列；第五圈为神煞，与图二第五圈的神煞相似，但有个别不同。

由上述三幅图的内容，结合星命术的一般推算方法可看出本文书整个星命推算的过程，星命术的详细推算涉及到众多专业术语和内容，限于笔者能力，本文不再做深入探究。

（三） 西夏占卜的特点

从 5722 号文书的内容我们可以看出西夏晚期占卜既吸收中原和西方的占卜方式，又结合本民族的特色进行改造，形成了自己独特的占卜方式。西夏占卜主要有以下几个特点：

1. 占卜方式的多样性

从 5722 文殊可以看出西夏占卜方式的显著特点是保留中原五星术，并吸收宋代中原地区的四柱推命术。五星术是星命术的一种，在唐代时盛行于中原地区，但随着另一种星命术——“三命术”、“子平术”的兴起，到宋代五星术已经基本退出中原地区，而被四柱算命法取代。但同时期的西夏却保留下来了五星术，这可能与西夏受唐文化影响较大有关。同时，在保留五星术的基础上，西夏还积极吸收当时宋代的四柱推命术，将其与五星术结合，再加上西夏本民族的特有占卜方式（如三幅图中“不知为何”的部分，可能为西夏民族独有的占卜方法），形成西夏独有的星命占卜方法，即本文书所反映的占卜方式。

2. 西夏的占卜具有杂糅性

西夏占卜方式的形成受汉、藏、印度佛教文化影响较大。西夏政权历来重视佛教，而西夏佛教的来源是多渠道的，不仅受从印度传入经吐蕃到西夏的藏传佛教影响，还受来自中原汉族地区汉化了的佛教影响，这就使西夏佛教具有独特的风格。而西夏星命占卜所运用的五星术与佛教密切相关，再加上与中原四柱推命术、五行理论相结合进行星命推算，这就直接决定了西夏占卜的杂糅性。

3. 西夏占卜文化具有兼容性

西夏作为一个善于借鉴外来文明的政权，它既借鉴来自中原汉族、印度、吐蕃等的外来文化，又结合本民族特点有选择性地吸收外来文化。反映在本文的占卜文书中就是西夏的命运十二宫与中原的

① 刘韶军：《神秘的星象》，广西人民出版社，2009 年，第 136—145 页。

命运十二宫的名称不同，二者除命宫、兄弟宫、妾宫、福德宫完全一致外，财帛宫（宝钱宫）、[①]疾厄宫（患病宫）、迁移宫（迁逝宫）、官禄宫（官福宫）四宫的宫名意思大致相同，但叫法不同；而田宅宫（父母宫）、男女宫（大巫宫）、奴仆宫（转周宫）、相貌宫（人秽宫）则完全不同。这可能是由于语言的翻译差异或西夏文化与汉文化重视的内容不同造成的。而命运十二宫以这样的形式存在于西夏星命占卜中，则是西夏文化兼容性的真实体现。

此外，西夏所译的佛经中都是按照印度、吐蕃的观星术认为天有九曜、十一曜的说法是起源于中国的观星术。而西夏佛经中虽名为九曜，其实是十一曜，如《九曜供养典》，实际上是在九曜的基础上加了日星和月星，构成十一曜。[②]这一点也体现了西夏在吸收外来文化上的兼容性。

（四）西夏占卜文书反映出的西夏社会

从古至今，进行占卜活动都有一定的目的性，无论是问吉凶还是卜祸福，都从侧面反映出问卜人的心理活动。因此，占卜文书也能在一定程度上反映出当时社会的真实情况。

通过对本文书内容的释读，不难看出当时西夏社会的几个特征：

1．财物的崇拜

本占卜文书中大量出现“财”、“得财”、“失财”、“增禄”、“富贵”等占辞，显然这一时期西夏人对财物和金钱无比崇拜。产生这一现象的原因可能是受粟特人风俗的影响，敦煌地区的粟特人有经商的习性，其对金钱的崇拜对敦煌社会风俗产生一定的影响，随着粟特人的东移必然影响到西夏人。另外，这一时期西夏与辽、北宋等周边民族的贸易日益密切，中原地区对财物的追求也对西夏人崇拜财物的观念产生了影响，他们认识到只有拥有足够多的金钱和财物才能使生活得到保障，才能获得需要的物品。对财物和金钱的崇拜是每个民族在一定社会发展阶段所产生的必然现象。

1. 官职的崇拜

本文书中大量出现“官高”、“得官”、“官佑”等占辞，说明这一时期的西夏人渴望做官。随着西夏社会的封建化，日益分化的阶级地位差异明显，广大被统治阶级也渴望通过自己的努力考取功名，改变被压迫被统治的地位，西夏也实行科举制为知识分子开辟改变命运的道路，因此，人们在占卜中也希望得知官路是否畅通等信息。此外，西夏受中原文化的影响较大，作为四柱推命术代表的《渊海子平》一书中就有明显的官本位、官为贵民为贱等观念，这也促使了西夏人民对职官的追求。

2. 趋利避害的思想

正如黄正建在《敦煌占卜文书与唐五代占卜研究》一书的序言所说：“由于人类有希望知道个人或集体或国家未来命运的愿望，又有趋吉避凶的心理，因此占卜自远古至现代都一直存在于人类社会中，对人类的行为产生着或大或小的影响，是一种重要的社会现象。”[③]人类进行占卜活动本身就是对未来神秘世界的探索，随着占卜行为受国家的控制逐渐减弱，占卜活动日益平民化，人们渴望通过占卜预知未来的命运，同时通过占卜达到趋利避害的目的，使生活安定顺利。随着社会流动的加剧，唐宋之际“注重个人命运吉凶的新的占卜术有了进一步发展的可能与发展的空间”[④]，为个人的命运占卜提供了条件，平民百姓也可以通过占卜获得对未知命运的心理安慰。

本文书所反映的以上几个特点透露出了当时西夏人精神世界的一个方面，社会生活中对物质和权

① 括号内为西夏的命运十二宫名称。

② ［苏］H·A·聂历山著，崔红芬、文志勇译：《12世纪西夏国的星曜崇拜》，《固原师专学报》（社会科学版），2005年第2期，第25—26页。

③ 黄正建：《敦煌占卜文书与唐五代占卜研究·序》，学苑出版社，2001年，第1页。

④《敦煌占卜文书与唐五代占卜研究》，第189页。

利的追求反映在精神层面便是对财物的崇拜，渴望当官，生活中的坎坷与不顺使人们渴望通过占卜趋利避害。

西夏占卜文献是我国古代占卜文献的重要组成部分，该文书的释读不仅丰富了西夏占卜文献，同时也充实了我国古代占卜文献。文书所记载的占卜方式既继承了中国古代传统的占卜方法，又结合了党项族特有的占卜文化，形成了西夏独有的占卜方式，这样的占卜文献得以流传下来，无疑在我国古代占卜文献中占有重要地位。

（作者通讯地址：河北大学宋史研究中心　保定　071002）

（责任编辑：彭向前）

西夏学 第11辑 2015年3月
Xixia Studies,Mar,2015,Vol.11

两部西夏文佛经在传世典籍中的流变

段玉泉

摘　要： 西夏佛教文化在元明两代广为流传。在明代曾广为流传，且被斥之为藏外、视为伪作的仁孝皇后感佛说陀罗尼，与台北故宫博物院藏明代泥写金字《大乘经咒》中之两部陀罗尼如出一辙，其尊胜陀罗尼又可与《瑜伽集要焰口施食仪》西夏不动金刚法师所增尊胜陀罗尼等材料串联起来，并可追溯至西夏鲜卑宝源。它们都是在鲜卑宝源汉译本基础上衍化而成，将其中带有西北方音的译音用字成规律地加以修改，不动金刚法师作品似是这一流变过程的中间环节。

关键词： 西夏佛教　大悲心总持　尊胜陀罗尼　元明佛教

公元1227年，西夏王国在蒙古军的铁骑之下销声匿迹了，一个王国在历史的滚滚车轮中湮没了，但近达两百年的精神文化却难于瞬间消逝，特别是其佛教文化对元明两代影响尤为深远，一大批佛教文献在后世广为流传。这里主要梳理的是西夏诠教法师鲜卑宝源翻译的两部陀罗尼经《胜相顶尊总持功能依经录》及《圣观自在大悲心总持功能依经录》在元明两代典籍中的流变情况。

在台北故宫博物院保存了一种明代泥金字写本《大乘经咒》。全书共四卷，卷首有御制经赞，卷内另有明成祖永乐九年(1412)、十年(1413) 御制序五则。经咒前冠以描金佛像共二十九幅。巾箱本，楷书。上拓收藏印记有：乾隆御览之宝、乾隆鉴赏、秘殿珠林、秘殿新编、珠林复位、嘉庆御览之宝、宣统御览之宝、干清宫鉴藏宝、三希堂精鉴玺、宜子孙。其中卷二包括《无量寿佛真言》、《大悲观自在菩萨总持经咒》及《佛顶尊胜总持经咒》。这里的《大悲观自在菩萨总持经咒》及《佛顶尊胜总持经咒》前各有明成祖永乐十年(1413) 御制序一篇。考其经咒内容，除陀罗尼部分之外，经文与西夏鲜卑宝源所译《圣观自在大悲心总持功能依经录》、《胜相顶尊总持功能依经录》非常接近，兹将《大乘经咒》本与黑水城出土本之间的差异分别罗列如下：

1.《圣观自在大悲心总持功能依经录》与《大悲观自在菩萨总持经咒》经文比较

《圣观自在大悲心总持功能依经录》	《大悲观自在菩萨总持经咒》
梵语经题、传译者、敬礼语	皆无
敬礼大悲观自在！愿我速得智慧眼。	无
愿我速得戒足道	愿我速得戒定道
我若向非天，恶心自消灭。	我若向修罗，恶心自调伏。
我若向傍生	我若向畜生

又白佛言：若有众生诵大悲咒	又佛言：若有众生诵大悲咒
说此广大圆满无碍大悲心微妙总持章句曰	说此广大圆满无碍大悲心微妙总持章句心咒
其心咒曰	无
其总持曰	无
更不复受三恶趣	更不复受三恶趣报

2.《胜相顶尊总持功能依经录》与《佛顶尊胜总持经咒》经文比较

《胜相顶尊总持功能依经录》	**《佛顶尊胜总持经咒》**
梵语经题、传译者、敬礼语	皆无
世尊	佛
无	演深妙法教导天众
尔时有一天子，名曰至坚，住于……	时有天子，名曰善住，居于……
天女围绕	天众围绕
至坚天子，汝七日内必当命终。	善住天子，勿自贪乐，汝七日内必当命终。
从彼解脱	从地狱中脱
惊恐毛竖惶怖，速疾往帝释所	惊恐毛竖。忧甚惶怖。速往帝释天所
默而思惟	默然思惟
观见猪犬野干猕猴毒虵乌鹫	以天眼观见猪犬野干弥猴毒蛇乌鹫
如疮刺心	如矛刺心
尔时世尊于顶髻上放大光明	尔时世尊从顶髻上放大光明。
还于口中，现微笑相。	还复口中，见微笑相。
有一总持，名曰胜相顶尊母总持	有一总持，名曰佛顶尊胜。
帝释天主前白佛言	帝释天主复白佛言
惟愿世尊，演说微妙总持章句。	唯愿世尊，快说微妙总持章句。
说此总持曰	说此陀罗尼
其心咒曰	无
其总持曰	无
然此总持，八十八亿俱胝恒河沙数诸佛同说	然此总持，八十八亿俱胝恒河沙数诸佛同共宣说
为诸天众赡部有情	并为诸天众赡部有情
灭百千劫所积恶业	减百千劫所积恶业
生菩萨众及胜族中	生菩萨种，及胜族中。
若书总持，置于高幢楼阁山塔。	若书此总持，置于高幢楼阁山塔。
舍利宝塔，现无患苦。	舍利塔婆，现无诸苦。
若为亡殁	若为亡过
应为至坚天子作如是说	应为善住天子作是言说

尔时天主承命，往彼为说总持。	尔时天主承佛威力，为彼天子，依佛传敕。
奇哉，正觉！奇哉，妙法！奇哉，僧伽	希有佛陀耶！希有达摩耶！希有僧伽耶！
奇哉，如是总持救我大难！	有如是陀罗尼总持
与至坚等无量天众，赍诸供养，共诣佛所	与善住等无量大众，赍诸供养，供诸佛所。
无	无量众会，闻佛所说，皆大欢喜，信受奉行。

就《大悲观自在菩萨总持经咒》而言，其经文几乎就是在鲜卑宝源汉译本基础上去掉梵语经题、传译者、敬礼语后稍作改动，除经题之外变化非常之少。其陀罗尼用字虽然较宝源译本变化较大，但对应的梵文音节及数量完全一致，这应该是在鲜卑宝源汉译本基础上改译过来的，或者说是参照鲜卑宝源汉译本改译同一藏文本的结果。

《佛顶尊胜总持经咒》与《胜相顶尊总持功能依经录》比较，变化稍大一些。除了也去掉梵语经题、传译者、敬礼语，并变换汉文经题，改译了部分字词之外，最大变化是增加了"演深妙法教导天众"、"无量众会，闻佛所说，皆大欢喜，信受奉行"两句。考黑水城出土藏文本《胜相顶尊总持功能依经录》，其结尾部分与周慧海、鲜卑宝源夏汉译本完全一致，没有与"无量众会，闻佛所说，皆大欢喜，信受奉行"相应的内容。这里增加的内容可能是改译者在鲜卑宝源汉译本基础上参考了与《胜相顶尊总持功能依经录》同一系统的另外一个藏文本的缘故，亦或是将很多佛经末尾的那句"一切众会(大众)，闻佛所说，皆大欢喜，信受奉行"移植于此。就陀罗尼而言，这里对应的梵文音节及数量与宝源译本完全一致，改字的规律也与《大悲观自在菩萨总持经咒》相同。换言之，《佛顶尊胜总持经咒》与《大悲观自在菩萨总持经咒》应该出自同一人之手，且都是在鲜卑宝源汉译本基础上改译过来的。至于为何要将陀罗尼用字改译过来，将在下文详细讨论。

在明代还有一种《大明仁孝皇后梦感佛说第一希有大功德经》，经前有仁孝皇后永乐元年(1403年)正月初八日所作序，言及洪武三十一年(1398)正月初一，焚香静坐，阅古经典，心神凝定，忽有紫金光聚弥满四周，恍惚若睡梦，见观世音菩萨于光中现，引其升七宝莲台上之宫殿，授以《如来常说第一希有功德经》。言此经为诸经之冠，可以消弭众灾。诵持一年精意不懈，可得须陀洹果，二年得斯陀含果，三年得阿那含果，四年得阿罗汉果，五年成菩萨道，六年得成佛果。世人福德浅薄，历劫未闻，后妃将为天下母。梦醒之后，遂将其记录下来。又言三十二年秋，皇上提兵御侮于外，城中数受危困，仁孝皇后持诵是经，三十五年皇上平定祸难。然详考此经所收陀罗尼，实际上主要包括尊胜陀罗尼、大悲心陀罗尼、摩利支天菩萨陀罗尼等。[①]巧合的是，这三个陀罗尼在《大乘经咒》皆有出现，如出一辙。如此看来，二者之间有一定的渊源。从时间上来看，《大明仁孝皇后梦感佛说第一希有大功德经》诞生在前，《大乘经咒》出现在后，后一书中的陀罗尼可能来自前者。然而，二者的相同也仅限于陀罗尼，《大乘经咒》中与西夏鲜卑宝源译文相同的经文在《第一希有大功德经》中全无出现。这似乎表明，《大乘经咒》的《大悲观自在菩萨总持经咒》及《佛顶尊胜总持经咒》应该不是承《第一希有大功德经》而来，它们应该是以各自完整的文本在明代流传，但各自文本中的陀罗尼显然出自同一人之手，而且这一陀罗尼应该在这两种文献出现之前已经存在。

《嘉兴大藏经》中收有一件《瑜伽集要焰口施食仪》，经题后署："唐兴善寺三藏法师大广智不空

① (明)仁孝徐皇后述：《大明仁孝皇后梦感佛说第一希有大功德经》，《卍新纂续藏经》(第1册)，台湾新文丰出版公司，1975年，第353—360页。

译，西夏护国仁王寺法师不动金刚重集，清天溪香乳行者受登诠次。”[①]这件经过清代受登法师诠次的《施食仪》是件很晚的作品，不过题款明确指出，重集这部《施食仪》的是西夏护国仁王寺法师不动金刚。不动金刚原是印度游方僧人，出家不久就遍游五天竺。后至西夏，栖止于护国仁王寺，翻译密部、弘扬般若金刚，又传瑜伽金刚一部，勤修五悔，广演三坛，且于唐三藏不空法师所译《三十五佛名经礼忏文》前增五十三佛，后缀普贤十大愿偈，共百八拜。不动金刚的另一贡献是重新集译了《焰口瑜伽施食仪》，这是追荐亡灵、解除饿鬼痛苦的一部重要作品，最初的翻译在五代时期的中原已经失传，宋代众多高僧和文人墨客曾一度试着搜寻或是复原，皆不理想。不动金刚后来离开西夏，前往四川蒙山，其重集的《焰口瑜伽施食仪》也叫蒙山施食仪，在元明清时期广为流传。[②]《瑜伽集要焰口施食仪》后也有一则尊胜陀罗尼咒。据受登诠述，此咒乃不动金刚在前人所译基础上“修润语音长短，冠心真言于首，入此施食法中，以助往生”。经其核对，此尊胜陀罗尼与仁孝皇后梦感佛说之尊胜陀罗尼“不过转写数个字样不同，声音章句，无不同者”，并推测仁孝皇后其咒之来源：“盖胜国以迨明，初多有西僧入内供养，而西僧往往致灵此咒。仁孝皇后从西僧受得，持之专恳，梦寐不忘。忽然感得胜异之境从而抄前着后，抄咒着中，撰以为经……孰知夫仁后梦感佛说咒句，与施食佥要本之咒句，同是西僧所授之本乎？又孰知西僧所授之本，其源出于不动师之正本乎？”受登又言及仁孝皇后此咒曾被斥为藏外、视同伪撰一事，言“永乐十八年，北都校刻大藏，敕校藏法主一如曰‘梦感佛说希有功德经，荒唐之言，不可入藏’”。并由此而作评价“是知仁后托于梦感，咒虽佛语，犹同伪撰。而人师不能通考，以是为非，未为无过也”[③]。

受登所言仁孝皇后梦感佛说之尊胜陀罗尼(以下简称“感佛说本”)与《瑜伽集要焰口施食仪》所附陀罗尼(以下简称“施食仪本”)之间“不过转写数个字样不同，声音章句，无不同者”，的确如此。那么，是否如受登所言仁孝皇后之尊胜陀罗尼咒乃从西夏法师不动金刚而来？不动金刚法师之陀罗尼又从何而来？如今我们将《大乘经咒》与仁孝皇后感佛说本及施食仪本等材料串联了起来，又将《大乘经咒》本与西夏鲜卑宝源译本联系了起来，看来明代这些曾被斥之为藏外或伪撰的陀罗尼确有所本，其源头可以追溯到西夏鲜卑宝源，他们之间是一脉相承的。为了进一步印证他们之间的关系，这里将此上几种尊胜陀罗尼与梵文之间的对应关系对比如下，排列顺序依次为梵文、鲜卑宝源译本、施食仪本、《大乘经咒》本及仁孝皇后感佛说本。

心咒：

oṃ　bhrūṃ　svāhā.

唵　没嚨二合　莎诃引

唵　普嚨二合　莎引诃引

唵　噜嚨二合　莎诃

唵　喷隆二合　莎诃

---

① (唐)不空译、(西夏)不动金刚重集：《瑜伽集要焰口施食仪》,《嘉兴大藏经》(No. B047)，台湾新文丰出版公司，1987年，第19册，第201页。

② 参见喻谦辑：《新续高僧传四集》卷一《西夏护国仁王寺沙门释不动传》，北洋印刷局，1923年，第3—4页；又见《大忏悔文略解》，载《嘉兴大藏经》(No. B260)，第30册，第919页。

③ (唐)不空译、(西夏)不动金刚重集：《瑜伽集要焰口施食仪》,《嘉兴大藏经》，第19册，第211页。

总持：

oṃ namo bhagavate. sarva-trailokya prati- vi- śiṣṭāya buddhāyate-
唵捺么 末遏斡帝 萨嚩㖿吟二合逻迦 不啰二合帝觅石实怛二合引也 目㖿捺引也丁
唵捺谟 發葛斡谛 萨哩斡二合的唻二合卢结 不啰二合牒月摄瑟咤二合耶 勃塔耶谛
唵捺谟 發葛斡谛 萨哩斡二合得啰二合卢迦 卜啰二合谛月涉瑟咤二合耶 勃塔耶爹
唵捺谟 發葛斡谛 萨哩斡二合得啰二合卢迦 卜啰二合谛月涉瑟咤二合耶 勃塔耶爹

namaḥ. tadyathā, oṃ bhrūṃ bhrūṃ bhrūṃ. śodhaya śodhaya, viśodhaya
捺引麻 怛涅达引 唵 没嚨二合没嚨二合没嚨二合 商㖿捺也 商㖿捺也 觅商㖿捺也
捺麻 答爹塔 唵 普嚨二合普嚨二合普嚨二合 菽塔耶 菽塔耶 月菽塔耶
捺麻 荅的牙二合塔 唵 噜嚨二合噜嚨二合噜嚨二合杓讹二合塔耶杓讹二合塔耶月杓讹二合塔耶
捺麻 达的牙二合塔 唵 喷隆二合喷隆二合 喷隆二合 杓讹二合塔耶杓讹二合塔耶月杓讹二合塔耶

viśodhaya. asama-samanta- avabhāsa. spharaṇa- gati- gagana svabhāva
觅商㖿捺也 啊萨麻萨满怛 啊斡末引萨 厮拔啰捺 遏矴 遏遏捺 莎末斡
月菽塔耶 哑萨麻萨蛮达 斡發萨 斯發二合啰纳葛牒 葛葛捺 莎發斡
月杓讹二合塔耶 哑萨麻萨蛮达 哑斡發萨 思葩二合啰拿葛谛 葛葛拿 娑发斡
月杓讹二合塔耶 哑萨麻萨蛮达 阿斡發萨 思葩二合啰拿葛谛 葛葛拿 娑發斡

viśuddhe abhi-ṣiñcatu-māṃ sarva-tathāgatā- sugata- vara-vacana.
觅熟宁 啊唥重伸鑁丁六嚩 萨嚩怛达引遏怛引 须遏怛 斡啰斡拶捺
月说提 哑撇膻赞多簵 萨哩斡二合怛塔葛达 莎葛达 斡啰斡拶纳
月述提 哑撇膻簤则干切都簵谍含切 萨哩斡二合荅塔葛达 苏葛荅 瓦啰斡拶拿
月述提 哑撇膻簤则干切都簵谍含切 萨哩斡二合答塔葛达 苏葛答 瓦啰斡拶拿

amṛta- abhiṣekair. mahā-mudrā mantra-padaiḥ. āhara- āhara,
啊没哩二合怛 啊唥重石该引 麻诃引么嚨啰 满㖿啰二合钵宁 啊引诃啰 啊引诃啰
美哩二合达 撇释该 摩诃抹的啰二合 瞒的啰二合巴代 阿诃啰 阿诃啰
哑密哩二合达 哑撇释该而二合 马曷木得啰二合 曼特啰二合叭杲得该切哑曷啰 哑曷啰
阿密哩二合达 哑撇释该儿二合 马曷木得啰二合 蛮特啰二合叭杲得该切阿曷啰 阿曷啰

mama āyur- san-dhāraṇī, śodhaya śodhaya, viśodhaya viśodhaya.
麻麻 啊瑜 珊㖿捺引啰引你 商㖿捺也 商㖿捺也 觅商㖿捺也 觅商㖿捺也
摩麻 犹 伞塔啰聂 菽塔耶 菽塔耶 月菽塔耶 月菽塔耶
马麻 蔼由而二合伞塔啰尼 杓讹二合塔耶杓讹二合塔耶月杓讹二合塔耶月杓讹二合塔耶
马麻 蔼由而二合伞塔啰尼 杓讹二合塔耶杓讹二合塔耶月杓讹二合塔耶月杓讹二合塔耶

gagana-svabhāva viśuddhe, uṣṇīṣa vijaya pari-śuddhe, sahasra raśmi

遏遏捺莎末斡 委商宁 呜实你二合舍 觅𠰷也 钵哩熟𣇦引 萨诃斯啰二合啰实弥

葛葛捺莎發斡 月说提 乌瑟抳二合摄 月拶耶 八哩说提 萨诃斯啰二合啰释咩二合

葛葛拿娑发斡 月述提 乌失二合尼沙 月拶耶 巴哩述铁 萨曷思啰二合啰思弥二合

葛葛拿娑發斡 月述提 乌失二合尼沙 月拶耶 巴哩述铁 萨曷思啰二合啰思迷二合

sañcodite, sarva-tathāgatā- avalokini, ṣaṭ-pāramitā- pari-pūraṇi,

珊左𣇦矴 萨嚩怛达引遏怛 啊斡逻鸡你 折怛钵引啰弥怛引 钵哩逋引啰祢

伞祖喋敌 萨哩斡二合怛塔葛达引斡哩结聂 沙翅巴二合啰咩达 八咧补啰聂

伞租爹敌 萨哩斡二合塔葛达 哑斡鲁结尼 㗭(音煞)咤二合 巴啰密达巴哩卜啰尼

伞租爹敌 萨哩斡二合答塔葛达 阿斡噜结尼 㗭(音煞)咤二合 巴啰密达巴哩卜啰尼

sarva-tathāgatā-mati daśa-bhūmi-prati-ṣṭhite. sarva-tathāgatā

萨嚩怛达引遏怛麻矴 𠽾舍目弥 不啰 帝实提二合矴 萨嚩怛达引遏怛

萨哩斡二合怛塔葛达麻谛 答舍普咩 不啰二合喋瑟咤二合敌 萨哩斡二合怛塔葛达

萨哩斡二合答塔葛达麻谛 答摄蒲密 卜啰二合喋瑟咤二合谛 萨哩斡二合答塔葛达

萨哩斡二合答塔葛达麻谛 达摄蒲密 卜啰二合喋瑟咤二合谛 萨哩斡二合答塔葛达

hṛdaya adhi-ṣṭhāna adhi-ṣṭhita. oṃ mudre mudre mahā-mudre,

𠹳哩二合𠽾也 啊𣇦实怛捺 啊𣇦实提二合矴 唵 么𠴨呤二合么𠴨呤 麻诃么𠴨呤二合

赫啰二合答牙 铁瑟咤二合纳 铁瑟咤二合敌 摩的哩二合摩的哩二合 摩诃摩的哩二合[①]

赫哩二合达耶 哑喋瑟叱二合拿哑喋瑟咤二合谛 木得哩二合木得哩二合 马曷木得哩二合

赫哩二合达耶 阿喋瑟咤二合拿阿喋瑟咤二合谛 木得哩二合木得哩二合 马曷木得哩二合

vajra kāya saṃ-hātana pari-śuddhe. sarva karma āvarana viśuddhe

末囉二合 葛引也 三诃怛捺 钵哩熟宁 萨嚩葛哩二合麻 啊斡啰捺 觅熟宁

斡资啰二合葛耶 三诃怛捺 八咧说提 萨哩斡二合葛哩麻二合 斡啰捺 月说提

斡资啰二合葛耶 三曷达拿 叭哩述铁 萨哩斡二合葛哩麻二合 哑斡啰拿 月述铁

斡资啰二合葛耶 三葛达拿 叭哩述铁 萨哩斡二合葛哩麻二合 阿斡啰拿 月述铁

prati nivartaya, mama āyur viśuddhe, sarva tathāgatā samaya

不啰帝 你斡哩二合怛也 麻麻 啊瑜哩二合 觅熟宁 萨嚩 怛达引遏怛萨麻也引

不啰喋 尼斡哩怛二合耶 摩麻 犹哩二合 月说提 萨哩斡二合怛塔葛达 萨摩牙

卜啰二合喋 聂斡而达二合耶 马麻 蔼由而二合 月述提 萨哩斡二合苔塔葛达 萨麻耶

卜啰二合喋 聂斡儿达二合耶 马麻 蔼由而二合 月述提 萨哩斡二合答塔葛达 萨麻耶

---

① 施食本此后多出"斡资哩(二合)斡资哩(二合) 摩诃斡资哩(二合)",相应的梵文作 vajra vajra mahā- vajra。宝源译本、大乘经咒本、感佛说本及其他诸本皆无,唯与(唐)指空译《于瑟抳沙毘左野陀啰尼》本合。指空译音用字作"缚日𠺁 嚩日𠺁 摩诃缚日𠺁"(vajra vajra mahā-vajra)。参见《大正新修大藏经》,第 19 册,第 410 页。

adhi-ṣṭhāna adhi-ṣṭhite. oṃ mani mani mahā mani, vimani vimani mahā-
啊殢实达二合引捺引 啊殢实提二合矴 唵 呣你呣你 麻诃引 呣你 觅呣你 觅呣你 麻诃引
铁瑟咤二合纳 铁瑟咤二合敌 唵 摩琨摩琨 摩诃 摩琨 月摩琨 月摩琨 摩诃
哑牒瑟咤二合拿 哑牒瑟咤二合谛 唵 摩尼摩尼 马曷 摩尼 月摩尼 月摩尼 马曷
阿牒瑟咤二合拿 阿牒瑟咤二合谛 唵 摩尼摩尼 马曷 摩尼 月摩尼 月摩尼 马曷

vimani, mati mati mahā mati, mamati sumati, tathātā bhūta koti pari-
觅呣你 麻帝麻帝 麻诃引麻帝 麻麻帝 须麻帝 怛达怛引 目引怛光帝引 钵哩
月摩琨 麻牒麻牒 摩诃 麻牒 摩摩牒 莎麻牒 怛塔达 普怛 孤咤 八咧
月摩尼 麻谛麻谛 马曷 麻谛 麻麻谛 莎麻谛 荅塔达 蒲达 戈達之依切 巴哩
月摩尼 麻谛麻谛 马曷 麻谛 麻麻谛 莎麻谛 荅塔达 蒲达 戈達之依切 巴哩

śuddhe, viphuta buddhe-śuddhe, he he, jaya jaya, vijaya vijaya, smara
熟寧 觅斯婆二合怛 目殢 熟宁 形形 嗒也嗒也 觅嗒也觅嗒也 厮麻二合啰
说提 月斯蒲二合咤 勃铁 说铁 兮兮 捞耶捞耶 月捞耶月捞耶 斯麻二合啰
述提 月思蒲咤 卜铁 述铁 希希 捞耶捞耶 月捞耶月捞耶 思麻二合啰
述提 月思蒲咤 卜铁 述铁 希希 捞耶捞耶 月捞耶月捞耶 思麻二合啰

smara, sphara sphara, spharaya spharaya sarva buddhe adhi-
厮麻二合啰 厮拔二合啰厮拔二合啰 厮拔二合啰也 厮拔二合啰也 萨嚩 目怛 啊殢
斯麻二合啰 斯發二合啰斯發二合啰 斯發二合啰耶 斯發二合啰耶 萨哩斡二合勃塔 铁
思麻二合啰 思葩二合啰思葩二合啰 思葩二合啰耶 思葩二合啰耶 萨哩斡二合勃塔 哑牒
思麻二合啰 思葩二合啰思葩二合啰 思葩二合啰耶 思葩二合啰耶 萨哩斡二合勃塔 阿牒

ṣṭhāna adhi-ṣṭhite. śuddhe śuddhe, buddhe buddhe, vajre vajre,
实达二合引捺引啊殢实提二合矴 熟宁熟宁 目宁目宁 末唎吟二合末唎吟二合
瑟咤二合纳 铁瑟咤二合敌 说提说提 勃提勃提 斡资哩二合斡资哩二合
瑟咤二合拿 哑牒瑟咤二合谛 述铁述铁 卜铁卜铁 斡资哩二合斡资哩二合
瑟咤二合拿 阿牒瑟咤二合谛 述铁述铁 卜铁卜铁 斡资哩二合斡资哩二合

mahā vajre suvajre, vajra-- garbhe jaya garbhe vijaya garbhe,
麻诃引末唎吟 须末唎吟 末囉二合 遏哩二合唅重 嗒也遏哩二合唅重 觅嗒也遏哩二合唅重
麻诃 斡资哩二合莎斡资哩二合 斡资啰二合葛哩昆二合 捞耶葛哩昆二合 月捞耶葛哩昆二合
马曷 斡资哩二合莎斡资哩二合 斡资啰二合葛而二合昆 捞耶葛而二合昆 月捞耶葛而二合昆
马曷 斡资哩二合莎斡资哩二合 斡资啰二合葛儿二合毗 捞耶葛儿二合毗 月捞耶葛儿二合毗

vajre jvala garbhe, vajrodbhave vajra saṃbhave, vajra
末囉二合 撮粹 遏哩二合唅重 末唎哴啱三合末永 末唎啰二合三末永 末唎吟二合

斡资啰二合佐辣　　葛哩毘二合　斡卒噜二合忒發二合微　斡资啰二合参發微　斡资哩二合
斡资啰二合乍即戈切辣　葛而二合毘　斡资噜二合忒葩微　斡资啰二合三葩微　斡资啰二合
斡资啰二合乍即戈切辣　葛儿二合毗　斡资噜二合忒葩微　斡资啰二合三葩微　斡资啰二合

vajriṇi,　vajram　bhāvatu mama　śarīraṃ　sarva　sattvānāṃ ca kāya　pari-
末呗哩二合你　末呗啰合口　末斡丁六　麻麻　折哩啰合口　萨嚩　萨咄喃　捞　葛引也　钵哩
斡即哩二合聂　斡资嚂二合　發斡多　摩摩　摄哩嚂　萨哩斡二合萨埵喃　捞　葛耶　八咧
斡资哩尼　斡资嚂　發斡都　麻麻　摄哩嚂　萨哩斡二合萨埵喃　捞　葛耶　巴哩
斡资哩尼　斡资嚂二合　發斡都　马麻　摄哩嚂　萨哩斡二合萨埵喃　捞　葛耶　巴哩

śuddhir bhavantu. sattva me sadā　sarva　gati　pari　śuddhiś ca. sarva
熟寧　末斡丁六　铭　萨嚓引①　萨嚩　遏帝　钵哩　熟殢实捞二合萨嚩
说铁　發斡多　萨埵　弥　萨哩斡二合达②　萨哩斡二合葛爹　八哩　说提实哲二合萨哩斡二合
述提　發斡都　萨埵　弥　萨哩斡二合葛谛　巴哩　述提释哲二合萨哩斡二合
述提　發斡都　萨埵　弥　萨哩斡二合葛谛　巴哩　述提释哲二合萨哩斡二合

tathāgatāś　ca.　māṃ　samāśvāsayantu. buddhya buddhya. siddhya siddhya. boddhaya
怛达引遏怛实　捞二合嚩　萨麻引说引萨衍丁六　目涅　目涅　西涅　西涅　磨嚓也
荅塔葛达实　哲二合輪　萨麻刷萨颜多　勃铁　勃铁　薛铁　薛铁　谱塔耶
荅塔葛达释　哲二合輪谟含切　萨麻刷萨颜都　卜铁　卜铁　悉铁　悉铁　勃塔耶
答塔葛达释　哲二合輪谟含切　萨麻刷萨颜都　卜铁　卜铁　悉铁　悉铁　勃塔耶

boddhaya　viboddhaya viboddhaya. mocaya mocaya. vimocaya vimocaya　śodhaya
磨嚓也　觅磨嚓也　觅磨嚓也　么捞也　么捞也　觅么捞也觅么捞也　商嚓也
谱塔耶　月谱塔耶　月谱塔耶　谟捞耶　谟捞耶　月谟捞耶月谟捞耶　菽塔耶
勃塔耶　月勃塔耶　月勃塔耶　谟捞耶　谟捞耶　月谟捞耶月谟捞耶　杓讹二合塔耶
勃塔耶　月勃塔耶　月勃塔耶　谟捞耶　谟捞耶　月谟捞耶月谟捞耶　杓讹二合塔耶

śodhaya　viśodhaya-　viśodhaya.　samantān　mocaya mocaya, samanta
商嚓也　觅商嚓也　觅商嚓也　萨满怛引捺二合引么捞也　么捞也　萨满怛引
菽塔耶　月菽塔耶　月菽塔耶　萨蛮达　谟捞耶　谟捞耶　萨蛮怛
杓讹二合塔耶　月杓讹二合塔耶　月杓讹二合塔耶　萨蛮荅　谟捞耶　谟捞耶　萨蛮荅
杓讹二合塔耶　月杓讹二合塔耶　月杓讹二合塔耶　萨蛮答　谟捞耶　谟捞耶　萨蛮答

raśmi　pari-śuddhe. sarva　tathāgata　hṛdaya　adhi-ṣṭhāna　adhi- ṣṭhite.

---

① 此与高丽藏本法天译《最胜佛顶陀罗尼经》之“茗〈去〉萨娜”(mesadā)合。参见《景印高丽大藏经》第 33 册，第 979 页。

② 此与指空译《于瑟抳沙毘左野陀啰尼》本“萨嚩哆”(sarvārtha)合。参见《大正新修大藏经》第 19 册，第 410 页。

啰实弥二合 钵哩熟宁 萨嚩 怛达引遏怛口纥哩二合口捺也 啊殢实达二合引捺啊殢实提二合矴

啰释迷二合 八咧说提 萨哩斡二合怛达葛达 赫啰二合荅牙 铁瑟咤二合纳 铁瑟咤二合敌

啰思弥二合 巴哩述提 萨哩斡二合荅塔葛达 赫哩二合达耶 哑牒瑟咤二合拿 哑牒瑟咤二合谛

啰思密二合 巴哩述提 萨哩斡二合答塔葛达 赫哩二合达耶 阿牒瑟咤二合拿 阿牒瑟咤二合谛

mudre mudre mahā-mudre mahā-mudrā mantra pade svāhā.

么口能呤二合 么口能呤二合 麻诃引么口能呤二合引麻诃引么口能啰二合 满唱啰二合 钵寧 莎诃

摩特哩二合 摩特哩二合 麻诃摩特哩二合 麻诃 摩特啰二合 瞒的啰二合 芭谛 莎引诃引

木得哩二合 木得哩二合 马曷木得哩二合 马曷 木特啰二合 曼特啰二合 叭谛 莎诃

唵木得哩二合 木得哩二合 马曷木得哩二合 马曷 木特啰二合 曼特啰二合 叭谛 莎诃

从以上对比可以看出，施食仪本尊胜陀罗尼用字有时与鲜卑宝源完全相同和接近，有时则与大乘经咒本、感佛说本相同和接近。例如，梵语 saṃ-hātana，施食仪本与宝源译本全同，都是“三诃怛捺”，大乘经咒本、感佛说本皆作“三曷达拿”；梵语 vara-vacana，施食仪本作“斡啰斡拶纳”，此与宝源译本“斡啰斡拶捺”颇为接近，大乘经咒本、感佛说本皆作“瓦啰斡拶拿”。再如，梵语 mocaya，施食仪本作“谟拶耶”，此与大乘经咒本、感佛说本全同，而宝源译本作“么拶也”；梵语 san-dhāraṇī，施食仪本作“伞塔啰聂”，此与大乘经咒本、感佛说本“伞塔啰尼”颇为接近，而宝源译本作“珊捺引啰引你”。换言之，施食仪本可以看做是宝源译本与大乘经咒本及感佛说本的中间环节。那么，施食仪本、大乘经咒本、感佛说本这几个文本为什么要改译鲜卑宝源翻译的陀罗尼呢？

这与鲜卑宝源汉译本的翻译特点有关。据孙伯君教授研究，西夏时期翻译的汉文陀罗尼明显带有宋代西北方音的特征，鲜卑宝源译本也是如此。

例如，梵汉对音中，明母字一般应对译梵文 m，然在西夏译经中常见用明母字既对译梵文 m，有对译梵文 bh/bu。学界推测，12 世纪汉语西北方音明母字实际读作 mb-(带-n 韵尾的阳声韵字除外)。①所有在鲜卑宝源译本中可以见到以“目”对梵文 bu、以“没”对梵文 bh-、以“末”对梵文 bha、以“磨”对梵文 bo、以“口命重”对梵文 bhi/bhe 等等这类看似反常的对译。当这一陀罗尼离开西北，供非操西北方音者诵持时，他们念出来的这些汉字音就与梵文相差太远。因此在施食仪本、大乘经咒本、感佛说本中将它们一一改译了过来。

宝源用“目”对梵文 bu，施食仪本统改为“勃”，大乘经咒本、感佛说本则或改为“勃”或改为“卜”；

宝源用“没”对梵文 bh-，施食仪本统改为“普”，大乘经咒本、感佛说本分别改为“噜”或“喷”；

宝源用“末”对梵文 bha，施食仪本统改为“癹”，大乘经咒本、感佛说本或改为“癹”或改为“葩”；

宝源用“磨”对梵文 bo，施食仪本统改为“谱”，大乘经咒本、感佛说本统一改为“勃”；

宝源用“口命重”对梵文 bhi/bhe。于梵文 bhi，施食仪本、大乘经咒本、感佛说本统改为“撇”；于梵文 bhe，施食仪本、大乘经咒本统一改为“毘”，感佛说本改为“毗”。

类似的情况是，泥母字本应对译梵文 n/ṇ，在西夏译经中常见对译梵文 d/ddh，故 12 世纪汉语西

① 孙伯君：《西夏佛经翻译的用字特点与译经时代的判定》，《中华文史论丛》2007 年第 2 期，第 313 页。

北方音中的泥母字实际读作 nd-(带-n 韵尾的阳声韵字除外)。①所以在鲜卑宝源译本中可见以“嚨”对译梵文 d-、以“涅”对译梵文 dya/dhya、以“宁”对译梵文 de/ddhe/ddhi/dai 等等。这类对音在施食仪本、大乘经咒本、感佛说本中也一一改译了过来。

再看鼻韵尾-ŋ，12 世纪末汉语西北方音鼻音韵尾-ŋ 消失。②鲜卑宝源译本中，既用蟹摄字“帝*tiei”，又用梗摄字“矴*tieŋ”对译梵文 ti。合理的解释是，“矴”在当时的西北方音中韵尾-ŋ 已经消失。当此咒离开西夏供非操西北方音者诵持时，以“矴*tieŋ”对译梵文 ti 就成了问题，所以施食仪本或改为“谛”、或改为“爹”、或改为“牒”等不带-ŋ 韵尾的字，大乘经咒本、感佛说本亦同，改为“谛”或“牒”。同样，梵文 he，宝源译本以梗摄字“形*ɣieŋ”对译，因为梗摄“形”在当时的西北方音中韵尾-ŋ 已经消失。离开西夏，以“形*ɣieŋ”对译 he 音不切，故施食仪本改为“兮”，大乘经咒本、感佛说本改为“希”。再如，宝源以带韵尾-ŋ 的“铭”对译梵文 me，施食仪本、大乘经咒本、感佛说本统改为“弥”。

也有一些非方音而属于语音演变导致梵汉对音不和的情况。例如鲜卑宝源以“珊*san”对译梵文 san，当时的西北方音与中古音是一致的。③但是“珊*san”的读音在后来发生了演变，由《集韵》“苏干切”发展为《古今韵会举要》“相干切”，再到《洪武正韵》的“师奸切”，声母由 s 演变为 sh（ʃ），已经与梵文 san 不和，故施食仪本、大乘经咒本、感佛说本皆改译为“伞”。

也就是说，鲜卑宝源翻译的尊胜陀罗尼所用译音汉字带有明显的宋代西北方音痕迹，当其离开西北，继续流传，供非操西北方音的信众诵持时，这些译音用字已经与梵音不和。因此不动金刚师等人先后将这一陀罗尼用字进行了改译。这些译音用字有改动也有继承，结合这两方面来看，现今所见大乘经咒本虽然晚于感佛说本，但其成文当早于感佛说本，因为二者有几处不一致的地方，大乘经咒本却与施食仪本相同。至此，鲜卑宝源翻译的尊胜陀罗尼在后世流传的脉络基本清楚，它在经不动金刚法师进行改译之后，又传承至明代，以《大乘经咒》及感佛说本两种文本继续流传。这一汉文陀罗尼在后世的流传与北京居庸关、保定经幢西夏文本的流传实际上都是同一系统的。

鲜卑宝源翻译的另一则陀罗尼，即大悲心总持虽然未见有类似不动金刚大师的译本，但它同样以《大乘经咒》及感佛说本两种文本形式流传，说明这一陀罗尼在离开西夏之后也继续在民间衍化流传。其流传及衍化的方式应该与尊胜陀罗尼一致。

（作者通讯地址：宁夏大学西夏学研究院　银川　750021）

（责任编辑：王培培）

① 孙伯君：《西夏佛经翻译的用字特点与译经时代的判定》，《中华文史论丛》2007 年第 2 期，第 313 页。

② 龚煌城：《十二世纪末汉语的西北方音(韵尾问题)》，载《西夏语言文字研究论集》，第 540—547 页；又同上，第 315 页。

③ 在今天的宁夏，很多地方“珊瑚”的“珊”仍然读成 san。

西夏学 第11辑 2015年3月
Xixia Studies,Mar,2015,Vol.11

《英藏黑水城文献》佛经残片考补*

张九玲

摘　要：《英藏黑水城文献》的刊布为西夏学界提供了丰富的文献资料，但其中诸多残卷的出处尚未确定或被误定。文章对这批文献进行了初步梳理，考证了多件残片的出处，并对被误定的残片重新定名，旨在为这批文献的利用提供方便。

关键词：英藏黑水城文献　佛经　残片

近年来，史金波、[①]聂鸿音、[②]杨志高、[③]崔红芬[④]等均对英藏黑水城文献有所研究，考订了其中诸多残卷，但这批文献中的绝大多数仍有待研究。文章对这批文献进行了初步梳理，指出了多件残片的来源。

一　《佛说长寿经》残片

Or.12380—3708：[⑤]内容相连的残页两纸，写本，每行7字，存8行。原题“佛经”。

录文：

[illegible]，[illegible][⑥][illegible]，[illegible]。[illegible]，[illegible]，[illegible]。[illegible]，[illegible]……

译文：

如是我闻：一时佛在香花园，与大比丘比丘尼优婆塞优婆夷七万人俱。时有比丘名曰难达，自觉寿欲终，从佛而求延寿。佛彼之利益故，十七神……

Or.12380—1080：[⑦]写本，每行5字，有界栏，存5行。原题“佛经经颂”。

录文：

[illegible]/[illegible]/[illegible]/[illegible]/[illegible]/

* 本文为国家社会科学基金资助项目“英藏西夏文献研究”（批准号11BMZ021）的阶段性成果。

① 史金波：《〈英藏黑水城文献〉定名刍议及补正》，《西夏学》（第五辑），上海古籍出版社2010年。

② 聂鸿音：《英藏西夏文〈海龙王经〉考补》，《宁夏社会科学》2007年第1期。

③ 杨志高：《英藏西夏文〈慈悲道场忏罪法〉误定之重考》，《宁夏社会科学》2008年第2期。

④ 崔红芬：《英藏西夏文〈华严经普贤行愿品〉残叶释读》，《文献》2009年第2期。

⑤ 见《英藏黑水城文献》第5册第2页。

⑥ [illegible]，原脱，据俄藏本补。

⑦ 见《英藏黑水城文献》第2册，第22页。

译文：

神名摩诃波/神名四波离/神名马头陁/神名阿遮达/神名波陁离/

经查明，以上三件残片均为西夏文《佛说长寿经》（[illegible]）。根据上海古籍出版社 20 世纪末在圣彼得堡拍摄的照片可知该经共涉及两个编号：[①]инв.№5507 和 7832。现据这两个编号试译该经部分内容如下，以见上述三件残片的来源：

佛说长寿经

如是我闻：一时佛在香花园，与大比丘比丘尼优婆塞优婆夷七万人俱。时有比丘名曰难达，自觉寿欲终，从佛而求延寿。佛彼之利益故，说十七神名，黄缕百结，……神名萨达那，神名摩诃波，神名四波离，神名马头陁，神名阿遮达，神名波陁离，神名离诃头……

二 《圣大悟荫王随求皆得经》残片

1909 年黑水城遗址出土了西夏文《圣大悟荫王随求皆得经》的多个写本和刻本，根据上海古籍出版社提供的照片可知，该经现存“天力大治智孝广净宣德去邪纳忠永平皇帝”的初译本和“奉天显道耀武宣文神谋睿智制义去邪惇睦懿恭皇帝”的校译本。这部经书分上下两卷，佚名译自藏文本’phags pa rig pa’i rgyal mo so sor ’brang ba chen mo，内容勘同《大正藏》1153 号不空汉译《普遍光明清净炽盛如意宝印心无能胜大明王大随求陀罗尼经》。

Or.12380—3388：[②]残页一纸（照片左上角的小残片恰为右上角所缺部分），刻本经折装，每折 6 行，行 16 字，存两折。原题“佛经”。

录文：

[illegible]……

译文：

一切如来心手印所摄受[1]，大威力现前当持[2]。当不起与一切如来差异想，于后世后时，能作寿短贫穷有情之利益。大婆罗门此大悟荫王母随求皆得咒[3]，依法书写[4]，悬于臂及颈上，故当知彼人是一切如来之所摄受，当知是一切如来身，当知是金刚身，当知是一切如来舍利心[5]，当知是一切如来眼，当知是大金刚身，当知是焰光身，当知是不坏甲胄，当知能摧一切敌寇，当知能净一切罪障，当知能净有情堕地狱者。何也？曾有大婆罗门善起无信，如……

原文：

大梵当知此大随求无能胜陀罗尼，是一切如来心印之所加持，有大神验，汝当受持。当知此陀罗尼等同诸佛，于后末法之时，短命薄福，无福不修福者，如斯有情作利益故。大梵此大随求陀罗尼，依法书写系于臂上，及在颈下，当知是人是一切如来之所加持，当知是人等同一切如来身，当知是人

① 参看 Е. И. Кычанов，*Каталог тангутских буддийских памятников*，Университет Киото，1999。

② 见《英藏黑水城文献》第 4 册，第 140 页。

是金刚坚固之身，当知是人是一切如来藏身，当知是人是一切如来眼，当知是人是一切如来炽盛光明身，当知是人是不坏甲胄，当知是人能摧一切怨敌，当知是人能烧一切罪障，当知是人能净地狱趣。大梵云何得知？曾有苾刍心怀净信，如来制戒有所违犯不与取，现前僧物僧祇众物四方僧物将入已用，后遇重病受大苦恼。[①]

注释：

[1]摄受，藏文本作“byin gyis brlabs pa”（加持），汉本作“加持”，本段两见。

[2]威力，藏文本作“mthu”（威势、神力），汉本作“神验”。

[3]婆罗门，音译梵文“Brāhmaṇa”，意为“梵行”。藏文本作“bram ze”，汉本作“梵”。

[4]依法，西夏字面作“种聚依”（[illegible]），藏文本作“cho ga bzhin”（如仪轨）。

[5]如来舍利心，汉本作“如来藏身”，“舍利心”和藏文“ring bsrel gyi snying po”对应。

此外，经查实，《英藏黑水城文献》中还有 Or.12380—0220、3375、3385、3386、3387、3411、3512 等也为《圣大悟荫王随求皆得经》残片。

三　《佛顶心观世音菩萨大陀罗尼经》残片

Or.12380—1164，[②]写本经折装，存 6 行，行 13 字。原题“陀罗尼”。

录文：

[illegible]……

译文：

当得具足。若人以香花供养此陀罗尼经者，得大千界之福，此大悲法，彼人世间得大成就。又若善男子善女人，若晨朝时，面向佛前，烧妙好香，诵此陀罗尼经满千遍，即时观世音菩萨阿难形相……

由于《佛顶心观世音菩萨大陀罗尼经》是一部伪经，历代藏经不收，目前能见到的最古且保存完好的汉文本为敦煌写本 P.3916，[③]以下是敦煌写本中的相应原文：

如是之人，当得具足转轮王之福。若人掬香花供养此陀罗尼经者，得大千之福，大悲法性，彼人世间得大成就。又若有善男子善女人，能于晨朝时，面向佛前烧香，诵此陀罗尼经若满千遍，即时见观世音菩萨当化现阿难形相为作证明。问言：“所须何果报，悉能依愿成就，消除身口意业，得佛三昧灌顶智力……”

此外，《英藏黑水城文献》中至少还有如下残片为《佛顶心观世音菩萨大陀罗尼经》：Or.12380—0050、0526、0722、0841、1099、1118、1198、1210、1419、1420、2071、2132、2761、3041、3185、3218、3493。

---

① 高楠顺次郎、渡边海旭等：《大正新修大藏经》第 20 册，大正一切经刊行会，1924 年，第 620 页下栏至 621 页上栏。

② 见《英藏黑水城文献》第 2 册，第 44 页。

③ 参看上海古籍出版社等编：《法国国家图书馆藏敦煌西域文献》第 29 册，上海古籍出版社，2003 年，第 329 页。

四　《根本萨婆多部律摄》残片

Or.12380—2100、2101，[1]内容相连的残页两纸，写本，乌丝栏，行19字。原题“佛经”。

录文：

[illegible]

译文：

初生信心。闻此言不觉流泪，告彼人曰……世尊故获斯珍宝，罪合死，我今释放，并汝亲……此物供养佛僧……放，然后种种上……佛僧之……说作，踊跃欢喜，便获初果，缘斯不许苾刍取宝。又邬波难陀……往，复往乐人院内，教……价□令，卖尽弓矢戏具，贫穷……是，此者宝……舍离处取他童子璎珞，夜……净财受，事限不聚□□故，设置学处。若复苾刍宝及宝类，若自取若教人取，除在寺内及凡人舍处，获波逸底迦。若寺内□□□□在及宝类见□，作是念，然后取。

据内容可知该残片为西夏文《根本萨婆多部律摄》，现存唐义净译同名汉文本，《大正藏》中相应原文如下：[2]

王于三宝初始生信。闻说此言不觉流泪，告彼人曰：汝缘世尊获斯珍宝，罪虽合死，我今释放，并汝眷属，应将此物供养佛僧。既蒙释免遂办上供奉请佛僧，就其住宅，佛为说法，踊跃欢喜，便获初果，缘斯不听苾刍捉宝。又邬波难陀往教射处，复往乐坊，怖其博士，令输饼直，卖尽弓矢戏具之属，终致贫穷，此是宝类。又邬波难陀于薛舍离取他童子璎珞云，是药叉神，物因受不净财，事过限废阙烦恼，制斯学处。若复苾刍宝及宝类，若自捉教人捉，除在寺内及白衣舍，波逸底迦。若在寺内及白衣舍见宝及宝类，应作是念，然后当取。

《根本萨婆多部律摄》在西田龙雄及克恰诺夫等所编西夏文佛经目录中均未见著录，[3]这是该经的首次发现，可以丰富西夏佛教文献的内容。

五　《佛说破坏阿鼻地狱智炬陀罗尼经》残片

Or.12380—2289，[4]刻本，上下双栏，行8字，存5行。原题“佛经”。

录文：

[illegible]

① 见《英藏黑水城文献》第2册，第333页。

② 见《大正新修大藏经》第24册，第593页下栏。

③ 参看西田龙雄《西夏文华严经》第3册，京都大学文学部，1977年；Е. И. Кычанов，*Каталог тангутских буддийских памятников*，Университет Киото，1999。

④ 见《英藏黑水城文献》第3册，第62页。

[西夏文]……

译文：

毘地狱立即破坏为百千分，是中众生即得解脱，何况世间中人得闻此者？是人必定诸佛及……

西夏文《佛说破坏阿鼻地狱智炬陀罗尼经》（[西夏文]），转译自唐提云般若等汉译《智炬陀罗尼经》，《大正藏》中相应原文如下：[1]

以是陀罗尼威神力故，令阿毘地狱应时破坏为百千分，是中众生即得解脱，何况有人在于人间而得闻者？当知是人，则为诸佛及我等菩萨之所护念。

六 《文殊师利所说不思议佛境界经》残片

Or.12380—0957，[2]刻本，残存4行。原题“佛经”。

录文：

[西夏文]。[西夏文]……[西夏文]，[西夏文]……[西夏文]……[西夏文]。[西夏文]，[西夏文]……

译文：

诸漏已尽心得解脱。自……衣脱，文殊师利菩萨之……若众生此甚深妙法……应。若不生信，求证悟……

据内容可知该残片为西夏文《文殊师利所说不思议佛境界经》（[西夏文]），转译自唐菩提流志译同名汉文本，《大正藏》中相应原文如下：[3]

说是法时会中比丘二百人，永尽诸漏心得解脱。各各脱身所著上衣，以奉文殊师利菩萨。而作是言：若有众生得闻于此甚深妙法，应生信受。若不生信，欲求证悟终不可得。

七 《佛说大威德炽盛光调伏诸星宿消灾吉祥陀罗尼经》残片

Or.12380—3182：[4]刻本经折装，每折5行，行12字，存1折。原题“佛经”。

录文：

[西夏文]，[西夏文]。[西夏文]，[西夏文]，[西夏文]，[西夏文]，[西夏文]，[西夏文]……

译文：

有获福田无量，其灾得除。尔时如来说是真言经名，曼殊室利菩萨摩诃萨，及诸声闻四众游空大天，及诸星辰一切圣众，咸依佛敕顶礼受持，各本……

据内容可知该残片为西夏文《佛说大威德炽盛光调伏诸星宿消灾吉祥陀罗尼经》（[西夏文]），转译自唐不空汉译《佛说炽盛光大威德消灾吉祥陀罗尼经》，《大正藏》中相应原文如下：[5]

---

① 见《大正新修大藏经》第21册，第914页中栏。
② 见《英藏黑水城文献》第1册，第318页。
③ 见《大正新修大藏经》第12册，第110页中栏。
④ 见《英藏黑水城文献》第4册，第35页。
⑤ 见《大正新修大藏经》第19册，第338页上栏。

安置佛像结界护持，香华灯烛随分供养，令诸有情获福无量，其灾即除。尔时如来说是陀罗尼经已，时曼殊室利菩萨摩诃萨，及诸声闻四众游空大天，及诸星辰一切圣众，咸依佛敕顶礼奉持，各还本宫。及天龙八部一切大众，闻佛所说，皆大欢喜，信受奉行。

此外，经核查，《英藏黑水城文献》中的 Or.12380—1375、1377 等残片也为《佛说大威德炽盛光调伏诸星宿消灾吉祥陀罗尼经》。

八 《佛说圣曜母陀罗尼经》残片

Or.12380—3018，[①]刻本经折装，下部缺佚，残存 5 行文字，据俄藏本补足缺文后可知该残片每行为 12 字，[②]以下录文以方括号表示所补文字。

录文：

[illegible]、[illegible]、[illegible]，[illegible][[illegible]、[illegible]]、[illegible]、[illegible]、[illegible]、[illegible]、[[illegible]、[illegible]]、[illegible]，[illegible][[illegible]，[illegible]][illegible][[illegible]][illegible]。[illegible][[illegible]]……

译文：

摩睺罗伽、人、非人，及木星、火星、金星、水星、土星、太阴、太阳、罗睺、计都，如是等二十七曜，恭敬围绕此大金刚三昧庄严道场。复有无数千菩萨摩诃萨众……

据内容可知该残片为西夏文《佛说圣曜母陀罗尼经》（[illegible]），转译自宋法天译同名汉文本，《大正藏》中相应原文如下：[③]

如是我闻：一时佛在阿拏迦嚩帝大城，尔时有无数天龙、夜叉、乾闼婆、阿修罗、迦楼罗、紧那罗、摩睺罗伽、人、非人、及木星、火星、金星、水星、土星、太阴、太阳、罗睺、计都，如是等二十七曜，恭敬围绕此大金刚三昧庄严道场。复有无数千菩萨摩诃萨众，其名曰金刚手菩萨、金刚忿怒菩萨……

九 《仁王护国般若波罗蜜多经》残片

西夏文《仁王护国般若波罗蜜多经》（[illegible]）转译自唐不空译同名汉文本，克恰诺夫在其《西夏文佛教文献目录》中著录有三个编号：[④]инв.№7787、683 和 592。

Or.12380—0255，[⑤]刻本经折装，下部缺佚，残存 8 行文字，据俄藏 683 号补足缺文后可知该残片每行为 15 字，以下录文以方括号表示所补文字。

录文：

[illegible]，[illegible]，[illegible][[illegible]，[illegible]][illegible]，[[illegible]][illegible]，[[illegible]]。[illegible][[illegible]][illegible][[illegible]，[illegible]][illegible]，[illegible][[illegible]。[illegible]][illegible]，[illegible][[illegible]，[illegible]][illegible]，[illegible][[illegible]][illegible]。[illegible]

① 见《英藏黑水城文献》第 3 册，第 320 页。

② 俄藏黑水城文献中有多件《佛说圣曜母陀罗尼经》，此据 инв.№6541 补。

③ 见《大正新修大藏经》第 21 册，第 421 页上栏。

④ 参看 Е. И. Кычанов，*Каталог тангутских буддийских памятников*，Университет Киото，1999。

⑤ 见《英藏黑水城文献》第 1 册，第 92 页。

[illegible]……

译文：

行修，广大饶益，得善调伏诸三摩地，住胜观察，修出离行，能证平等圣人地。复次欢喜地菩萨摩诃萨，超愚夫地，生如来家，住平等忍。初以无相智照胜义谛，察一相平等察非相无相，断诸无明灭三界贪，未来无量生死永不受也。以大悲为首起诸大愿，以方便智念念修习无量胜行……

原文：

修二利行，广大饶益，得善调伏诸三摩地，住胜观察，修出离行，能证平等圣人地故。复次欢喜地菩萨摩诃萨，超愚夫地，生如来家，住平等忍。初无相智照胜义谛，一相平等非相无相，断诸无明灭三界贪，未来无量生死永不生故。大悲为首起诸大愿，于方便智念念修习无量胜行，非证非不证一切遍学故。[1]

十　《佛说圣佛母般若波罗蜜多经》残片

Or.12380—3487，[2]存10行，行14字，据内容可知该残片左右图版次序误置。原题“大般若波罗蜜多经”。

录文：

[illegible]……

译文：

罗蜜多明句诵能，是即修学甚深般若波罗蜜多。尔时世尊从三摩地安详而起，赞观自在菩萨摩诃萨言：“善哉善哉！善男子，汝所说者，如是如是，如是学般若波罗蜜多，是即真实最上究竟，一切如来亦皆随喜。”佛说此经已，观自在菩萨摩诃萨并诸苾刍，乃至世间天、人、阿修罗、乾闼婆等，一切大众，闻佛所说，皆大心……

据内容可知该残片为西夏文《佛说圣佛母般若波罗蜜多经》（[illegible]），现存宋施护译同名汉文本，《大正藏》中相应原文如下：[3]

若能诵是般若波罗蜜多明句，是即修学甚深般若波罗蜜多。尔时世尊从三摩地安详而起，赞观自在菩萨摩诃萨言：“善哉善哉！善男子，如汝所说，如是如是，般若波罗蜜多，当如是学，是即真实最上究竟，一切如来亦皆随喜。”佛说此经已，观自在菩萨摩诃萨并诸苾刍，乃至世间天、人、阿修罗、乾闼婆等，一切大众，闻佛所说，皆大欢喜，信受奉行。

十一　《佛说最上意陀罗尼经》残片

Or.12380—3198，[4]刻本，上下双栏，存文6行，行14字。原题“佛经”。

① 见《大正新修大藏经》第8册，第841页下栏。
② 见《英藏黑水城文献》第4册，第195页。
③ 见《大正新修大藏经》第8册，第852页下栏。
④ 见《英藏黑水城文献》第4册，第43页。

录文：

[illegible]……

译文：

以此陀罗尼诵，恼灾中立即解脱。比丘若善男子善女人能如是作者，得自身解脱。比丘若二七日备种种香花饮食，供养佛僧一倍于前，是人父母同得解脱。比丘若于三七日种种香花食……

据内容可知该残片为西夏文《佛说最上意陀罗尼经》，现存宋施护译同名汉文本，《大正藏》中相应原文如下：①

燃大炬火用为照燎，持诵此陀罗尼，所有灾难当得解脱。比丘若善男子善女人能如是作者，当得自身解脱。比丘若二七日如是备种种香花饮食，供养佛僧一倍于前，是人所有父母同得解脱。比丘若于三七日能如是于佛法僧倍前，以种种香花饮食恭敬供养者，彼人所有男女并一切眷属同得解脱。

（作者通讯地址：中国社会科学院研究生院　北京　100081）

（**责任编辑：段玉泉**）

① 见《大正新修大藏经》第 21 册，第 924 页上栏。

西夏文《方广大庄严经》残片考释*

孙飞鹏

摘 要： 本文对《中国藏西夏文献·内蒙古编》中编号为 M21·173 的一件残片进行了释读，判定该残片出自《方广大庄严·诣菩提场品》；此为西夏文《方广大庄严经》的首次发现，丰富了《西夏文佛教文献目录》的内容。另外，本文也简要考证了《方广大庄严经》汉译者地婆诃罗及其所译经典。

关键词： 西夏文　佛经　方广大庄严经　地婆诃罗

一

西夏文佛经的种类和数量对于研究西夏佛教以及相关问题具有重要意义，因此，克恰诺夫等以俄藏为基础，建立了较完整的《西夏佛教文献目录》，[①]依据中藏、英藏、法藏、日藏等可对此目录进行补充和完善。最近学界在解读各地所藏西夏文献的过程中，又陆续发现了一些新的佛经，可以补充“西夏佛经目录”。这里介绍的是其中一件收录于《中国藏西夏文献》中的残片。

该残片为内蒙古自治区文物工作队于 20 世纪 80 年代在黑水城遗址发掘所得，现藏内蒙古自治区文物考古研究所，馆藏编号为 F14:W14，收录于《中国藏西夏文献》第 17 册，中藏编号为 M21·173，原题名“西夏文写本 佛经残页”[②]。此件满行字数为 17 字，现残存 10 行 93 字，依据图版录文、对译及意译如下：

录文：[③]

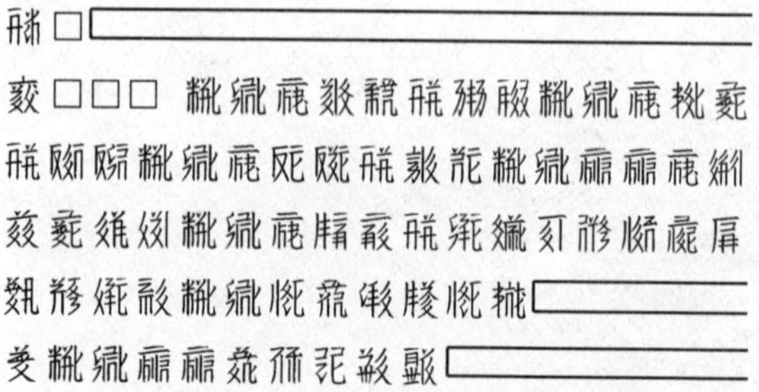

① Е.И.Кычанов, Каталог тангутских буддийских памятников,. Киото: Университет Киото, 1999.

② 宁夏大学西夏学研究中心等编：《中国藏西夏文献》第 17 册，甘肃人民出版社、敦煌文艺出版社，2005 年，第 260 页。

③ 录文中，“□” 表示该处残缺单字，“ ” 表示下缺。

[illegible]——

[illegible]——

[illegible]——

[illegible]——

标点及对译：

[illegible]□——/[illegible]□□□ [illegible]/[illegible]，[illegible]

除□——/脱□□□众生皆宝财得，烦恼众生皆远离/得，饥渴众生皆

[illegible]，[illegible]/[illegible]，[illegible]，[illegible]，[illegible]

饮食得，胎入众生一切皆灾/与离，怯弱众生皆勇猛得，彼时，一许贪

[illegible]/[illegible]，[illegible]——/[illegible]，[illegible]，[illegible]——/

嗔痴/行为逼迫众生不有，人天不死——/时，众生一切相之慈愍，利——/

[illegible]，[illegible]，[illegible]——/[illegible]，[illegible]——/[illegible]，——/

妹如弟如，尔时，世尊此——/地狱痛苦逼，一切——/自各慈心生，——/

[illegible]——/

光明——/

译文：

除……脱……众生皆得财宝，烦恼众生皆得远离，饥渴众生皆得饮食，一切入胎众生皆离灾，怯弱众生皆得勇猛，彼时，无有一众生为贪嗔痴所逼迫，人天不死……时，一切众生相慈愍，利……如妹如弟，尔时，世尊此……地狱痛苦逼，一切……各自生慈心，……光明……

汉文本：[1]

[病苦众生皆得痊愈，怖畏众生皆得安乐，狱囚众生皆得释然，贫穷]众生皆得财宝，烦恼众生皆得解脱，饥渴众生皆得饮食，怀孕众生皆得免难，羸瘦众生皆得充健，而于此时，无一众生为贪恚痴之所逼恼，人天不死[亦不受胎，是]时，一切众生更相慈愍，[生]利[益心，如父如母]，如姊如妹，如兄如弟。尔时，世尊[欲重宣]此[义，而说偈言]：地狱痛苦逼，一切[皆休息，畜生相食啖，]各各起慈心，[八难皆闭塞，三恶悉空静，]光明[所照处] ……

对比夏汉文本，我们发现有所不同，主要的有两处。一是汉文本“烦恼众生皆得解脱”，夏译本为“烦恼众生皆得远离”；这可能是由于前句“狱囚众生皆得释然”中“释然”在西夏文中译作了“[illegible]（解脱）”，为了避免文句重复而将“解脱”意译为“[illegible]（远离）”。另一处汉文本中“如姊如妹，

① 经考证，确认此残片出自《方广大庄严经》卷八《诣菩提场品》。汉文本参照《中华大藏经》（汉文部分）（第15册），中华书局，1985年， 第303页。

如兄如弟”，夏文本则简作“如妹如弟”，这是因为在党项族的亲属称谓中，“同辈中对长幼的区分不像性别的区分那样明确、严格”①。

二

《方广大庄严经》，赵城金藏本题为“中天竺国沙门地婆诃罗奉诏译”。地婆诃罗（约 613—688），②即日照三藏，他“洞明八藏，博晓四含，戒行清高，学业优赡”③，是唐高宗及武后时期重要的译师之一。据《大周刊定众经目录》及《开元释教录》，④地婆诃罗翻译的佛经列表如下：

表一：地婆诃罗所译佛经

	经名及卷数	译成时间	译经地点	备注
1	大乘四法经一卷	永隆元年（680）	东太原寺	初译
2	造塔功德经一卷	永隆元年（680）	东太原寺	
3	大方广师子吼经一卷	永隆元年（680）	东太原寺	
4	佛顶尊胜陀罗尼经一卷	永隆元年（680）	东太原寺	《开元释教录》载永淳元年（682）于京弘福寺译成《佛顶最胜陀罗尼经》一卷
5	证契大乘经一部二卷	永隆元年（680）	东太原寺	
6	大乘显识经一部二卷	永隆元年（680）	东太原寺	
7	大乘百福相经一卷	永淳二年（683）	西太原寺归宁院	初译
8	大乘离文字普光明藏经一卷	永淳二年（683）	西太原寺	
9	金刚般若波罗蜜经破取着不坏假名论一部二卷	永淳二年（683）九月十五日	西太原寺归宁院	
10	七俱胝佛母心大准提陀罗尼经一卷	垂拱元年（685）	西京西太原寺	初译
11	方广大庄严经一部十二卷	垂拱元年（685）	西太原寺归宁院	《开元释教录》中载永淳二年（683）九月十五日译讫
12	大方广佛华严经续入法界品一卷	垂拱元年（685）	西太原寺	
13	大乘广五蕴论一卷	垂拱元年（685）六月二十五日	西太原寺归宁院	
14	大乘密严经一部三卷			
15	大乘遍照光明藏无字法门经一卷			与《大乘离文字普光明藏经》同本
16	大乘百福庄严相经一卷			与《大乘百福相经》同本
17	菩萨修行四法经一卷	永隆二年（681）正月	京弘福寺	与《大乘四法经》同本
18	最胜佛顶陀罗尼净除业障经一卷			与《佛顶最胜陀罗尼经》同本

① 史金波：《西夏党项人的亲属称谓和婚姻》，《民族研究》1992 年第 1 期。

② 《华严经传记》中载地婆诃罗逝于“垂拱三年十二月二十七日”，此应为公元 688 年初；宋高僧传载“享年七十五”，由此推得生年为 613 年。

③ 《中华大藏经》（汉文部分）（第 55 册），中华书局，1992 年，第 185 页。

④ 《中华大藏经》（汉文部分）（第 54 册），中华书局，1992 年，第 708 页、第 747 页。《中华大藏经》（汉文部分）（第 55 册），中华书局，1992 年，第 184—185 页。

上表所列18部经中，《大乘四法经》、《大乘百福相经》、《七俱胝佛母心大准提陀罗尼经》等为首次翻译；《大方广师子吼经》、《证契大乘经》、《大乘显识经》等为其他经的同经别译；《大方广佛华严经续入法界品》补充了旧译《华严经》中的缺文；此外，地婆诃罗也对自己主持翻译的一些佛经进行了重译或是依据不同梵本进行了再译。上表备注一栏也列出了《大周刊定众经目录》及《开元释教录》所载的不同之处。值得注意的是《开元释教录》对《大周刊定众经目录》所载一处错误的指正：①

清信士杜行顗，京兆人。仪凤中任朝散郎行鸿胪寺典客署令。顗明诸蕃语，兼有文藻。天竺语书亦穷其妙。于时有罽宾国僧佛陀波利，赍梵经一夹，诣阙奉献。天皇有诏，令顗翻出，名为《佛顶尊胜陀罗尼》。宁远将军度婆及中印度三藏法师地婆诃罗证译。是时仪凤四年正月也。此杜译者有庙讳、国讳皆隐而避之，即“世尊”为“圣尊”，“世界”为“生界”，“大势”为“大趣”，“救治”为“救除”。译讫奉进，皇上读讫，顾谓顗曰：“既是圣言，不须避讳。”杜时奉诏以正属，有故而寝焉，荏苒之间杜君长逝，未遑改正，其经遂行。后日照三藏奉诏再译，名《佛顶最胜陀罗尼》。大周录云“《佛顶尊胜陀罗尼》，日照三藏译者”误也。

由此记载我们可知，杜行顗初主持译经时，地婆诃罗作为证译参与。仪凤四年（679）正月译成《佛顶尊胜陀罗尼》，因避李世民及李治名讳而致文义有损，故敕命修订。恰是在这一年，地婆诃罗得以敕准依玄奘（602—664）例，于大寺之别院组织译场（翻经院）翻译佛经。②此后的数年间，地婆诃罗于两京东西太原寺及西京弘福寺翻译佛经十八部，武则天亲自为其所译经制序，置于经首。地婆诃罗逝后又获武则天勅葬于洛阳龙门香山。足见地婆诃罗所受皇室重视。

《方广大庄严经》是地婆诃罗所译十八部佛经中较晚的一部，于垂拱元年（685）译成。③该经又名“神通游戏”、“大方广”④，共十二卷二十七品，主要宣说佛降生、出家、成道、转法轮等八相，⑤流传颇广。内蒙古自治区文物考古研究所藏F14:W14残片是西夏文《方广大庄严经》的首次发现，该经的发现丰富了《西夏文佛经目录》。

致谢：本文作为2014年7月在宁夏大学举办的“第三届西夏文研修班暨西夏文献研讨会”的习作，得到史金波先生及其他与会师生的指正，特此致谢！

（作者通讯地址：西安交通大学人居环境与建筑工程学院　西安　710049）

（责任编辑：许伟伟）

① 《中华大藏经》（汉文部分）（第55册），中华书局，1992年，第185页。
② 《中华大藏经》（汉文部分）（第62册），中华书局，1993年，第15页。
③ 《开元释教录》中载永淳二年（683）九月十五日译讫，有异于《大周刊定众经目录》中垂拱元年（685）。
④ 《中华大藏经》（汉文部分）（第55册），中华书局，1992年，第409页。
⑤ 任继愈主编：《佛教大辞典》，凤凰出版社，2002年，第335页。

中国藏西夏文《维摩诘经》整理*

王培培

摘　要： 现藏中国甘肃武威博物馆的西夏文《维摩诘经》的文献照片公布于《中国藏西夏文献·甘肃编》，文献未经整理，次序混乱。此外，该文献卷首照片一直未见公布。本文首次对中国藏西夏文《维摩诘经》进行考察，给出卷首录文，并对错乱经卷内容进行整理，指出此经与俄藏经折装西夏文《维摩诘经》出自相同版本。

关键词： 西夏文　佛经　《维摩诘经》

《维摩诘经》，又称《维摩诘所说经》、《维摩经》、《不可思议解脱经》、《净名经》，分上、中、下三卷，共十四品，是印度早期大乘佛教的重要经典。该经有汉、藏、回鹘、西夏等众多译本，其中七个汉文译本中仅仅有支谦、鸠摩罗什和玄奘的译本保留至今。通过经文的对读，可知此西夏文本转译自鸠摩罗什汉译本。

20世纪初期开始，西夏文《维摩诘经》相继出土于我国内蒙古黑水城和甘肃武威等地，文献原件现藏俄、中、英、法等国，均非足本。中、俄藏本为大宗，英、法收藏仅为一些残片。对西夏文《维摩诘经》的研究始于文献著录。首见戈尔巴乔娃和克恰诺夫的《西夏文写本和刊本》。①其后格林斯蒂德的《西夏文大藏经》卷九收入此经。西田龙雄依据前书的相关内容，讨论了此经反映出的西夏语法特点，并指出此经印制粗糙，是西夏灭亡后的活字版。这一论述发表在他的著作《西夏文华严经》。②详细的版本和内容描述则有克恰诺夫的《西夏文佛教文献目录》。③2005年出版的《中国藏西夏文献》公布了出土于甘肃武威的《维摩诘经》的文献照片，④它曾被鉴定为存世最古的西夏文泥活字印刷品，一度在中国文献学界引起轰动。最近发表的《西夏文〈维摩诘所说经〉研究》一文指出西夏文《维摩诘经》在不同的版本上出现了两种不同的译经题款，分属于西夏惠宗（1067—1086年在位）时期的初译本和仁宗（1139—1193年在位）时期的校译本。⑤

现藏中国甘肃武威博物馆的西夏文《维摩诘经》出土于甘肃武威亥母洞，文献照片公布于《中国

* 国家社科基金特别委托项目：西夏文献文物研究，批准号11@ZH001；宁夏大学科学研究基金资助，项目编号NDSK—72。

① З. И. Горбачева и Е. И. Кычанов,*Тангутских рукописи и ксилографы,* Москва: Издтельство Восточнои Литературы, 1963, стр. 104.

② 西田龙雄：《西夏文华严经》第3册，京都大学文学部1977年，第29页。

③ Е. И. Кычанов, *Каталог тангутских буддийских памятников*, Киото: Университет Киото, 1999, стр. 289-290.

④ 宁夏大学西夏学研究中心、国家图书馆、甘肃五凉古籍整理研究中心：《中国藏西夏文献》第14册，甘肃人民出版社、敦煌文艺出版社，2005年。

⑤ 王培培：《西夏文〈维摩诘所说经〉研究》，中国社会科学院研究生院2010年博士学位论文。

藏西夏文献·甘肃编》。编号 G31.029[6725]，经折装，高 28.5 厘米，宽 11.6 厘米，上下单栏，栏高 22 厘米。每折 7 行，行 18 字，存首，题“[illegible]”（维摩诘所说经卷下）。通过版本对比，它们均显现出泥活字刻本的特点：经面印墨有轻有重。有的字模略高于平面，有的字体肥大，所以印墨厚重，并有晕染现象。有的字体歪斜，笔画生硬变形，竖不垂直，横不连贯，中间断折，半隐半现。[①]这与俄藏经折装经本具有相同特点，并且能补俄藏本之缺。可以推断此经与俄藏经折装西夏文《维摩诘经》同出一个版本，印制时间不早于 12 世纪中期，不晚于西夏乾定年间。[②]

《中国藏西夏文献·甘肃编》公布的西夏文《维摩诘经》至今未见释读，次序混乱，首尾不全。本文把整理此文献过程中发现的几个问题阐述如下。

其一，《中国藏西夏文献·甘肃编》发布的文献照片缺少了下卷卷首，这对于文献的定性具有重要的作用。以下为未刊出的卷首照片、录文和译文。[③]

录文：

[illegible]

[illegible]

[illegible]

[illegible]……

对译：

维摩诘所说经卷下

奉天显道耀武宣文神谋睿智制义去邪惇睦懿恭皇帝

香积佛品十第

---

① 孙寿龄：《西夏文泥活字版佛经》，《中国文物报》，1994 年 3 月 27 日第 3 版。

② 王培培：《西夏文〈维摩诘所说经〉研究》，中国社会科学院研究生院 2010 年博士学位论文。

③ 在此感谢甘肃省武威博物馆的高辉女士和于光建博士，他们为本文的完成提供了信息和资料。

于是舍利弗心下念为．日时至来．此诸菩萨食何饮然谓．时维摩诘其意△知．迅即言谓．佛八解脱可．汝今行受．①此可杂食饮欲令法不闻令者有耶．若食饮与欲令．则足时△待．②汝少有食得令谓．③维摩诘迅速三昧以入．神通力以．④除上方四十二恒河沙佛国．彼以世界一．有名者众香．佛号香积．今其故住彼国香气．十方诸佛世界人天香气中．最第一成．彼土声闻辟支名无．唯清净大菩萨众实住．佛法说为．其世界中．⑤皆香以楼．佛化行可为．⑥园林⑦亦香是．其食香气．十方无量世界皆……

大正藏原文：⑧

于是舍利弗心念：日时欲至，此诸菩萨当于何食？时维摩诘，知其意而语言：佛说八解脱，仁者受行，岂杂欲食而闻法乎？若欲食者，且待须臾，当令汝得未曾有食。

时维摩诘即入三昧，以神通力，示诸大众，上方界分过四十二恒河沙佛土，有国名众香，佛号香积，今现在，其国香气，比于十方诸佛世界人天之香，最为第一。彼土无有声闻辟支佛名，唯有清净大菩萨众，佛为说法，其界一切，皆以香作楼阁，经行香地，苑园皆香，其食香气，周流十方无量世界……

其二，《中国藏西夏文献·甘肃编》公布的 31 张文献照片次序混乱。西夏文《维摩诘经》下卷包含第十品至第十三品。下卷存《香积佛品第十》“其国香气，比于十方诸佛世界”至“菩萨各各坐香树下，闻斯妙香”，“维摩诘言：菩萨成就八法”至《菩萨行品第十一》“是时，佛说法于庵罗树园，其地忽然广博严事”；《菩萨行品第十一》“世尊！以何因缘，有此瑞应”至《见阿閦佛品第十二》“不中流，而化众生”；《见阿閦佛品第十二》“如陶家轮，入此世界，犹持华鬘”至《法供养品第十三》“依了义经，不依了义经；依于法”。其中照片 2 至 8 属于《香积佛品第十》，照片 23 至 30、9 至 12 属于《菩萨行品第十一》，照片 13 至 22 属于《见阿閦佛品第十二》和《法供养品第十三》。此外，照片 1 右侧两行文字“[illegible]”（生于净土。维摩诘言：菩萨成就八法，于此世界行无疮疣，生于净土。何等为八？众生），属于《香积佛品第十》中间内容，其余内容属于第十品末和第十一品首的内容，两者内容无法衔接。

其三，文献定名错误。《中国藏西夏文献·甘肃编》中公布的此经最后一件文献照片（31—31）定名为“西夏文泥活字本《维摩诘所说经》下卷”，实质上这件残片属于《维摩诘经》下卷第四品“即闻空中声曰”至“乐断诸烦恼，乐净土佛国土”的部分内容。先前的研究已有具体论述，这里不做详论述。⑨

（作者通讯地址：宁夏大学西夏学研究院　银川　750021）

（责任编辑：段玉泉）

① 汉文本作：仁者受行，西夏文本作：[illegible]（汝今行受）。

② [illegible]（则足时△待）意译“且待须臾”。

③ 汉文本作：当令汝得未曾有食，西夏文本作：[illegible]（汝少有食得令）。

④ 汉文本作：示诸大众。西夏缺译。

⑤ [illegible]（其世界中）意译“其界一切”。

⑥ [illegible]（佛化行可为）意译“经行香地”。

⑦ [illegible]（园林）对译“苑园”。

⑧ 高楠顺次郎、渡边海旭等：《大正新修大藏经》第 14 册，大正一切经刊行会 1934 年。

⑨ 王培培：《西夏文〈维摩诘所说经〉研究》，中国社会科学院研究生院 2010 年博士学位论文。于光建、黎大祥：《武威博物馆藏西夏文〈维摩诘所说经〉上集残页考释》，《西夏研究》2010 年第 4 期。

武威藏6749号西夏文佛经《净土求生礼佛盛赞偈》考释*

于光建

摘　要： 文章在对武威博物馆藏6749号西夏文佛经翻译的基础上，考证出此佛经名称应该是《净土求生礼佛盛赞偈》，并与俄藏黑水城出土有关文献对照后，发现该经集录者是寂真国师，并非俄藏黑水城西夏文献《净土求生顺要论》的传者寂照国师，这是两个国师，而非一人——这为研究西夏佛教净土宗信仰及其国师提供了新的原始材料。

关键词： 西夏文　《净土求生礼佛盛赞偈》　寂真　国师　净土宗

武威博物馆藏6749号西夏文佛经文献1987年出土于亥母洞寺，经折装，土黄色麻纸。残存7个经折页面，高21厘米，宽9厘米。上下单栏，栏高15.5厘米。面6行，满行32字。中国藏西夏文献编号G31·021[6749]，分4个版面刊布，定名为《净国生求礼佛盛赞颂》。①史金波先生在《西夏佛教新探》②和《中国藏西夏文献新探》③二文中将此文献定名为《净国求生礼佛高赞颂》。孙寿岭先生《武威亥母洞出土的一批西夏文物》定名为《净土求生礼佛加赞颂》。④目前学术界还未就此文献做全面解读，笔者不揣浅陋，尝试对此文献予以译释，并在此基础上试探讨相关问题。

一　录文及译释

录文采取依据原文献版面逐行录文，并逐字对译，□表示所缺字，【】中内容为原文献中为双行小字，／表示双行小字分行。

（前缺）

录文及对译：

1. □□□□□□□□□□□□□[illegible][illegible]

　□□□□□□□□□□□□□皆至

2. □□□□□□□□□□□□[illegible][illegible][illegible]

***项目基金：** 本文系国家社科基金青年项目《武威西夏墓出土木板画及木板题记整理研究》阶段性成果，项目批准号（13CMZ013）。

① 宁夏大学西夏学研究中心、国家图书馆、甘肃省古籍文献整理编译中心编：《中国藏西夏文献》第16册，甘肃人民出版社、敦煌文艺出版社，2005年，第422—426页。

② 史金波：《西夏佛教新探》，《宁夏社会科学》2001年第5期，第70—78页。

③ 史金波：《中国藏西夏文献新探》，杜建录主编《西夏学》第二辑，宁夏人民出版社，2007年，第14页。

④ 孙寿岭：《武威亥母洞出土的一批西夏文物》，《国家图书馆学刊》2002年（西夏研究专号），第173—175页。

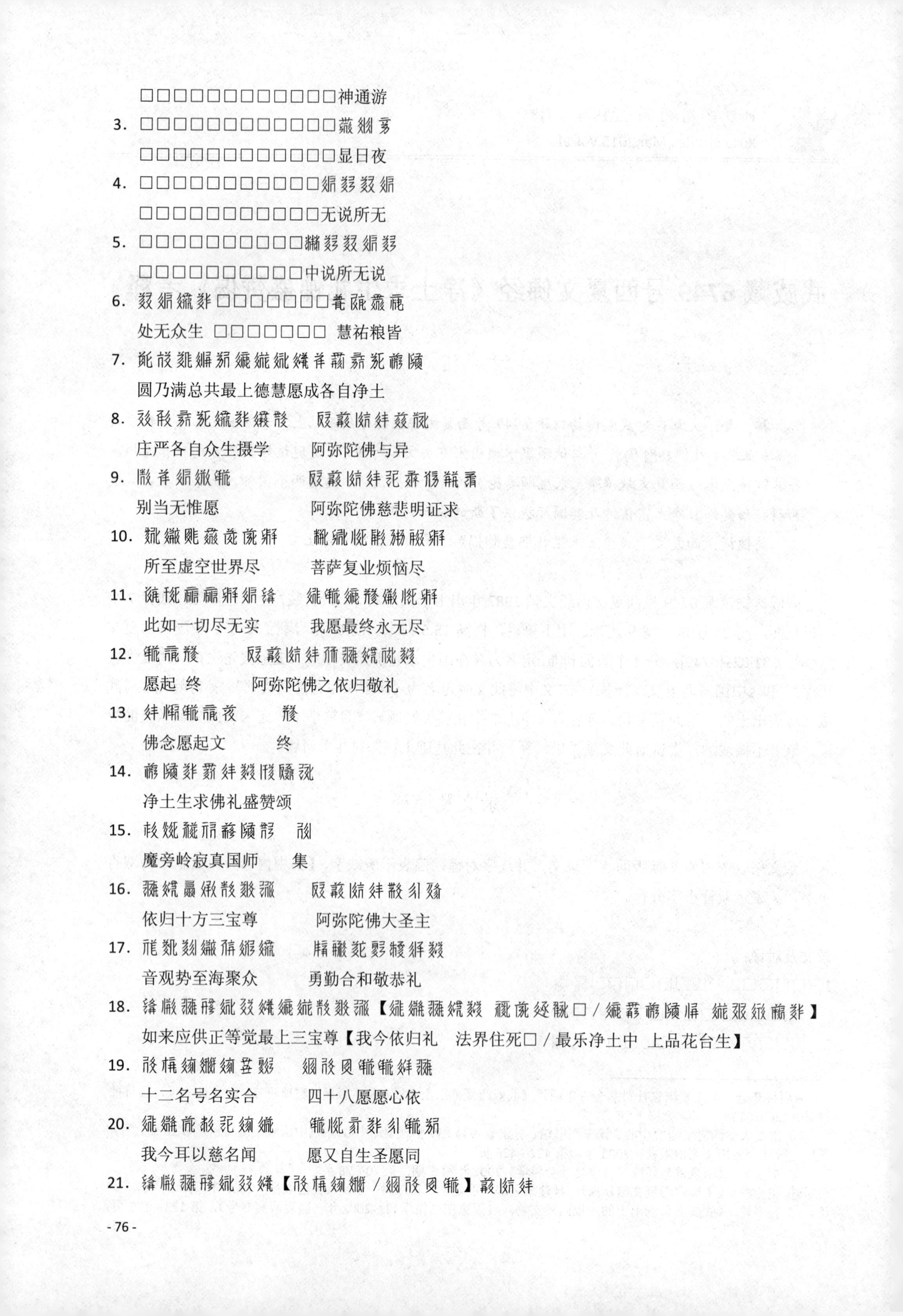

□□□□□□□□□□□□□神通游

3. □□□□□□□□□□□□□[illegible]

□□□□□□□□□□□□□显日夜

4. □□□□□□□□□□□□[illegible]

□□□□□□□□□□□□无说所无

5. □□□□□□□□□□□[illegible]

□□□□□□□□□□□中说所无说

6. [illegible] □□□□□□□[illegible]

处无众生 □□□□□□□ 慧祐粮皆

7. [illegible]

圆乃满总共最上德慧愿成各自净土

8. [illegible]

庄严各自众生摄学　阿弥陀佛与异

9. [illegible]

别当无惟愿　阿弥陀佛慈悲明证求

10. [illegible]

所至虚空世界尽　菩萨复业烦恼尽

11. [illegible]

此如一切尽无实　我愿最终永无尽

12. [illegible]

愿起 终　阿弥陀佛之依归敬礼

13. [illegible]

佛念愿起文　终

14. [illegible]

净土生求佛礼盛赞颂

15. [illegible]

魔旁岭寂真国师　集

16. [illegible]

依归十方三宝尊　阿弥陀佛大圣主

17. [illegible]

音观势至海聚众　勇勤合和敬恭礼

18. [illegible]【[illegible]□／[illegible]】

如来应供正等觉最上三宝尊【我今依归礼　法界住死□／最乐净土中　上品花台生】

19. [illegible]

十二名号名实合　四十八愿愿心依

20. [illegible]

我今耳以慈名闻　愿又自生圣愿同

21. [illegible]【[illegible]／[illegible]】[illegible]

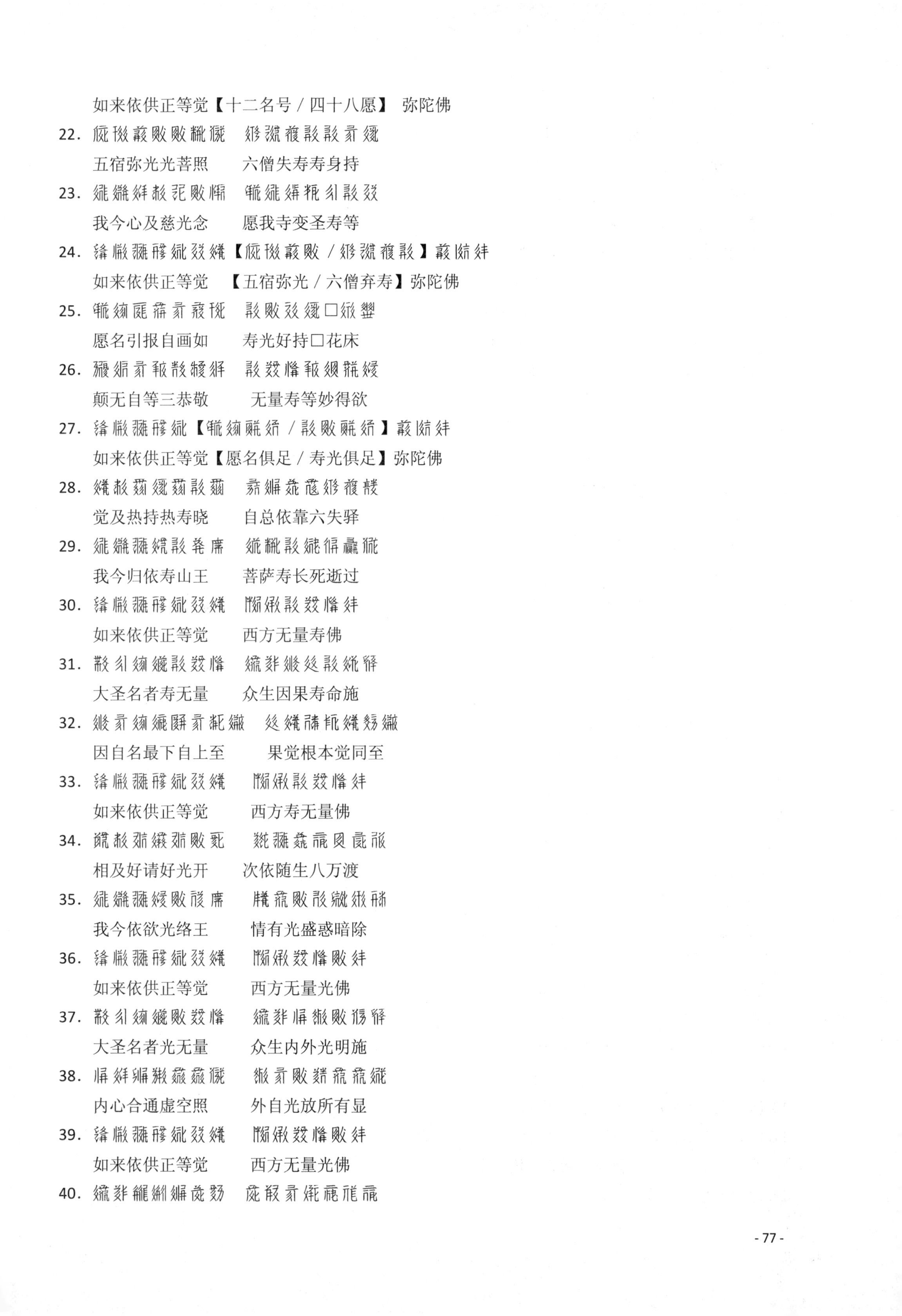

如来依供正等觉【十二名号／四十八愿】 弥陀佛

22. [illegible]

五宿弥光光菩照　　六僧失寿寿身持

23. [illegible]

我今心及慈光念　　愿我寺变圣寿等

24. [illegible]

如来依供正等觉　【五宿弥光／六僧弃寿】弥陀佛

25. [illegible]

愿名引报自画如　　寿光好持□花床

26. [illegible]

颠无自等三恭敬　　　无量寿等妙得欲

27. [illegible]

如来依供正等觉【愿名俱足／寿光俱足】弥陀佛

28. [illegible]

觉及热持热寿晓　　自总依靠六失驿

29. [illegible]

我今归依寿山王　　菩萨寿长死逝过

30. [illegible]

如来依供正等觉　　西方无量寿佛

31. [illegible]

大圣名者寿无量　　众生因果寿命施

32. [illegible]

因自名最下自上至　　　果觉根本觉同至

33. [illegible]

如来依供正等觉　　　西方寿无量佛

34. [illegible]

相及好请好光开　　次依随生八万渡

35. [illegible]

我今依欲光络王　　　情有光盛惑暗除

36. [illegible]

如来依供正等觉　　　西方无量光佛

37. [illegible]

大圣名者光无量　　　众生内外光明施

38. [illegible]

内心合通虚空照　　　外自光放所有显

39. [illegible]

如来依供正等觉　　　西方无量光佛

40. [illegible]

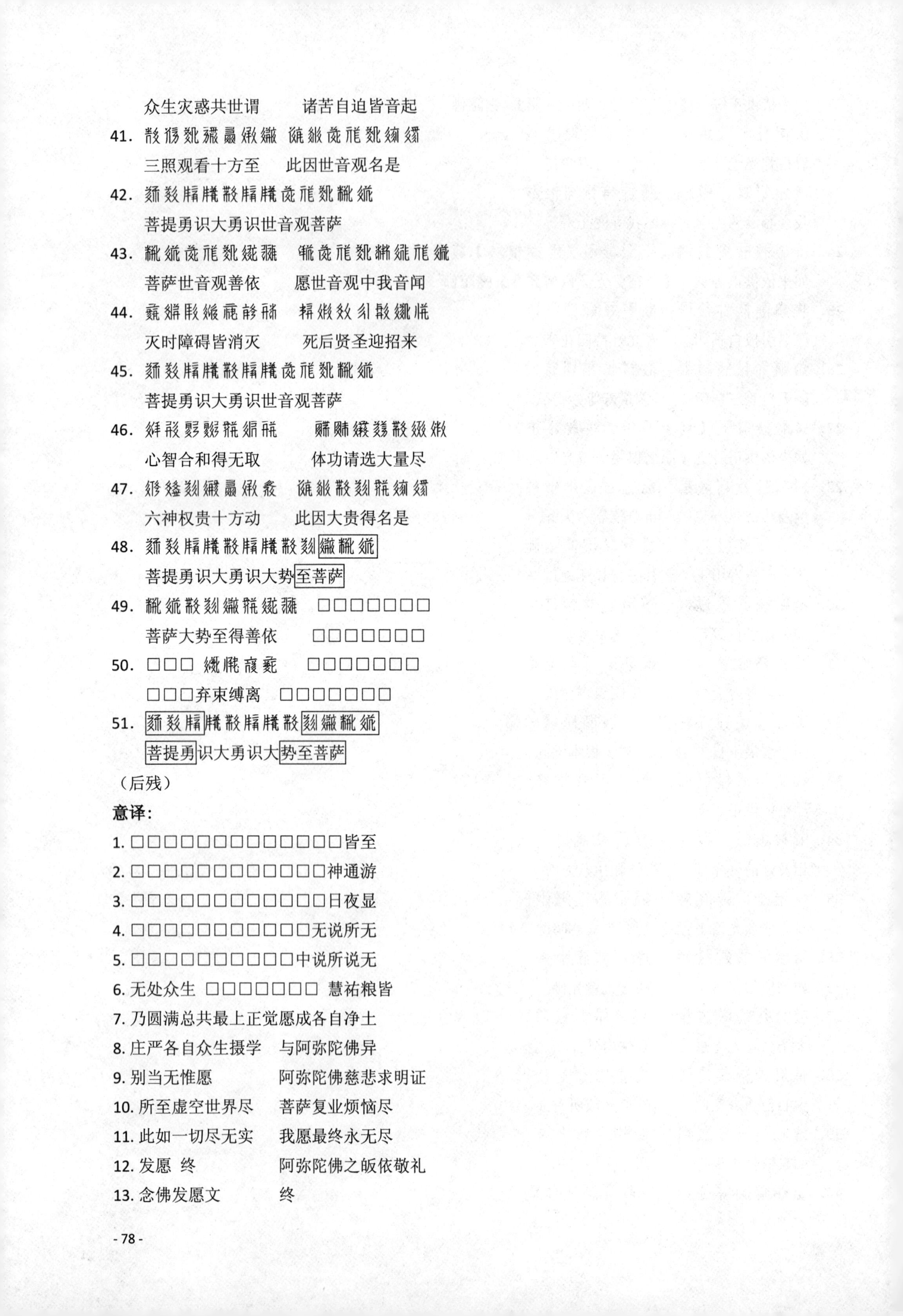

众生灾惑共世谓　　诸苦自迫皆音起

41. [illegible]

三照观看十方至　此因世音观名是

42. [illegible]

菩提勇识大勇识世音观菩萨

43. [illegible]

菩萨世音观善依　　愿世音观中我音闻

44. [illegible]

灭时障碍皆消灭　　死后贤圣迎招来

45. [illegible]

菩提勇识大勇识世音观菩萨

46. [illegible]

心智合和得无取　　体功请选大量尽

47. [illegible]

六神权贵十方动　　此因大贵得名是

48. [illegible]

菩提勇识大勇识大势至菩萨

49. [illegible]　□□□□□□□□

菩萨大势至得善依　□□□□□□□□

50. □□□ [illegible]　□□□□□□□□

□□□弃束缚离　□□□□□□□□

51. [illegible]

菩提勇识大勇识大势至菩萨

（后残）

意译：

1. □□□□□□□□□□□□□□皆至
2. □□□□□□□□□□□□□神通游
3. □□□□□□□□□□□□□日夜显
4. □□□□□□□□□□□□无说所无
5. □□□□□□□□□□□中说所说无
6. 无处众生 □□□□□□□ 慧祐粮皆
7. 乃圆满总共最上正觉愿成各自净土
8. 庄严各自众生摄学　与阿弥陀佛异
9. 别当无惟愿　　　　阿弥陀佛慈悲求明证
10. 所至虚空世界尽　　菩萨复业烦恼尽
11. 此如一切尽无实　　我愿最终永无尽
12. 发愿 终　　　　　阿弥陀佛之皈依敬礼
13. 念佛发愿文　　　　终

14. 净土求生礼佛盛赞颂
15. 魔旁岭寂真国师　集
16. 皈依十方三宝尊　阿弥陀佛大圣主
17. 观音势至海聚众　勇勤合和恭敬礼
18. 应供如来正等觉最上三宝尊【我今依归礼　法界住死□ / 最乐净土中　上品生花台】
19. 十二名号合实名　四十八愿依心愿
20. 我今耳及慈名闻　愿又自生圣愿同
21. 应供如来正等觉【十二名号 / 四十八愿】　弥陀佛
22. 五宿弥光光菩照　六僧失寿寿身持
23. 我今心及慈光念　我愿寺变圣寿等
24. 应供如来正等觉　【五宿弥光 / 六僧弃寿】弥陀佛
25. 愿名引报自如画　寿光好持□花床
26. 颠无自等三恭敬　无量寿等欲妙得
27. 如来依供正等觉【愿名俱足 / 寿光俱足】弥陀佛
28. 慧及热持热寿晓　自总依靠六失驿
29. 我今归依寿山王　菩萨寿长死逝过
30. 应供如来正等觉　西方无量寿佛
31. 大圣名者寿无量　众生因果寿命施
32. 因自名最下自上至　果觉根本觉同至
33. 应供如来正等觉　西方无量寿佛
34. 相及好请开好光　依次随生渡八万
35. 我今依欲光络王　有情光盛除惑暗
36. 应供如来正等觉　西方无量光佛
37. 大圣名者光无量　众生内外光明施
38. 内心合通虚空照　外自光放所有显
39. 应供如来正等觉　西方无量光佛
40. 众生灾惑共世谓　诸苦自迫皆音起
41. 三照观看十方至　此因观世音名是
42. 菩提勇识大勇识观世音菩萨
43. 观世音菩萨善依　愿观世音中我闻音
44. 灭时障碍皆消灭　死后贤圣迎招来
45. 菩提勇识大勇识观世音菩萨
46. 心智合和得无取　体功请选大量尽
47. 六神权贵十方动　此缘大贵得名是
48. 菩提勇识大勇识大势至菩萨
49. 大势至菩萨得善依　□□□□□□□
50. □□□弃束缚离　□□□□□□□
51. 菩提勇识大勇识大势至菩萨

（后残）

二 文献定名

该文献前后残缺，保存有完整的八个经折面，在《中国藏西夏文献》第16册所刊布的第2张图版第2行和第3行有“发愿文终”字样，完整的汉语意思为“发愿文终，皈依阿弥陀佛，敬礼。念佛发愿文终”。可知前面内容为该佛经的发愿文。该页图版第4行有该佛经标题“[illegible]”，汉语对译为“净国生求佛礼盛赞颂”。笔者根据译文在《大正藏》中没有找到相应的汉文本。《中国藏西夏文献》依此定名为《净国生求礼佛盛赞颂》。史金波先生在《西夏佛教新探》和《中国藏西夏文献新探》二文中将此文献定名为《净国求生礼佛高赞颂》。根据残存的发愿文以及正文部分的汉语译文，该佛经多次出现“阿弥陀佛”以及“西方无量寿佛”。据此，该经应该是有关净土宗阿弥陀佛信仰的佛教典籍。所以该经题中“[illegible]”四字应该翻译为“求生净土”，“[illegible]”根据语法应翻译为“礼佛”。“[illegible]”为汉语“颂、赞、庆、偈”之意，而在该佛经中出现了西夏译藏式佛教用语“[illegible]”、“[illegible]”、“[illegible]”等词汇，所以该佛经是有关西夏藏传佛教的佛教典籍，所以“[illegible]”应该翻译为“偈”。此外，结合西夏语谓语后置的语法特点和汉文本净土宗典籍的译文，笔者认为该佛经经题应释读为《净土求生礼佛盛赞偈》。因在《大正藏》、《嘉兴藏》等大藏经中没有找到对应的汉文本，根据文中题款“魔旁岭寂真国师集”，笔者怀疑此经有可能是西夏寂真国师根据净土宗的典籍而集撰的一部修持往生西方净土的赞偈。

三 《净土求生礼佛盛赞偈》集者并非《净土求生顺要论》传者

史金波先生在《西夏佛教新探》一文中在论及西夏国师时，俄藏黑水城西夏文献《净土求生顺要论》的传者为国师寂照，同时该国师还集了一部佛经《净国求生礼佛高赞偈》。而提到的《净国求生礼佛高赞颂》与本文所论及的武威藏6749号西夏文佛经所涉及的经题基本相同，不知是否就是武威所藏该件文献。之后笔者在史先生另一篇文章《中国藏西夏文献新探》一文中，在论及武威博物馆藏文献时讲到该佛经的确藏自武威博物馆。但笔者在译释武威所藏6749号《净土求生礼佛盛赞颂》时发现，在该经题后的一行小字涉及到作者。该行西夏文为“[illegible]”，汉语意思“魔旁岭寂真国师 集”。因俄藏黑水城出土西夏文佛经尚未公布，笔者难以见到该文献原件是否和武威博物馆所藏6749号西夏文佛经著者的西夏文字法号相同。之后，笔者在崔红芬《〈俄藏黑水城出土的西夏文佛经文献续录〉中的帝师与国师》一文中发现，俄藏西夏文《净土求生顺要论》的著者为国师“[illegible]”，[illegible]字音呜，汉语意思为寂、静之意，崔红芬翻译为国师明照。[①]如果崔文录入的这两个西夏字无误，那么俄藏西夏文《净土求生顺要论》中记载的传者国师“[illegible]”与武威博物馆藏6749号西夏文佛经的集者并非同一个国师。因为武威博物馆藏6749号西夏文佛经的集者为国师“[illegible]”，很显然无论是意译还是音译，第二个西夏字完全不同，其汉语意思也各异，这应该是两个法号。之后，笔者在克恰诺夫先生所编《西夏佛教文献目录》中找到了西夏文《净土求生顺要论》的这一题款“[illegible]”[②]，汉语意思“寂照国师 传”。所以武威藏6749号西夏文佛经的集者应该不是俄藏西夏文《净土求生顺要论》的传者，二者不是同一个国师，应该是两个国师。《净土求生顺要论》的传者寂照国师和《净土求生礼佛盛赞偈》的集者寂真国师似乎是生活于西夏同一时期，有可能还是出自净

---

① 崔红芬：《〈俄藏黑水城出土西夏文佛经文献叙录〉中的帝师与国师》，《西北第二民族学院学报》2004年第4期，第35—40页。

② Е.И.Кычанов．Каталог тангутских буддийских памятников, Киото:Университет Киото．1999г. p465。

土宗同一师门的师兄弟。如果这一解读正确无误，那么武威藏 6749 号佛经的一个重要价值就在于新发现了西夏时期的又一国师。

综上所述，武威藏 6749 号西夏文佛经题名应该是《净土求生礼佛盛赞偈》，该经的集录者寂真国师与俄藏西夏文《净土求生顺要论》的传者并非同一人。寂真国师是新发现的一位西夏国师。这部佛经不是从汉文本佛经翻译而来，而是西夏国师寂真编纂的一部有关净土宗阿弥陀佛信仰的佛教典籍，这为进一步研究西夏时期武威净土宗阿弥陀信仰提供了重要的新材料。结合天梯山石窟和张义修心洞出土的《观弥勒菩萨上生兜率天经》以及西郊林场西夏墓出土的木缘塔上的梵文《圣无量寿一百八名陀罗尼》和《无量寿佛咒》等佛教文献，说明西夏时期净土宗阿弥陀信仰在武威地区非常流行；同时，通过这部经的残存经文，似乎可以看出西夏时期武威地区的阿弥陀佛信仰据有藏传佛教的色彩。

注释：

[1] [illegible]：字面汉字意思“净国”。根据正文内容，这部佛经文献是关于阿弥陀佛信仰的佛经，应该是净土宗的佛教典籍，所以在此经文中，此二字应翻译为“净土”。

[2] [illegible]：敬礼，多见于西夏译藏文佛经开头。

[3] [illegible]：[illegible]汉语意思“林”， 在《番汉合时掌中珠》地体上对应音魔；[illegible]汉语意思山峰，音旁；[illegible]在《番汉合时掌中珠》地体上对应汉字“岭”，力顷切，音岭，为汉语借词。俄藏黑水城文献第 10 册第 224 页《天盛改旧新定律令》卷十司序行文门中有一地名为“[illegible]”，史金波先生在译文本中音译为“啰庞岭”（第 369 页）。根据上下文，此三字也表示一地名，应采取音译法，故音译为：魔旁岭。

[4] [illegible]：如来依应，西夏文《大乘无量寿经》中此四字对应为“应供如来”。

[5] [illegible]；字面意思“情有”，意译为“有情”。为梵文 sattva 之新译，汉文本从旧译作“众生”。《一切经音义》卷十二：“萨埵，都果反，梵语也，康言有情。古译云众生，义不切也。”

[6] [illegible]：菩提勇识大勇识，音译梵文 Bodhisattva Mahāsattva, 意译藏文 Byang—chub—sems—dpa’sems—dpa’che—po。对应汉文本中“菩萨摩诃萨”。

[7] [illegible]：十二名号。根据译文，此经是关于净土宗阿弥陀佛信仰的佛经，所以此十二名号指阿弥陀佛与光有关的名号。阿弥陀佛共有十三个称号，这十三个称号其中名号中有一种与寿命有关，称无量寿佛，剩余十二种与光有关，总称为无量光佛。在《佛说无量寿经》中十二名号为：无量光佛、无边光佛、无碍光佛、无对光佛、炎王光佛、清净光佛、欢喜光佛、智慧光佛、不断光佛、难思光佛、无称光佛、超日月光佛。在《佛说无量清净平等觉经》中为：无量光佛、无边光佛、无碍光佛、无等光佛、智慧光、常照光、清净光、欢喜光、解脱光、安隐光、超日月光、不思议光。《佛说大乘无量寿庄严经》中称为：无碍光、常照光、不空光、利益光、爱乐光、安隐光、解脱光、无等光、不思议光、过日月光、夺一切世间光、无垢清净光。

[8] [illegible]：四十八愿。根据译文，此经是关于净土宗阿弥陀佛信仰的佛经，所以四十八愿是阿弥陀佛之四十八愿，出自《佛说无量寿经》。四十八愿为：一、国无恶道愿。二、不堕恶趣愿。三、身悉金色愿。四、三十二相愿。五、身无差别愿。六、宿命通愿。七、天眼通愿。八、天耳通愿。九、他心通愿。十、神足通愿。十一、遍供诸佛愿。十二、定成正觉愿。十三、光明无量愿。十四、触光安乐愿。十五、寿命无量愿。十六、声闻无数愿。十七、诸佛称叹愿。十八、十念必生愿。十九、闻名发心愿。二十、临终接引愿。二十一、悔过得生愿。二十二、国无女人愿。二十三、厌女转男愿。二十四、莲华化生愿。二十五、天人礼敬愿。二十六、闻名得福愿。二十七、修殊胜行愿。二十八、

国无不善愿。二十九、住正定聚愿。三十、乐如漏尽愿。三十一、不贪计身愿。三十二、那罗延身愿。三十三、光明慧辩愿。三十四、善谈法要愿。三十五、一生补处愿。三十六、教化随意愿。三十七、衣食自至愿。三十八、应念受供愿。三十九、庄严无尽愿。四十、无量色树愿。四十一、树现佛刹愿。四十二、彻照十方愿。四十三、宝香普熏愿。四十四、普等三昧愿。四十五、定中供佛愿。四十六、获陀罗尼愿。四十七、闻名得忍愿。四十八、现证不退愿。

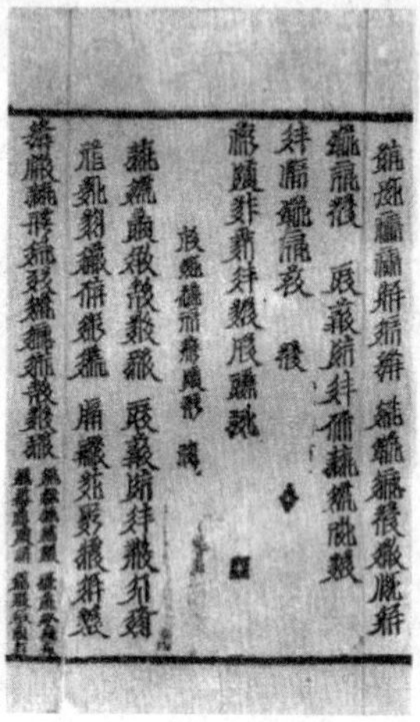

G31 · 021[6749]—1

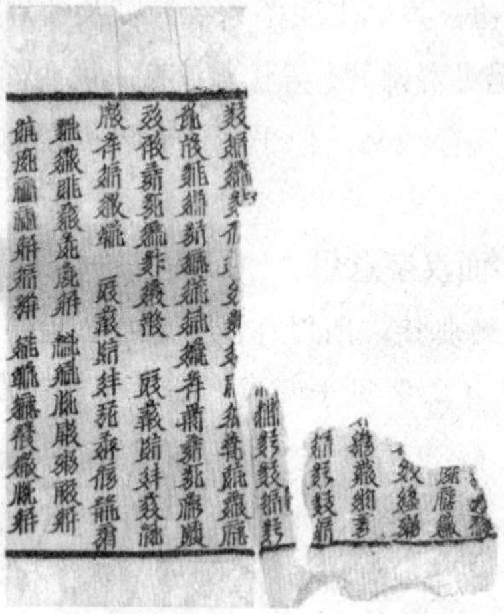

G31 · 021[6749]—2

G31 · 021[6749]—3

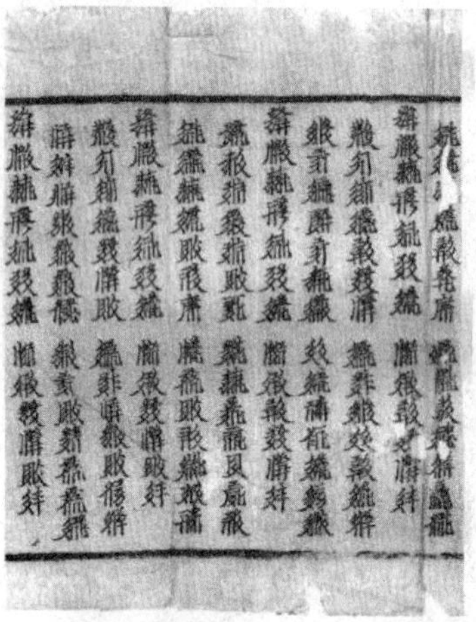

G31 · 021[6749]—4

（作者通讯地址：宁夏大学西夏学研究院　银川　750021）

（责任编辑：许伟伟）

中国藏西夏文《佛说消除一切疾病陀罗尼经》译释

王　龙

摘　要：本文对出土于内蒙古额济纳旗绿城遗址、现藏于内蒙古自治区图书馆的 M11 · 14 号西夏文写本《佛说消除一切疾病陀罗尼经》进行了翻译和校注，通过与汉文本的对照，发现西夏文本后面的四面忏经汉文本无，此经虽有残损，但内容较为完整，为西夏文佛教增添了新的品类。以此为基础，本文对该经版本、形制及其内容进行了全面系统的梳理，旨在为西夏文献学和佛教史研究提供一些基础资料。

关键词：西夏　佛经　佛说消除一切疾病陀罗尼经

一

1993 年，史金波和翁善珍二位先生曾发表《额济纳旗绿城新见西夏文物考》一文，[①]报道了内蒙古图书馆入藏的一件《佛说消除一切疾病陀罗尼经》。其形制为：写本，经折装，计 14 面，每面高 12.8 厘米，宽 6.5 厘米，上下单栏，栏高 9.7—10.4 厘米。面 4 行，行 9 字。并附该经卷首页，指出第 1 面 1、2 行为经名，残，存 5 字“佛……罗尼经契”。第 10 面第 4—14 行，主要内容为：若人不能全诵此经，亦可先说神咒及诵持三种归依佛名等，亦能消除疾病及一切灾祸。其中还有归依诵佛名和咒语等。其后在史金波先生的《西夏出版研究》、[②]牛达生先生的《西夏遗迹》[③]和史金波等先生的《中国藏西夏文献综述》[④]一文中也有提及，但都未能做文本的解读，本文参照唐不空《除一切疾病陀罗尼经》的汉译本，试图考释该经的西夏文本。

西夏文本《佛说消除一切疾病陀罗尼经》（[illegible]），1991 年中央电视台在拍摄大型纪录片《望长城》的过程中，在内蒙古额济纳旗绿城遗址内发现的，现藏于内蒙古自治区图书馆，新近刊布于甘肃人民出版社与敦煌文艺出版社联合出版的《中国藏西夏文献》第 17 卷，编号为 M11 · 14。该书《叙录》对之作如下介绍：“写本，经折装。高 12.8 厘米，宽 6.5 厘米，上下单栏，栏高 9.7 厘米。卷首有经名 2 行，残。第 19 面存经名 2 行。存经文 14 面，面 4 行，行 9 字。”[⑤]

---

① 史金波、翁善珍：《额济纳旗绿城新建西夏文物考》，《文物》1996 年第 10 期，第 76、78 页。
② 史金波：《西夏出版研究》，宁夏人民出版社，2004 年，第 144 页。
③ 牛达生：《西夏遗迹》，文物出版社，2007 年，第 71 页。
④ 史金波等：《中国藏西夏文献综述》，载《西夏学》（第二辑），宁夏人民出版社，2007 年，第 55、57 页。
⑤ 宁夏大学西夏学研究中心、中国国家图书馆、甘肃五凉古籍整理研究中心编：《中国藏西夏文献》第 17 卷，甘肃人民出版社、敦煌文艺出版社，2006 年，第 80—83 页。

依据西田龙雄和克恰诺夫的著录，西夏文本《佛说避瘟经》（[illegible]）与之对应的汉文本也是唐不空译《除一切疾病陀罗尼经》，该经是 1909 年在黑水城遗址（今属内蒙古额济纳旗）出土的，今藏俄罗斯科学院东方文献研究所，迄今尚未刊布。著录首见戈尔巴乔娃和克恰诺夫于 1963 年发表的《西夏文写本和刊本》一书，该书在 162 号误把经名译为《佛说病患灭经（佛说疗痔病经？）》。① 1977 年，西田龙雄在《西夏文佛经目录》第 182 号中将其著录为《佛说病疾除经典》，②并分别指出与之对应的汉文本是唐不空译《除一切疾病陀罗尼经》或斯坦因 S. 2467《佛说救疾经一卷》。1999 年，克恰诺夫在《西夏文佛教文献目录》中对其版本、形制和内容做了较为详细的描述，③编号共有 2 个，即 инв. № 7675 和 7679。皆为写本，题作《佛说除疾病经》（[illegible]），指出佚名译自唐不空汉文本《除一切疾病陀罗尼经》，见《大正藏》第 1323 号。并对原编号作了简要叙录，两种版本的基本情况如下：

1. инв. № 7675，写本，蝴蝶装，9.5 厘米×6 厘米，留 11 叶。每叶 4 行，行 7—9 个字。经书最后 2 叶上手绘有佛与弟子及供养人，最后 1 叶的背面画有三股叉。

2. инв. № 7679，写本，麻纸蝴蝶装，10.5 厘米×8 厘米，墨框高 8.8 厘米。每半叶 5 行，行 9 字。卷尾有题款。凡 28 叶，其中经文共 24 叶，另 4 叶是《圣大乘大千国守护经》（[illegible]）之结尾部分，保存完好。结尾有附注：识字的人如果诵读此经，可以避病灾。

对照上海古籍出版社蒋维崧、严克勤两位先生从俄国摄回的照片，得以进一步窥见《佛说避瘟经》的概貌。其中 инв. № 7675 号佛经实为《佛说避瘟经》，而非《除一切疾病陀罗尼经》；инв. № 7679 号由三部佛经构成，凡 28 叶，第 11 叶、12 叶加上前 4 叶是《圣大乘胜意菩萨经》，并非《圣大乘大千国守护经》（[illegible]），第 5 叶、6 叶、13 叶、14 叶、7 叶、8 叶、9 叶、10 叶是《佛说避瘟经》，剩下的 15 叶至 28 叶，共 14 叶为卜算类文本，迄今尚未解读。

本文所要介绍的是中国藏西夏文《佛说消除一切疾病陀罗尼经》，实为唐不空三藏法师所译的《除一切疾病陀罗尼经》，相关的解读可以为西夏语文研究提供一份新资料。

二

下面根据《中国藏西夏文献》第 17 卷刊登的照片，转录西夏译本的原文，原件脱漏的字，有上下文可资参照的，据以补出。残损的字，则据残留偏旁的形状，结合汉文译本中的字意补出。符号“□”表示的是西夏文原文中污损、缺失之字；对译汉文中，符号“△”表示无法用汉字表达的西夏语虚词；其中西夏文本的叶次标以“【】”号。

西夏文及对译：

【1】[illegible]

佛说疾病一切消除陀罗尼经契

[illegible]：[illegible]，[illegible]□□□[illegible]【2】[illegible][[illegible]][illegible]，[illegible]

是如闻我：一时薄伽梵，室□□□多丛林孤独　给共增树园内住，千二

[illegible][[illegible]]。[illegible]，[illegible][[illegible]：[illegible]

百五十大善起及又诸大菩萨摩诃萨众与集。尔时，世尊阿难陀言曰：“阿难

① З. И. Горбачева и Е. И. Кычанов, Тангутские рукописи и ксилографы, Москва: Издательство восточной литературы, 1963. стр.103. 汉译本见白滨译《西夏文写本及刊本——苏联科学院亚洲民族研究所藏西夏文已考订写本及刊本目录》，载中国社会科学院民族研究所历史研究室编译《民族史译文集》第 3 集，1978 年，第 75 页。

② 西田龙雄：《西夏文华严经》III，京都大学文学部，1977 年，第 39 页。

③ Е. И. Кычанов. *Каталог тангутских буддийских памятников*. Киото: Университет Киото,1999,с.440-441.

[illegible]！］【3】[illegible]［[illegible]］[illegible]，[illegible]，[illegible]。”[illegible]
陀！　　疾病一切消除能陀罗尼△有，汝今受持，读诵理依思惟所。立即言
[illegible]：[illegible]　[illegible]　[illegible]　[illegible]　[illegible]　[illegible]
真乃曰：“怛你也他　尾摩黎　　嚩曩俱枳黎　　室唎末底　　军拏黎　　　嫩奴鼻
……【5】[illegible]”
……　　娑诃

梵文：tad yathā/ bimami bimami /vanaṃkokili/ śrimati /kuṇḍale/

dundubhi/ indrani/mule svāha/①

汉文：“怛你也他/尾摩黎尾摩黎/嚩曩俱枳黎/室唎末底/军拏黎

嫩奴鼻/印捺啰儗[illegible] /母隶娑嚩诃”

汉译文：

《佛说消除一切疾病陀罗尼经》

如是我闻：一时薄伽梵[1]，住室□□□[2]逝多林给孤长者树园[3]，与大苾刍[4]众千二百五十人俱[5]。众多诸大菩萨摩诃萨。尔时，世尊告阿难陀言：“阿难陀！[6]有一陀罗尼能除一切疾病[7]，汝今[8]受持，读诵通利，如理作意。”即说密言曰：

“怛你也他　尾摩黎[9]　嚩曩俱枳黎　室唎末底　军拏黎　嫩奴鼻　……　母隶[10]娑嚩诃”

说明：

[1] 薄伽梵，梵文 Bhagavān 的音译。

[2] 以上原缺三字，相应汉文本作“罗伐城”。

[3] 西夏文“[illegible]”，字面意思为“孤独给树园”，为汉语“给孤独园”的对译，译自梵文 Anātha—piṇḍadasyārāma，藏文为 Mgon—med—zas—sbyin—gyi kun—dga’—ra—ba。西夏文“[illegible]”二字原缺，据汉文本补。

[4] 西夏文“[illegible]”，字面意“善起”，对译藏文 dge—slong“乞善”。藏文 dge—slong 为梵文 bhikṣu“乞士”的意译，汉语“比丘”为梵文 bhikṣu 的音译。西夏新译佛经中多把“比丘”译为“起善”，此处对应汉文本“苾刍”。下同。

[5] 西夏文“[illegible]”字原缺，据汉文本补。

[6] 西夏文“[illegible]：[illegible]！”六字原缺，据汉文本补。

[7] 有一陀罗尼能除一切疾病，汉文本作“有陀罗尼能除世间一切疾病”。[illegible]，据汉文本补。

[8] 今，即西夏文“[illegible]”，汉文本作“当”。

[9] 尾摩黎，汉文本作“尾摩黎尾摩黎”。

[10] 此处西夏文原缺，相对应的汉文为“印捺啰儗[illegible]”。

西夏文及对译：

[illegible]：“[illegible]，[illegible]，[illegible]，[illegible]、[illegible]、[illegible]
佛阿难之谓：“此言真，若诵持者，食宿不消、霍乱、风疾黄痰瘾，患痔瘘
[illegible]，【6】[illegible]，[illegible]，[illegible]，[illegible]，[illegible]。”[illegible]

① 此梵文转写参照林光明著《新编大藏全咒》，有所改动。详见林光明：《新编大藏全咒》，第9册，台北嘉丰出版社，2001年，第89页。林先生构拟的梵文为“tad yathā/ cilemi cilemi /banankokili/ śrimati /kuṇṭale/ dundubhi/ indrani/mule svāha”。

疮病肺病，　嗽病虐病，寒病热病，头痛半痛，鬼魅所着者，尽皆除愈。”我佛

[西夏文]【7】[西夏文]

眼以观见，诸天魔王净梵沙门婆罗门等△　作障难。间断消除决定业报不有，

[西夏文]【8】

余及违越间断障难等作无能。如来应供正等觉说，诸情有一切中，如来尊

[西夏文]

胜；诸法一切中欲离，法尊众一切中，僧伽者胜。此言实也，我及情有一切，

[西夏文]【9】[西夏文]。

△食饮吃，腹内消化，安乐当得。娑　诃。

[西夏文]

尔时，世尊是经说已，诸大善起僧，并诸菩萨摩诃萨，天龙八部一切佛乃

[西夏文]【10】[西夏文]①[西夏文]

语闻，皆　大心喜，信受奉行。

[西夏文]

佛说疾病一切消除陀罗尼经契　竟

汉译文：

佛告阿难[1]：“此密言[2]，若诵持者，宿食不消、霍乱、风黄痰癊，患痔瘘淋肺疾[3]，嗽虐寒热，[4]头痛半痛，着鬼魅者，悉得除愈[5]。”我以佛眼观见[6]，诸天魔王净梵[7]沙门婆罗门能作障难。不在决定消除间断业报，[8]余及[9]无能违越间断[10]作其障难。如来应供正遍知[11]说，一切诸[12]有情中，如来为尊胜；一切诸法中，离欲法尊；一切众中，僧伽为尊。以此诚实言，我[13]及一切有情，食饮吃啖，入腹消化，得正安乐。娑诃[14]。

尔时，世尊说是经已，诸苾刍僧，并诸菩萨摩诃萨，一切大众天龙八部，受持佛语，欢喜奉行。

说明：

[1] 阿难，为“阿难陀”（Ānanda）简称，意为“庆喜”，佛陀十大弟子之一。汉语日常多称“阿难”，西夏从之。此处汉文本作“阿难陀”。

[2] 真言，即西夏文“[西夏文]”，汉文本作“陀罗尼”。

[3] 肺疾，即西夏文“[西夏文]”，汉文本作“上气”。

[4] 嗽虐寒热，即西夏文“[西夏文]”。

[5] 愈，即西夏文“[西夏文]”，汉文作“瘥”。

[6] 我以佛眼观见，汉文本作“我以佛眼观见彼人”。

[7] 净梵，即西夏文“[西夏文]”，汉文本未译。

[8] 不有决定消除间断业报，汉文本作“除非决定业报尽者”。

[9] 及，即西夏文“[西夏文]”，汉文本未译。

[10] 间断，即西夏文“[西夏文]”，汉文本未译。

[11] [西夏文]，意为“正遍知”，梵文 samyaksam buddha 的意译，音译作“[西夏文]”sã[1] mjiw[2] sã[1] xjwɨ[1] thow[1]，与汉文本“三藐三佛陀”对应。俄藏西夏文 инв.№ 3762 号《佛说一切如来悉皆摄受三十五佛忏罪法事》（[西夏文]）曾译作“[西夏文]”，即“正

① 西夏本此处疑脱“[西夏文]”字。

等觉”①。佛陀十号之一，又译作“正遍觉”、“正真道”等，指佛所证得的智慧正真而又圆满，周遍含容，无所不包。

[12] 诸，即西夏文“[illegible]”，汉文本未译，下同。

[13] 我，汉文本作“愿我”。

[14] [illegible]，梵文作 svāha，汉文作“娑诃”。

西夏文及对译：

[illegible]，[illegible]【11】[illegible][[illegible]][illegible]，

若人此经契全读诵不能，亦　　先说神咒及以下三种依归佛名等诵持，

[illegible]。[illegible]：【12】[illegible]

亦疾病间断障难一切消除能谓。依归佛名诵法者：　　弟子某甲等　南无佛之依

[illegible]！[illegible]！[illegible]！[illegible]！[illegible]【13】

归！南无法之依归！南无僧之依归！南无广大最深智慧雷鸣音王如来！南无

[illegible]！□□[illegible]，[illegible]，[illegible]、[illegible]、[illegible]；

药师瑠璃光王佛！□□时一切中，心归念诵，则疾病消除、障难除灭、疑所不有；

[illegible]【14】[illegible]，[illegible]。[illegible]：

及四　　钵手印咒诵，则腹肚中疾病一切除消能。写咒者：

西夏文：	[illegible]	[illegible]	[illegible]	[illegible]	[illegible]	[illegible]。
梵文：	Oṃ	kili	kili	vajra	hūm	phaṭ
汉文：	唵	枳黎	枳黎	末口则啰	吽	发怛

汉译文：

若人不能全诵此经，可先说神咒及诵持以下[1]三种皈依[2]佛名，亦能消除一切疾病间断障难。归依诵佛名之法者：弟子某甲等：

南无归依佛！

南无归依法！

南无归依僧！

南无广大最深智慧雷鸣音王如来！

南无药师瑠璃光王一切佛！□□时中，归心诵念，则疾病消除、障难除灭、无所怀疑；及诵四钵手印咒，则能消除腹肚中一切疾病。写咒曰：“唵 枳黎 枳黎 末口则啰 吽 发怛。”

说明：

[1] 以下，即西夏文“[illegible]”。

[2] 西夏文“[illegible]”二字原残，据残存笔画和汉文本补。

三

下面是《大正藏》第 21 册 1323 号不空译《除一切疾病陀罗尼经》的全文，②本文对原文重新进

① Е.И. Кычанов, *Каталог тангутских буддийских памятников*, Киото: Университет Киото, 1999. стр. 529.

② 高楠顺次郎、渡边海[illegible]等：《大正新修大藏经》第 21 册，台湾新文丰出版公司，1983 年，第 489 页下栏至 490 页上栏。

行标点，录此以备参考：

如是我闻：一时薄伽梵，住室罗伐城逝多林给孤长者园，与大苾刍众千二百五十人俱。众多诸大菩萨摩诃萨。尔时，世尊告阿难陀言：“阿难陀！有陀罗尼能除世间一切疾病，汝当受持，读诵通利，如理作意。”即说密言曰：

“怛你也他　尾摩黎尾摩黎　嚩曩俱枳黎　室唎末底　军拏黎　嫩奴鼻　印捺啰儗𩕳母隷娑嚩诃”

佛告阿难陀：“此陀罗尼，若诵持者，宿食不消、霍乱、风黄痰瘾，患痔瘘淋上气，嗽虐寒热，头痛半痛，着鬼魅者，悉得除差。”我以佛眼观见彼人，诸天魔梵沙门婆罗门能作障难。除非决定业报尽者，余无能违越作其障难。如来应供正遍知说，一切有情中，如来为尊胜；一切法中，离欲法尊；一切众中，僧伽为尊。以此诚实言，愿我及一切有情，食饮吃啖，入腹消化，得正安乐。

尔时，世尊说是经已，诸苾刍僧，并诸菩萨摩诃萨，一切大众天龙八部，受持佛语，欢喜奉行。

与汉文本《除一切疾病陀罗尼经》相比，西夏文本《佛说除一切疾病陀罗尼经》有以下不同：

（1）西夏文本“有一陀罗尼能除一切疾病”，汉文本作“有陀罗尼能除世间一切疾病”。

（2）西夏文本“真言”，汉文本作“陀罗尼”。按“陀罗尼”，梵文 dhāraṇī，汉译为“真言”、“密语”、“明”、“咒”、“总持”，是佛教里面佛菩萨及护法天龙八部及修学佛法的佛弟子们，所通用的一种音声语言。

（3）西夏文本最后“若人不能全诵此经，可先说神咒及诵持以下三种皈依佛名，亦能消除一切疾病间断障难。归依诵佛名之法者：弟子某甲等，南无归依佛！南无归依法！南无归依僧！南无广大最深智慧雷鸣音王如来！南无药师瑠璃光王一切佛！□□时中，归心诵念，则疾病消除、障难除灭、无所怀疑；及诵四钵手印咒，则能消除腹肚中一切疾病。写咒曰：“唵 枳黎 枳黎 末口则啰 吽 发怛”一段，汉文本无。

（作者通讯地址：中国社会科学院研究生院 2013 级博士七班　北京　102488）

（责任编辑：许伟伟）

西安文物保护所藏西夏文译《瑜伽师地论》残叶整理

荣智涧

摘　要：本文对西安文物保护所藏西夏文译《瑜伽师地论》残叶的排序进行纠正，并对文献的装帧方式、内容及专有名词的翻译方式等相关问题进行讨论。

关键词：西夏文文献　《瑜伽师地论》　佛经　整理

一

西夏文译《瑜伽师地论》原件图版于 2008 年刊布在《中国藏西夏文献陕西卷》。①该文献是新中国建立之初经由当时的西北军政委员会转交而来，其出土地点及具体来源都无法考证，现藏于西安市文物保护所，编号为 S21. 005. [2gz58]。“西夏文写本，梵夹装，残存 29 面，高 29 厘米，宽 12 厘米，上下双框，高 25 厘米，面 6 行，行 18 字，以西夏文行书写成，字迹工整。”②《中国藏西夏文献》对该文献的描述有误。其一，重新将这份文献的原件图版进行整理后发现共残存 30 面。其二，该文献与所见的梵夹装装订方式有所不同，所见的梵夹装在文献中断都有两个圆洞，用于绳索穿入，但是中国藏西夏文《瑜伽师地论》中只有（15-3）、（15-4）、（15-5）、（15-6）、（15-7）、（15-8）、（15-9）、（15-10）叶文献中间部分有类似圆洞的黑点，且（15-3）、（15-4）、（15-10）三叶中只有一个黑点。如果这种黑点是装订时所留下的圆洞，那这份文献的每一页都应该留下圆洞，而不是有的叶有圆洞，有的页只有一个洞。如果文献中的黑点是装订时所留下的，那么其洞口穿过地方的字迹应该是缺失的，但是在（15-7）叶中的“[illegible]”只是在字上有阴影存在，其笔画是明显存在的，所以可以认为该文献是梵夹装是值得商榷的。从图片看来，上下两边有框，中间有折印，我认为该文献是经折装的可能性很大。其三，经背有汉文《供养文》及《请魂文》，共 10 面 46 行，计 613 字。重新整理发现该文献经背的汉文经文有 8 面 36 行，计 473 字。

从内容看，该文献为第五十八卷中后部分的残叶，发现《中国藏西夏文献》将其排序存在错误。现重新排序如下：

第一叶为原（15-1）叶，第二叶为原（15-11）叶。文献中第（15-2）叶最后一句内容与前一叶的

① 宁夏大学西夏学研究中心、中国国家图书馆、古籍文献整理编译中心：《中国藏西夏文献》（15），甘肃人民出版社、敦煌文艺出版社，2008 年。

② 宁夏大学西夏学研究中心、中国国家图书馆、古籍文献整理编译中心：《中国藏西夏文献》（15），甘肃人民出版社、敦煌文艺出版社，2008 年。

第一句内容无法衔接，（15-10）页的最后一句与后一叶第一句的内容也无法衔接。

（15-1）叶最后一句为：

原文：[illegible]□□□[illegible]

意译：能得清静解脱出离

第（15-2）的第一句为：

原文：[illegible]

意译：当知随顺见道所断诸漏处事亦尔

通过翻译和参照汉文本，这两句佛经内容是不相衔接的，而第（15-11）叶的最后一句正好与（15-2）叶的第一句内容相衔接，所以可以确定的原（15-11）叶该是文献中的第二叶，但是第（15-1）叶和（15-11）叶的内容不是相连的，说明中间的内容已经佚失。按照这种方法把往后的每一叶的第一句和最后一句进行翻译发现，（15-11）、（15-2）、（15-4）、（15-4）、（15-5）、（15-7）、（15-8）、（15-9）、（15-10）叶的内容都是相连接的，没有错序，中间也没有缺失，原（15-10）叶为该文献西夏文内容的最后一叶。

现流通的汉文《瑜伽师地论》为玄奘所译，见于日本《大正藏》第 30 册第 1579 号。[①]西夏译本现存十一叶，为《瑜伽师地论》卷五十八。摄决择分中有寻有伺第三地的中后部分，且中间有缺失，具体保存情况如下（□表示佚失的难以辨认的字，表示根据残存笔画和上下文意考补的西夏字）：

15-1：

1-a1：□[illegible]□[illegible]

1-b6：□[illegible]□[illegible]□□□[illegible]

“随眠，迷于减谛见减所断”至“取彼邪见以为第一能得清静解脱出离。是名迷道戒禁取” 。

15-2：

2-a1：[illegible]

2-b6：[illegible]

“随顺见道所断诸漏处事亦尔。如利刀剖”至“如是异生离色界欲。如其所应除瞋恚余烦恼当亦尔”。

15-3：

3-a1：[illegible]

3-b6：[illegible]

“自地所有见断诸漏。若定若起若生”至“是故说彼名永断习气不共佛法。是名烦恼杂染由五种相差别建立。问如世尊言。妄分别贪名士夫欲”。

15-4：

4-a1：[illegible]

4-b6：[illegible]□

“以何因缘唯烦恼欲说名为欲非事欲耶。答以烦恼欲性染污故”至“虽复舍离烦恼。因欲复还起。又唯烦恼欲因缘故。能招欲界生老病死恶趣等苦”。

15-5：

5-a1：[illegible]

5-b6：[illegible]

① 高楠顺次郎、杜边海旭等：《大正新修大藏经》第 30 册，大藏出版株式会社，1988 年。

“如是等辈杂染过患。皆烦恼欲以为姻缘”至“由贪欲缠之所缠缚，合结分别者，谓贪欲缠所缠缚故追求诸欲”。

15-6:

6-a1:[illegible]

6-b6:[illegible]

“有相分别者，谓于和合现前境界，执取其相执取随好”至“答若此因缘令贪现前发起于贪。若此因缘受用事欲。总显为一妄分别贪”。

15-7:

7-a1:[illegible]

7-b6:[illegible]

“又有一分叶舍诸欲而出家者仍于诸欲起妄分别”至“谓缘现法后法内身而起。亦缘已得未得境界而起”。

15-8:

8-a1:[illegible]

8-b6:[illegible]□[illegible]

“问何故唯说离贪瞋痴心得离欲。不说离色受等烦恼事耶”至“问何因缘故于诸经中。从余烦恼简取我我所见我慢执着随眠”。

15-9:

9-a1:[illegible]

9-b6: □□□[illegible]

“说为染污烦恼品耶。答由三因故。一向邪行故。谓我我所见二种故”至“谓通达所知于灭作证。有两种法极为障碍。一邪行因缘。二苦生因缘。邪行因缘者”。

15-10:

10-a1:[illegible]

10-b6:[illegible]

“谓六十二见。因此执故于诸有情由身语意起诸邪行”至“于此四法极为障碍。一计我我所萨迦耶见。二我慢。三妄执谛取”。

从“四不断随眠，由此因缘虽到有顶必还堕落”至本卷最后缺三百多个字。

15-11:

11-a1: [illegible]

11-b6: [illegible]

“圣弟子俱时能舍止观二道所断随眠，第一观所断”至“疮门尚开为令敛故，或以腻团或以腻帛而帖塞之，如是渐次肌肉得敛。令义易了，故作此喻。此中义者，如已熟痈”。

第（15-1）和（15-11）这两叶之间有残缺，上文已有考证前两页是相连两页，对照汉文佛经从“余贪等迷道烦恼。如迷灭谛道理应如”至“一随波逐清色。二随逐观双运故”在西夏文献中都已缺失八百字左右。西安文物保护考古所藏西夏文《瑜伽师地论》残存为汉文佛经《瑜伽师地论》卷第五十八的中后部分，首尾均已佚失。

综上，该文献的正确排序是：（15-1）、（15-11）、（15-2）、（15-4）、（15-5）、（15-6）、（15-7）、（15-8）、

（15-9）、（15-10）。其中（15-1）和（15-11）之间内容有佚失。

二

在西夏文《瑜伽师地论》残叶中，译者采取了其他西夏翻译作品中常见的直译方式，下面以文献中的一段为例。这一段的西夏译文见于文献第（15-3）至第（15-5）叶，共计 269 字，汉文翻译是这样的：

问如世尊言。妄分别贪名士夫欲。以何因缘唯烦恼欲说名为欲非事欲耶。答以烦恼欲性染污故。又唯烦恼欲能欲事欲故。又烦恼欲发动事欲。令生种种杂染过患。谓诸所有妄分别贪未断未知故。先为欲爱之所烧恼。欲爱烧故追求诸欲。追求欲故便受种种身心疲苦。虽设功劳。若不称遂。便谓我今唐捐其功。乃受劬劳无果之苦。 由随念故受追忆苦。又由是因发起身语及恶行。又出家者弃舍欲时。虽复舍离烦恼。因欲复还起。又唯烦恼欲因缘故。能招欲界生老病死恶趣等苦。如是等辈杂染过患。皆烦恼欲以为姻缘。是故世尊唯烦恼欲说名为欲非于事欲。

文献中的西夏文如下：

(15-3)b6: [illegible]
(15-4)a1 [illegible]
(15-4)a2 [illegible]
(15-4)a3 [illegible]
(15-4)a4: [illegible]
(15-4)a5: [illegible]
(15-4)a6: [illegible]

(15-4)b1: [illegible]
(15-4)b2: [illegible]
(15-4)b3: [illegible]
(15-4)b4: [illegible]
(15-4)b5: [illegible]
(15-4)b6: [illegible]
(15-5)a1: [illegible]
(15-5)a2: [illegible]

在西夏文《瑜伽师地论》残叶中对佛教专有名词的翻译也是值得研究的，下面将文献中的几个佛教术语进行列举：

(15-11)叶中的第四行中有一句“[illegible]”翻译成汉文为“由此因缘薄伽梵说”，其中“[illegible]”按西夏字面翻译为“薄伽梵”，薄伽梵为佛陀十号之一，是诸佛通号之一，为“世尊”、“佛”的意思，只有在汉译本的佛经中才会出现“薄伽梵”。译自藏译本的则翻译成“出有坏”，聂先生的文章中写到“相当于藏文 Bcom-ldan-'das（字面：坏有出），不同于梵文本的 Bhagavan 和汉文本的薄伽梵”①。坏有出的“坏”指佛陀具有摧坏四魔的功德，“坏一切魔力，名婆伽婆”②，“有”指佛陀具有六种圆满；“出”为出离有寂二边。从对“[illegible]”的翻译来看，西夏文《瑜伽师地论》是遵循了汉译本的翻译方法，从这一点也可以得知，这部佛经是译自汉文本。

（15-1）叶中“[illegible]”翻译成汉语为“又诸沙门若婆罗门不”。其中“[illegible]”为“沙门”。另有一种译法出现在俄藏黑水城文献 6570 号《父母恩重经》中将沙门译为“[illegible]”，读为“山门”，“虽说宋代汉语西北方言的阳声字大多不带鼻韵尾，也就是说‘山’和‘沙’可以互转，但这种译法毕竟极其罕见”③。“[illegible]”为“婆罗门”。

（15-3）叶中“[illegible]”翻译成汉文为“阿罗汉独觉所未能断”。“[illegible]”为“阿罗汉”。[illegible]音译为阿，[illegible]音译为罗，[illegible]音译为汉。藏译本佛经中译法与此不同，段玉泉老师在《西夏文〈圣胜慧到彼岸功德宝集偈〉》④文中注释“[illegible]”字面意思“敌坏”，是逐字翻译藏文而来，其意为阿罗汉。意为声闻弟子之证得第四果位者，如来十号之一，本文和其他汉译佛经一样采取音译的翻译方式。

（15-11）叶中“[illegible]”翻译汉文为“布德伽罗”。[illegible]音译为布，墙音译为德，[illegible]译为伽，[illegible]音译为罗。

在西夏文佛经中，同一术语翻译成两种方式是存在的，这是由于底本不同造成的，有的为藏文本，有的为汉文本。但该文献中的佛教术语是按照汉文逐字翻译字面意或音译而来的，该佛经内容一样都采取直译的方式。

（作者通讯地址：北方民族大学　银川　750021）

（责任编辑：段玉泉）

① 聂鸿音：《西夏文藏传〈般若心经〉研究》，《民族语文》2005 年第 2 期。
② （北凉）昙无谶译：《菩萨地持经》，《高丽大藏经》第 26 册。
③ 聂鸿音：《论西夏本〈佛说父母恩重经〉》，《文献研究》2010 年第 1 辑。
④ 段玉泉：《西夏文〈圣胜慧到彼岸功德宝集偈〉》，《西夏学》第四辑，宁夏人民出版社，2009 年。

山嘴沟石窟出土的几件西夏文献残卷考证

郑祖龙

摘　要： 近年来在宁夏贺兰山东麓发现的西夏石窟中出土了数百页西夏文文献。经宁夏文物考古研究所初步整理与研究，其中大部分材料得以翻译，相当一部分文献也得以准确认定，但还有部分残卷有待学界进一步探讨。本文试着对其中几件未曾定题的西夏文残卷做出认定，它们分别是《注华严法界观科文》、《瑜伽集要焰口施食仪》、《佛母孔雀大明王经》以及与一组近于《十二因缘咒》的陀罗尼残叶。

关键词： 山嘴沟　西夏文献　佛教文献

2005 年至 2006 年，宁夏考古队两次对贺兰山深处山嘴沟石窟壁画进行调查，清理出数百页西夏文献。这是继 1991 年贺兰山拜寺沟西夏方塔后，我国境内又一次重大的西夏考古发现之一。这批文献主要集中在贺兰山东麓的山嘴沟石窟 2 号窟窟前北壁下的堆积中。经宁夏文物考古研究所初步整理与研究，这批材料连同考古报告及相关研究集为《山嘴沟西夏石窟》（上、下），于 2007 年由文物出版社出版。书中不仅刊布了原始文献的照片，还对大部分材料给出了初步翻译，部分文献也得以准确认定。其中判定的文献，佛教作品有《妙法莲华经集要义镜注》、《金刚般若经集一卷》、《圣妙吉祥真实名经》、《圆觉注之略疏第一上半》，世俗文献有《同音》、《同音文海宝韵合编》、《同义》等等。

这批文献材料的出土与刊布对于仰仗于出土文献的西夏学界而言，的确十分宝贵。由于材料零散，残卷、残叶、残片较多，要在短期内在这一考古报考之作中将全部材料摸索清楚确有很大难度，大量的考证工作只能留待以后学者继续探讨。这批材料刊布以来，高山杉老师又在原书的基础上作出了一些卓有成效的考证，将 K 2：189 和 K 2：96 判定为北宋华严宗祖师长水子璿(965—1038)集《首楞严义疏注经》的西夏文译本，K 2：129、K 2：243、K 2：321 和 K 2：237-1 等号判定为是圭峰宗密(780—841)《圆觉经略疏之钞》的西夏文译本；又将 K2：54 第七张残片判为与《首楞严经》有关佛典的首题或尾题，K2：33 推为应是某种《释摩诃衍论注疏》的西夏文译本，K2:114 初步判为圆义遵式（1042—1103）《注华严法界观门科文》的西夏文译本。[1]段玉泉老师又指出：K2:131 与绿城出土的《十二宫吉祥偈》为同一种文献，并根据两地出土文献排列的顺序不一致，推定 K2:131 不是经折装，而是缝缋装。[2]本文试着在这些研究基础上对这批出土材料中的部分文献残卷做些探讨。

① 高山杉：《拜沟寺方塔与山嘴沟石窟出土佛典刻本残片杂考》，《中西文化交流学报》2013 年 6 月 5 卷 1 号（徐文堪先生祝寿专号）。

② 段玉泉：《一批新见的额济纳旗绿城出土西夏文献》，《西夏学》（第十辑），上海古籍出版社，2014 年，第 73—74 页。

一　《注华严法界观科文》残叶

这里讨论的《注华严法界观科文》残叶，编号为 K2：114。共 1 纸。卷子装。楷书书写，首尾残缺，无名无题。纸高 29.4 厘米，残宽 32 厘米。上下单栏，栏距 21 厘米。天头高 4.4 厘米，地脚高 4 厘米。正文中每句科文注释下有西夏文或汉文小字，《山嘴沟西夏石窟》将其拟名为“科文”。前文已及，这一残叶经高山杉老师考订为圆义遵式（1042—1103）治定的《注华严法界观门科文》西夏文写本。笔者通过全文的对比梳理，认为该残叶确为《注华严法界观门科文》，但其汉文原本可能不是圆义遵式之本，更可能是唐宗密所作之本。

下面是依据原文排列方式所做的录文：

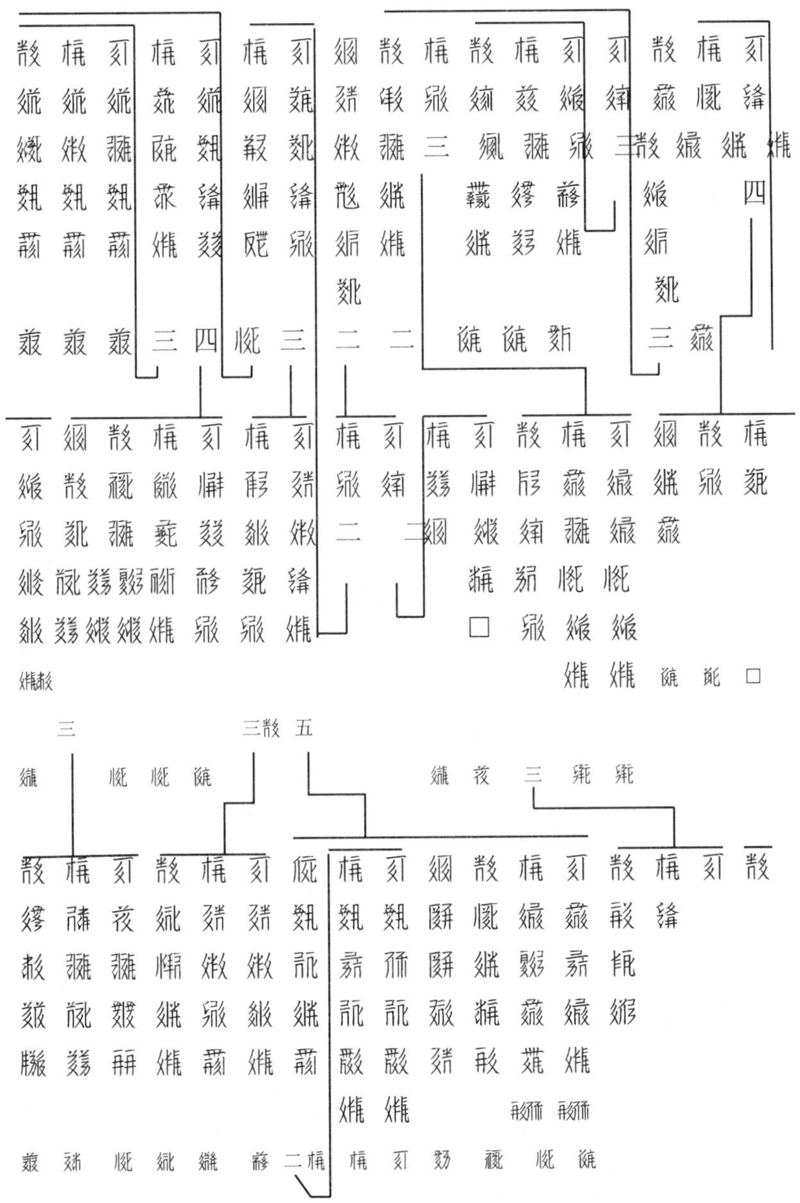

下面是参照宗密及遵式两汉文本所作的译文，为能直观地表明文本间的关系，这里改用表格的形式排列如下：

<table>
<tr><td rowspan="7">[二明空即色观 二]</td><td colspan="5">(缺)</td></tr>
<tr><td rowspan="6"></td><td colspan="4">(缺)</td></tr>
<tr><td rowspan="5">(缺)、</td><td rowspan="4">一实显 四</td><td colspan="2">(缺)</td></tr>
<tr><td colspan="2">二复</td></tr>
<tr><td colspan="2">三释 凡</td></tr>
<tr><td colspan="2">四缚 此</td></tr>
<tr><td colspan="3">二系例 空</td></tr>
<tr><td rowspan="9">三空色无碍观 三</td><td rowspan="3">一许 三</td><td colspan="4">一损害释真显 色</td></tr>
<tr><td colspan="4">二同因义说 然</td></tr>
<tr><td colspan="4">三名字施结</td></tr>
<tr><td rowspan="5">二释 三</td><td colspan="4">一空色不碍明 其</td></tr>
<tr><td colspan="4">二空色不碍明 其</td></tr>
<tr><td rowspan="3">三释由通释</td><td colspan="3">一……</td></tr>
<tr><td colspan="3">二实……</td></tr>
<tr><td colspan="3">三他本会</td></tr>
<tr><td colspan="5">三人由系显 此</td></tr>
<tr><td rowspan="21">四泯绝无寄观 二</td><td rowspan="2">一许 四二</td><td colspan="4">一标许二 文</td></tr>
<tr><td colspan="4">二选择 选</td></tr>
<tr><td rowspan="19">二释 二</td><td rowspan="9">一此观现释 二</td><td rowspan="6">一断除实显 五</td><td colspan="2">一空色色明 御之 此</td></tr>
<tr><td colspan="2">二色顺空去 御之 又</td></tr>
<tr><td colspan="2">三例系双御 法</td></tr>
<tr><td colspan="2">四渐渐迹除 谓</td></tr>
<tr><td rowspan="2">五行是境系成二</td><td>一行之是境明 一</td></tr>
<tr><td>二行之是境明 二</td></tr>
<tr><td rowspan="3">二语因复释 三</td><td colspan="2">一除绝因明真</td></tr>
<tr><td colspan="2">二除绝释成 今</td></tr>
<tr><td colspan="2">三正念系明正</td></tr>
<tr><td rowspan="10">二 四门总分 三</td><td rowspan="6">一解业现分 又四</td><td colspan="2">一分经略释 此</td></tr>
<tr><td colspan="2">二谤离胜显 又</td></tr>
<tr><td colspan="2">三教因顺通 又</td></tr>
<tr><td rowspan="3">四三观选择三</td><td>一文据当配 又</td></tr>
<tr><td>二由宗异择 细</td></tr>
<tr><td>三以义粗损 若</td></tr>
<tr><td rowspan="3">二相助回显 三</td><td colspan="2">一解由行成 若</td></tr>
<tr><td colspan="2">二解绝行成 若</td></tr>
<tr><td colspan="2">三解舍行成 若</td></tr>
<tr><td colspan="3">(缺)</td></tr>
<tr><td rowspan="3">[二理事无碍观 二]</td><td rowspan="2">(缺)</td><td colspan="4">一妨释异择以由因显 前</td></tr>
<tr><td colspan="4">(缺)</td></tr>
<tr><td colspan="5">(缺)</td></tr>
</table>

与宗密及遵式两种汉文比对，我们不难发现此残片为《注华严法界观门》“明空即色观”门下的一小部分科文，包括“空色无碍观”、“泯绝无寄观”的全部及“理事无碍观”的一句。实际上，这两种汉文本身差别也不是很大，只是在部分文字表述上稍异，但这些细微差别在西夏文译本中恰恰能反映出来。下面将能反映两种汉文本差异的部分句子与西夏文译本列表比对如下：

西夏文	西夏文直译	宗密本	遵式本
[illegible]	空色无碍**观**	空色无碍**观**	空色无碍
[illegible]	泯绝寄无**观**	泯绝无寄观	泯绝无寄
[illegible]	色空不碍**明**	**明**色不阂空	**初**色不碍空
[illegible]	空色不碍**明**	**明**空不阂色	**次**色不碍色
[illegible]	宗**由**异择	宗**由**异择	**约**宗简异
[illegible]	行之境是**明**	**明**是行之境	是行之境
[illegible]	行己境是**明**	**明**行即是境	行即是境

类似的细节还有一些，不再一一列举。不难看出，西夏文本在字面上更与宗密本接近。此外，在形式上，西夏文译本的科文是以单行本的方式呈现，此与《卍新纂续藏经》本所存宗密单行本一致，而与黑水城遵式本与《注华严法界观门》合刊的形式不同。

二　《瑜伽集要焰口施食仪》残本

这里讨论的《瑜伽集要焰口施食仪》残本共三叶，编号分别为 K2:186-1、K2:186-2、K2:186-3，《山嘴沟西夏石窟》原拟名为“藏传密教修法”，并作初步翻译。原件为行楷写本，经折装，每折 7 行，行 18—19 字。K2:186-1 存一折，高约 24.5 厘米，残宽 13 厘米，首行上部有双行小字注释；K2:186-2 亦存一折，高 24.5 厘米、残宽 13.3 厘米；K2:186-3 存两折，高 24.5 厘米，宽 27.2 厘米。经笔者查对，这三叶西夏文字可在元代佚名汉译《瑜伽集要焰口施食仪》（卷下）[①]找到对应的内容：其中 K2:186-1 对应于汉文“次结无量威德自在光明如来印”、“复结前印诵乳海真言”与“次诵障施鬼真言”等部分；K2:186-2 对应于汉文“次结普供养印”部分；K2:186-3 对应于汉文“次诵障施鬼真言”及“次结普供养印”一部分。下面依据文本正确顺序所做的录文，并试加标点及翻译，原文中的双行小字以括号标出。

（K2:186-1）[illegible]，（[illegible][(1)][illegible]，[illegible][(2)]）。[illegible]/[illegible]，[illegible]/[illegible]，[illegible][(3)]，[illegible]。/[illegible][(4)]，/[illegible]，[illegible]/[illegible]，[illegible][(5)][illegible]，[illegible]，[illegible]/[illegible]□，[illegible][(6)]。[illegible][(7)]

① 佚名《瑜伽集要焰口施食仪》，见《大正新修大藏经》第 21 册 No. 1320。相同内容亦见于西夏不动金刚重集、清受登诠次《瑜伽集要焰口施食仪》（见《嘉兴藏》第 19 册 No. B047）。去除清代受登诠次者外，不动金刚重集本与元佚名译本几乎相同，故疑此元本即西夏不动金刚重集本。另有唐不空译《瑜伽集要救阿难陀罗尼焰口轨仪经》（见《大正藏》第 21 册 No. 1318），与上述两本稍有差别。

汉译：

次，（诵莎末斡咒二十一遍、唵哑吽一百遍）。次结无量威德自在光明如来之印。诸佛子等，今为汝等作印咒已，变此一食为无量食，大如须弥，士同法界，永无能尽。次应诵乳海咒。诸佛子等，今为汝等作印咒已，由今此印咒加持威力，印中流出汤药，生成乳海，法界长流。汝等一切有情之□饱满盈足。次应施障施鬼净水。

校注：

（1）[illegible]（swa^{1} ba^{2} wa^{1}），莎末斡。相应的梵文作 svabhāva，依西夏僧译经的习惯，其汉文当翻译成“莎末斡”，汉文本《瑜伽集要焰口施食仪》作“莎发斡”。这里所说的“莎末斡咒”当即元代无名氏译《瑜伽集要焰口施食仪》中的“变空咒”，其全文为“唵　莎发斡秫塔　萨哩斡　塔哩麻（二合）莎发斡秫徒欣（oṃ svābhavaśuddhā sarva dharma svābhavaśuddho haṃ）”。西夏本注“诵二十一遍”，元本《瑜伽集要焰口施食仪》则为三遍，但其前“三宝施食真言”则念二十一遍。

（2）此上“变空咒”内容，唐不空译《瑜伽集要救阿难陀罗尼焰口轨仪经》无，《瑜伽集要焰口施食仪》为“三宝施食”的第二咒，与下文“结无量威轮自在光明如来之印”不相连接。

（3）[illegible]，士同法界。元本《瑜伽集要焰口施食仪》作“量同法界”。西夏文的“[illegible]”疑为“[illegible]”（量）之误，因“[illegible]”与前句的“[illegible]”在西夏文献中经常一起使用。

（4）[illegible]，次应诵乳海咒。元本《瑜伽集要焰口施食仪》作“复结前印，诵乳海真言”。

（5）[illegible]，汤药。元本《瑜伽集要焰口施食仪》作“甘露”。

（6）“[illegible]”至“[illegible]”句，元本《瑜伽集要焰口施食仪》作“想于印中，流出甘露，成于乳海。流注法界，普济汝等一切有情，充足饱满”。

（6）[illegible]，次应施障施鬼净水。元本《瑜伽集要焰口施食仪》作“诵障施鬼真言”。

（K2:186-3）[illegible][1]，[illegible]/[illegible]，[illegible]/□□□[illegible]□□[illegible]，/□□[illegible]，[illegible]，[illegible]，[illegible]/[illegible]。[illegible]、[illegible]，[illegible]/[illegible]，[illegible]/[illegible]，[illegible]，/[illegible]，[illegible][2][illegible]/[illegible]，[illegible]。[illegible]，[illegible]/[illegible]：[illegible]，[illegible]/[illegible]，[illegible]/[illegible]，[illegible]。/[illegible]。/[illegible]，[illegible]，[illegible]，[illegible]

汉译：

诸佛子等。诸方所来、类所不同、互不忿恨，我所施者，一切无碍，无高无下，平等普遍不择冤亲。今□□□轻贱，恃强凌弱，孤幼□□，令不得食，使不□□均平，越佛慈济。必须互相爱念，犹如父母一子之想。诸佛子、汝等，各有父母兄弟姊妹妻子眷属善友亲戚，或有事缘来不得者，汝等佛子慈悲爱念，各各赍持饮食钱财物等，递相布施充足饱满，发道意而永离三涂长越四流，当舍此身速超道果。又为汝等，将此净食分为三分：一施水族令获人空，一施毛群令获法寂，一施他方禀识陶形，悉令充足获无生忍。次结普供养印。诸佛子等，从来所受饮食。皆是人间贩鬻生命，酒脯

校注：

（1）[illegible]，诸方所来、类所不同、互不忿恨。元本《瑜伽集要焰口施食仪》作“虽复方以类聚物以群分”，不空本作“虽复方以类聚，勿以嗔恨”。此与不空本稍合。

（2）[illegible]，发道意。诸汉本作“无有乏少令发道意”。

（K2:186-3）[illegible]

汉译：

钱财，血肉腥膻荤辛臭秽。虽复受得如是饮食，譬如毒药损坏于身，但增苦本沉沦苦海无解脱时。我（某甲）依如来教精诚罄舍，设此无遮广大法会。汝等今日遇兹胜事戒品沾身，于过去世广事诸佛，亲近善友，供养三宝，由此因缘值善知识，发菩提心，誓愿成佛，不求余果，先得道者递相度脱。又愿汝等昼夜恒常拥护于我，于我……

与汉文诸本比较，西夏文译本要简略得多，最典型处就是汉文本中出现的各种真言和咒，西夏文译本只有名称，而无真言和咒内容。此外，诸本中有关结印及诵咒法等方面的注文，西夏译本中几乎没有出现。

焰口施食仪是追荐亡灵、解除饿鬼痛苦的一部作品，初由唐代不空翻译成汉文，五代时期其在中原失传，后所见不空本乃从日本发现。宋代众多高僧和文人墨客曾一度试着搜寻或是复原此经，西夏亦当加入这一搜寻和复原过程中，不但有这里所见的西夏文译本，也有不动金刚法师重集的汉文本，不动金刚法师后来离开西夏，前往四川蒙山，其重集的《施食仪》也叫蒙山施食仪，在元明清时期广为流传。①暂时还不清楚今天所见的不动金刚法师重集本是否是就是西夏时期集成的原本，但西夏文译本显然与这一重集本有较大差异。从西夏文译本中“[illegible]”（诸方所来、类所不同、互不忿恨）这个句子来看，其与元佚名译本及不动金刚本皆不同，而与不空本更为接近，此本应是处在从不空本到元佚名译本及不动金刚本的中间环节。

三 《佛母孔雀大明王经》残片

这里介绍的《佛母孔雀大明王经》残片，编号为 K2:147。残片高 17.8 厘米，宽 8.5 厘米。刻本，原题“出土印本佛经残片”。残存文字 4 行，文中空白处有小花饰。兹录文并对译如下：

[illegible]

① 参见喻谦辑：《新续高僧传四集》卷一《西夏护国仁王寺沙门释不动传》，北洋印刷局，1923 年，第 3—4 页；又见《大忏悔文略解》，载《嘉兴大藏经》（No. B260），第 30 册，第 919 页。

对译：

……现彼等亦此种/……弟子某甲于△守护百年/……□/……佉隶 蝺隶 么黎 弭黎/

西夏文本中出现了几个陀罗尼用字“[illegible]”，可对应于梵文“khare khure male mile”，汉文中与此相对应的陀罗尼可见于唐不空译《佛说大孔雀明王经》，其文为“佉隶　蝺隶　么黎　弭黎”，与此比较接近的一段文字如下：

天阿苏罗共战之时现大威力。彼亦以此佛母大孔雀明王真言。守护于我(某甲)并诸眷属寿命百年真言曰：

恒俪也(二合)他　贺隶　佉隶　蝺隶　么黎　弭黎　母黎　么帝……①

在目前所见出土西夏文献中，尚未见有译自不空汉译本的《佛说大孔雀明王经》，王静如先生曾解读过的《佛说大孔雀明王经》卷下是从藏文 *Rig sngags kyi rgyal mo rma bya chen mo* 翻译来的，西夏文经题“[illegible]”字面可译为“种咒王荫大孔雀经”②。本残片中亦出现“[illegible]”（此种）二字，其亦当是藏传《[illegible]》之残片。

四　一组陀罗尼残片

这里讨论的是一组内容相同的陀罗尼残片。共 6 纸，编号依次为 K2:93、K2:94、K2:90、K2:280、K2:99、K2:25。每纸均为长条形，2 行，行最多 21 字，行草书写，文字内容基本相同。原题“陀罗尼”。兹将原文识录及标音如下：

[illegible]（？）[illegible]　[illegible]（？）[illegible]/

·a^{-}　·jij^{1}dja^{2} mja^{1} xa^{-} tju^{2} pjɨ^{1} rjar^{1} ba^{2} wa^{1}　xa^{-} tju^{1} tjij^{1}śji^{2}njɨ^{2}　tja^{1}tha^{-}gja^{2}to^{1} xja^{1}

□[illegible]（？）[illegible]□[illegible]/

□dja^{2} tjij^{1}śji^{2}njɨ^{2}　tsja^{2}□nji^{1}ror^{2} dja^{2}　ɣię^{1} ba^{2} pja^{1} tji^{2} mja^{1} xa^{-} śji^{2} rjar^{1} mja^{1}nja^{2}

从对音的角度看，这段文字颇合于西夏所集《密咒圆因往生集》中的《十二因缘咒》，其汉文如下：

唵　英嗪吟麻(二合引)　形丁各(切身)　不啰(二合)末斡(引)　形(引)　丁各(切身)(舌齿)碇善(引)怛达(引)遏多　缬末嗪怛(二合)碇　善(引)捞养　祢哝嗪　嘆梳　斡(引)溺(引)　麻诃(引)实啰(二合)麻捺　英　莎(引)诃(引)③

其相应的梵文是 Oṃ ye dharmā hetuprabhāvā hetu(n) teṣām tathāgato hy avādat teṣām ca yo nirodha evaṃvādī mahā-śramaṇaḥ ye svāhā。

西夏文献中亦常见有这一陀罗尼的西夏文本，荒川慎太郎曾梳理出内蒙古文物考古研究所收藏的

① （唐）不空译：《佛母大孔雀明王经》卷中，《大正新修大藏经》第 19 册，第 248 页。
② 王静如：《佛母大孔雀明王经夏梵藏汉合璧校释》，《西夏研究》（第 1 辑），1932 年，第 181—249 页。
③ （西夏）智广等集：《密咒圆因往生集》，《大正新修大藏经》第 46 册，第 1012 页。

这一陀罗尼的一系列不同文本，这些陀罗尼虽然音节数量有所不同，但用字基本一致。①然而，山嘴沟出土的这组陀罗尼用字有较大不同，兹比较如下：

梵文	荒川文	山嘴沟	梵文	荒川文	山嘴沟
ye	·jij^{2}	·jij^{1}	dha	tha^{-}	dja^{2}
dhar	djaa^{1}	dja^{2}	e	·jij^{1}	ɣię^{1}
bhā	bja^{2}	ba^{2}	vā	wa^{1}	pja^{1}
ṣā	śja^{1}	śji^{2}	ś-	śji^{1}	śji^{2}
to	to^{2}	to^{1}	ṇa	nja^{2}	nja^{2}
hy	xa^{-}	xja^{1}			

不难看出，两者虽然存在用字的差别，但他们之间的读音大多相同或者相近。不过需要指出的是，山嘴沟的这组陀罗尼残片较《十二因缘咒》少了最后与 ye svāhā 相对应的部分。据荒川慎太郎先生文章介绍，在《藏密真言宝典》中，将上述陀罗尼中 ye dharmā hetuprabhāvā hetu(n) teṣām tathāgato hy avādat teṣām ca yo nirodha evaṃvādī mahā-śramaṇaḥ 称之为 Nor bu 'dzin pa'i gsungs 持财(宝)母真言，在此陀罗尼之前加上 Oṃ，结尾加上 ye svāhā，即是所谓的《十二因缘真言》，亦即《密咒圆因往生集》中的《十二因缘咒》。②山嘴沟的这组陀罗尼只在《持财(宝)母真言》之前加上了 Oṃ，结尾并未出现 ye svāhā。

（作者通讯地址：宁夏大学西夏学研究院　银川　750021）

（责任编辑：段玉泉）

① 荒川慎太郎：《内蒙古文物考古所收藏的西夏文陀罗尼残片考》，《西夏学》（第八辑），上海古籍出版社，2011年，第66—71页。

② 同上，第67页。

英藏西夏文译《贞观政要》的整理与研究*

王荣飞　戴　羽

摘　要：本文在英藏西夏文译《贞观政要》残叶进行拼接缀合的基础上，对该文献重新整理和编号。在整理残叶的过程中，发现了出土地点的原始记录，完善了该文献的信息。还对整理过程中所见的《贞观政要》夏译本与诸汉文本的内容差异做了介绍，并从版本角度讨论了差异产生的原因。

关键词：英藏　西夏文文献　《贞观政要》　残叶整理

英藏西夏文译《贞观政要》是 1914 年斯坦因在黑水城遗址发现的，现藏于英国国家图书馆，编号为 Or. 12380—3919。[①]该文献是汉文史书《贞观政要》的西夏文译本，其刊刻年代及译者尚无从查考。它与俄藏西夏文译《贞观政要》为同一版本，应是科兹洛夫未收入的零碎残叶，后被斯坦因拾得并带往英国。

一　英藏西夏文译《贞观政要》残叶的缀合

英藏西夏文译《贞观政要》的 220 枚残叶中，可缀合残叶 195 枚，经过缀合、汉译可以确定其所属章节。不缀合残叶 25 枚，其中 19 枚尺幅较大、内容较为完整，经过汉译即可确定其所属章节；另外 6 枚为版心，尚不能准确确定其所属章节。

本文对可缀合的 195 枚残叶的进行了缀合拼接，举例如下：下面 4 枚残叶的出土流水编号分别是 Or. 12380—3919. 183、Or. 12380—3919. 158、Or. 12380—3919. 125、Or. 12380—3919. 28，如图：

图 1：3919.183

图 2：3919.158

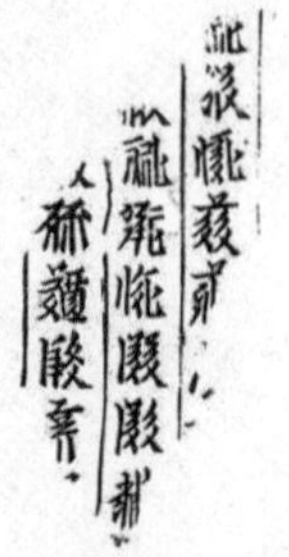
图 3：3919.125

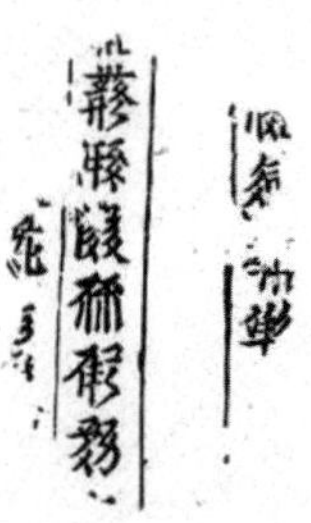
图 4：3919.28

* 北方民族大学专任教师基本科研项目。

① 北方民族大学、上海古籍出版社、英国国家图书馆主编：《英藏黑水城文献》，上海古籍出版社，2010 年，第 308—343 页。

我们依据这 4 枚残叶的边缘轮廓及内容对它们进行了缀合，缀合后的情况见图 5：

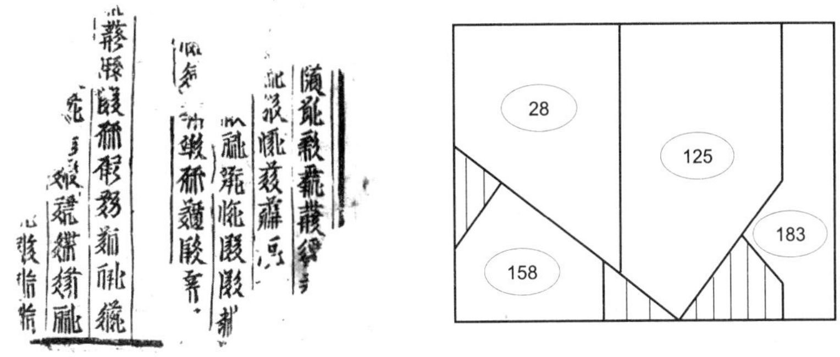

图 5：缀合后的残叶及各残叶分布示意图

如上所示，可缀合的 195 枚残叶大多数为 3 或 4 枚残叶进行缀合，共 45 组 165 枚；其余 30 枚残叶每两枚进行缀合，共 15 组。

本文在残叶缀合的基础上，对英藏西夏文译《贞观政要》进行了重新整理并编号。如图 5 所示残叶在本文的编号是“Or. 12380—3919. P20”（简称 P20），其中“Or. 12380—3919”是斯坦因第三次中亚探险所获西夏文文献的特藏编号；“P20”为本文对整理后残叶的重新编号，“P”是英文单词“pieced—together”（拼接、缀合）的缩写，“20”为序列编号。

二　英藏西夏文译《贞观政要》整理情况表

说明：

（一）整理后残叶的新编号全部使用简称，即略去各编号中的“Or. 12380—3919”。

（二）原编号全部使用原流水编号的简称，即略去各编号中的“Or. 12380—3919”。

（三）参考汉文本选用谢保成先生《贞观政要集校》。

（四）各版本《贞观政要》的情况介绍参照《贞观政要集校》，叙述中使用各版本简称：

1. 假名本：日本宫内厅书陵部藏，正保版；
2. 建治本：日本宫内厅书陵部藏，穗久迩文库藏；
3. 菅家本：包括菅原长亲本（日本内阁文库藏，穗久迩文库藏）及永仁本（日本小田原本考异所引菅家本）两种；
4. 莲本：日莲亲写本，日本富士宫本门寺藏；
5. 兴本：兴福寺本，日本无穷会图书馆神习文库藏；
6. 明本：明初刊本，中国国家图书馆藏；
7. 韩版：韩版注解本，日本内阁文库藏，京都大学图书馆藏；
8. 松本：松崎慊堂手泽本，日本庆应大学图书馆斯道文库藏；
9. 戈本：戈直集论本，涵芬楼影明成化刊本；
10. 安本：安元本，日本小田原本考异所引南家本；
11. 元刻：日本秩父宫家旧藏；
12. 写字台本：日本写字台文库旧藏，龙谷大学图书馆藏；

13. 金泽本：传金泽文库本，日本五岛美术馆藏，御茶之水图书馆藏；

14. 钞本：各写本合称；

15. 刊本：各刻印本合称；[①]

16. 夏译本：即西夏文译《贞观政要》。

（五）文中“P20—6”等为行号，如“[illegible]”的行号是“P20—6”，即“[illegible]”三字出现在P20号残叶第6行。

新编号	原编号	参照汉文本	说明
P1	177 + 144	卷一·君道第一·第三章	1.P1、P2，存疑。
P2	143 + 176	卷一·君道第一·第三章	
P3	175 + 142	卷一·君道第一·第四章	1.P3至P13包括22枚残损十分严重的残叶，从内容来看，为《君道》篇第四章魏征的一篇疏文。
P4	141 + 174	卷一·君道第一·第四章	
P5	173 + 140	卷一·君道第一·第四章	
P6	139 + 172	卷一·君道第一·第四章	
P7	171 + 138	卷一·君道第一·第四章	
P8	137 + 170	卷一·君道第一·第四章	
P9	169 + 136	卷一·君道第一·第四章	
P10	135 + 168	卷一·君道第一·第四章	
P11	167 + 134	卷一·君道第一·第四章	
P12	133 + 166	卷一·君道第一·第四章	
P13	165 + 132	卷一·君道第一·第四章	
P14	131 + 164	卷一·君道第一·第五章	
P15	159 + 163 + 130 + 188	卷一·政体第二·第一章	
P16	187 + 129	卷一·政体第二·第一章	
P17	162 + 128 + 186	卷一·政体第二·第二章	
P18	185 + 127 + 161	卷一·政体第二·第二章	
P19	160 + 126 + 184	卷一·政体第二·第三章	1.假名本无第三章
P20	183 + 125 + 28 + 158	1—5行：卷一·政体第二·第三章 6—8行：卷一·政体第二·第四章	1.P20—6，[illegible]“宰相者”，诸汉文本作“中书、门下、机要之司”。
P21	157 + 29 + 124 + 182	1—5行：卷一·政体第二·第四章 6—8行：卷一·政体第二·第五章	P21—7，[illegible]□“隋文[帝]”，诸汉文本无。
P22	181 + 123 + 30 + 156	卷一·政体第二·第五章	P22—6，指出“孤儿寡妇”为[illegible]“后周”静帝母子，诸汉文本无“后周”。
P23	155 + 31 + 122 + 180	卷一·政体第二·第五章	
P24	179 + 121 + 32 + 154	1—5行：卷一·政体第二·第五章 6—8行：卷一·政体第二·第六章	
P25	153 + 33 + 120 + 178	1—7行：卷一·政体第二·第六章 8行：卷一·政体第二·第七章	1.P25—7，[illegible]“国家之大害”，建治本、菅家本、莲本、明本、韩版为“治国之大害”，兴本、松本、安本、戈本与夏译本同。注：西夏文中动词在名词后，若有“治”字，应在“国家”和“之”之间。 2.P25—8，[illegible]“朕”，戈本等无此字，建治本、菅家本、莲本与夏译本同。

① 谢保成：《贞观政要集校·叙录》，（唐）吴兢撰、谢保成集校《贞观政要集校》，中华书局，2009年，第55—57页。

P26	220 + 119 + 35 + 152	卷一•政体第二•第七章	P26—7，[illegible]“《尚书》”，建治本、菅家本、莲本、明本作“《书》云……”，与夏译本同，戈本等无“《尚书》”。
P27	151 + 34 + 118 + 219	卷一•政体第二•第七章	
P28	218 + 117 + 36	1 行：卷一•政体第二•第七章 2—7 行：卷一•政体第二•第八章	P28—6，[illegible]“汉景帝”，诸汉文本无。
P29	87 + 37 + 116 + 217	卷一•政体第二•第八章	
P30	216 + 88 + 27 + 86	1—3 行：卷一•政体第二•第八章 4—8 行：卷一•政体第二•第九章	1.P30—4，[illegible]“大臣”，诸汉文本作“秘书监”。 2.P30—5，[illegible]“太宗曰”，诸汉文本作“因曰”。 3.P30—5，[illegible]“家”字所缺笔画粘连在 P32—6 [illegible]“王”字右下角。
P31	85 + 26 + 89 + 215	卷一•政体第二•第九章	
P32	214 + 90 + 25 + 84	卷一•政体第二•第九章	P32—6，[illegible]“王”字右下角多出的笔画系 P30—5 [illegible]“家”字所缺笔画。
P33	83 + 24 + 91 + 213	卷一•政体第二•第九章	
P34	212 + 92 + 23 + 82	卷一•政体第二•第九章	P34—3 至 P35—8，写字台本为卷四•直言谏争•第四章。
P35	81 + 22 + 93 + 211	卷一•政体第二•第九章	
P36	210 + 94 + 21 + 80	1 行：卷一•政体第二•第九章 2—8 行：卷一•政体第二•第十章	1.戈本从忠义篇移出一章置第九、十章之间。 2.P36—2，[illegible]□“隋炀[帝]”，诸汉文本无。西夏译者译出“隋炀帝”是对“初平京师”的补充，但唐灭隋时，隋炀帝已崩，应为隋恭帝杨侑。
P37	79 + 20 + 95 + 209	1—3 行：卷一•政体第二•第十章 4—8 行：卷一•政体第二•第十六章	1.刊本无第十一章至第十五章，与夏译本同。 2.P37—6，[illegible]“魏征”，诸汉文本作“特进魏征”。
P38	208 + 96 + 19 + 78	卷一•政体第二•第十六章	
P39	77 + 18 + 97 + 207	卷一•政体第二•第十七章	
P40	98 + 206 + 17 + 76	1—4 行：卷一•政体第二•第十七章 5—8 行：卷一•政体第二•第十九章	刊本无第十八章，与夏译本同。第十九章建治本、菅家本、莲本、假名本与第十七章合为一章。
P41	75 + 16 + 99 + 205	卷一•政体第二•第十九章	
P42	204 + 100 + 15 + 74	卷一•政体第二•第十九章	
P43	73 + 14 + 101 + 203	1—2 行：卷一•政体第二•第十九章 4—5 行：卷二•求谏第四•第一章	P43—3，篇目名称，已残损，推测为“求谏第三”。
P44	202 + 102 + 13 + 72	卷二•求谏第四•第一章	
P45	71 + 12 + 103 + 201	卷二•求谏第四•第二章	
P46	200 + 104 + 70	1—6 行：卷二•求谏第四•第二章 7—8 行：卷二•求谏第四•第三章	
P47	69 + 11 + 105 + 199	卷二•求谏第四•第三章	
P48	198 + 106 + 10 + 68	卷二•求谏第四•第三章	P48—8，[illegible]“贾氏”，诸汉文本作“废后”，夏译本中说明“赵王伦起兵废后”中的“后”指的是“贾后”。
P49	67 + 9 + 107 + 197	卷二•求谏第四•第三章	
P50	196 + 108 + 8 + 66	卷二•求谏第四•第三章	
P51	65 + 7 + 109 + 195	1—6 行：卷二•求谏第四•第三章 7—8 行：卷二•纳谏第五•第二章	1.纳谏篇第二章，刊本、戈本为求谏篇第四章，与夏译本同。 2.P51—7，[illegible]“近臣”，诸汉文本作“司空”。
P52	194 + 110 + 6 + 64	1—4 行：卷二•纳谏第五•第二章 5—8 行：卷二•求谏第四•第四章	

P53	63 + 5 + 111 + 193	1—4 行：卷二·求谏第四·第四章 5—8 行：卷二·纳谏第五·第五章	1.纳谏篇第五章，钞本为纳谏篇第四章，刊本、戈本为求谏篇第六章，与夏译本同。 2.P53—5，[illegible]□“韦挺、杜正伦、虞世‘南’”，诸汉文本作“御史大夫韦挺、中书侍郎杜正伦、秘书少监虞世南”。
P54	192 + 112 + 4 + 62	1—7 行：卷二·纳谏第五·第五章 8 行：卷二·求谏第四·第五章	
P55	61 + 3 + 113 + 191	卷二·求谏第四·第五章	
P56	190 + 114 + 2 + 60	1 行：卷二·求谏第四·第五章 2—8 行：卷二·求谏第四·第六章	
P57	1 + 115 + 189	卷二·求谏第四·第六章	
P58	38	1 行：卷二·求谏第四·第六章 2—8 行：卷二·求谏第四·第七章	
P59	39	1—4 行：卷二·求谏第四·第七章 5—8 行：卷二·求谏第四·第八章	P59—2，[illegible]“房玄龄等”，诸汉文本无。
P60	40	卷二·求谏第四·第八章	
P61	41	1—2 行：卷二·求谏第四·第八章 4—8 行：卷二·纳谏第五·第一章	1.P61—3，篇目名称，已残损，推测为“求谏第四”。 2.P61—4，[illegible]“宰相”，诸汉文本作“黄门侍郎”。
P62	42	卷二·纳谏第五·第一章	
P63	43	1—7 行：卷二·纳谏第五·第一章 8 行：卷二·纳谏第五·第三章	纳谏篇第二章，见 P51、P52
P64	44	卷二·纳谏第五·第三章	
P65	45	卷二·纳谏第五·第三章	
P66	46	卷二·纳谏第五·第三章	
P67	47	卷二·纳谏第五·第三章	P67—4，[illegible]“四五年”，南家本、菅家本、金泽本作“五六年”，戈本等作“三五年”。
P68	48	卷二·纳谏第五·第三章	
P69	49	卷二·纳谏第五·第三章	
P70	50	卷二·纳谏第五·第三章	
P71	51	1—6 行：卷二·纳谏第五·第三章 7—8 行：卷二·纳谏第五·第四章	P71—4，[illegible]“五百匹”，戈本作“二百匹”，《旧唐书》、《册府元龟》作“二百匹”。
P72	52	卷二·纳谏第五·第四章	P72—3，[illegible]“帝亦因马杀人”，诸汉文本无。
P73	53	卷二·纳谏第五·第四章 卷二·纳谏第五·第七章	1.纳谏篇第五章见 P53、P54。 2.纳谏篇第六章，钞本、元刻、韩版与第五章合为一章，明本、戈本分为两章。夏译本残叶中未见第六章。
P74	54	1—2 行：卷二·纳谏第五·第七章 3—7 行：卷二·纳谏第五·第八章	P74—3，[illegible]“将军”，诸汉文本作“都督”。
P75	55	卷二·纳谏第五·第八章	
P76	56	卷二·纳谏第五·第八章	
P77	57	卷二·纳谏第五·第九章	
P78	58	卷二·纳谏第五·第十一章	P78—1，[illegible]为“长孙无忌”中间二字的音译。
P79	59	卷二·纳谏第五·第十二章	
P80	145		版心
P81	146		版心，残存西夏文“八”
P82	147		版心
P83	148		版心，残存西夏文“七”，疑属卷一《君道》篇第四章。

P84	149		版心，残存西夏文“十”
P85	150		版心，残存西夏文“九”

（表完）

三　相关问题考论

（一）英藏西夏文译《贞观政要》的出土地点

《英藏黑水城文献》中对西夏文译《贞观政要》的出土地点标注是“K. K.”，“K. K.”为“Khara Khoto”（即黑水城）的缩写，但具体出自哪一处遗址并没有说明。我们在整理文献的过程中发现，Or. 12380—3919 号文献流水编号为“87”的残叶上紧挨着板框的位置有斯坦因现场发掘时亲笔写在文献上的编号——“KKⅡ0232. u.”（见图 6）。这一编号，“Ⅱ”是斯坦因编录的遗址号，“K. K. Ⅱ.”即科兹洛夫发现大量西夏文献的“河边大塔”遗址，其后的数字和字母是斯坦因在该遗址获取文献的序列号。由此，我们可知英藏西夏文译《贞观政要》出土于著名的“河边大塔”。

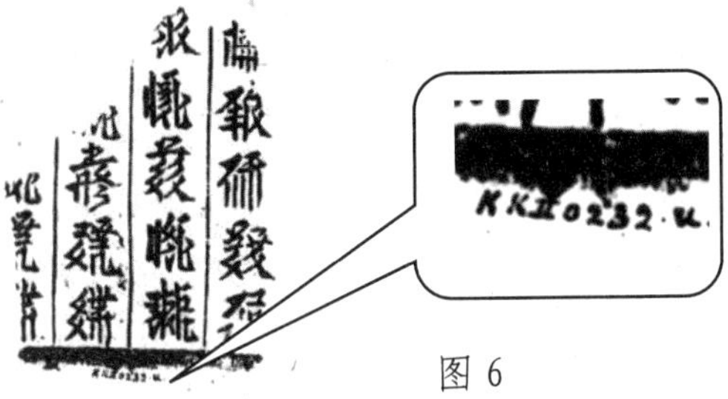

图 6

（二）整理中所见英藏西夏文译《贞观政要》与诸汉文本的差异

我们在此次文献整理的过程中发现了一些英藏西夏文译《贞观政要》与诸汉文本存在差异的情况，这里做简要介绍。

首先是内容叙述上的不同。如 P25—7 中的“[illegible]”（国家之大害），建治本、菅家本、莲本、明本、韩版为“治国之大害”，而兴本、松本、安本、戈本与夏译本均为“国之大害”，没有动词“治”；P25—8 中的“[illegible]”（朕），戈本等无此字，建治本、菅家本、莲本与夏译本同。又如 P26—7 中有“[illegible]”（《尚书》），建治本、菅家本、莲本、明本作“《书》云……”，与夏译本同，戈本等未说明引文来自《尚书》；P28—6 中注明杀晁错的是“[illegible]”（汉景帝），诸汉文本无；P30—5 中“[illegible]”（太宗曰）而在诸汉文本作“因曰”；还有 P48—8 中有“[illegible]”（贾氏），诸汉文本作“废后”，夏译本作说明“赵王伦起兵废后”中的“后”指的是“贾后”；P71—4 中“[illegible]”（五百匹），戈本作“二百匹”。

其次，存在篇章次序的不同。这一点首先表现为篇目名称不同，这种情况残叶中可见两处。一处是 P43—3，此行为篇目名称，已残损，推测为“求谏第三”，与诸汉文本的“求谏第四”存在差异。另一处 P61 的“纳谏第四”与诸汉文本的“纳谏第五”存在差异，此前已有过论述。[①]另外，英藏西夏文译《贞观政要》与诸汉文本相比还有章节分属不同的情况。例如 P34—3 至 P35—8 是“政体第二”第九章的一部分，但写字台本为卷四“直言谏争”的第四章。又如戈本从忠义篇移出一章置政体篇第九、十章之间，与夏译本不同。等等。

① 王荣飞：《英藏西夏文译〈贞观政要〉初探》，《西夏研究》2012 年第 3 期，第 14 页。

（三）关于西夏文译《贞观政要》与诸汉文本存在差异的原因

西夏文译《贞观政要》与诸汉文本在内容上存在差异，克恰诺夫教授认为这是西夏译者的翻译水平所致："在此我们不难推知，该篇被删去未译有一个很重要的原因，就是译者无法令译文从内容到艺术表现手法均与骈体文相吻合。"[①]聂鸿音先生则认为："我们现在尚不清楚进行如此删略的缘故，甚至不能断定这是西夏译者在翻译过程中进行的删略还是翻译所据汉文底本原有的删略。"[②]依据目前我们所见到的差异，它们中的一部分可能是西夏译者在翻译过程中造成的，但其他差异则很难判断其产生原因。因而，我们在这一问题上更倾向于从夏译本所据底本与其他各版本间存在差异这一角度来考虑。

国内外现存各版本的《贞观政要》间基本都有或多或少的差异，但从各自的流转传抄来看，又可予以归类。比如，我们国内现存的古本《贞观政要》基本只有戈直集论本这一类；日本现存各钞本大致可分为南家本、菅家本和异本三大系统。[③]目前以日本建治本（1275）最早最完整，其成书年代较之夏译本也要晚至少半个世纪。而以往研究中被选作参照本的戈直集论本或上海古籍整理本的成书年代就更晚了。虽然，我们目前仍不清楚夏译本所据底本的面貌，但可以肯定的是，其成书年代一定早于现存诸版本。我们将夏译本与诸汉文本相对比，可以发现它在内容上与戈本有较大差别，而与建治本等却更为相近。我们又发现该文献 P52—5 至 P53—4 所叙述的内容与俄藏 Дх11656 号敦煌文献相近，该敦煌文书的这段内容是唐朝《太宗实录》的散帙佚篇，曾被《贞观政要》等史书所采录。[④]这都反映出西夏文译《贞观政要》不仅在成书年代上较之诸汉文本要早，其所据底本亦是一种较早版本的《贞观政要》。因而，我们在讨论夏译本与诸汉文本在内容上存在差异的问题时，就不能只从西夏译者这一角度去考察，还应考虑到版本间的差异这一不可忽视的因素。通过彭忠德、[⑤]谢保成[⑥]等先生关于《贞观政要》版本与流传问题的著述可知，在戈本之前有过包括吴兢进本、稿本、蒋乂整理本和宋刊本等在内的诸多版本，但后来都消失了。应该说，西夏文译《贞观政要》不仅其本身便是一种《贞观政要》的古译本，更反映出了其所据底本的诸多信息，这对《贞观政要》的版本流传、内容勘定都有着非凡的意义。

（作者通讯地址：北方民族大学西夏研究所　银川　750021；山西师范大学历史与旅游文化学院　太原　041000）

（责任编辑：彭向前）

① ［俄］Е. И. 克恰诺夫著、孙颖新译：《吴兢〈贞观政要〉西夏译本残叶考》，《国家图书馆学刊》2002 年增刊，第 69—70 页。

② 聂鸿音：《〈贞观政要〉的西夏文译本》，《固原师专学报》1997 年第 1 期，第 64 页。

③ 谢保成：《贞观政要集校·叙录》，（唐）吴兢撰、谢保成集校《贞观政要集校》，中华书局，2009 年，第 33 页。

④ 陆庆夫：《贞观故事有佚篇——对俄藏 ДХ11656 号文书的研究》，《敦煌学辑刊》2008 年第 4 期，第 27—35 页。

⑤ 彭忠德：《〈贞观政要〉的版本和佚文》，《历史研究》2002 年第 6 期，第 172—176 页。

⑥ 谢保成：《贞观政要集校·叙录》，（唐）吴兢撰、谢保成集校《贞观政要集校》，中华书局，2009 年，第 29—44 页。

一件英藏《天盛律令》印本残页译考

高 仁

摘 要：英藏 Or.12380—1959(K.K.Ⅱ.0282.a号文书为一律书残页，定名为《天盛改旧新定律令》，本文经过翻译与考证，认为此为《天盛律令》第十八卷《舟船门》下的“造船及行牢等赏”条目，为俄藏《天盛律令》未存内容。文书中残存的条文记载了西夏舟船管理中“铁匠”、“木匠”、“船主”等受赏的情况，体现了不同匠人地位的差别；文书还记载了西夏在舟船管理中通过奖励，提高工作人员积极性的措施。

关键词： 《天盛律令》 舟船门 铁匠 当得

《天盛改旧新定律令》（简称《天盛律令》）是西夏时期最完备的法典，也是中国历史上第一部用少数民族文字印行的法典，同时，它也是研究西夏社会历史的珍贵资料。目前，俄藏黑水城文献中的《天盛律令》已经为国内外诸多学者整理与翻译，其中史金波、聂鸿音、白滨等先生所译《天盛改旧新定律令》最为全面、准确，深受读者喜爱，是俄藏《天盛律令》最为权威的译本。而在英藏黑水城文献中，也存有较多数量的《天盛律令》残页，一些残页可补俄藏所缺。其中，编号为 Or.12380—1959(K.K.Ⅱ.0282.a)的《天盛律令》残页即为较有意义者，本文试做讨论。

该残页图版见《英藏黑水城文献》第二册，第282页，定名为《天盛改旧新定律令》。《英藏黑水城文献》第五册叙录末尾对此文书的具体情况做出介绍，而许生根先生《英藏黑水城文献社会文书述略》一文则整理出了英藏黑水城文献较完整的律书资料。其中，本件文书：“高17.2厘米，宽15.5厘米，存6行”，且被归入《天盛律令》卷十八《舟船门》中 。[①]根据所刊布图版来看，此残页为西夏文印本，存半页及版心，版心有字。正文加上残字共9行，102字。相比其他《英藏黑水城文献》中所收的律书残页，本件文书所存半页总体相对完整，仅上方有磨损且左上角残缺。

一

下文中，笔者将对此文献进行对译与考证，因原件有残缺，且部分字迹残损模糊，本文将尽量复原。

（一）对译

对译中“□”表示缺字或无法识读的字，“[綴]”表示残、缺字依据文意、图版所补，〈〉表示不可

① 许生根：《英藏黑水城文献社会文书述略》，《宁夏社会科学》2004年第6期，第101页

直译为汉字或虚词。

版心：

[illegible]	[illegible]	[illegible]	[illegible][1]
律令	十	八	第

正文：

1

[illegible]	[illegible]	[illegible]	[illegible]	[illegible]
八	种	而	当	得

2

[illegible]	[illegible][2]	[illegible]	[illegible]	[illegible][3]	[illegible]	[illegible]	[illegible]	[illegible]	[illegible]	[illegible]	[illegible]	[illegible]	[illegible]	[illegible]
铁 匠		者	三	坨	茶	二	匹	绢	等	五	种	而	当	得

3

[illegible]	[illegible]	[illegible]	[illegible]	[illegible]	[illegible]	[illegible]	[illegible]	[illegible]	[illegible]	[illegible]	[illegible]	[illegible]	[illegible]
若	十	二	年	自	以上		行	所	堪	者	赏	赐	前

4

[illegible]	[illegible]	[illegible]	[illegible]	[illegible]	[illegible]	[illegible]	[illegible]	[illegible]	[illegible]	[illegible]	[illegible]	[illegible]	[illegible]
述	法	依	当	得	亦	一	官	〈〉	〈〉	升	其	中	木

5

[illegible]	[illegible][4]	[illegible]	[illegible]	[illegible]	[illegible]	[illegible][5]	[illegible]	[illegible]	[illegible]	[illegible]	[illegible]	[illegible]	[illegible]
铁	匠	船主		等	庶人		官	不	得	二	两	银	纙

6

[illegible]	[illegible]	[illegible]	[illegible]	[illegible]	[illegible]	[illegible]	[illegible]	[illegible]
绢	鼈	一	等	三	种	而	当	得

7

[illegible]	[illegible]	[illegible]	[illegible]	[illegible]	[illegible]	[illegible]	[illegible]	[illegible]	[illegible]	[illegible]
一	前述	舟	船	一	艘	以外	多增	年	日期	满足

8

□	□	[illegible]	[illegible]	[illegible]	[illegible]	[illegible]	[illegible]	[illegible]	[illegible]	□	□	[illegible]	[illegible]
		堪	者	局	分	人	若干	艘	堪			因	官

9

□	□	□	[illegible]	[illegible]
			当	得

（二）注释

[1] [illegible]，版心仅半面，存五字，皆缺右半，根据五字左半字形录文。

“□□”[戒捷]，戒律，[①]此为“律令”。□，意“戒”、“律”、“法”，《掌中珠》“□□□□”作“莫违条法”[②]。□，意“习”、“令”，《掌中珠》“□□□□”作“学习文业”[③]。

[2] □□，可译为铁匠、铁工。□，意“工、匠”，《掌中珠》“□□”作“木匠”，“□□”作“泥匠”，“□□”作“工院”[④]。《凉州重修护国寺感通塔碑铭》西夏文有“□□□□□□□□□”作“大小头监、匠人种种等”[⑤]。西夏末等司有“□□□”一机构，史金波先生译为“铁工院”，而“□□□□”则译为“铁匠局分”[⑥]。

[3] □，本意“堆、积”，“□ □□□□ □□□□□□□□□□（积 集左峰右；积者累也，往上交织置也）”[⑦]。此处为作为“茶”的量词，史金波先生译做“坨”[⑧]，今沿用。

[4]□□□，“□”，图版上该文字残，根据残字补，直译为“木铁匠”。

[5]□□，译为“庶人”。“□□□□□□□□□□□□（兵者兵卒也，庶人非是官之谓）。”[⑨]“□□□□□□□□□□□□□（自天子达于庶人，非直为观美也）。”[⑩]在《天盛律令》中，“□□（庶人）”常与“有官人相对，他们在法律上受到不公正的待遇，尤其是在杀、伤等罪中，二者的处罚标准差别很大。庶人杀有官人，不但自己是死罪，亲属还要连坐。有官人杀庶人时，除“未及御印“的小官外，“及御印”以上大、中官员杀死庶民一二人都无死罪。[⑪]

[6]□□□，译为“纚绢氅”，“□”根据残存字形与上下文意补。“□”为汉语“纚”的借词，意“粗绢”。“□ □□□□ □□□□□□□□□□□（纚 盖上发全，纚者与汉语同，番语粗绢，纚之谓也）。”[⑫]“□”与“□（绢）”常一同使用，如“□□”[⑬]据《天盛律令·续转赏门》记载，西夏官吏迁转时，朝廷当赏财物与“□”（氅），所谓“□”，可译为“斗篷、大氅”[⑭]，而朝廷赐予迁转官员的“□”则有不同的规格，除中书、枢密、经略等“别计官赏”外，其余官员分为次、中、下、末四等，升一官时，次等、中等官员赐“□□□□”（大锦氅），下等官员赐“□□□□□”（杂花锦大氅），而末等官员赐“□□[⑮]□□”（紧丝大氅）。[⑯]各种“氅”也作为赏赐低级官吏与兵卒的物品，据《天盛律令·边地巡检门》记载，根据察觉敌军人数的多少，巡检主管所赏大氅，档次由高至低分别为：“□□□□”（杂锦大氅）、“□□□□”（唐呢大氅）、“□□□”（绫大氅），而“检人”所赏的氅，档次由高至低为：“□□□”（绫大氅）、“□□□”（纚大氅），氅的

---

① 李范文：《同音研究》，宁夏人民出版社，1986年，第324页。

② 骨勒茂才：《番汉合时掌中珠》（甲种本图37—29右），《俄藏黑水城文献》第10册，上海古籍出版社，1999年，第15页。

③ 骨勒茂才：《番汉合时掌中珠》（甲种本图37—19左），《俄藏黑水城文献》第10册，上海古籍出版社，1999年，第10页。

④ 骨勒茂才：《番汉合时掌中珠》（乙种本图34—21左），《俄藏黑水城文献》第10册，上海古籍出版社，1999年，第30页。

⑤ 陈炳应：《西夏文物研究》，宁夏人民出版社，1985年，第171页。

⑥ 史金波等译：《天盛改旧新定律令》，法律出版社，2000年，第364、555页。

⑦ 史金波等：《文海研究》，中国社会科学出版社，1984年，第315页。

⑧ 史金波等译：《天盛改旧新定律令》，法律出版社，2000年，第349页。

⑨ 史金波等：《文海研究》，中国社会科学出版社，1984年，第284页。

⑩ 彭向前：《西夏文<孟子>整理研究》，上海古籍出版社，2012年，第132页。

⑪ 史金波等译：《天盛改旧新定律令》，法律出版社，2000年，第324页。

⑫ 史金波等：《文海研究》，中国社会科学出版社，1984年，第159页。

⑬ 李范文：《同音研究》，宁夏人民出版社，1986年，第725页。

⑭ 李范文：《同音研究》，宁夏人民出版社，1986年，第458页。

⑮ □□（六悉）紧丝，参看骨勒茂才《番汉合时掌中珠》（乙种本图34—24左），《俄藏黑水城文献》第10册，1999年，第31页。

⑯ 史金波等译：《天盛改旧新定律令》，法律出版社，2000年，第205、349页，译文均漏译“□□（大氅）”，四种规格的“□□”据图版订正。

质地由官职等级高低及功劳的大小决定，这些大氅除本身面料具有较高价值，它可能还是象征蒙受皇帝恩宠的特殊服饰。而残页中木匠与船主赐“[illegible]”（纙绢氅），其档次与“检人”最低等“纙大氅”相类。

（三）意译：

律令第十八

…………八种当得。

铁匠各当得茶三坨、绢二匹等五种。若十二年以上，能胜任者当依前述法赏赐可升一官，其中木铁匠、船主等庶人不得官，当得二两银，一等纙绢氅等三种。

前述舟船一艘，满足更多年日期以外且能胜任者，局分人等艘……依官……当得。

本残页第二至六行完整地保存了律令的一个条目，内容是对“[illegible]”（铁匠）、“[illegible]”（木铁匠）、“[illegible]”（船主）等工匠进行[illegible]（茶）、[illegible]（绢）、[illegible]（银）等财物不同程度的赏赐。残页第一行“八种而当得”，为上一页某一条目的最后一行转至本页，“八种而当得”与前述完整条目中“五种而当得”、“三种而当得”表述一致，该条目当亦为赏赐的条目。残页第七至九行为一条目的片段，第七行完整，八、九行残，根据残存文字推断，该条目的大致内容当为西夏政府规定了舟船的使用年限，而如果期限已到，该舟船仍能继续使用，则对“局分”中的相关管理人员“依官”进行奖赏。

前述许生根先生将残页归为《天盛律令》卷十八《舟船门》当无误。此残页版心处五字复原后为“[illegible]”，译为“律令第十八”。版心处写“[illegible]”与卷数这一特征与《俄藏黑水城文献》所收《天盛律令》完全相同，可见此残页确属《天盛律令》第十八卷。《俄藏黑水城文献》中，《天盛律令》第十八卷共10面，包含了《盐池开闭门》、《能增定税罚贪门》的全部内容及《杂麴门》、《年食工续门》、《他国买卖门》的部分内容。经对照，该残页不与这10页图版中的任何片段相一致，在内容上也无法与它们拼合。《天盛律令·名略》中记载，第十八卷共九门，除前述五门，还有《缴买卖税门》、《舟船门》、《派供给小监门》、《减摊税门》。参考《天盛律令》第十八卷已有的内容及各门的具体条目，可以基本推知内容有缺失门类的大致内容。其中《舟船门》8条，分别为“制造船及行日”、“大意制做舟船坏”、“盗减应用日未满船坏”、“船沉失畜人物”、“制船未牢水中坏”、“铁钉未及式样”、“应用未减制船未牢日未满坏”、“造船及行牢等赏”①。可见，《舟船门》的内容大致是对造船质量的监督及奖惩规定。本残页中出现有“船主”、“船舟”、“艘”等词汇，刚好能够与《舟船门》的内容相匹配，而该残页的内容又多涉及对工匠、官吏的赏赐内容，当属“造船及行牢等赏”条目。

二

《舟船门》为《天盛律令》第十八卷中的门类。《天盛律令》第十八卷主要为榷税、专卖、以及对外贸易方面的条例，因舟船为这些活动的重要交通工具，因而将《天盛律令》将舟船管理的条例也列入该卷中。事实上，但《舟船门》本身内容在该卷中较为独立，与该卷其他内容关联不大，而该残页的内容更涉及不到榷税、专卖、外贸等方面的内容。因而，对于研究西夏的这些贸易活动，本残页并无价值。但该文书确反应了西夏社会历史其他方面的内容，弥足珍贵。

① 史金波等译：《天盛改旧新定律令》，法律出版社，2000年，第98页。

残页中，出现有“铁匠”、“木铁匠”两种工匠的名称。西夏把某种技术的手工业生产者称为某某匠，西夏工匠名目繁多，西夏汉文《杂字》与《天盛律令》中记载有各种工匠，总计数十种之多。①

残页中“铁匠”属冶炼行业的工匠，是西夏文献中较为常见的工匠，汉文《杂字》中即出现该工匠。西夏铁匠局分“生熟铁为打粗细料、实铁如药秤之，耗实数所定等级高低，可耗减”，且其中有“打粗事”、“打细事”、“打水磨事”、“熔生为熟”等工艺。②所谓“铁匠局分”，即指与铁器铸造相关的机构，它应当包括下等司“三种工院：北院、南院、肃州”中的制铁部门，以及“西夏末等司”中的“铁工院”③，在西夏文中“工院”与“铁工院”之“工”与“铁匠”的“匠”是同一个字“𗏁”。另外，《凉州护国寺感通塔碑》西夏文碑铭中有“垩匠折□□、铁匠□□□”的题该，而安西榆林窟壁画《锻铁图》更是描绘了铁匠锻铁的工作场景。④

不过，如果这件残页是《舟船门》的片段，残页中为何会出现“𗼃𗏁（铁匠）”这一身份。我们知道，中国古代的船只为木质结构，那么铁匠在西夏造船与船只维护中发挥着什么作用呢？《舟门中》中有“铁钉未及式样”这一条目。此条的内容虽已不存，但可从条目名称判断。西夏铁钉采用标准化的生产，有“四寸钉、五寸钉、七寸钉”，属于“打粗事”⑤，铁匠铸造出的铁钉如果未合西夏官方所定的上述三个标准，铁匠应该会接受不同程度的处罚，而这一条的大致内容当视为对制造铁钉的工匠的处罚条例。由此看来，残页中的“𗼃𗏁（铁匠）”，应当就是专门制造铁钉的工匠。造船时需要大量铁钉，那么“𗼃𗏁”（铁匠）在残页中出现就十分正常了。

残页中“木铁匠”，并不是指木匠与铁匠，而是专门一种工匠，因为本残页中分别记载了两种工匠的受赏情况，前者为铁匠，后者即为该种匠。“木铁匠”在其他资料中并无记载，无从考证，但可通过《船舟门》的内容试作推测，在舟船维修管理中，铁匠为锻造铁钉的工匠，那么所谓“木铁匠”很可能就是以铁钉钉木之工匠。

工匠在西夏社会中身份地位也是有所差别的。律令记载：“敕禁有用金玉衣、辔鞍、枪刀、冠子等，装饰屋舍时用金饰等，匠人有官罚马一，庶人十三杖。”⑥可见，同为匠人，仍有官庶之分。残页中的“铁匠”与“木铁匠”由国家对其行赏，为国家控制的官匠，但二者身份即有所差别，前者为官，后者为庶。残页中虽未提及“铁匠”的身份，但其工作年满十二年且合格后，“得升一官”，可见其本身即有官的身份，除此以外还有“三堆茶二匹绢”的赏赐。但相比之下，残页中明确提到“木铁匠”的身份为“庶人”，且无法得到官职，仅可得到“银二两”与“𗁅𗂧𗃤”（纚绢氅）的赏赐。《天盛律令·边地巡检门》所记载，“检人”立功后受“𗁅𗂸𗃤”（纚大氅）的赏赐，其档次及材质与“木铁匠”所受的“纚绢氅”类似，“检人”为普通军卒，其身份也与之类似。西夏社会中，官庶地位差距非常大，且有严格界限，因而两种匠人同为官匠，而身份却天差地别。

在古代社会，冶铁是一门复杂的工艺，它几乎代表着国家最高端的科技水平，同时，有许多铁器都是西夏的重要战略物品，它们强烈制约着国家的发展与安全，因而铁匠的地位也显得极为重要。相比之下，“木铁匠”这种从事板上钉钉的工作就显得即缺乏技术含量，又没有太大作用了。

残页中还出现了“𗆧𗆸”（船主）这一身份。关于“船主”，史料记载较少，《天盛律令·渡船门》中记载：“船舶处左右十里以内，不许诸人免税渡船……船舶左右十里以外有渡船者，不许船主诸人

① 杜建录、吴毅：《西夏手工工匠考》，《宁夏大学学报》（人文社会科学版）2003年第4期。
② 史金波等译：《天盛改旧新定律令》，法律出版社，2000年，第555页。
③ 史金波等译：《天盛改旧新定律令》，法律出版社，2000年，第363—364页。
④ 参见杜建录、吴毅：《西夏手工工匠考》，《宁夏大学学报》（人文社会科学版）2003年第4期。
⑤ 史金波等译：《天盛改旧新定律令》，法律出版社，2000年，第555页。
⑥ 史金波等译：《天盛改旧新定律令》，法律出版社，2000年，第283页。

等骚扰索贿。”[①]这样看，“船主”即其字面之意，为“一船之主”，负责掌管具体某一艘船的运行。另据《天盛律令·军持兵器供给门》中的条目，当西夏遇有战事时，“船主”也属于需配备武器出征的部类，其同样隶属于西夏政府，且服从政府的调配。[②]残页中的船主的身份与“木铁匠”同，也属于“[illegible]”（庶人），且同样不能得到官职。另外《天盛律令·为投诚者安置门》与《天盛律令·敕禁门》中记载有“渡船主”[③]，不过目前尚无材料说明“船主”与“渡船主”是何关系。

残页第七行到第九行的残缺内容涉及到若干西夏对于舟船管理方面的内容，西夏政府将舟船的使用时间与舟船管理人员的奖励相联系，而奖励的多少又“依官”而定，这种通过奖励机制来保证舟船质量的做法，无疑要比简单的惩罚要积极得多。

本件《天盛律令·舟船门》残页虽然字数很少，且不甚完整，但其不见于俄藏《天盛律令》，可补其所缺，具有很高的版本价值。该残页反映了西夏对参与造船的匠、吏的奖励措施以及不同工匠和“船主”等人的身份差别。本残页的释读无疑为我们打开了一扇窗户，使我们更进一步地了解了西夏历史与社会。不过，由于材料稀少，文中所探讨的西夏舟船管理、西夏工匠的身份差别等问题仍有待进一步深入研究，希望在日后的研究中能够弥补。

（作者通讯地址：宁夏大学西夏学研究院　银川　750021）

（责任编辑：许伟伟）

① 史金波等译：《天盛改旧新定律令》，法律出版社，2000 年，第 392 页。
② 史金波等译：《天盛改旧新定律令》，法律出版社，2000 年，第 224 页。
③ 史金波等译：《天盛改旧新定律令》，法律出版社，2000 年，第 270、288 页。

西夏文藏传佛教文献整理编目工作综述

魏 文

俄藏黑水城西夏文佛教文献中涉及藏传佛教的文本，不但数量众多，而且部类纷繁，内容丰富，涉及广泛，对于我们深入探究和还原藏传佛教在西夏发展的历史和内涵，以及在西夏佛教中的地位和对后世的影响，乃至藏传佛教在后弘期初期发展的历史认知都具有十分重大的学术价值。

迄今为止，俄藏西夏文文献中的藏传佛教部分还未得到专门的整理和编目，而仅是作为西夏文佛教文献整理工作的一部分分散于前辈学者编订的目录中。1963 年，戈尔巴乔娃（З.И.Горбачёва）与克恰诺夫（Е.И. Кычанов）合作出版了《西夏文写本与刊本：苏联科学院东方民族研究所列宁格勒分所藏鉴定归类为西夏的写本和刻本》，是对科兹洛夫在黑水城发掘出土的西夏文文献的第一次整理编目，虽然这次整理存在不少问题，但是西夏学界却从此有了最为基础的学术资料索引。[①]此后，著名的日本语言学家西田龙雄（Nishida Tatsuo）针对其中的佛教文献进行了全面整理，并对其中的部分文献进行了初步鉴定，最后将这些成果在其 1977 年出版的名著《西夏文华严经》第三卷中进行了著录。[②]二十余年后，克恰诺夫以上述两部目录为基础，对俄藏西夏文佛教文献重新进行了分类、编目和解题，补充了遗漏的文献，修订了一些先前的错误，在 1999 年最终出版了《俄藏黑水城西夏文佛经文献叙录》，成为目前西夏佛教研究者手边必备的参考资料，其中的汉译主要承袭和参考了西田氏的成果。[③]

前辈学者的开山之功应该铭记，但同时，我们也应该看到，因为涉及藏文文献和藏传佛教义理，番藏对译专有名词亦未进行勘同，番藏佛教的研究基础相对比较薄弱，因而前辈学者对于这批材料的鉴别和厘定工作显然还处在初级阶段。重新对这批佛教材料中涉及藏传佛教的文本进行甄别、梳理和定性，实在是亟待展开、却又具有巨大学术意义的探索。同时，我们可以说，这批材料的重新整理也是整个俄藏西夏文献整理公布工作中工作难度最大、亟待解决问题最多的部分之一。

笔者承蒙史金波和沈卫荣两位先生的委托，荣幸地承担了重新整理这一批文献的工作。通过前一阶段的逐件整理，笔者确实发现了不少问题。集中归纳起来，主要有如下四个方面：

---

① З.И.Горбачёва&Е.И.Кычанов,*Тангутские рукописи и ксилографы. Список отождествленных и определенных тангутских рукописей и ксилографов Ленинградского отделения Института народов Азии АН СССР*, Moscow 1963；这部目录的汉译本参见中国社会科学院民族研究所历史研究室资料组编译：《民族史译文集》（第 3 集），1978 年，第 1—113 页。

② 西田龙雄：《西夏文华严经》第III册，京都大学文学部，1977 年。

③ E.I.Kychanov, *The Catalogue of Tangut Buddhist Texts*, Kyoto: Faculty of Letters, Kyoto University, 1999。这部目录已由崔红芬博士汉译，待刊。崔氏已发表了这部目录的引言以及针对这部著作的书评，由此可见这部目录的成书经历和学术价值。见克恰诺夫著、崔红芬译：《俄藏黑水城西夏文佛经文献叙录·绪论》，《西夏研究》2011 年第 4 期，第 20—29 页；《俄藏黑水城西夏文佛经文献叙录·绪论（2）》，《西夏研究》2011 年第 1 期，第 33—47 页；崔红芬：《〈俄藏黑水城出土西夏文佛经文献叙录〉介评》，《图书馆理论与实践》2004 年第 5 期。

第一，我们知道，西夏时期流行诸经合抄的形式，很多西夏文的卷册都是好几部根据某种传承之修法次第体而有机搜聚在一起的文本的集合，我们可称之为经集，抑或是关于某一类修习法门的各种相关修法要门的文本合集，我们或可称之为汇编。当然在学界未对这些文本本身进行语文学研究之前，我们尚不能确切地知道哪些属于经集、哪些属于汇编。而西田和克氏目录基本上只是将这些经集或汇编尚存的标题译出进行著录，而未将内收文本一一列出，这显然从编目上说是一大欠缺。另一方面，二氏目录在处理一些无总题的经集或汇编时，只是将文本中所能见到的第一个标题或尾题作为全帙题名进行著录，这样不但明显有误，且遗漏了相当多的文献。同时也有一些单篇文献全文题名已佚，只剩下内文中的章品题名，而西田和克氏目录则未能综合全篇内容而只是将看到的第一个标题定为整个文本的题名进行著录，这显然也是错误的。

例如，俄藏编号为6373号、克氏目录编号为685号的文献，为册装写本，原定题为《六法混圆道次》。[①]经过笔者重新勘定，实为一部的经集，而非单独的一篇文献。《六法混圆道次》（[illegible]）似即为经集题名，是大都民寺觉照国师耶陇寻巴师法狮子（[illegible]，藏：Yar klungs gshong pa Chos kyi seng ge）集、惠照所译。内中包含了八篇围绕六法修习（Chos drug）而展开的独立文本，题名如下：

《四时修习要论》（[illegible]）

《二入（双运）要论》（[illegible]）

《修道时自摄受次》（[illegible]）

《圆混与迁识要论》（[illegible]）

《以捺啰巴大师之意所执要论》（[illegible]）

《二十种迁识要论》（[illegible]）

《四种光明之义》（[illegible]）

《最心所宝十八种法》（[illegible]）

又如俄藏编号为2546号，克氏目录编号为594号的文献，为册装写本，原定题为《欲乐圆混令顺要论》[②]。实亦为一种修习捺啰六法（Na ro chos drug）之经集，《欲乐圆混令顺要论》只是写本中第一篇文本的题名，不能涵盖整个经集之内容，原题显系误定。通过笔者的初步整理，厘定出其中各篇段落和各自题名，即：

《令欲乐圆混要论》（[illegible]），捺啰巴师道次（[illegible]，捺啰巴即Naropa）沙门惠照番译（[illegible]）

《令与拙火和大乐圆混要论》（[illegible]）

《令与梦境和幻身圆混要论》（[illegible]）

《令与睡眠和光明圆混要论》（[illegible]）

《令照无明要论》（[illegible]）和《令照体性》（[illegible]）铭移辣啰悉巴师（[illegible]，即Mi la ras pa）所集

又如，俄藏编号为4977号、克氏目录编号为611号的文献，为卷装写本，原定题为《大手印于合加过……灭珠要论》。[③]笔者整理后发现，这部文献似是一部汇编性质的文献。原定题目是此汇编第一篇之题目，翻译亦不合原文本意。笔者重新厘定各单篇题目如下：

---

① 参见E.I.Kychanov上揭书p.590。西田氏目录著录为列宁格勒（Leningrad）目录第372号，见同氏上揭书p.47。

② 参见E.I.Kychanov上揭书p.558。西田氏目录著录为列宁格勒（Leningrad）目录第325号，见同氏上揭书p.48。

③ 参见E.I.Kychanov上揭书p.565。西田氏目录漏著。

《大手印中增和遣除伪要论》（[illegible]）

《大手印中十二种岔处要论》（[illegible]）

《依大手印妙定明见觉受要论》（[illegible]）

《大手印八种明镜要论》（[illegible]）

《大手印九种光明要论》（[illegible]）

《大手印修习（默有）者之礼赞》（[illegible]）

《大手印之三种义譬》（[illegible]），最后一篇只余题名一行

再如，俄藏编号为 2512 号，克氏目录编号为 555 号的文献，为卷装写本残卷，原定题目为《吉祥上乐轮随狮子卧以定正修顺要论》。传译人为“中国大乘玄密帝师沙门慧称传，兰山智昭国师德慧译（[illegible]，[illegible]）”。该文献实际上是一个完整的修法文本，为据上乐轮修习六瑜伽中的一个组成部分，即依上乐轮有关修习“迁识定”瑜伽（梵文：Saṃkrānti，藏文：Pho ba）的一系列按照修法次第排列的相对独立成篇的短篇要门（Man ngag），每一要门略相当于一品。原定题只是将残卷中第一个要门的题目作为全卷之题名，显然有误。笔者将其中全部要门的题目译出，按先后次序逐录如下：

I.《依吉祥上乐轮以正坐令迁识定修正顺要论》
（[illegible]），此为尾题，这部分文本已残，只遗后半部分。

II.《依吉祥上乐轮狮子卧令迁识定修正顺要论》
（[illegible]）

III.《依吉祥上乐轮现死相时以左右令迁识定修正顺要论》
（[illegible]）

IV.《依吉祥上乐轮于现死相时以[阿][希]字鬘令迁识定修正顺要论》
（[illegible]）

V.《依吉祥上乐轮已现死相时以左右令迁识定修正顺要论》
（[illegible]）

VII.《依吉祥上乐轮不能起坐愿随以住令迁识定修正顺要论》
（[illegible]）

VIII.《依吉祥上乐轮以脐下短[阿]字之观令迁识定修正顺要论》
（[illegible]）

IX.《依吉祥上乐轮现死相时已于定死死时唯以[耶][希]字鬘心入于本佛令入迁识定顺要论》
（[illegible]）

X.《依吉祥上乐轮现死相时已定于死死时以[希][迦]字鬘令入迁识定顺要论》
（[illegible]）

XI. 《依吉祥上乐轮现死相时已于定死死时唯以[耶][希]字鬘心则入于真性令入迁识定顺要论》
（[illegible]）

XII. 《吉祥上乐轮随死相现时已定死死时于唯[耶][希]字鬘以心清净刹土生令入迁识定顺要论》
（[illegible]）

第二，因为西夏和西藏佛教的跨领域研究还处在起步阶段，学界对于西夏文对译藏文词汇的认知和掌握程度还比较低，又因西田龙雄和克恰诺夫虽为西夏学研究巨擘，但于佛教学，特别是藏传佛教

学非其所长，故两位前辈的编目若从藏学研究的角度重新加以审视，则显然不能令人十分满意。这主要表现在对不少文本的性质认知不清，释读文字亦有遗漏，没有将文本标题所反映出的藏文原文或藏传修法本来的含义翻译出来。因此，一些专有名词的翻译没有使用西夏时期或是近现代汉译藏传佛教汉译的规范术语，当然也还有不少西夏译法不但在当时，而且就是在现在都还不能完全还原为对译之藏汉文词汇。笔者在重新整理过程中，尽量根据西夏文原意和对应藏文本进行内容鉴定，以尽可能地还原西夏文本的性质，由此，尽量地修订出这些词汇的标准译法，先举隅如下：

番文原文	对应藏文	克氏/西田氏译法	改订译法
[illegible]	rdo rje	金刚王	金刚
[illegible]	mdo	经典	经
[illegible]	lus kyi dkyil 'khor	体中绕	身中围
[illegible]	gtum mo	盛火/愚火	拙火
[illegible]	'pho ba	识过	往生/迁识
[illegible]	bde ba	大安	大乐
[illegible]	grong 'jug	余垣宫于入	夺舍
[illegible]	rgyu lus	变身	幻身
[illegible]	cig car 'jug pa	直入	顿入
[illegible]	bstod pa/rnam par bstod pa	加赞①	赞叹
[illegible]	dpal ldan	吉有	具吉祥
[illegible]	zung du 'jug pa	双入	双运
[illegible]	dbang phyug	自主	自在
[illegible]	rnal 'byor	默有	瑜伽/修习
[illegible]	gdugs dkar	大盖白母	大白伞盖母
[illegible]	phyir zlog pa	无大还转	大回遮
[illegible]	rig pa chen mo	大悟阴王	大明母
[illegible]	A phreng ka phreng	耶稀鸠稀字	[耶][希][迦][希]字
[illegible]	gtsug tor rnam par rgyal ba	顶尊相胜	顶髻尊胜
[illegible]	gnod sbyin	断施	药叉
[illegible]	rdo rje gur	金刚王舍续	金刚帐续

第三，西田氏和克氏目录对文献题名只是逐字对译，并没有按照正常的语序进行意译，笔者根据汉译藏传佛教之译法对各篇文献题名进行了尽量能够合乎正常语序的调整。例如，俄藏 6607 号文献《吉祥上乐轮随耶稀鸠稀字咒以前尊习为识过定入顺要论》，即似可调整为《依吉祥上乐轮以[耶][希][迦][希]字鬘做前习灭时令迁识入定要论》，这样更符合藏文材料原本之含义。同时，有一些似乎不必要翻出的助词也进行了对译，笔者也根据实际情况进行了删订。例如，常见于汉译题名之“顺”

① 亦有学者译作“高赞”。

（[illegible]）字，实际上常出现在一个表意短句之后，其功能是将此前之短句名词化而非一个表实义之字，因此，不应将其翻译出来。再者，有些介词译字也不准确，未能反映出原文语法所表达的涵义，如二氏目录常见之“随”（[illegible]），此字有多重含义，如“依、因、由、随、以、于、缘、奉、如、故、合”等，结合题目内容和汉译藏传佛教文献，似应翻译为“依”字。例如，俄藏 837 号文献《五佛亥母随略供养作次》，即当改为《依五佛亥母略作供养次》更合理一些。

第四，有一些错误是属于对西夏文原文的误读所造成的，亦有所定题名与实际文本文不对题者，显系整理时候的疏失。还有少数情况是误将弁首顶礼文误认为文献题名者。以上问题，笔者也力所能及地进行了修订和纠正。比如：俄藏 5167 号文献，原定题目为《金刚光七佛湿围法事》，从此题看颇令人费解，笔者核对原文恍然大悟，正确译题当为《药师琉璃光王七佛中围法事第六卷》（[illegible]）。又如俄藏 6496 号文献，原定题目为《吉有世尊之总持紧魔断施调伏顺》，实际上语序和对个别字释读有误，正确题名应为《具吉祥世尊之惣持降伏勇魔药叉》（[illegible]）。

此外，笔者在整理过程中，遇到了不少难题尚待进一步解决。比如西夏文草书、行书的释读目前还处在一个初步阶段，因此不少草、行书或是笔迹潦草的写本还不能得到很好的整理。又因笔者学识浅陋，还有一些藏传佛教文本未能对其性质进行最终判定，还需要日后继续深入研究加以解决。

在前一阶段的整理工作中，本人时常通过电邮请史先生答疑解惑，先生都不辞劳苦悉心赐教，对先生醍醐灌顶之功和提携后学之心，笔者表示衷心感谢！当然，限于学术能力和经验的不足，本人在工作中一定存在很多问题，甚至可能产生了新的错误，希望整理工作完毕之后能够将成果提供给方家法眼批评指正并提出宝贵建议。

（作者通讯地址：中国藏学研究中心历史所　北京　100081）

（责任编辑：段玉泉）

试论西夏译场对《掌中珠》编写的启示

尤丽娅　彭向前

摘　要:《掌中珠》具有独特的编写体例，本文认为其创制灵感应该诞生于西夏译经活动的实践中，与西夏译场关系密切。编者骨勒茂才大概从佛经翻译中受到启发，围绕文字的三要素：字义、字声和字形，把译场组织由 9 部简省为 3 部——译主、书字、笔受。由自己一人而身兼三任，并巧妙地把“夏译汉”和“汉译夏”两个译场合而为一，从而创制一种新的字书编撰体例。《掌中珠》在体例上的这种创新，可以看成元明清三代近百种官修译语字书的始祖，对后世影响很大。

关键词: 西夏文　《掌中珠》　译场　编写体例

党项人骨勒茂才于夏仁宗乾祐二十一年（1190）编写的《番汉合时掌中珠》(简称《掌中珠》)，是现存最古老的双语教科书，也被学术界誉为“打开西夏文字之门的金钥匙”。该书编撰体例独特，除了模仿传统中原地区的教材“杂字体字书”，以“三才”即“天、地、人”为纲外，还在传统字书体例基础上做出一些创新：把每则词语的解说分成 4 行，中间 2 行字体稍大，分别为西夏文和汉文，二者互相注义。左右两行皆为注音字，右行以汉字给相邻的西夏字注音，左行以西夏字给相邻的汉字注音。见下图：

我们举“毡帽”一条作个例子，字体改为横排，按从右至左的顺序予以编号：

第 1 行：恤争
第 2 行：䋿䌨
第 3 行：毡帽
第 4 行：𗀀𗀁

前 3 行是给汉人看的，从中他会知道西夏文“䋿䌨”的意思是“毡帽”，读若汉语的“恤争”；后 3 行是给党项人看的，从中他会知道汉文“毡帽”的意思是“䋿䌨”，读若西夏语的“𗀀𗀁”。这种新颖巧妙的编排方式使得《掌中珠》一本书可同时服务于汉人和党项人，而且大大节省了篇幅。

编者骨勒茂才创制《掌中珠》新体例的灵感火花，来自何处？自然不会是从天上掉下来的，应该与他所处的那个社会的历史文化背景密切相关，具体地说应该诞生于西夏译经活动的实践中，即西夏的佛经译场对骨勒茂才创制《掌中珠》编写体例有重要启示。试申论如下。

译场译经，自汉末至北宋初，前后持续近 900 年，是我国古代佛经翻译的主要形式，在佛经翻译事业中发挥了十分重要的作用。在近千年的发展过程中，佛经译场大抵以隋为界可以分为前后两个时期：前期是译经与讲经同时进行的，少则成百人，多则几千人，并且在场的任何人都可以跟主持译经的译主进行辩论，颇似现在的演讲讨论会，是一种松懈的无形组织。后期由于佛教的话语系统已正式形成，不再需要过多的解释了，于是译经与讲经分离，由译讲同施、动辄千人的大译场演进为集合一群专才，由主译领导着，闭户研讨梵经义理，助手们各有职司，分工合作把经文译出，颇似现在的专家研究集会，是一种紧密的有形组织。①

	方式	规模	组织	类似
前期	译讲同施	动辄千人	没有严密的组织，在场的任何人都可以跟主持译经的译主进行辩论	演讨会
后期	译经与讲经分离	一组人	组织严密，由主译领导，助手们各有职司	专家研究集会

宋代译场职司分工情况，据《佛祖统纪》、《宋会要辑稿》记载，译场分为九部，且标有座次，并要求依位而坐，不得紊乱。案《宋会要辑稿》中的记载，文字有乱误，不大好理解，幸好《佛祖统纪》亦载有天息灾译经仪式，讲到了宋代的译场组织，可据之加以订正。先看《佛祖统纪》中的记载情况：

第一译主，正坐面外，宣传梵文。第二证义坐其左，与译主评量梵文。第三证文坐其右，听译主高读梵文，以验差误。第四书字梵学僧，审听梵文书成华字，犹是梵音(hṛdaya ，初翻为“纥哩第野”。sūtra 为“素怛览”)。第五笔受，翻梵音成华言(“纥哩第野”再翻为“心”。“素怛览”翻为“经”)。第六缀文，回缀文字使成句义(如笔受云“照见五蕴彼自性空见此”，今云“照

① 曹仕邦：《译场——中国古代翻译佛经严谨方式》，《中华佛学学报》总第 7 期，中华佛学研究所，1994 年。

见五蕴皆空”。大率梵音多先能后所，如“念佛”为“佛念”，“打钟”为“钟打”。故须回缀字句，以顺此土之文）。第七参译，参考两土文字使无误。第八刊定，刊削冗长，定取句义（如“无无明”，“无明”剩两字。如“上正遍知”，上阙一“无”字）。第九润文官，于僧众南向设位，参详润色（如《心经》“度一切苦厄”一句，元无梵本。又“是故空中”一句，“是故”两字元无梵本）。①

据此我们可以对《宋会要辑稿》中的相关记载进行校勘：

译日，第一译主当面正坐，前梵学。其左第二证梵义梵僧，与译主评量梵义。第三证梵文梵僧，听译主高读梵本，以验差误。其右[1]第四梵学僧观梵夹，当听译主宣赞读书为隶字。第五梵学僧笔受。第六梵学僧删缀成人[2]。第七证义僧参详向义[3]，第八字[4]梵学僧刊定字，第九润文官，于僧众南别设位，参详润色。译僧每日沐浴，严洁三衣坐具，威仪整肃，凡入法筵依位而坐，不得紊乱。②

校勘：

[1]其右，此二字误倒。根据《佛祖统纪》“第三证文坐其右”，当在“第三证梵文梵僧”句前。

[2] 成人，为“成文”之误。

[3] 向义，当为“句义”之误。

[4] 字，该字衍。

此两段文字对读，有助于我们对宋代译场职司分工的理解。请看下表：

	佛祖统纪	宋会要
第一译主	正坐面外，宣传梵文	当面正坐，前梵学
第二证义	与译主评量梵文	证梵义梵僧，与译主评量梵义
第三证文	听译主高读梵文，以验差误	证梵文梵僧，听译主高读梵本，以验差误
第四书字梵学僧	审听梵文，书成华字	梵学僧观梵夹，当听译主宣赞读书为隶字
第五笔受	翻梵音成华言	梵学僧笔受
第六缀文	回缀文字使成句义	梵学僧删缀成文
第七参译	参考两土文字使无误	证义僧参详句义
第八刊定	刊削冗长定取句义	梵学僧刊定字
第九润文官	于僧众南向设位，参详润色	润文官，于僧众南别设位，参详润色

关于中国古代佛经译场，以往多为文字记载，其图形资料却出人意外地保存在《西夏译经图》中。西夏王朝前期已将汉文大藏经悉数翻译成西夏文，在中后期藏传佛教大发展时期，又将许多藏文佛经翻译成西夏文和汉文，从而为后人留下大量的西夏佛经，堪称佛教翻译史上的一个奇迹。单就把汉文佛经译成西夏文而言，据国家图书馆藏元仁宗时刊印的西夏文《过去庄严劫千佛名经》发愿文记载，

①《大正新修大藏经》第49册，志磐《佛祖统纪》卷四三。
②《宋会要辑稿》道释二之六。

至夏崇宗天祐民安元年（1090），“作成三百六十二帙，八百十二部，三千五百七十九卷”[①]。如此大规模的译经活动，必然离不开译场组织的设置和运作。国家图书馆藏元刊西夏译本《现在贤劫千佛名经》卷首，有一幅精美绝伦的版画《西夏译经图》，就是对西夏佛经译场的形象描绘。该图首次公开发表的年份可以追溯到 1979 年，该年史金波先生在《文献》上发表《〈西夏译经图〉解》一文，正式将这幅版画定名为《西夏译经图》，并考订其创作年代在西夏惠宗秉常时期。[②]

《西夏译经图》

图上部正中一高僧形象最大，身披袈裟，跏趺端坐，即译场主译人。僧俗 16 人分列其左右，比肩而坐，左右各两排，每排 4 人，僧前俗后。每一个僧人头上皆附一条榜题，上写姓氏和法号。根据史金波先生的翻译，结合上文对宋代译场的描述，我们可以把《西夏译经图》中的 9 位僧人的分工情况表列于下：

译场职司	人物
第一译主	[illegible]（白智光）
其左第二证义	[illegible]（北却慧月）
其右第三证文	[illegible]（曹广智）
其左第四书字梵学僧	[illegible]（赵法光）
其右第五笔受	[illegible]（田善尊）
其左第六缀文	[illegible]（嵬名广愿）
其右第七参译	[illegible]（西玉智园）
其左第八刊定	[illegible]（吴法明）
其右第九润文官	[illegible]（鲁布智云）

① 史金波：《西夏文〈过去庄严劫千佛名经〉发愿文译证》，《世界宗教研究》1981 年第 1 期。
② 史金波：《〈西夏译经图〉解》，《文献》1979 年第 1 期。

《西夏译经图》明显地吸收了北宋译场的实际经验，简直就是宋代译场的再现。译主正坐面外，助手分列两旁，译场职司分工为九。以此可见，宋代佛教对西夏的影响颇深。只是出于构图对称美观起见，画作者把“于僧众南别设位”的润文官，列于译主右列末位。

从现存西夏佛经语言体裁来看，西夏王朝的译场应该包括“汉译夏”、“夏译汉”、“藏译夏”和“藏译汉”等多种形式。而《掌中珠》的编写体例就相当于对“夏译汉”和“汉译夏”两个译场的简化和综合。对服务于学习西夏语的汉语使用者而言，第 2 行相当于“译主”所为，第 1 行相当于“书字”所为，第 3 行相当于“笔受”所为。对服务于学习汉语的西夏语使用者而言，第 3 行相当于“译主”所为，第 4 行相当于“书字”所为，第 2 行相当于“笔受”所为。见下表：

服务于学习西夏语的汉语使用者		掌中珠	服务于学习汉语的西夏语使用者	
字声	书字	第 1 行：恤争		
字形	译主	第 2 行：祇纙	笔受	字义
字义	笔受	第 3 行：毡帽	译主	字形
		第 4 行：磁荄	书字	字声

《掌中珠》的编写体例创制灵感，应该诞生于西夏译经活动的实践中。编者骨勒茂才，与同时代的大多知识分子一样，对佛学也有相当深刻的理解。《掌中珠》宣传佛教的文字甚至比宣传儒学的还要多，书中提到近二十种佛教用品，而且在结尾还用了大段的禅家说教来为人生作结：

人寿百岁 七十者稀 凡君子者 不失于物 不累于己 能圆能方 岂滞一边 虽然如此 世人不□ 烦恼缠缚 争名趋利 忘本□□ 逐物心动 起贪嗔痴 以富为荣 以贫为丑 由此业力 三界流转 远离三途 四相四果 资粮加行 十地菩萨 等觉妙觉 法报□□ 自受用佛 十他受用 三类化□ 证圣果已 昔因行愿 千变万化 八万四千 演说法门 于迷有□ 指示寂知 菩提涅盘 令交获则 六趣轮回 苦报无量 争如自悔 修行观心 得达圣道 岂□□□

由此看来，骨勒茂才显然读过不少禅宗书籍的西夏文译本。他本人既然笃信佛教教义，那么对西夏的佛经译场也一定不会陌生。骨勒茂才大概从佛经翻译中受到启发，围绕文字的三要素：字义、字声和字形，把译场组织由 9 部简省为 3 部：译主、书字、笔受。由自己一人而身兼三任，并巧妙地把“夏译汉”和“汉译夏”两个译场合而为一，从而创制一种新的编撰体例。《掌中珠》在体例上的这种创新，可以看成元明清三代近百种官修译语字书的始祖，对后世影响很大。

（作者通讯地址：俄罗斯圣彼得堡大学东方系；宁夏大学西夏学研究院　银川　750021）

（责任编辑：王培培）

西夏天葬初探*

——以俄藏黑水城唐卡 X—2368 为中心

任怀晟　杨　浣

摘　要：学术界对于西夏有无天葬一直存有争议。我们对于俄国艾尔米塔什博物馆所藏黑水城出土唐卡 X—2368 的研究表明，西夏时期确实存在着严格意义上的天葬风俗。从裹尸包、桑烟炉、全裸尸体、人头骷髅、飞禽、颈部系带的犬科动物等处可知， X—2368 边侧所绘的“八个坟场的情景”反映的无疑是某种集体性天葬仪式。这种天葬与古印度“尸陀林”中置野葬形式天葬以及藏地仅有禽类参与的“鸟葬”形式天葬不同，而与中西亚的祆教天葬形式更为接近。从双臂单身神乐金刚像、亚型须弥座、唇口鼓腹圈足瓶、直口圈足碗、直壁直口钵盘、人物幞脚等造型可知，X—2368 非常接近于宋辽时代同类器型的风格。考虑到出土地为黑水城地区，判断其当为西夏时期作品。这一结论如果成立，那么黑水城唐卡 X—2368 等无疑将是迄今为止最早、也是最直接反映西夏时期天葬风俗的图像资料。它们对于研究西夏时期黑水城地区的丧葬风俗和宗教仪轨具有十分重要的价值。

关键词：西夏　天葬　黑水城　唐卡

西夏时期究竟有无天葬？这在学术界尚有争议。认为西夏有天葬的学者们，无一例外，都以北宋上官融所著笔记《友会谈丛》中的一段记载作为主要的、甚至是唯一的证据。其文云：

> （麟府州）人性顽劣，不循理法。……凡育女稍长，靡有媒妁，暗有期会，家不之问。情之至者，必相挈奔逸于山岩掩映之处 ，并首而卧，绳带置头，各悉力紧之 ，倏忽双毙。二族方率亲属寻焉，见而不哭，谓男女之乐何足悲悼。用缯彩都包其身，外裹之以毡，椎牛设祭，乃条其革，密加缠束 。然后择峻岭架木，高丈余，呼为女棚。迁尸于上，云于飞升天也。二族于其下击鼓饮酒，数日而散。①

但是，正如质疑者所指出的，这段史料的说服力并不充分：一是考古发现的西夏葬俗主要是土葬、火葬和塔葬等，这种做法“只是个别情况，不应算作是西夏的通行葬俗”②；二是严格意义上讲，这属于把尸体整个抛弃任其自然发展的“野葬”，它与遗体经过专门分解后再让禽兽取食的“天葬”尚

* 基金项目：国家社科基金特别委托项目“西夏文献文物研究”(编号：11@ZH001) 的阶段性成果。

① （宋）上官融（撰）：《友会谈丛》卷下，文渊阁四库全书本。

② 孙昌盛：《略论西夏的墓葬形制和丧葬习俗》，《东南文化》2004 年第 5 期。

有距离。后者通常是由职业的宗教丧葬师来完成的。

那么，还有没有别的资料可以证明西夏时代存在着近似宗教仪轨性质的“天葬”呢？有的。最近，我们在部分已经刊布的科兹诺夫黑水城藏品中找到了两样较为可靠的证据：一幅图像和一条记载。尤其是图像弥足珍贵，它以直观和形象的方式再现了西夏、至少在黑水城地区流行天葬的历史事实。

一

这幅编号为 X—2368 的唐卡，目前收藏于俄国国立艾尔米塔什博物馆。其最早刊布于 2006 年萨玛秀克主编的《12—14 世纪黑水城（哈拉浩特）所出佛教绘画》（下文简称《黑水城绘画》）一书。在该书中，它被命名为《胜乐金刚图》。[①]这显然是根据图像中的主尊形象得来的。（图 1、图 2）

图 1 黑水城“胜乐金刚”图

图 2 黑水城“胜乐金刚”图（笔者绘分割线）

图 3 “胜乐金刚”图左侧一至三单元细节图

关于该图，萨氏等编者还有一段简要的文字说明。其译文如下：

> 第 138 幅 《胜乐金刚》（12—14 世纪），丝绸唐卡，轮廓用黑墨描就。
> 画幅 47 × 31（厘米） 编号 X—2368
>
> 画面上详细地描述了八个坟场的情景，呈左右对称状。顶部和底部各有一带官帽人物，之间有僧人作沉思状。画面中部有胜乐金刚端坐在莲花宝座上。莲花宝座前面，两侧各坐一僧人，身着红色长袍，头戴尖顶帽。下方是祭祀桌案，上摆礼品。原件保存不佳，修补粗糙。与第 136 幅

① [俄]吉拉·费达罗芙娜·萨玛秀克：《黑水城出土 12—14 世纪佛教绘画》，国立艾尔米塔什出版社，2006 年 8 月，第 306 页，排版偏左，右部稍缺。另外，此图也刊布在：[中]金雅声、[俄]谢苗诺夫主编的《俄罗斯国立艾尔米塔什博物馆藏黑水城艺术品（二）》，上海古籍出版社，2012 年，图版 138。因《俄罗斯国立艾尔米塔什博物馆藏黑水城艺术品（二）》第 270 页图版 138 拍摄疏忽造成画面上小下大，易生误解，而简介中又存在“寒林”、“软幞头”、“打坐”、“供案”等表述，论据不明，疑点过多，故此只能参考，不便引用。

唐卡一样，无需断代。①

很显然，从“八个坟场的情景”诸语可以看出，俄国学者们早就注意到了该图描绘的主题之一：某种葬礼。不过遗憾的是，可能是囿于篇幅的限制，对于这个现象，他们并没有做出进一步的讨论。当然这也给我们此刻的研究提供了很大的余地。

X—2368 为绢本彩绘，画面本身隐约以黑色线迹分区，可以分为三个相对独立的构图。中间主体部分为比丘供养胜乐金刚像场景，两侧陪衬部分为所谓坟场情形。

关于比丘供养胜乐金刚部分，自下而上，也可以分为四个小单元。

第一单元绘有涂香、华鬘、烧香、饮食、灯明等五种供养。

第二单元为比丘图。普柏枋下，阑额与角替构成多曲壶门造型。阑额两侧呈现直线型。②阑额下面绘一尼师坛，其上两个对面抄手、结跏趺、高鼻深目的比丘。比丘皆山形帽、交领长窄袖僧衣、圆领僧祇支，衣长应该及足。

两人中间偏后位置，放置一唇口鼓腹圈足瓶，瓶口插一朵荷花，花朵两侧各有一片荷叶。

第三单元，最上部为仰莲莲台。莲台两侧悬浮两个莲蕾。莲台下是三层亚型十字折线须弥座。

第四单元为胜乐金刚像。胜乐本尊为一头二臂单身像，赤足、足踩莲座。

关于“八个坟场”部分，左右两侧各四个，构图基本一致，自下而上，也都可以分为四个单元。兹以左半侧图像为例。（图 3）

第一单元，上部分左侧为两个共边三角形，右侧为喇嘛塔造型的桑烟炉，桑烟炉上有红色烛火造型。两者之间是一根立杆上立一个圆形形象。下半部中心绘有一人头骷髅形象。骷髅上方有三个杆柱状造型，左边一个呈圆柱型，中间呈底粗顶尖的竹节状锥型，右边造型是上为圆柱形、下如镰刀形的结合体。下半部的左上角有一戴幞头、结跏趺、穿圆领袍衫、衣长可推测及足、抄手的人物。

下半部的右上角为一个线团状造型。线团造型的下面有一犬科动物形象，犬科动物颈部系红色条带布帛，站立在一裸体仰卧、胸部隆起、长发（应该可以确定顶发没有剔除）的人体上。人体头部隐约有一飞禽形象。

第二单元，上半部所绘内容与第一单元上半部相同。下半部左上角为一头戴帢帽，穿圆领袍衫、抄手结跏趺人物形象。这个人物形象右侧绘有一不规则条块状围绕的圆形人头骷髅造型。骷髅造型右侧是竹节状锥体。锥体右侧为线团状物体。线团状物体的下面是一个飞禽形象，飞禽在啄食一块类似碎骨的东西，飞禽的左侧是一人头骷髅。骷髅为不规则条带型物体围绕。飞禽的下方有一个仰卧的裸体人物，此人长发，顶发没有剔除，胸部隆起。下半部左下角绘犬科动物形象，此动物向右朝向仰卧裸体人物，紧挨人体头部。犬科动物颈后侧似有飞扬的布帛造型。

第三单元，这个单元与第二单元的内容基本相同。

第四单元，下半部绘制内容与第一单元下半部一样。下半部内容缺损，从对称原则考虑，应该与第一单元上半部近似，可以推测这应该缘于年代久远、织物脱，损之故。

许多迹象表明，所谓的“坟场”其实就是某种天葬的写照。八个对称性坟场显示，绘制者的本意

① 这段文字由宁夏大学西夏学研究院彭向前先生翻译，特此说明。

② 笔者注：不排除比丘供养胜乐金刚部分第二单元中普柏枋和阑额，为第三单元中须弥座之圭脚、地袱的可能。如此，文中第三单元中所述“圭脚”则为须弥座之“下枋”，“下枋”即为座之“下枭”。

是画八大寒林。[①]

首先，摆放整齐的全裸尸体、人头骷髅、作啮噬状的犬类动物和啄食的飞禽等，都反映的是遗体被分解的情形，这自然是一种葬俗。如果这一推断无误的话，那么图中的戴幞头、结跏趺的人物就有可能是殡葬师身份了。

其次，图中出现了分解遗体所需的一些器具。如煨桑祭神、净化空气的桑烟炉，包裹尸体用的线团状物体，也就是“裹尸包”，分解尸骨的镰刀形物体等等。作为宗教图画，这些器具也可以视作是殡葬师的种种法器。

第三，图中那些犬科动物颈部都有条带状布帛，这显示它们并不是野生动物，而是人类驯养的家畜。允许或者说利用家畜去啃食遗体，表明这种处置遗体的方式是专门性的，甚至是职业性的。这一点对于把天葬从野葬中区隔出来十分重要。

第四，所谓的殡葬师，显然具有宗教色彩。准确地说，他们应该是接近于藏传佛教性质的宗教殡葬师。这是由X—2368的整体性质决定的，显然，这是一幅反映供养胜乐金刚信仰的唐卡。

二

根据黑水城遗物的普遍年代，X—2368被认为是12—14世纪的艺术品。尽管俄国研究者说“原件保存不佳，修补粗糙。与第136幅唐卡一样，无需断代”，但是考虑到该图在社会生活史和宗教美术史上潜在的重要意义，我们认为如果存在可以断代的若干要素，那么还是尽量赋予它一个较为准确的身份为好。

众所周知，12—14世纪的黑水城，多半时间属于西夏，少量时间属于元代。那么这幅图像究竟属于西夏，还是元代呢？我们认为它属于西夏时代。

首先，“胜乐金刚”图中左右两侧“坟场”部分中出现的长脚幞头，幞脚不是飘带造型，也不是元代常见世俗人物（神像、戏子除外）幞脚的梭形造型。例如，在山西洪洞水神庙应王殿西壁北端壁画《弈棋图》、钱选《杨贵妃上马图》、赵雍《挟弹游骑图》、任仁发《张果见明皇图》、赵孟頫《人马图》等元代人物绘画中，我们可以看到当时梭形幞脚比较普遍。从幞脚造型看，X—2368图中幞脚造型呈斜向下弯尺型或者直尺型，这种幞头造型不太可能属于元代，而更像宋代的直脚幞头。[②]那么，对应黑水城地域，与宋代同时期的政权应为西夏。另外，“坟场”部分中直脚幞头和圆顶帢帽人物形象并非当时藏人典型装扮。

其次，从胜乐金刚须弥座的造型看，它延续了唐代的亚型须弥座造型。上下枋与圭角呈垂直立面的构造也延续了早期须弥座的特征，与多曲面的元代典型须弥座造型存在差异。西夏家居用品和建筑中，出现较多在同一立面上、两侧为直线造型、壶门采用类似多曲下弯造型的装饰手法。例如宁夏贺兰县拜寺口北寺塔群塔基下部，各侧正中长壁和左右短壁绘制的两两对称壶门纹。这些壶门纹分布在同一立面上。[③]宁夏贺兰县拜寺沟双塔中的扶手椅纵向靠背板攒框内呈现反正两个壶门造型的嵌板，也运用了X—2368图须弥座中同一立面上采用曲线壶门的装饰手法。

再有，比丘供养胜乐金刚部分第三单元中的唇口鼓腹圈足瓶，唇口厚重圆润、瓶颈直而短粗的造

---

① 画面配图为左右对称的八个方格区域，显示绘画者本意可能是绘制“八大寒林”场景。但是具体绘制的内容却与文献中记载的印度“八大寒林”场景相去甚远。这个问题，笔者在本文第三部分简要注释。

② 笔者注：X-2368图中幞头造型与宋朝官员幞头相似，都是直脚。这种幞头在肃北五个庙第3窟药师净土经变相中也有出现。为什么在西夏天葬场景中，出现这种幞头样式，笔者另文论述。

③ 宁夏回族自治区文物考古研究所、贺兰县文化局：《宁夏贺兰县拜寺口北寺塔群遗址的清理》，《考古》2002年第8期，第47页。

型与元代常用的口沿外撇且瓶颈修长内弧的特点不同，而与北京故宫博物院藏赤峰辽窑白釉黑花罐口颈造型相同。第一单元中直口圈足碗在宋徽宗赵佶《文会图》中有出现；直壁直口钵盘器型在宋徽宗赵佶《文会图》和内蒙古赤峰宝山辽墓 1 号墓壁画中都有出现；而烛台上大下小的器型在宋高宗书、马和之绘《孝经》“祭孔”和宋李公麟《孝经图》“感应章”中也有出现。从这些器型的时代特征看，“胜乐金刚”图比丘供养胜乐金刚部分中这些瓷器造型更符合宋辽瓷器器型特征。

第四，目前所见的单体胜乐金刚像多为十二臂上乐金刚，二臂单体的胜乐金刚像非常罕见。除了俄藏 X—2368“胜乐金刚”图外，还有敦煌莫高窟第 465 窟西壁南铺胜乐金刚像[①]和出自东印度经卷插图中的胜乐金刚像，他们都是二臂单身像。东印度经卷插图中的二臂单身胜乐金刚像被断代在 11 世纪末至 12 世纪初。[②]另外，藏传佛教的双身图像，出现于 12 世纪以后，大量流行在元明清时期。[③]所以，以上三幅胜乐金刚像的相似性说明，俄藏 X—2368“胜乐金刚”图也更可能属于 11—12 世纪初的西夏时期。

第五，西夏时代确有本图所描绘的天葬场景。西夏仁宗乾佑七年（1176）编定的谚语集《新集锦合辞》中就有“列置尸场除首足”之语。[④]这说明西夏晚期存在天葬风俗，而且形成谚语、为人熟知。这条资料也是前文所说的表明西夏有天葬的证据之一。

紧接着需要捎带讨论的一个问题是，X—2368 主体部分即比丘供养胜乐金刚情形与左右两侧天葬场景之间的关系。我们认为尽管相对对立，但是两者仍然是一个有机整体。这里可以作两种理解：一种通过集体性的天葬献礼来祭祀和供养胜乐金刚；一种是在胜乐金刚的信仰指引之下，通过天葬的形式，使死去的人们到达彼岸。无论哪种解释，X—2368 的构图各元素是和谐和统一的——左右两边的天葬仪式一定是为烘托中间的胜乐金刚而来的。

从这个意义来说，被俄国学者称为《胜乐金刚图》的 X—2368，不妨可以更精确地命名为《西夏天葬供养胜乐金刚道场图》。

三

X—2368 所反映的西夏黑水城地区流行的天葬，是本地固有的还是外部输入的葬俗呢？在回答这个问题之前，有必要对历史上的几种陆地动物参与的天葬方式作一个回顾。

第一，祆教之天葬

祆教发源于波斯米地亚地区。早在公元前 5 世纪大流士之前的祆教徒玛哥斯僧就有将尸体弃于山野“被狗或是禽撕裂之后才埋葬”[⑤]的葬法。直到帕提亚帝国末期才在全国上下严格实行祆教天葬，将尸体喂食秃鹫和犬。[⑥]阿尔达希尔一世（Ardashir I）于公元 224 年打败帕提亚人建立萨珊王朝后，把祆教奉为国教。[⑦]考古发现也证明：中亚有些民族早在阿契美尼时期，便已采用天葬。[⑧]

另外，西亚祆教天葬对于实施场合和参与动物有严格的规定。萨珊波斯的天葬形式在祆教经典《文

---

① 谢继胜：《关于敦煌第 465 窟断代的几个问题（续）》，《中国藏学》2000 年第 4 期。谢继胜先生认为莫高窟第 465 窟是西夏窟。

② 现藏法国集美博物馆。图版出处见 Linrothe，Rob，Ruthless Compassion: Wrathful Deities in Early Indo-Tibeten Esoteric Buddhist Art，london，1999 彩图 15.

③ 李翎：《密教双身图像研究——以丹丹乌里克木板画为引子》，《中国国家博物馆馆刊》2013 年第 1 期。

④ 陈炳应译：《西夏谚语 · 新集锦成对谚语》，山西人民出版社，1993 年，第 99 页。

⑤ [古希腊]希罗多德著、王以铸译：《希罗多德历史》，商务印书馆，1985 年，第 72 页。

⑥ 参见[美]W.M. 麦高文著、章巽译：《中亚古国史》，中华书局，1958 年，第 84 页。

⑦ Mary Boyce, Zoroastrians. Their Religions Beliefs and Practices, London 1979. P.103.

⑧ G.Frumkin, Archaeology in Soviet Central Asia, Leiden 1970, PP.22, 92, 96, 99-103, 125,151.

迪达德》中有反应。该经典第五章第 13—18 节训示信徒“要把死尸放在达克玛(Dakhma)上，让死者的眼睛朝向太阳”；尸体在达克玛上被风吹雨淋，冲洗干净。[①]据经文的第三章第 9 节，我们可知达克玛是用于“安放死尸”的建筑物。[②]达克玛，西方学者把它意译为 Tower of silence，[③]中文意译为无声塔、安息塔或寂寞塔等。《文迪达德》(Vendidad)在第三章第 45 节中，就训示祆教徒要把死者放在鸟兽出没的山顶上，让狗噬鸟啄。[④]该经第六章第 44 节，琐罗亚斯德问阿胡拉•马兹达处理死尸的地点，马自达回答“放在高高的地方，这样食尸的鸟兽会很容易发现他们”[⑤]。

关于祆教天葬对于犬的选择，中世纪波斯语文献《许不许》中记有牧羊犬、家犬、守聚落犬、水栖犬等十个犬种。[⑥]这些犬都是饲养的、不是野犬。据《文迪达德》第八章第 3 节的说法，这些犬必须是生有四只眼睛的黄狗或长有黄耳朵的白狗，只有这种犬可以带到死者旁边进行“犬视”[⑦]，以驱散尸毒。而对于啃噬尸体的犬则没有这种要求。所以，将尸体放在山顶达克玛上，避开野兽的说法，与让狗噬鸟啄的说法并不矛盾。

祆教也曾传播到中亚地区。《通典》引韦节《西蕃记》载康国葬俗为：“国城外别有二百余户，专知丧事，别筑一院，院内养狗。每有人死，即往取尸，置此院内，令狗食之，肉尽收骸骨，埋殡无棺椁。”[⑧] 康国“专知丧事的二百余户”与西亚波斯“不净人”[⑨]身份大致一致。前文中西亚啃噬尸体的十个犬种是饲养而非野生，这点与康国“养狗”食尸的葬俗相似。至于，康国不同于西亚祆教“弃尸于山”，喂食尸体的动物也没有提到秃鹫。这可能也是祆教天葬在当地本土化的一种变体形式，也可能是当地城市周围缺少秃鹫这类猛禽造成的。

第二，藏传佛教之天葬

我们知道，藏文中“天葬”是一个合成词：(1)བྱ་གཡེང་། 是撕碎喂鸟、施舍给鸟的意思；(2)ཏུང་ཁོར་ཏ་ཞལ་བ། 意思就是将尸体运往葬场。而 བྱ་གཡེང་།、ཁོར་ཏ་ཞལ་བ། 组合起来，就是将尸体运往葬场割碎喂鸟的意思。藏文文字是公元 7 世纪由吞米桑布扎创造的，自此藏文佛教经典才可以翻译、传播。根据藏文“天葬”一词的文字分析，显然在没有出现藏文文字之前，已有“天葬”这种形式的存在(文字也是对客观事物的反映)；藏文文字创立之后，天葬一词的构成，也应看作是人们生活实际和天葬本身具体内容的真实反映。[⑩]如此，藏地的天葬形式——鸟葬，应该早于公元 7 世纪，是在苯教主导时期存在的一种丧葬形式。据载，西藏苯教盛行时代，也曾一度出现过将割碎的尸体喂饲鹰鹫、鱼、狼、狗的习俗。[⑪]那么可以推测，以流行土葬为其丧葬特征的苯教，在其发展到一定阶段时，也曾经吸收了天葬习俗的某些因素。

① Sacred Books of the East Series, Vol. IV, The Zend-Avesta, Part I, Oxford University Press, 1887, PP. 52—54.

② Sacred Books of the East Series, Vol. IV, The Zend-Avesta, Part I, Oxford University Press, 1887, PP. 24.

③ Sacred Books of the East Series, Vol. IV, The Zend-Avesta, Part I, Oxford University Press, 1887, PP. 73. n. 3.

④ Sacred Books of the East Series, Vol. IV, The Zend-Avesta, Part I, Oxford University Press, 1887, PP. 72.

⑤ Sacred Books of the East Series, Vol. IV, The Zend-Avesta, Part I, Oxford University Press, 1887, PP. 72—73.

⑥ [日]伊藤义教：《ペルシア文化渡来考》，岩波书店，1980 年，第 113 页。

⑦ Sacred Books of the East Series, Vol. IV, The Zend-Avesta, Part I, pp. 97—98. 参阅 S. A. Nigosian, The Zoroastrian Faith: Traditionand Modern Research. MeGill-Queen's University Press, 1993, p. 102.

⑧（唐）杜佑撰、王文锦等点校：《通典》卷一九三，中华书局，2003 年，第 5256 页。

⑨（唐）杜佑撰、王文锦等点校的《通典》卷一九三《波斯传》载：“死者多弃尸于山，一月理服。城外有人别居，唯知丧葬之事，号为不净人，其入城市，摇铃自别”，中华书局，2003 年，第 1024 页。

⑩ 熊坤新、陶晓辉：《天葬起源之探索》，《西藏研究》1988 年第 3 期。

⑪ 熊坤新、陶晓辉：《天葬起源之探索》，《西藏研究》1988 年第 3 期。

但是，这些因素并非原发自苯教自身，而很可能是从外部世界的中亚传入。只是当时这种葬俗在中亚可能还没有形成固定的形态，喂饲的对象既可能是鹰鹫，也可能是狗或其他动物，[①]后来才发展为没有兽类参与的鸟葬形式。

由于随后苯教的式微、佛教的兴起，苯教的传统风俗必然受到影响。公元787年至1036年之间，这段时间吐蕃和归义军曾管辖沙洲(敦煌)，后来西夏崛起夺取了沙、瓜、肃州的控制权。正是在这个时期，佛教徒获得了政权的支持，他们利用政治上的优势改造苯教（也包括其他非佛教的信仰）占统治地位的区域信仰。“古代丧葬仪轨的部分内容只是通过象征物得到体现，从8世纪下半叶（赤松德赞时代）开始的反苯教传统做法的社会思潮，逐渐演化为一场除旧布新的社会运动。吐蕃苯教丧葬仪轨大体上佛教化便是这场运动的结果。”[②]或许在此背景下，鸟葬也转变为具有佛教意义的葬俗。但是，作为波斯天葬仪轨中非常重要的“犬”，在藏传佛教的鸟葬中并不存在，所以藏地的鸟葬只能算是苯教葬俗在祆教天葬形式影响下的一种变体。

第三、古印度之天葬

唐释玄应《一切经音义》卷一八道：“‘尸陀林’正言‘尸多婆那’，此云寒林。……在王舍城侧，死人多送其中。今总指弃尸之处名‘尸陀林’者，取彼名也。”[③]据印度早期传说记载，佛陀在成佛之前（亦即佛教产生之前），为了磨炼自己的意志，“常至墓地——这是投放死尸、任其腐烂或让鸟兽吞食的处所。他和腐烂尸体睡在一起”[④]。

古印度天葬[⑤]与祆教天葬的方式不同。祆教“别筑一院”的葬法不同于古印度的“尸陀林”。“尸陀林”是没有围墙的郊野，野兽作为“众生”对其种类没有选择，目的是以尸布施。另外，古印度任尸体腐烂的记载中也没有提到收取尸骨的专职人员。所以，佛教弃尸郊野和祆教的“别筑一院”、“院内养狗，每有人死，即往取尸，置此院内，令狗食之”、“肉尽收骸骨，埋殡”的葬法区别甚大。

我们注意到，黑水城唐卡X—2368之天葬图景中存在一种戴幞头、结跏趺的生者人物形象，[⑥]而且反复出现“鸟”和“颈部人为系带的犬科动物”啃啄尸体的形象。这不符合古印度弃尸郊野、任各种野兽啃噬、任其腐烂、无人收骨骸的“寒林”场景，[⑦]而比较符合古籍中关于祆教天葬规范的记载，所以不能排除祆教在当地产生影响的可能。当然，当地祆教也受到后来兴起的佛教的融摄，实则这一过程在唐代以前的中亚已经开始。例如，克孜尔207窟佛传壁画故事的内容是佛成道后，使祆教领袖三迦叶兄弟放弃拜火外道，统领原祆教一千徒众，皈依佛教。克孜尔石窟中表现这一题材的壁画有10余处。[⑧]这些壁画说明，早在公元4世纪前后，佛教就在原为祆教信仰的西域广大地区大力传播，

① 霍巍：《西藏天葬风俗起源辨析》，《民族研究》1990年第5期。

② [德]褚俊杰：《论苯教丧葬仪轨的佛教化——敦煌古藏文写卷P. T.239解读》，《西藏研究》1990年第1期。

③ 徐时仪校注：《一切经音义三种校本合刊》，上海古籍出版社，2008年，第383页。

④ [英]查尔斯·埃利奥特著、李荣熙译：《印度教与佛教史纲》第一卷，商务印书馆，1982年，第242页。

⑤ 刘淑芬所述林葬包括弃尸、收骸、焚烧、建塔等环节，有的情况下可能存在损益。但笔者注意到刘淑芬文中“施诸鸟兽”的做法对野兽种类并没加选择（而俄藏黑水城X-2368图中只选择饲犬和鸟两类动物）、收骨骸建塔（而俄藏黑水城X-2368图中是顶部有红色烛光的桑烟炉）和不供养胜乐金刚的情况，在俄藏黑水城X-2368图中都不存在。这说明佛教林葬不同于西夏天葬。（刘淑芬：《林葬——中古佛教露尸葬研究之一（一）、（二）、（三）》，《大陆杂志》96.1（1998）：22—31；96.2（1998）：25—43；96.3（1998）：20—40。刘淑芬：《石室瘗窟——中古佛教露尸葬研究之二（一）、（二）、（三）》，《大陆杂志》98.2（1999）：49—60；98.3（1999）：97—113；98.4（1999）：145—152。）

⑥ 此类人物形象没有展示藏地天葬师碎尸的动作，而是抄手于袖口之中，观看动物啃啄尸体。所以，他们也可能是负责专门操办这种葬俗的“不净人”。

⑦ [中]金雅声、[俄]谢苗诺夫主编：《俄罗斯国立艾尔米塔什博物馆藏黑水城艺术品（二）》，上海古籍出版社，2012年，第270页，图版138简介。

⑧ 参见新疆美术摄影出版社、辽宁美术出版社：《中国美术分类全集·中国新疆壁画全集》，天津人民美术出版社，1995年。另见新疆维吾尔自治区文物管理委员会、拜城县文物保管所、北京大学考古系编：《中国石窟·克孜尔石窟（一）》，文物出版社，1989年。

对祆教进行了融摄和吸收，对民间信仰进行整合。由于民间传统丧葬形式的改变难度非常大，对于信奉祆教的民众，佛教有必要将天葬形式冠以佛教的教义教理。黑水城地处东西方交流的丝路上，祆教是否传播到此虽然没有当地的考古发现可以印证，但是周边地区关于祆教记载的大量存在，说明西夏所处的丝路地区曾经盛行祆教。所以，我们可以在 X—2368 中看到的祆教影响也应该归于此因。

虽然宋朝统治下的凉州已经有吐蕃人生活，[①]但是此时的吐蕃采用的天葬是鸟葬形式，与 X—2368 图中“犬科动物”、“鸟类”同时存在的场景有明显的区别。早期佛教在丝路的存在、传播远远早于藏传佛教进入这一地区的时间，如前文所述，至少在公元 4 世纪前后，佛教已经对丝路祆教徒进行了改宗的努力。所以，X—2368 中胜乐金刚（原属于苯教的金刚形象）的出现，有可能说明藏传佛教只是对当地已经改宗佛教的信徒进行再次改造的体现。当然，不排除在当地一直没有放弃祆教信仰的信徒接受藏传佛教改造的可能，但是这种改造只限于宗教信仰，却不能改变他们原有的丧葬形式。所以图中出现了胜乐金刚与禽犬两种动物（这有别于一种动物参与的鸟葬形式）同时出现的情况。

这里，有一种情况虽然没有证实，但不能忽视。不能排除图中葬俗是当地一种比较罕见的风俗习惯，它并非受到外来宗教风俗的影响，没有载入当时的文献资料，没有上升到西夏法规的层面，因而不为人所知。

除 X—2368 之外，在《黑水城绘画》中，还有几例描绘天葬内容的作品。 如 X—2388“金刚亥母”图（《黑水城绘画》编号 Kam.143），胜乐金刚莲座周围出现了与 X—2368 中相似造型的大量人头骨、线团状尸包，还有很多或交叉、或散置的棒状骨骼形象。[②]

X—2393“金刚亥母”图（《黑水城绘画》编号 Kam.142），中胜乐金刚身光周围出现了虎、熊、蛇等动物啃噬人体的图像，以及有发头颅、树、人身蛇尾的七头龙王，而且还有 X—2368 中出现的喇嘛塔型桑烟炉。桑烟炉旁边有双手合十、腰系遮蔽物、半裸罗髻、单腿跪地的人物。[③]

X—2408“胜乐金刚曼陀罗”图（《黑水城绘画》编号 Kam.139）中也大量出现了人头骨，动物啃噬尸体的形象。图像中还出现许多塔和各种各样的尸体、精灵、动物、瑜伽师、瑜伽母等形象。[④]

这些反映天葬习俗的绘画可以分为两类： X—2388 中出现线团状尸包推断所绘内容应是与 X—2368 相似，或为西夏天葬方式；X—2408、X—2393 中都有多种动物啃噬尸体的场景，或为古印度“尸陀林”葬俗。这些图像中供奉的主尊为胜乐金刚与金刚亥母，暗示黑水城地区的天葬可能与藏密无上瑜伽修法有关。

概而言之，俄藏黑水城唐卡 X—2368 等绘画，不仅对研究天葬、尤其是西夏天葬具有划时代的意义，而且对研究 12 到 14 世纪黑水城地区的宗教仪轨和社会习俗有重要价值。

（作者通讯地址：中国社会科学院民族学与人类学研究所　北京　100081）

（责任编辑：许伟伟）

① 史金波：《西夏的藏传佛教》，《中国藏学》2002 年第 1 期。

② [俄]吉拉费达罗芙娜萨玛秀克：《黑水城出土 12—14 世纪佛教绘画》，俄罗斯国立艾尔米塔什出版社，2006 年，第 316 页。

③ [俄]吉拉费达罗芙娜萨玛秀克：《黑水城出土 12—14 世纪佛教绘画》，俄罗斯国立艾尔米塔什出版社，2006 年，第 314 页。

④ [俄]吉拉费达罗芙娜萨玛秀克：《黑水城出土 12—14 世纪佛教绘画》，俄罗斯国立艾尔米塔什出版社，2006 年，第 308 页。笔者注：在坛城的左下角还出现了一个仰卧在火中的人物形象。这个仰卧火中的人物所处位置并不居中，而且体态并不比周围的人像庞大，不符合藏传佛教坛城中尊贵者体型偏大的绘画习惯，所以应该不是释祖卧像。这可能暗示当时存在火葬的风俗。

从武器装备看西夏仪卫制度*

尤　桦

摘　要：仪卫制度是中国古代封建礼仪制度的重要组成部分，是统治阶级为了体现地位、尊严、阶级和安全而设立的封建等级划分标准之一，发挥着重要的政治和社会功能。本文结合西夏法典《天盛律令》规定和西夏壁画仪卫图中对武器装备的描绘，试对西夏的仪卫制度进行简单分析。

关键词：西夏　武器装备　仪卫

仪卫是仪仗和护卫的统称，据《宋史·仪卫志》记载："綦天下之贵，一人而已。是故环拱而居，备物而动，文谓之仪，武谓之卫。一以明制度，示等威；一以慎出入，远危疑也。《书》载弁戈、冕刘、虎贲、车辂。《周官》旅贲，王出入，执盾以夹王车。朝仪之制，固已粲然。降及秦、汉，始有周庐、陛戟、卤簿、金根、大驾、法驾千乘万骑之盛。历代因之，虽或损益，然不过为尊大而已。"① 卤簿仪卫原本是天子出行时象征权威的形式，到了秦汉之后各级官员也开始使用，发展至唐宋，规格、要求尤为详备。西夏因为缺乏详细的史料记载，仪卫制度长期以来一直没有受到专家学者的关注。目前，唯有杜建录先生《西夏的内宿制度》、许伟伟《〈天盛律令·内宫待命等头项门〉研究》有所论述。除此之外，暂无涉及西夏仪卫方面内容的研究。

一

仪卫制度不仅要保卫皇帝安全，包括武器装备和护卫的有组织行动，其中包括保卫人员的选用、规模、数量、等级，还要彰显国力，显示天子的威严，同时也涉及舆服、仪帐等诸多方面。党项族开始"无文字，候草木记岁。三年一相聚，杀牛羊祭天"②，过着原始的游牧生活，无从谈起仪卫制度。到了乾德元年四月，内迁的党项族首领李彝兴向宋朝献上牦牛。③牦牛作为方物被献上，必有其特殊之处。据《资治通鉴》载："尔雅翼：牦，西南夷长髦牛也，似牛，而四节、腹下及肘皆有赤毛长尺余，而尾尤佳，其大如斗。天子之车左纛，以此牛尾为之，系之左騑马轭上。"④

---

* 基金项目：本文系 2014 年国家社科基金青年项目（批准号：14CZS029）阶段性成果之一，2013 年国家社科基金青年项目《西夏宫廷制度与政治文化研究》（批准号：13CMZ014）阶段性成果之一。

① （元）脱脱等撰：《宋史》卷一四三《仪卫志一》，中华书局，1977 年，第 3365 页。
② （宋）欧阳修等撰：《新唐书.党项传》卷二二一，中华书局，1975 年，第 6214 页。
③ （元）脱脱等撰：《宋史》卷一，中华书局，1977 年，第 14 页。
④ （宋）司马光撰：《资治通鉴》卷一〇，中华书局，1956 年，第 336 页。

经过多年中原文化的洗礼，党项拓跋政权已经逐渐开始实行封建仪卫制度。李德明时期“率所部营于子山，大起居第”[①]不仅如此，德明还“虽臣宋与契丹，而僭拟日甚。是时，由夏州钅敖子山，大辇方舆、卤簿仪卫，一如中国帝制”[②]。这说明在德明时期，党项政权已经有了完备的仪卫制度，所以才会在出行巡游时，按照帝王出行的规格设置“大辇方舆、卤簿仪卫”，俨然中原汉族帝王气派。《儒林公议》卷上亦记载了拓跋德明“其号令、补署、宫室、旌旗一拟王者。每朝廷使至，则撤宫殿题榜，置于庑下。使輶治出，饯馆已，更赭袍，鸣鞭鞘，鼓吹导还宫，殊无畏避”[③]。至元昊年少时期，“性雄毅，多大略，善绘画，能创制物始。圆面高准，身长五尺余。少时好衣长袖绯衣，冠黑冠，佩弓矢，从卫步卒张青盖。出乘马，以二旗引，百余骑自从” 。此时的党项政权已将元昊作为皇太子，其出行的仪卫也有严格的标准。

到了西夏建国以后，元昊施行了一系列改革举措：改姓氏、立官制、更礼乐、定朝贺、别服饰等，其核心利用儒家文化，突出皇族和君权，加强以君主为核心的中央集权，处处体现和维护君权的尊严和君臣贵贱等级。虽然唐朝按照封建礼制，曾赐给夏州拓跋政权全套鼓吹，共有三驾，大驾用一千五百三十人，法驾七百八十一人，小驾八百一十六人。俱以金钲、节鼓、掆鼓、大鼓、小鼓、铙鼓、羽葆鼓、中鸣、大横吹、小横吹、筚篥、桃皮、笳、笛为乐器。[④]但是元昊认为“蕃俗以忠实为先，战斗为务”。唐宋礼乐特别是宋代礼乐过于繁缛抒情，不足以提振民族精神，于是“裁礼之九拜为三拜，革乐之五音为一音”。所以西夏仪卫制度中大驾、法驾、小驾也应当有所改革，但因为史料的缺失，我们目前还无法得知其变化。

总之，受到中原王朝的影响，西夏已经成为党项族建立的一个封建王朝，其尊卑、君臣、上下、亲疏的关系是不容紊乱的，这既是律令的保证，也是中原儒学的影响和要求，统治阶级更加注重仪卫制度。庆历四年宋将富弼条上河北守御十二策时所陈：“拓跋自得灵夏以西，其间所生豪英，皆为其用。得中国土地，役中国人力，称中国位号，仿中国官属，任中国贤才，读中国书籍，用中国车服，行中国法令，是二敌所为，皆与中国等。”[⑤]

二

仪卫制度中重要的一个方面就是仪卫队伍的组建，这些的护卫人员，除了护卫皇宫的警备、当值待命外，还担任帝王出行的扈从，一般都以禁军及宫廷宿卫人员担任。《宋史.仪卫志三》记载“凡马步仪仗，共一万一千二百二十二人，悉用禁军”并规定：“仗内用禁军诸班直：捧日、天武、拱圣、神勇、宣武、骁骑、武胜、宁朔、虎翼兵。”[⑥]西夏也有自己的宿卫人员包括：内宿承旨、医人、帐门后宿、内宿后卫、内宿神策、官守护、外内侍、阁门、前内侍、内侍承旨等。[⑦]

首先，西夏对于护卫人员的选择要求极其严格，通常是英勇善战、历史清白的人员才可当护卫军。元昊建国后“选豪族善弓马五千人迭直，号六班直，月给米二石” 。这约5000人的六班直，又叫质子军，是由豪族子弟中选拔善于骑射者组成的一支卫戍部队，分三番宿卫，负责保卫皇帝安全。由于

① （宋）李焘撰：《续资治通鉴长编》卷七三，真宗大中祥符三年六月癸亥条，中华书局，1990年，第1674页。
② （清）吴广成撰、龚世俊等校：《西夏书事》卷九，甘肃文化出版社，1995年，第112页。
③ （宋）田况：《儒林公议》上卷第三下，中华书局，1985年。
④ （清）吴广成撰、龚世俊等校：《西夏书事》卷一二，甘肃文化出版社，1995年，第146页。
⑤ （宋）李焘撰：《续资治通鉴长编》卷一五〇，仁宗庆历四年六月戊午条，中华书局，1990年，第3641页。
⑥ （元）脱脱：《宋史》卷一四五《仪卫志三》，中华书局，1977年，第3400—3402页。
⑦ 许伟伟：《<内宫待命等头项门>中的职官问题》，《西夏学》（第七辑），上海古籍出版社，2011年，第90页。

这些人员的身份比较特殊，又成为西夏皇帝制约豪族首领的一种手段。同时，《天盛律令》中规定："一帐门末宿、内宿外护、神策、外内侍等所有分抄续转，悉数当过殿前司。其入待命者，人根是否鲜洁，当令寻担保只关者注册。"[①]说明这些人必须出身正统，历史清白，否则是不可以担任内侍之职，就更不用说是皇帝出行的仪卫人员。如《天盛律令》规定："一前述择人、守护者。所自投奔者、汉山主、羌、回鹘使军等甚夥，不许使守护于官家住处内宫，其代转处内宿、外护人可守护，择人、守护者应使住于官家不住之内宫、库藏及其他处，应守护。"[②]元昊的护卫队中还有"铁骑三千，分十部"。"常选部下骁勇自卫，分为十队，队各有长。一、妹勒，二、浪讹遇移，三、细赏者埋，四、五里奴，五、杂熟屈则鸠，六、隈才浪罗，七、细毋屈勿，八、李讹移岩名，九、细毋嵬名，十、没罗埋布。每出入前后环拥，设备甚严。"[③]从这十位队长的姓名看也全是党项族，无一汉姓。

其次，西夏内宫中的诸多待命者虽然有很多都可以携带武器，但其中"帐门后宿"、"内宿后卫"、"神策内外侍"等特殊宿卫，《天盛律令》中有具体规定的武器装备却尤为详细，也明显区别于其他人员，如"银剑一柄"、"五寸叉一柄"、"凿斧头二"等武器出现。而这些武器是明显的仪卫规定中的常用器械。《天盛律令》规定：

"一等帐门后宿属：

正军有：官马、披、甲、弓一张、箭百枝、箭袋、银剑一柄、圆头木橹一、拨子手扣全、五寸叉一柄、囊一、弦一根、凿斧头二、长矛杖一枝。

正辅主：弓一张、箭六十枝、有后毡木橹一、拨子手扣全、长矛杖一枝。

负担：弓一张、二十枝箭、拨子手扣全、长矛杖一枝。

一等内宿后卫等属：

正军：官马、披、甲、弓一张、箭百枝、箭袋、枪一枝、剑一柄、圆头木橹一、长矛杖一枝、拨子手扣全、五寸叉一柄、弦一根、囊一、凿斧头二、铁笊篱一。

正辅主有：弓一张、箭六十枝、有后毡木橹一、长矛杖一枝、拨子手扣全。

负担：弓一张、二十枝箭、长矛杖一枝、拨子手扣全。

一等神策内外侍等属：

正军有：官马、披、甲、弓一张、箭五十枝、箭袋、枪一枝、剑一柄、圆头木橹一、拨子手扣、宽五寸革一、弦一根、囊一、凿斧头一、长矛杖一枝。

正辅主：弓一张、箭三十枝、有后毡木橹一、拨子手扣、长矛杖一枝。

负担有：长矛杖一枝。"[④]

第三，西夏还对宿卫人员的武器进行严格登记和记名，并对丢失、损坏武器者给予相应惩罚。"一帐门末宿、内宿、官守护，不许其首领等各自所属记名刀显、执杖等丢失、典当及争斗中丢弃。若违律时，失一种徒三个月，失二种徒六个月，失三种徒一年，期满当依旧任职。其中火烧、水淹、为盗贼所夺属实，则罪勿治，记名人当偿。他人强行夺取时，取者之罪与前述自丢失罪相当。若毁伤则有

① 史金波、聂鸿音、白滨译：《天盛改旧新定律令》卷一二《内宫待命等头项门》，第442页。
② 史金波、聂鸿音、白滨译：《天盛改旧新定律令》卷一二《内宫待命等头项门》，第427页。
③ （宋）田况：《儒林公议》上卷第四上，中华书局，1985年。
④ 史金波、聂鸿音、白滨译：《天盛改旧新定律令》卷五《军持兵器供给门》，第227—228页。

官罚马一，庶人十三杖。”[1]

三

中国历代对仪卫制度都有详细的记载，在正史中专门修撰《仪卫志》，并且在许多绘画作品中有关于仪卫的描绘，尤其是墓室画中有大量的仪卫图，以此来显示墓主人生前显赫的地位。西夏无史，对于西夏仪卫制度我们也只能从零星的史料中窥探其一二。《天盛律令》和西夏壁画中的仪卫图就涉及到一部分。如敦煌莫高窟第 409 窟中《西夏皇帝供养像》画，[2]画中皇帝面型浑圆，柳叶形眼，头戴高冠，冠后垂带，身著圆领窄袖团龙袍，袍上可见十一团龙图案，腰束带，带上垂解结锥、短刀、火镰、荷包等物件。皇帝身后有八个侍从，身材与皇帝相比皆比例缩小，但都服装艳丽，器械整齐，表情肃穆。分别为皇帝张伞盖，执扇，捧弓箭，举宝剑，执金瓜，背盾牌。着圆领窄袖袍，腰束带，有护髀。[3]我们对照图画（图版），对西夏仪卫制度中武器进行简单探讨：

皇帝身后左边第一个侍卫手持一把圆伞。圆伞，亦称繖，是古代仪仗之器用，主要为遮阳避雨之用。形制多样，图色也不一样，有圆、方、角等形状，颜色主要有紫、赤、黄色，图案一般有龙、凤、花、草等。我国古代从晋朝就已经开始使用伞，一直沿用至明清，多为皇帝、皇后、皇太后、贵妃等所用。《宋史·仪卫志六》中记载：“繖，古张帛避雨之制。今有方繖、大繖，皆赤质，紫表朱里，四角铜螭首。六引内者，其制差小。”[4]在安西榆林窟第 29 窟壁画中真义国师讲经时，身后也有一名侍卫手持圆伞，为其遮阳避雨。可见西夏的仪卫制度也非常普及，不唯皇家专用。

皇帝身后左边第二、第三个侍卫手中分别持一把扇筤。扇筤，是古代仪仗之器用，主要为帝王后妃所用，初为遮蔽尘土之用。一般有偏、方、圆形，在扇的周围饰有雉尾、龙、凤等。《宋史·仪卫志》记载：“扇筤，绯罗绣扇二……扇筤在乘舆后……扇有朱团及雉尾四等……雉尾皆方，绣雉尾之状，有三等：大雉扇长五尺二寸，阔三尺七寸；中扇、小扇递减二寸。下方上杀，以绯罗绣雉尾之状，中有双孔雀杂花，下施黑漆横木长柄，以金涂铜饰。乘舆出入，必以前持鄣蔽。凡朔望朝贺、行册礼，皇帝升御坐，必合扇，坐定去扇，礼毕驾退，又索扇如初。盖谓天子升降俯仰，众人皆得见之，非肃穆之容，故必合扇以鄣焉。”[5]西夏壁画中两名侍卫所持雉尾扇紧随伞后，扇周一团是蓝色羽毛，扇面各绣有两条龙，二扇紧紧相合，扇柄为赤色，与宋朝仪卫制度中记载基本相同。扇面上的龙与皇帝衣服上的团龙图案非常相似，都成为西夏帝王的标识。

皇帝身后左边第四个和右边第三个侍卫手中各抱一把班剑。班剑，古代仪仗之器用。汉朝服可以带剑，晋以木代之，亦曰“象剑”、“木剑”，取装饰斑斓之意。鞘以黄质，紫斑文，金铜饰，紫丝条帉錔。[6]后卤簿法驾多用，由侍从武士佩之。西夏壁画中二侍从所抱宝剑，剑鞘色为淡黄或白色。剑柄为黑色，上有红色剑穗。在《天盛律令》中“一等帐门后宿属：正军有：官马、披、甲、弓一张、箭百枝、箭袋、银剑一柄、圆头木橹一、拔子手扣全、五寸叉一柄、囊一、弦一根、凿头斧二、长矛杖一枝”[7]。

---

① 史金波、聂鸿音、白滨译：《天盛改旧新定律令》卷一二《内宫待命等头项门》，第 429 页。

② 该画李蔚在《西夏史》中将该画定为《回鹘王供养像》，汤晓芳在《西夏艺术》中将其定名为《西夏皇帝供养像》。

③ 汤晓芳：《西夏艺术》，宁夏人民出版社，2003 年，第 8 页。

④ （元）脱脱：《宋史》卷一四八《仪卫志六》，中华书局，1977 年，第 3466 页。

⑤ （元）脱脱：《宋史》卷一四八《仪卫志六》，中华书局，1977 年，第 3467 页。

⑥ （元）脱脱：《宋史》卷一四八《仪卫志六》，中华书局，1977 年，第 3467 页。

⑦ 史金波、聂鸿音、白滨译：《天盛改旧新定律令》卷五《军持兵器供给门》，第 227 页。

皇帝身后左边第五个和右边第一个侍卫装备相同，都是左右手各执金瓜，身后背一大盾。金瓜，古代仪仗之器具。因其形状如瓜，上涂金色，故曰金瓜。因其放置顺序不同，又有立瓜与卧瓜之分。古为兵器，宋元后开始作为仪仗之用。《三才图会・仪制》："按《武经》云：'骨朵有二色，曰蒺藜，曰蒜头，盖因物制形以为仗卫之用。卧瓜、立瓜盖亦骨朵之流，取象于物者也。'"《宋史・仪卫志》中记为骨朵，不叫金瓜。"政和大驾卤簿，次驾前东第五班……都知、副都知各一人，执骨朵殿侍十六人。"[①]

盾：旁排也。赤质，画异兽。又朱藤络盾，制悉同，唯绿藤绿质，皆持执之。[②]宋朝的仪卫志中多刀和盾一起为一人所执。但西夏壁画中的侍从手中并非持有刀，而是持赤棒和金瓜。

皇帝身后右边第二个侍卫手中抱有一把弩。汉时京尹、司吏前驱，持弓以射窥者。宋制，每弩加箭二，有韔，画云气，仗内弩皆同。[③]

我们发现的另外一幅有关西夏仪卫制度的壁画，是在俄罗斯艾尔米塔什博物馆中藏着的一幅黑水城出土的《西夏皇帝和众侍从》图。从该画的线描图我们可以清晰地看到，西夏皇帝后面左侧站着一位身穿鱼鳞甲、外穿布袍的侍从，他的手中就持有一柄短骨朵，可见在西夏仪卫制度中，骨朵有着非常重要的地位。[④]在皇帝身后的右后侧，站着一位侍从，他的肩上挂着一幅弓箭。其他五位侍从手里都没有任何武器，只有一位侍从手臂上蹲着一只鹞子，在皇帝前面有一只细狗。可见这是一幅西夏皇帝狩猎图，因此在身边没有严格的仪卫队伍。

图版 1　　西夏皇帝供养像

图版 2　　西夏皇帝和众侍从图

（作者通讯地址：宁夏大学西夏学研究院　银川　750021）

（责任编辑：彭向前）

① （元）脱脱：《宋史》卷一四八《仪卫志六》，中华书局，1977 年，第 3428 页。
② （元）脱脱：《宋史》卷一四八《仪卫志六》，中华书局，1977 年，第 3469 页。
③ （元）脱脱：《宋史》卷一四八《仪卫志六》，中华书局，1977 年，第 3469 页。
④ 《俄藏黑水城艺术品》（一），上海古籍出版社，2008 年，第 17 页。

后晋绥州刺史李仁宝墓志铭考释*

陈 玮

摘 要： 收录于《中国藏西夏文献》的《后晋绥州刺史李仁宝墓志铭》主要记录了志主李仁宝的家族世系及其在夏州定难军的个人仕宦经历。志文对李仁宝家族成员所任职官名号及李仁宝退隐生活多有反映，为研究唐末五代夏州定难军历史及其职官制度的重要文物资料。

关键词： 后晋 定难军 李仁宝 墓志

《中国藏西夏文献》（碑石、题记卷）中收录的 S52·002 号《后晋绥州刺史李仁宝墓志铭》于20世纪末出土于陕西榆林市榆阳区红石桥乡拱盖梁村，1996年在从打击盗掘、走私文物活动中截获后藏于榆林市榆阳区城墙文管所。盝形墓志盖阴刻楷书"故陇西李公墓志之铭"，为杀面阴刻八卦图围绕。志石长、宽各64厘米，厚13厘米。志文楷书30行，每行36字。周伟洲先生曾对该方墓志进行过初步研究，[①]主要探讨了夏州李氏的族属。笔者在研读该墓志后仍觉有较多的历史信息值得发掘，因此在参考周先生大作的基础上，不避揣陋，将《中国藏西夏文献》收录的该件墓志[②]迻录并考释如下：

大晋绥州刺史金紫光禄大夫检校太保兼御史大夫上柱国李公墓志铭并序

银州防御判官齐峤撰

公讳仁宝，字国珍，乃大魏道武皇帝之遐胤也。自仪凤之初迁居于此，旅趋辇毂，便列鹓鸿，或执虎符，或持汉节者，继有人也。以唐中和之岁，国家多难。圣主省方。又闻骨肉之间，迥禀英雄之气，长驱骁锐，却复翠华。厥立奇功，果邀异宠，遽分第土，遂赐姓焉。已八十年，四五朝矣。山河远大，门族辉华，莫可比乎，孰能加也。曾祖副叶，皇任宁州、丹州等刺史、金紫光禄大夫、检校司空、兼御史大夫、上柱国、拓跋副叶。祖重遂，皇任银州防御、度支营田等使、金紫光禄大夫、检校太保、兼御史大夫、上柱国李重遂。考思澄，皇任定难军左都押衙、银青光禄大夫、检校工部尚书、兼御史大夫李思澄。

公浑金重德，□大奇材。风神雅而绪柳一株，器度光而黄陂万顷。体唯温克，性本善知。诉

* 本文获2012年教育部博士研究生学术新人奖资助。

① 周伟洲：《陕北出土三方唐五代党项拓跋氏墓志考释——兼论党项拓跋氏之族源问题》，《民族研究》2004年第6期，第70—81页。

② 宁夏大学西夏学研究中心、中国国家图书馆、甘肃五凉古籍整理研究中心编：《中国藏西夏文献》第18卷《金石编·碑石、题记卷》，甘肃人民出版社、敦煌文艺出版社，2007年，第46页。

公之谠直难同，治乱而经纶少比。天边一鹗，谁知骞翥之程；雪里孤松，可辨岁寒之操。欝为时彦，宛是人龙。高持谨愿之风，显著忠贞之誉。故虢王睹其节概，举以才能。遂署职于军门，颇彰勤绩；俄分符于属郡，甚有嘉声。莫不洞晓鱼钤，深明葛阵。行驱隼旆，坐镇雕阴。张堪任蜀之年，尤同善政；侯霸临淮之日，可类清名。朝庭以久立边功，爰加宠命，布龙纶于碧落，降钿轴于丹墀。累转官资，继颁爵秩，位崇保傅，权计惨舒而又逢存亡进退之机，如荣辱成败之理。求归别墅，获替府城。朝辞鹊印鱼符，暮入云峰烟水。自怡情性，独纵优游。张平子月下秋吟，陶静节篱边醉卧，功成名遂，无以比焉。方显绮季。

连衡，楺松等寿，岂意忽萦疾疹，便困膏肓。问神之心绪徒施，洗胃之功夫漫误。重泉忽往，逝川不回。呜呼！皓月韬光，德星沉彩。即于开运二年十月二十八日，薨于坂井旧庄，其享也七十二矣。

兰台之馨香空在，鼎钟之间望犹新，莫不内外悲伤，家邦痛惜。九族洒阑干之泪，六亲兴抑欝之怀。诸夫人目断幽远，遽失和鸣之响；儿女等愁生白书，莫闻庭训之言。结恋何穷，重泉永隔。即于开运三年二月五日，祔葬于先祖陵阙之侧也。秋云淡淡，如资怆恨之容；春草萋萋，似动悲凉之色。今以唯亏梦笔，固昧知人，素无黄绢之辞，兼白眉之誉。贵遵请讬，聊敢涤濡。其铭曰：

勋绩早著，德望弥高。明彰露冕，惠若投醪。孝敬谁同，忠贞少比。价捏龙须，命光凤尾。善驱五马，能抚辱城。霭然今问，欝矣嘉声。时谓栋梁，民歌（ ）裤。颇頼居房，何恋淑度。望□竹帛，身退园林。事同往哲，年过从心。方乐优游，忽萦疾恙。良药无徵，重泉可怆。长天坠月，太华摧峰。露沾香蕙，风折乔松。内外兴悲，亲姻聚泣。隙驹彰徵，逝川波急。令嗣痛裂，九族凄凉。遗爱徒在，列宿韬光。梦匆堪嗟，丘轮不测。聊刊贞珉。

一　墓志所见李仁宝家族世系

根据志文，志主李仁宝逝于后晋开运二年（945），享年七十二岁，则其当生于唐懿宗咸通十四年（873）。志文称其为北魏道武帝拓跋珪之后，[①]先祖于唐高祖仪凤年间迁徙于志主葬地夏州一带。唐代初年由于吐蕃东进，原居于今青海、甘肃南部和四川西北部的党项部落纷纷内徙至唐陇右道北部诸州与关内道庆、灵、夏、银、胜等州境内。李仁宝先祖唐静边州都督拓跋守寂之墓志即云："迨仪凤年，公之高祖立迦府君，委质为臣，率众内属。国家纳其即叙，待以殊荣。"[②]

志文又叙李仁宝先祖于唐僖宗中和年间"长驱骁锐，却复翠华。厥立奇功，果邀异宠，遽分第土，遂赐姓焉"。该先祖实即李仁宝伯祖或叔祖拓跋思恭。唐僖宗广明元年（880）十二月，黄巢起义军以迅雷之势攻入长安。中和元年（881）正月，唐僖宗下诏征诸道兵勤王。时任宥州刺史的拓跋思恭率夏州蕃汉兵火速南下进击长安，其亲随安塞军防御使白敬立之墓志即称："洎乾符年，大寇陷长安，僖宗卜省于巴蜀，王自宥州刺史率使府将校，统全师问安赴难，及于畿内。"[③]本年拓跋思恭由宥州刺史升为左武卫将军、权知夏、绥、银节度使，后又被拜为正任节度使，夏州也被赐军号定难。中和二

① 周伟洲先生已指明其为攀附，参见其《陕北出土三方唐五代党项拓跋氏墓志考释——兼论党项拓跋氏之族源问题》，《民族研究》2004年第6期，第80—81页。

② 《唐静边州都督拓跋守寂墓志铭》，宁夏大学西夏学研究中心、中国国家图书馆、甘肃五凉古籍整理研究中心编《中国藏西夏文献》第18卷《金石编·碑石、题记》，甘肃人民出版社、敦煌文艺出版社，2007年，第24页。

③ 《唐延州安塞军防御使白敬立墓志铭》，宁夏大学西夏学研究中心、中国国家图书馆、甘肃五凉古籍整理研究中心编《中国藏西夏文献》第18卷《金石编·碑石、题记》，甘肃人民出版社、敦煌文艺出版社，2007年，第27页。

年（882），拓跋思恭又升为京城南面都统，“检校司空、同中书门下平章事。俄进四面都统，权知京兆尹”①。唐军收复长安后，拓跋思恭“兼太子太傅，封夏国公，赐姓李”②。其殁后配享僖宗庙廷，“累赠太师”③。因此志文云其“果邀异宠，遽分第土，遂赐姓焉”。“遽分第土”是指拓跋思恭被封异姓王。《尚书》云：“列爵惟五，分土惟三。”④《史记·淮阴侯列传》记秦末“天下共苦秦久矣，相与戮力击秦。秦已破，计功割地，分土而王之，以休士卒”⑤。《后汉书·窦融传》亦云：“王者有分土，无分民，自适己事而已。”唐人仍称分土为封建诸王，如大足元年（701）苏安恒上疏云：“臣又闻陛下有二十余孙，今无尺土之封，此非长久之计也。臣请四面都督府及要冲州郡，分土而王之。”⑥孙逖《授广武郡王承宏光禄卿制》云广武郡王李承宏“地在维城，庆延分土”⑦。拓跋思恭被封王爵为朔方郡王。宋真宗大中祥符九年（1016）九月，拓跋思恭裔孙李继元“表述其祖保大定难节度使、朔方郡王拓拔思恭仕唐，剪灭黄巢，赐姓，父克文率族归阙”⑧。拓跋思恭亲随安塞军防御使白敬立之墓志亦云其为“故夏州节度使、朔方王”⑨。

唐末，拓跋思恭之弟拓跋思孝为鄜坊节度使、武定节度使，弟拓跋思谏继任定难军节度使，又任宁塞、静难节度使，子李成庆继任定难军节度使。进入五代，拓跋思谏子李彝昌、拓跋思恭子李仁福、李仁福子李彝超、李彝殷相继担任定难军节度使，因此志文云夏州李氏“山河远大，门族辉华，莫可比乎，孰能加也” 。

从志文来看，李仁宝曾祖父拓跋副叶为唐宁州、丹州刺史。正三品金紫光禄大夫为其文散官，检校司空为其检校官，司空唐制正一品。从三品的御史大夫为其宪衔，视正二品、勋级十二转的上柱国为其勋官。检校官、宪衔、勋官均为虚衔。宁州、丹州均为唐关内道属州，据《元和郡县志》、《新唐书·地理志》，宁州为望州。《旧唐书·地理志》则云其为上州。丹州据《元和郡县志》、《新唐书·地理志》为上州。《唐六典》、《通典》均云上州刺史为从三品。关于拓跋副叶及其官衔，周伟洲先生认为拓跋副叶没有改从赐姓，“显系在唐中和年以前在世，即在赐姓之前；其官爵位很高，以当时而论似不可能，显系以后所追赠”⑩。根据志文，李仁宝祖父李重遂为唐银州防御使、度支使、营田使，其文散官、宪衔、勋官与拓跋副叶同，其检校官之太保唐制正一品。防御使为军事使职，《通典》卷三十二《职官十四·都督》“节度使”下注云：“防御理军事。”⑪《旧唐书·职官志三》云唐肃宗：“至德后，中原置节度使。又大郡要害之地，置防御使，以治军事，刺史兼之，不赐旌节。”⑫另外墓志所记度支使实为支度使，唐制“凡天下边军，有支度使，以计军资粮仗之用”⑬。李重遂所任银州度支使则负责执掌本州财赋。关于营田使，胡三省注《资治通鉴》曰：“凡边防镇守转运不给，则开置屯田以益军储，于是有营田使。”⑭银州的防御使、营田使始设于唐文宗统治时期，《册府元龟》卷一二

---

①《新唐书》卷二二一上《党项传》，中华书局，1975年，第6218页。

②《新唐书》卷二二一上《党项传》，中华书局，1975年，第6218页。

③ 陈玮：《后周绥州刺史李彝谨墓志铭考释》，《西夏学》第五辑，上海古籍出版社，2010年，第234页。

④《尚书正义》卷一一《武成第五》，上海古籍出版社十三经注疏本，2007年，第438页。

⑤《史记》卷九二，中华书局，1959年，第2622页。

⑥《后汉书》卷二三，中华书局，1965年，第799页。

⑦《旧唐书》卷一八七上《忠义上》，中华书局，1975年，第4879页。

⑧ （宋）宋敏求：《唐大诏令集》卷三八《诸王·除郡王官》，学林出版社，1992年，第157页。

⑨ （宋）李焘：《续资治通鉴长编》卷八八，真宗大中祥符九年九月甲辰，中华书局，1983年，第2011页。

⑩ 周伟洲：《陕北出土三方唐五代党项拓跋氏墓志考释——兼论党项拓跋氏之族源问题》，《民族研究》2004年第6期，第76页。

⑪《通典》，中华书局，1988年，第895页。

⑫《旧唐书》卷四四，中华书局，1975年，第1923页。

⑬ （唐）李林甫等：《唐六典》卷三《尚书户部》，中华书局，1992年，第81页。

⑭《资治通鉴》卷二一〇，睿宗景云元年十二月，中华书局，1959年，第6661页。

四《帝王部·修武备》云："文宗太和二年七月，内出弓箭及刀三千四百只，口令度支差人送银州防御营田。"[①]《册府元龟》卷六九七《牧守部·邪佞》云："刘源，文宗时为银州刺史，请置营田。"[②]同书卷六七三《牧守部·褒宠第二》云："刘源为银州刺史，太和七年就加检校国子祭酒，旌营田积粟之功也。"[③]晚唐时银州刺史多兼任本州度支或营田使，如何清朝官衔为"使持节都督银州诸军事兼银州刺史、充本州押蕃落使及度支银州监牧马副使"[④]，傅孟恭官衔为"使持节都督银州诸军事兼银州刺史、御史中丞、充本州押蕃落及监牧副使兼度支银州营田使"[⑤]。但李重遂并未任银州刺史，其以本州防御使兼任度支使、营田使说明唐末银州的防御使地位有所上升，银州管治官员的军事色彩也日益浓厚。根据志文，李仁宝之父李思澄在唐末时任定难军左都押衙，与拓跋思恭同辈，其文散官为从三品银青光禄大夫，检校官为检校工部尚书，宪衔为从三品御史大夫。左都押衙向为唐代藩镇内部与节度使关系密切的重要军职，胡三省注《资治通鉴》云："唐节度使置都押牙，牙前重职也。"[⑥]唐代藩镇军分左右厢，左都押衙即左厢都押衙之简称。

关于李仁宝的妻室与诸子，志文云其下葬时"诸夫人目断幽远，遽失和鸣之响；儿女等愁生白昼，莫闻庭训之言"，但没有具体明言姓名。根据其妻《故永定破丑氏夫人墓志文》，[⑦]可知李仁宝有一于后唐长兴元年（930）逝世的妻子破丑氏，其诸子姓名从破丑氏墓志可知为李彝瑨、李彝震、李彝嗣、李彝雍、李彝玉、李彝慜、李彝璘。其中李彝玉在北宋初年曾任定难军都将，《续资治通鉴长编》云宋太祖建隆元年（960）三月，"定难节度使李彝兴，言遣都将李彝玉进援麟州，北汉引众去"[⑧]。

二　墓志所见李仁宝仕宦经历

根据志文，李仁宝由于其高才嘉品被"故虢王"赏识，被"故虢王"署命为定难军武职军将。"故虢王"即定难军节度使李仁福，其为拓跋思恭之子。《旧五代史·李仁福传》云其于"长兴四年三月，卒于镇。其年追封虢王"[⑨]。《五代会要》卷十一《封建》云：后唐庄宗长兴四年（931）五月，朝廷"追封故夏州节度使李仁福为虢王"[⑩]。《旧五代史》亦云长兴四年五月"辛丑，故夏州节度使、朔方郡王李仁福追封虢王"[⑪]。其在任时间为后梁开平四年（910）四月至后唐长兴四年（933）二月。[⑫]志文又叙李仁宝在任定难军武职军将后不久又被派往定难军属郡任官。定难军会府为夏州，其属郡在李仁宝生平之年主要有银州、绥州、宥州。从志文"行驱隼旆，坐镇雕阴"。可知李仁宝被派往绥州担任刺史。"隼旆"指官员所持之旆节，而"使持节某州军事某州刺史"为唐五代州长官刺史的全称，

① （宋）王钦若等编：《册府元龟》第二册，凤凰出版社，2006年，第1359页。
② （宋）王钦若等编：《宋本册府元龟》，中华书局，1988年，第2457页。
③ （宋）王钦若等编：《宋本册府元龟》，中华书局，1988年，第2282页。
④ （唐）李德裕：《授何清朝左卫将军兼分领蕃浑兵马制》，《李德裕文集校笺》文集卷第八，河北教育出版社，2000年，第137页。
⑤ （唐）杜牧：《傅孟恭除威州刺史宣敏加祭酒兼侍御史依前宣歙道兵马使防秋事等制》，《樊川文集》第十八，上海古籍出版社，1978年，第278页。
⑥《资治通鉴》卷二二五《唐纪四十一》，代宗大历十三年正月戊辰，中华书局，1956年，第7250页。
⑦ 宁夏大学西夏学研究中心、中国国家图书馆、甘肃五凉古籍整理研究中心编：《中国藏西夏文献》第18卷《金石编·碑石、题记》，甘肃人民出版社、敦煌文艺出版社，2007年，第31页。
⑧ （宋）李焘：《续资治通鉴长编》卷一，太祖建隆元年三月己巳，中华书局，1979年，第11页。
⑨ 陈尚君辑纂：《旧五代史新辑会证》卷一三三，复旦大学出版社，2005年，第4139页。
⑩ （宋）王溥：《五代会要》，上海古籍出版社，2006年，第189页。
⑪ 陈尚君辑纂：《旧五代史新辑会证》卷四四《后唐明宗纪十》，复旦大学出版社，2005年，第1460页。
⑫ 朱玉龙：《五代十国方镇年表》，中华书局，1997年，第204—206页。

自“晋以来，任亲者加持节，后周又加诸军事。唐武德后，加号使持节某州诸军事，某州刺史”①。“雕阴”指绥州。《新唐书·地理志》云：“绥州上郡，下。本雕阴郡地。”②《元和郡县志》“绥州”条云西魏“废帝元年于郡内分置绥州。隋炀帝又改为上州，后又改为雕阴郡，以雕山在西南，故名”③。从墓志首题“大晋绥州刺史”也可知李仁宝在绥州所任为刺史。李仁宝在绥州时为官清廉，颇有政绩，因此志文称赞其堪比“张堪任蜀之年，尤同善政；侯霸临淮之日，可类清名”。张堪为东汉初年著名廉臣，《后汉书》记其“昔在蜀，其仁以惠下，威能讨奸。前公孙述破时，珍宝山积，卷握之物，足富十世，而堪去职之日，乘折辕车，布被囊而已”④。侯霸亦为西汉末东汉初廉干名臣，《后汉书》记其为“淮平大尹，政理有能名”。当其被更始帝征召赴长安时，淮地“百姓老弱相携号哭，遮使者车，或当道而卧”，以至于使者“虑霸就征，临淮必乱，不敢授玺书，具以状闻”⑤。又据志文，朝廷以李仁宝久任边州，素建功勋，降旨以文散官、检校官、勋官、宪官拜授，即墓志首题中的“金紫光禄大夫、检校太保兼御史大夫、上柱国”。其中某些官职历经迁转。

从志文来看，李仁宝终官绥州刺史，其于任内后期“求归别墅，获替府城”。《资治通鉴》云后唐天成元年（926）二月“延州言绥、银军乱，剽州城”⑥。《西夏书事》卷二则记：“两州兵以细故相仇杀，主者究诘之，遂哄而起，纵掠两州市。银州防御使李仁颜与绥州刺史李彝敏讨定之。”⑦可见后唐天成元年二月李彝敏已担任绥州刺史，则李仁宝卸任绥州刺史应在天成元年二月之前。志文另指出李仁保求退是“权计惨舒、而又逢存亡进退之机，如荣辱成败之理”。细细探究这几句志文，李仁宝主动求退的背后应隐藏了比较复杂的原因，或者是激烈的权力斗争，或者与其属下州兵与银州州兵交斗有关。继李仁保担任绥州刺史的李彝敏即李仁宝妻《故永定破丑氏夫人墓志文》所记之李彝慜。敏同慜，互为通假。这种父子世袭藩镇支州刺史的情况在定难军内部是为常态，如《后周绥州刺史李彝谨墓志铭》记李彝谨为绥州刺史，其子李光琇、李光琇子李丕禄相继担任绥州刺史，《西夏书事》即记北宋开宝三年（970）秋，“绥州乱，故刺史李光琇子丕禄讨平之”。“开宝四年春正月，李丕禄授绥州刺史。”⑧

志文对李仁宝隐退后的怡性生活多有描写，称“张平子月下秋吟，陶静节篱边醉卧，功成名遂，无以比焉”。“张平子”即张衡，张衡字平子。“陶静节”即陶渊明，《南史·隐逸传上》云陶渊明“世号靖节先生”⑨。根据志文，李仁宝最终于自己的别墅庄园殁去。唐代修建园林之风极盛，士大夫与文人竞相造园，李浩先生曾指出：“有唐一代留下名称之园林，可能比前代园林总和还要多。”⑩此风延至五代，后唐庄宗李存勖曾“宿于张全义之别墅”。后唐尚书左丞崔沂“卒于龙门之别墅”。后唐鸿胪少卿贾馥致仕后“复归镇州，结茅于别墅”。后汉史宏肇之弟史福“比在荥阳别墅”⑪。后周左卫上将军宋彦筠“薨于伊川之别墅”⑫。与夏州、绥州临近的延州亦有别墅，如后汉时“太子太师致仕刘

---

①（宋）高承：《事物纪原》卷六《抚字长民部第三十一》，中华书局，1989年，第315页。
②《新唐书》卷三七《地理志一》，中华书局，1975年，第974页。
③（唐）李吉甫：《元和郡县图志》卷四《关内道四》，中华书局，1983年，第102页。
④《后汉书》卷三一，中华书局，1965年，第1100—1101页。
⑤《后汉书》卷二六，中华书局，1965年，第901页。
⑥《资治通鉴》卷二七四《后唐纪三》明宗天成元年二月乙已，中华书局，1956年，第8964页。
⑦（清）吴广成撰、龚世俊等校证：《西夏书事校证》，甘肃文化出版社，1995年，第18页。
⑧（清）吴广成撰、龚世俊等校证：《西夏书事校证》卷三，甘肃文化出版社，1995年，第33页。
⑨《南史》卷七五，中华书局，1975年，第1859页。
⑩ 李浩：《唐代园林别业考录》，上海古籍出版社，2005年，前言第2页。
⑪ 陈尚君辑纂：《旧五代史新辑会证》卷一〇七《汉书九·史弘肇传》，复旦大学出版社，2005年，第907、2124、2183、3237页。
⑫《大周故开府仪同三司太子太师致仕蔡国公赠侍中宋公墓志铭并序》，《全唐文补编》中册，中华书局，2005年，第1347页。

景岩，允权妻之祖也，退老于州之别墅”[①]。李仁宝退隐于别墅，一方面说明其经济优渥，另一方面说明其虽为武职军将出身，但担任过州刺史后已向汉族士大夫阶层趋近，颇有文人风尚。

根据志文，李仁宝被安葬于家族墓地，即墓志出土地今榆林市榆阳区红石桥乡拱盖梁村。其墓志铭撰写者为银州防御判官齐峤。防御判官为防御使幕府文职僚佐。《新唐书·百官志》云防御使下有“副使、判官、推官、巡官，各一人。”[②]五代承唐制，至后唐时防御判官地位已与节度使幕府文职僚佐掌书记、观察使幕府文职僚佐观察支使相当。长兴二年后，唐明宗敕：“今后两使判官罢任后，一年外与比拟。书记、支使、防御团练判官等，二年外。”[③] 志文“今以唯亏梦笔，固昧知人，素无黄绢之辞，兼白眉之誉。贵遵请讬，聊敢涤濡”。说明齐峤与李仁宝相熟，在李仁宝殁后被其家人礼请撰写墓志铭。“梦笔”典出《文选》，《文选》云南梁文学家江淹“少而沉敏，六岁能属诗。及长，爱奇尚异。自以孤贱，励志笃学。洎于强仕，渐得声誉。尝梦郭璞谓之曰：君借我五色笔，今可见还。淹即探怀，以笔付璞。自此以后，材思稍减”[④]。李瀚《梦求》诗云：“罗含吞鸟，江淹梦笔。”[⑤]“白眉”典出《三国志》，《三国志·蜀书》云蜀汉名臣马良“兄弟五人，并有才名，乡里为之谚曰：‘马氏五常，白眉最良。’良眉中有白毛，故以称之”[⑥]。

三　结语

综上所述，李仁宝墓志主要记录了其家族世系、仕宦经历。志文对夏州李氏族属渊源、迁徙历史以及唐末勤王忠贞之举的描述，集中体现了夏州李氏家族的门第阀阅意识，也体现了夏州李氏对其所属诸州统治的合法性渊源有自。李仁宝曾祖父被追赠高官，其祖父以下历任定难军属州使职、军职，其本人也从定难军军职转为定难军属州刺史并终官于此，一方面可以看出夏州李氏家族支系的入仕途径，另一方面也可以看出夏州李氏家族在本镇内部的权力分配。李仁宝本官之外的文散官、检校官、勋官、宪官均为后梁、后唐中央拜授，且其迁转均依制度一方面说明其被朝廷荣宠，另一方面说明夏州定难军虽然为五代强藩，独立性极强，但名义上仍然臣属中央，在任官制度上也依从中央。朝廷通过拜授体现了中央对地方统治的正统性。李仁宝的隐退或有政治原因，但其隐退后的生活从侧面反映了夏州李氏家族的高度汉化以及经济实力。整篇志文洋洋洒洒，文采裴然，也说明志文作者作为定难军文职僚佐，文学功底较为深厚，定难军中汉族文士之学识可见一斑。

（作者通讯地址：复旦大学历史学系　上海　200433 ）

（责任编辑：许伟伟）

① 陈尚君辑纂：《旧五代史新辑会证》卷一二五《周书十六·高允权传》，复旦大学出版社，2005 年，第 3849 页。
②《新唐书》卷四九下《百官志下》，中华书局，1975 年，第 1310 页。
③ （宋）王溥：《五代会要》卷二五《幕府》，上海古籍出版社，2006 年，第 397 页。
④ （南梁）萧统编、（唐）李善注：《文选》卷一六，上海古籍出版社，1986 年，第 744 页。
⑤ （清）彭定求等编：《全唐诗》卷八八一，中华书局，1960 年，第 9961 页。
⑥《三国志》卷三九《蜀书九·马良传》，中华书局，1959 年，第 982 页。

西夏学 第 11 辑 2015 年 3 月
Xixia Studies,Mar,2015,Vol.11

夏州节度使文武僚属考
——以出土碑石文献为中心

翟丽萍

摘　要：夏州党项政权据有夏、银、绥、宥、静五州，在唐末、五代保持了相对稳定的社会环境，其节度使幕僚机构既是重要的统治力量，也是维持党项民族发展的主要政治基础。现存史籍中，有关夏州的记载甚为零散、稀少，致使某些研究陷入困境。西北等地，尤其是陕西榆林出土的碑石资料弥补了这一缺憾，不仅能补正史及其他史料的不足，更促进了夏州相关问题的研究。目前，学界对夏州节度使的僚属尚无专门论述，本文试从军将、文职等两个方面考察夏州政权的文武僚属，从而探讨其任职人员的迁转问题。

关键词：夏州党项政权　文武僚属　迁转

夏州节度初领夏、绥、银三州，兼领宥、盐二州，包括今天的陕西绥德以北、甘肃东部及内蒙古南部地区。唐后期，夏州节度使拓拔思恭因参与平定黄巢之乱，唐朝赐姓李氏，所辖军号为定难军。以后，李氏世代领有定难军。由于唐末战乱，史实记载困难，有关夏州政权的记载甚为稀少。史称："自唐末天下大乱，史官实录多阙，诸镇因时崛起，自非有大善恶暴著于世者，不能纪其始终……独灵夏未尝为唐患，亦无大功。"①拓拔氏虽参与了镇压黄巢起义的战争，但是没有建立显著的功勋，致使史籍没有记录其事迹。因此，榆林及其他地方出土的夏州碑石资料显得尤为珍贵。主要收录在《榆林碑石》及《中国藏西夏文献》第 18、19 册中，比较集中地反映了唐、五代时期的夏州政权及其统治者的基本情况。

"唐末，天下大乱，藩镇连兵，惟夏州未尝为唐患。"②正是因为夏州保持了相对长时间的稳定，才使得历经唐末战火、五代更迭的党项民族有了较大发展。《榆林碑石》与《中国藏西夏文献》第 18、19 册收录了一些唐、五代时期党项的碑石文献，记录了夏州政权时期的人物及官名，同时尚有一些官员升迁的记载，这为研究夏州政权的僚佐系统提供了很好的资料基础。严耕望《唐代方镇使府僚佐考》利用大量史料来专门论述方镇所设文职与武职，以及每个官职的职掌与地位。③张国刚所著《唐代藩镇研究》一书，将不同的藩镇按照职能分为四类，党项拓拔政权属于第三类御边型，进而讨论了藩镇的权利、藩镇问题、藩镇的军事体制和藩镇使府辟署制度等问题。④此后，有人对严、张两文有

① （宋）欧阳修等：《新五代史》，中华书局，1974 年，第 436—437 页。
② （元）脱脱等：《金史》，中华书局，1975 年，第 2865 页。
③ 严耕望：《唐史研究丛稿》，新亚研究所出版，1970 年，第 177—236 页。
④ 张国刚：《唐代藩镇研究》，中国人民大学出版社，2010 年。

一些补充研究。如方建春《唐代使府幕职概说》（固原师专学报 2006 年第 5 期）、陈长征《唐方镇文职僚佐考增补》（唐都学刊 2010 年第 5 期）、郭茂育《唐方镇文职僚佐考新补》（图书馆杂志 2012 年第 5 期）等文章。同时，研究夏州政权的学者们大多把目光投向夏州藩镇的建立与发展，很少有人对其官署情况作研究。①因此，本文利用现有资料，借鉴唐藩镇研究学者的观点，就夏州政权时期所设军将与文职幕僚做一简单考述，并就其任职特点及迁转问题进行探讨。

一　节度军将官员

唐自安史之乱后，方镇所掌控的兵力包括外镇的神策军、藩军与下属各州县的官兵。夏州节度使幕僚未有系统记载，宣宗会昌六年（846）八月敕文中提到了夏州有节度使、监军、别敕判官、节度副使、判官、掌书记、观察判官、推官等文武僚属。②根据碑石文献记载，夏州节度使军将官员主要有都知兵马使、左右厢、后院等兵马使，副兵马使，散都头，都虞侯、虞侯，都押衙、押衙，都教练使、教练使，十将，军使等。下面一一述之：

都知兵马使　又作都将、都头、都校。“唐之中世，以诸军总帅为都头。至以后也，一部之军谓之一都，其部帅呼为都头。”③“兵马使，节镇衙前军职也，总兵权，任甚重。至德以后，都知兵马使率为藩镇储帅。”④李光睿之弟李光文任衙内都知兵马使，曹公于咸通五年（864），“改署魏平、丰、储等镇营田都知兵马使”，十二年 “改署洪门四镇都知兵马使”。陈审充监军衙马步都知兵马使。刘敬瑭于乾化二年（912）“充管内马步军都知兵马使”⑤。值得关注的是，衙内、营田、监军衙马步军等都知兵马使在现存史籍中无载。

左、右厢等兵马使　“左右厢，禁衙兵也。”⑥高谅（开元十四年至贞元十八年，726—798）任夏绥银宥等州节度左厢马步兵马使。陈审子为夏州节度器仗将兵马使。曹公为洪门四镇都知兵马使。张宁长子重迁为衙前兵马使，子重迈曾任衙前兵马使时，“初李常侍战于长城，为贼所窘，二人控马突重围而出”。衙前为使府之别称。曹公于咸通七年“迁署石堡镇遏兵马使兼宁朔县令”⑦。

副兵马使　曹公长子从谦，兼任“射雕左二将副兵马使”⑧。

散都头　即散兵马使，“散员兵马使，未得统兵”⑨。刘敬瑭祖父士清，任定难军散都头，其长子彦能“历职至散兵马使。文武双备，孝敬两全”⑩。

---

① 主要有以下文章涉及夏州藩镇的建立与发展：陆宁《论党项藩镇》（《宁夏大学学报》2004 年第 1 期）、杜建录《党项夏州政权建立前后的重要记录——唐故延州安塞军防御使白敬立墓志铭考释》（《宁夏师范学院学报》2007 年第 2 期）、戴应新《有关党项夏州政权的真实记录——记故大宋国定难军管内都指挥使康公墓志铭》（《宁夏社会科学》1999 年第 2 期）。此外，有关学者也利用榆林出土唐、五代涉及夏州政权时期的碑铭进行了一些考释，如杜建录等《宋代党项拓跋部大首领李光睿墓志铭考释》（《西夏学》第 1 辑，2006 年），王富春《唐党项族首领拓跋守寂墓志考释》（《考古与文物》2004 年第 3 期），周伟洲《陕北出土三方唐五代党项拓跋氏墓志考释——兼论党项拓跋氏之族源问题》（《民族研究》2004 年第 6 期）等。

② （宋）王钦若等编纂、周勋初等校订：《册府元龟》，凤凰出版社，2006 年，第 5777 页。

③ （宋）司马光著、（元）胡三省注音：《资治通鉴》，中华书局，1956 年，第 8254 页。

④ （宋）司马光著、（元）胡三省注音：《资治通鉴》，中华书局，1956 年，第 6877 页。

⑤ 康兰英主编：《榆林碑石》，三秦出版社，2003 年，第 241、240、250 页。

⑥ （宋）司马光著、（元）胡三省注音《资治通鉴》，中华书局，1956 年，第 5245 页。

⑦ 康兰英主编：《榆林碑石》，三秦出版社，2003 年，第 236、237、240、234、241 页。

⑧ 康兰英主编：《榆林碑石》，三秦出版社，2003 年，第 241 页。

⑨ （宋）司马光著、（元）胡三省注音：《资治通鉴》卷二四〇胡注，中华书局，1956 年。

⑩ 康兰英主编：《榆林碑石》，三秦出版社，2003 年，第 250、251 页。

虞侯、都虞侯 “职在刺奸，威属整旅，齐军令之进退，明师律之否臧。”[①]五代后晋天福二年（937），“诸道马步都虞侯，今后朝廷更不差补，委逐州府于衙前大将中选久历事任晓会刑狱者充”。李光睿之弟李光美为衙内都虞侯。清河张彦琳次子任夏州节度衙前虞侯。[②]臧允恭次子任节度衙前虞侯。张宁子为衙前虞侯、子弟虞侯。何德璘于梁开平二年（908），始补衙前虞侯，“继职军门”。刘敬瑭为虞侯，于“梁开平二年（908），署四州马步都虞侯。虽总繁司，急难办济，临财不苟，莅事克清”[③]。

押衙、都押衙 又作押牙、都押牙，为将帅亲近之署。“押牙者，盖管节度使牙内之事。”[④]李仁宝父任定难军左都押衙。臧允恭（776—867），任夏州节度押衙，“前节度押衙”张诚撰臧允恭墓志铭。陈审为夏州节度押衙，长子任夏州节度。曹公为夏州节度押衙。白敬立子保勋，为节度押衙。刘敬瑭于“开平四年，补充左都押衙官，即及于右揆”。其子守节度押衙。[⑤]

教练使、都教练使 唐宣宗大中六年（852）五月，诏“天下军府有兵马处，宜选会兵法能弓马等人充教练使。每年合教习时，常令教习，仍于其时申兵部”[⑥]。“至今以后，委诸道观察节度都防御团练经略等使，每道择会兵法及能弓马，解枪弩及筒射等军将两人充教练使，每年合教习时，分番各以本艺阅试。”[⑦]

十将 又作什将，可领兵千人。“朔方军十将使、游骑将军、绥州义合府折冲”臧希真。[⑧]

军使 刘敬瑭于“天祐二年，改补门枪节院军使”，其子充器仗军使。[⑨]

二 节度使文职幕僚

副使、同节度副使 节度使之副贰使，掌节度观察留后事。高谅（726—798）弟士评任节度副使，“素蓄令望，内外协和，智艺标奇，军府称美”。夏州节度押衙陈审叔父廷恪司节度副使。曹公长子从谦任同节度副使。曹公子保全，充同节度副使。刘敬瑭，为定难军节度副使。[⑩]

行军司马 掌“申习法令”[⑪]，“行军司马，掌弼戎政，居则习搜狩；有役则申战守之法，器械、粮糒、军籍赐予皆专焉”[⑫]。与副使同为节度使的佐贰，地位较高。“节度使常自择行军司马以为储帅。”[⑬]《全唐文》卷四三〇《淮南节度行军司马厅谨记》：“军处于内谓之将，镇于外谓之使，佐其职者，谓之行军司马。”[⑭]“弼戎政，掌武事，居常习搜狩之礼，有役申战守之法。凡军之政，战之备，列于器械者，辨其贤良。凡军之材，食之用，颁于卒乘者，均其赐予。合其军书契之要，比其军符籍之伍，赏罚得议，号令得闻，三军以之，声气行之，哉虽主武，盖文之职也。”[⑮]五代时期，行军司马的职权有所下降，其职责由节度副使分领。后唐天成“四年（929）六月敕，诸道节度行军司

---

① （清）董浩等编：《全唐文》卷四一三，中华书局，1983年。
② 康兰英主编：《榆林碑石》，三秦出版社，2003年，第238页。
③ 康兰英主编：《榆林碑石》，三秦出版社，2003年，第238、234、249、250页。
④ （宋）司马光著、（元）胡三省注音：《资治通鉴》卷二一六胡注，中华书局，1956年。
⑤ 康兰英主编：《榆林碑石》，三秦出版社，2003年，第252、238、240、241、243、250页。
⑥ （后晋）刘昫：《旧唐书》，中华书局，1976年，第630—631页。
⑦ （清）董浩等编：《全唐文》，中华书局，1983年，卷八一。
⑧ 康兰英主编：《榆林碑石》，三秦出版社，2003年，第226页。
⑨ 康兰英主编：《榆林碑石》，三秦出版社，2003年，第250页。
⑩ 康兰英主编：《榆林碑石》，三秦出版社，2003年，第237、240、241、243、250页。
⑪ （唐）杜佑：《通典》，中华书局，1992年，第895页。
⑫ （宋）欧阳修等撰：《新唐书》，中华书局，1975年，第1309页。
⑬ （宋）司马光著、（元）胡三省注音：《资治通鉴》卷二三五，中华书局，1956年。
⑭ （清）董浩等编：《全唐文》卷四三〇，中华书局，1983年。
⑮ （唐）杜佑：《通典》，中华书局，1992年。

马名位虽高，或帅臣不在，其军州事，节度副使权知”[①]。李光睿之兄李光普为定难军行军司马。

判官 “分判仓、兵、骑、胄四曹事，副使及行军司马通署。”[②]碑志中出现有节度判官、营田判官、军事判官、防御判官等名目，其中营田、军事、防御为节度使下属州官。长兴元年（784），绥州军事判官张少卿撰《故永定破丑夫人墓志文》。“定难军节度判官、检校尚书、库部郎中”李潜书白敬立墓志铭并序。何德璘表弟王卿为横银州营田判官，撰《何公墓志铭并序》。银州防御判官齐峤撰《李公墓志铭》，[③]李彝谨从表侄节度判官郭峤撰《后周绥州刺史李彝谨墓志铭》。绥州军事判官将作□撰《故绥州太保夫人祁氏神道志》。[④]可见，碑石中出现的判官有军事判官、节度判官、营田判官、防御判官等，且多以墓志碑铭的作者出现，所作碑志文采斐然，说明其具有很高的文学素养，可见一斑。

掌书记 “掌朝觐、聘问、慰荐、祭祀、祈祝之文与号令升绌之事。”[⑤]如韩愈所言：“书记之任亦难矣。元戎整齐三军之士，统理所部之甿，以镇守邦国、赞天子施教化；而又外与宾客四邻交，其朝觐、聘问、慰荐、祭祀、祈祝之文，与所部之政，三军之号令升黜，凡文辞之事，皆出书记。非闳辨通敏，兼人之才，莫宜居之。”[⑥]张宁死后，摄夏州节度掌书记许道敬为之作墓志铭，“访其实以志之”。毛汶（890—942），家居巩洛，为李仁福之妻渎氏从表侄，撰《后晋虢王李仁福妻渎氏墓志铭》。其父任定难军节度观察判官兼掌书记，毛汶袭任其父职位。故牛渥赞其“久参夏府，两世光晖”。摄节度掌书记郭贻撰《何公墓志铭》。[⑦]

支使 “唐制，节度使幕属有，观察有支使，以掌表笺书翰，亦书记之任也。”[⑧]《唐六典》卷一三载：“如本道务繁，得量差官人历官清干者，号为支使。”[⑨]宋因唐制，节度属有掌书记，观察有支使，二者不得并置，有出身为书记，无出身则为支使。何德璘任夏银绥宥等州观察支使。[⑩]何公为摄夏州观察支使，其祖父为夏银绥宥等州观察支使，父亦为观察支使。因何公名字佚失，其父名德遇，应与何德璘同辈，尚不能判断其具体关系。

推官 节度、观察使、经略均有推官，位次于判官、掌书记。唐清河崔稃为府推官，“小大之狱，重轻之典，操刀必割，迎刃斯解。大革冤滞，默销繁苛”[⑪]。这是推官的职责。毛汶至“贞明三年，先王署摄当府节度推官，方拘宾幕。深达理道，断决昭然”[⑫]。摄节度推官刘梦符撰《后汉沛国郡夫人里氏墓志铭并序》。[⑬]

巡官 严耕望认为巡官掌营田之事，[⑭]而《新唐书·李景略传》载：“李怀光为朔方节度使，署巡官。五原将张光杀其妻，以赀市狱，前后不能决，景略核实，论杀之。”[⑮]可见，巡官也有审断刑狱之责。宋人陆游在《老学庵笔记》中提到“今北人谓卜相之士为巡官……或谓以其巡游卖术，固有

---

① （宋）王溥：《五代会要》，上海古籍出版社，2006年，第302页。
② （唐）杜佑：《通典》，中华书局，1992年，第895页。
③ 康兰英主编：《榆林碑石》，三秦出版社，2003年，第247、242、249、251页。
④ 杜建录主编：《中国藏西夏文献》第18册，甘肃人民出版社，2005年，第55、58页。
⑤ （宋）欧阳修等撰：《新唐书》，中华书局，1975年，第1309页。
⑥ （清）董浩等编：《全唐文》卷五五七，中华书局，1983年。
⑦ 康兰英主编：《榆林碑石》，三秦出版社，2003年，第233—234、247—248、254页。
⑧ （宋）司马光著、（元）胡三省注音：《资治通鉴》卷二五二胡注，中华书局，1956年。
⑨ （唐）李林甫等撰、陈仲夫点校：《唐六典》，中华书局，1992年，第382页。
⑩ 康兰英主编：《榆林碑石》，三秦出版社，2003年，第249页。
⑪ 周绍良主编：《唐代墓志汇编》，上海古籍出版社，1992年，第2019页。
⑫ 康兰英主编：《榆林碑石》，三秦出版社，2003年，第248页。
⑬ 杜建录主编：《中国藏西夏文献》第18册，甘肃人民出版社，2005年，第50页。
⑭ 严耕望：《唐史研究丛稿》，香港新亚研究所，1970年，第200页。
⑮ （宋）欧阳修等撰：《新唐书》，中华书局，1975年，第5176页。

此称”[①]。史籍中记载唐代有户部巡官、转运巡官、营田巡官等种种名目，因此，巡官之职责应看具体所辖事务。方建春《唐代使府幕职概说》一文中指出，推官职掌无法确知，但担任巡官者皆文采出众，掌书奏，推勾狱讼。[②]

馆驿巡官 唐各道节度使下置馆驿巡官四人，专管驿政。夏州有馆驿巡官，摄定难军节度馆驿巡官郭贻撰《康公墓志铭》。[③]

衙推 又称推官，有节度衙推、观察衙推、州衙推、军事衙推、府衙推等种种名目。《新唐书》、《旧唐书》、《通典》等不载职掌。然而，根据文献及宋代推官的职责来看，唐五代时期的衙推具有医卜性质。宋人陆游《老学庵笔记》中说“北方人市医皆称衙推”[④]。

夏州何氏几代人均任衙推，且都善医术。“后唐同光三年（925），故虢国王（李仁福）在位，以公（何德璘）继之家伐，习以方书，药有口全，功传百中，特署州衙推。天成四年（929），先王改署观察衙推。”清泰元年（934），“迁署节度衙推”。何公“凡药石以上闻，必春膏之普及”。长子绍文“艺可承家，术多济世”，为观察衙推。[⑤]何德璘曾祖曾任泰州军事衙推。何公祖父德遇任夏银绥宥等州观察衙推，何公于天福六年（941）九月任府衙推，九年授观察衙推，广顺元年（951）正月摄节度衙推。可见，何氏几代人均任衙推，与医术家传有关系。

奏记 “节度使封郡王则有奏记一人。”[⑥]五代后梁时期，进封夏州节度使李仁福为陇西郡王。后唐庄宗同光二年（924），封李仁福为朔方王。现无史料表明，夏州有奏记。

参谋 节度使设“参谋，无员，或一人或二人，参议谋划”[⑦]。参谋关豫军中机密，唐文宗开成四年（839），由于“参谋之职，尤是冗长”而罢设，唐末曾复置。碑石资料中未见任职参谋者。

孔目官 《通典》、《新唐书・百官志》中述及节度使属官时未有此职。《资治通鉴》：“诸镇皆有孔目官，以综理众事。”[⑧]可见，其专司军府琐事。曹公“至咸通元年，改署使院将兵马使节度孔目官、兼都勾覆”。押衙兼观察孔目官牛渥撰《毛公墓志铭》。[⑨]孔目官杨从溥书《后汉沛国郡夫人里氏墓志铭》、《后周绥州刺史李彝谨墓志铭》。[⑩]

要籍 “要籍官，亦唐时节度衙前之职……要籍乃节度使之腹心也。”[⑪]清泰元年九月，“先王以医见重，奏授（何公）文林郎、试左武卫兵曹参军，改充节度要籍”。何公“转留心于方术，益砺节于衙庭”[⑫]。李彝谨为李仁福次子，“家门传可久之风，军府起从长之论，外为手足，内作腹心……而乃仗信安人，倾忠事主。常居左右要籍，谘谋倾忠……出临属郡”[⑬]。可见，李彝谨作为次子，辅助长兄，后出而为绥州刺史。

随军、随使、随身 《通典》卷三二：“随军四人，分使出入。”[⑭]严耕望认为随军无定职，随时

---

① （宋）陆游著、王欣点评：《老学庵笔记》，青岛出版社，2011 年，第 43 页。
② 方建春：《唐代使府幕职概说》，《固原师专学报》2006 年第 5 期，第 55 页。
③ 康兰英主编：《榆林碑石》，三秦出版社，2003 年，第 253 页。
④ （宋）陆游著、王欣点评：《老学庵笔记》，青岛出版社，2011 年，第 43 页。
⑤ 康兰英主编：《榆林碑石》，三秦出版社，2003 年，第 249 页。
⑥ （宋）欧阳修等撰：《新唐书》，中华书局，1975 年，第 1309 页。
⑦ （唐）杜佑：《通典》，中华书局，1992 年，第 895 页。
⑧ （宋）司马光著、（元）胡三省注音：《资治通鉴》卷二二五胡注，中华书局，1956 年。
⑨ 康兰英主编：《榆林碑石》，三秦出版社，2003 年，第 240、247 页。
⑩ 杜建录主编：《中国藏西夏文献》第 18 册，甘肃人民出版社，2005 年， 第 51、56 页。
⑪ （宋）司马光著、（元）胡三省注音：《资治通鉴》卷二二七胡注，中华书局，1956 年。
⑫ 康兰英主编：《榆林碑石》，三秦出版社，2003 年，第 255 页。
⑬ 杜建录主编：《中国藏西夏文献》第 18 册，甘肃人民出版社，2005 年，第 55 页。
⑭ （唐）杜佑：《通典》，中华书局，1992 年，第 895 页。

差遣勾当职事。[①]康成此为随使、左都押衙，何公曾祖任节度随军。[②]李仁福子李彝谨、李彝温曾为随使。随使杨从溥撰《后汉沛国郡夫人里氏墓志铭》。[③]

傔人与别奏　“凡诸军镇大使、副使已下，皆有傔人，别奏以从之。”[④]方建春认为傔人、别奏是使府中低级的办事人员，是使职的随身差役，相当于胥吏，并非幕职。[⑤]

三　余论

这些珍贵的碑石是研究夏州政权重要的资料基础，弥补了正史未载的缺憾，也透漏出了夏州节度幕职任职者的诸多信息。通过对唐末、五代时期夏州节度使幕僚任职情况的整理，可以清楚夏州政权主要的统治力量，对夏州政权下属机构及僚属有了基本的了解。同时，通过对官职名称的考察，明晰了其具体职能。如衙内都知兵马使、监军衙都知兵马使、营田都知兵马使等官名在正史中无载，丰富了节度使幕僚官名。而且，在此基础上，我们可以进一步考察夏州节度使僚属的相关问题。

首先，夏州节度使僚属应当为自行招辟，其官员的迁转也由夏州节度使来控制。史载：“唐有天下，诸侯自辟幕府之士，唯其才能，不问所从来，而朝廷常收其俊伟，以补王官之缺，是以号之得人。”[⑥]唐代采访使、节度使及防御使所属官僚，“皆使自辟召，然后上闻。其未奉报者称摄”[⑦]。这说明，唐朝节度使僚属皆可自辟，然后奏报朝廷即可。未奏报朝廷之前，有摄、试等名号。五代时期，夏州政权虽然臣属于中原王朝，但已经具有相对的独立性。后梁，夏州“终梁之世，奉正朔而已”。李思谏为夏州节度使，于梁开平二年死后，“军中立其子彝昌为留后，即拜彝昌为节度使”。后唐明宗时发兵围夏州，因李彝超外招党项，抄掠唐兵粮道，明宗息兵。“以彝超为定难军节度使。”[⑧]可见，中原王朝无力讨伐夏州，只能维持原状。因此，夏州僚属的任命及迁转权利均掌握在李氏的手里。

其次，前文所述任职者，有番人也有汉人，体现了番、汉民族间的融合。碑石中出现的姓氏多为汉姓，如李、何、康、毛、牛、张、刘、曹、皇甫、陈等，其中毛、牛、曹等姓氏在汉文本《杂字》卷一中有载，而李姓则是唐朝所赐。上述碑石中出现的任职者姓氏多为汉姓，当是党项人融入当地社会的表现。此外，还有破丑氏，为党项姓氏。《新唐书》：“庆州有破丑氏族三、野利氏族五、把利氏族一，与吐蕃姻援，赞普悉王之，因是扰边凡十年。”“又有黑党项者……居雪山者曰破丑氏。”[⑨]渎氏（疑为窦氏），与党项拓跋氏多次联姻。宋代《党项拓拔部大首领李光睿墓志铭》中提及拓跋氏与渎氏联姻，盛行姑表婚，可谓“朱门禀气，甲族联姻”[⑩]。

而被唐朝赐姓为李的拓跋氏，多担任文、武要职，有力地掌握了夏州政权。如李光睿为夏州节度使时，其兄李光普为定难军节度行军司马，光新为管内蕃汉都军指挥使，弟光文为衙前都知兵马使，光宪为绥州刺史，光美为衙前都虞侯，光遂为管内蕃部越名都指挥使，光信为马军都指挥使，碑志称

---

① 严耕望：《唐史研究丛稿》，香港新亚研究所，1970 第 206 页。
② 康兰英主编：《榆林碑石》，三秦出版社，2003 年，第 253—254 页。
③ 杜建录主编：《中国藏西夏文献》第 18 册，甘肃人民出版社，2005 年，　第 32—33、51 页。
④（宋）欧阳修等撰：《新唐书》，中华书局，1975 年，　第 1835 页。
⑤ 方建春：《唐代使府幕职概说》，《固原师专学报》2006 年第 5 期。
⑥（元）马端临：《文献通考》，中华书局，1986 年，第 368 页。
⑦（唐）杜佑：《通典》，中华书局，1992 年，第 890 页。
⑧（宋）欧阳修等：《新五代史》，中华书局，1974 年，第 437 页。
⑨（宋）欧阳修等撰：《新唐书》，中华书局，1975 年，第 237 页。
⑩ 杜建录主编：《中国藏西夏文献》第 18 册，甘肃人民出版社，2005 年，第 74 页。

其兄弟“或司戎职，或典郡符”[①]。

最后，从碑石资料可见，任职具有家族世袭性质。白敬立“家自有唐洎九世，世世皆为夏州之武官”[②]。毛汶为李仁福之妻渎氏从表侄，与其父先后任节度判官兼掌书记之职。何氏，擅长医术，何德璘初为州衙推，天成四年（929）改署观察衙推，清泰元年（934），迁署节度衙推。衙推之职，上文已经叙及，掌医药。何德璘曾祖父曾任泰州军事衙推，父曾为夏州医博士。医博士是节度使下属州所设官职。唐开元十一年（721）令：“诸州应阙医博士，宜令长史各自访求选试，取人艺业优长堪效用者，具以名闻。”[③]可见，医博士的选拔通过长史，长史是都督府所设官员。何公，因不知名讳，但根据文献判断，其应低何德璘一辈。其父名何德遇，曾任夏银绥宥等州观察衙推，何公于天福六年（941）任府衙推，九年授观察衙推，广顺元年（951）摄节度衙推。何公长子为观察衙推。由此可知，何氏为医药世家，几代人均任职衙推。称得上“艺可承家，术多济世”[④]。

（作者通讯地址：宁夏师范学院　固原　756000）

（责任编辑：彭向前）

① 杜建录主编：《中国藏西夏文献》第18册，甘肃人民出版社，2005年，第74页。
② 康兰英主编：《榆林碑石》，三秦出版社，2003年，第242页。
③（唐）杜佑：《通典》，中华书局，1992年，第915页。
④ 康兰英主编：《榆林碑石》，三秦出版社，2003年，第249页。

西夏白马强镇监军司地望考察*

张多勇

摘　要： 白马强镇监军司是《宋史 · 夏国传下》所列的有十二军额名称的监军司。《天盛改旧新定律令》记载的西夏十七个监军司中没有白马强镇监军司。白马强镇监军司应在贺兰山以西今阿拉善左旗，文章通过对阿拉善左旗境内西夏遗址做了全面调查，得出结论，白马强镇监军司是察汗克日木古城，位于阿拉善左旗巴彦诺日公苏木豪斯布尔都村沙日布拉格嘎察，地理坐标：39° 29′ 09.9″ N，104° 39′ 04.6 ″ E。同时发现，在腾格里沙漠与乌兰布和沙漠中间的一条湖群带，这个湖群带有的地方表现为盐碱地，有的地方则为涓涓小溪，周边水草肥美，是古代宁夏经过阿拉善到达民勤的一条道路。这个湖群带西北-东南走向，分为两部分，西部长约 50km，中间有 16km 沙梁隔开，东部长约 60km，草沟的西北段经四度井，经阿拉善右旗红沙井与甘肃民勤县五托井有道路相连，就是历史上高居诲使于阗的道路。白马强镇监军司就在这条道路上。文章认为，西夏西院监军司就是白马强镇监军司更名而来。

关键词： 摊粮城　白马强镇监军司（西院）　阿民道

白马强镇监军司是《宋史·夏国传下》所列的有十二军额名称的监军司。《天盛改旧新定律令》记载的西夏十七个监军司中没有白马强镇监军司。但增加东院、南院、西院、北院、北地中、南地中六个以方位命名的监军司，还有啰庞岑、年斜，[①]这几个监军司中很可能有一个就是白马强镇监军司所更名。

一　白马强镇监军司及其治所

陈炳应在《西夏监军司的数量和驻地考》一文中认为，娄博贝（罗搏）监军司与白马强镇监军司实是同一个监军司的不同译名，“娄博贝”（“罗博”）是音译名，“白马”是意译名。因为，“马”字的西夏语音为“领”，音读为“戮你切”，与“娄”（“罗”）音近，“白”字西夏语音“疕”，音读为“白疕切”，再考虑到西夏语鼻尾音弱的现象，“疕”可读作“博”。又，西夏语语法一般的是形容

***基金项目：** 国家社科基金项目“西夏监军司古城遗址考察及防御体系研究”（13BZS084）；国家自然基金地区科学基金项目《清代同治以来黄土高原马莲河流域荒漠化风险评估与防治研究》（31460090）；甘肃省科技支撑项目《庆阳市北三县黄土沟壑地带清代以来荒漠化进程与防治措施研究》（144fkcm070）；庆阳市科技合作项目《环县农牧交错地带植物优势种群筛选及荒漠化进程研究》（KH201305）。

① 史金波、聂鸿音、白滨译注：《西夏天盛律令》卷一〇《司序行文门》，法律出版社，2000 年，第 369—370 页。

词在被修饰的名词之后，“白马”应写作“马白”，读音当为“罗博”[①]。陈炳应为我们辨明了“白马”就是“罗博”，那么白马强镇，又叫白马祥庆。汤开建在《西夏监军司驻地辨析》一文中也认为，白马强镇、祥庆、啰博贝为同一监军司。[②]

《续资治通鉴长编》卷四百七十一“哲宗元祐七年三月丙戌”条：“有鞑靼国人马，于八月内，出来打劫了西界贺兰山后面，娄博贝监军司界住坐人口，孳畜已具状闻奏讫。”[③]这是娄博贝监军司在贺兰山后的依据。白马强镇监军司的驻地在哪里？需要做深入的研究。又载：“又据捉到西界首领伊特香通说：于去年闰八月内，梁乙逋统领人马赴麟府路作过去来，至当月尽间到达尔结罗，有带银牌天使报梁乙逋来称，塔坦国人马入西界娄博贝，打劫了人户一千余户，牛羊孳畜不知数目。”可见娄博贝监军司防御的主要来敌是塔坦国人马。

陈炳应认为，白马强镇监军司驻吉兰泰盐池北；[④]汤开建认为，驻灵州西南贺兰山，白马强镇、祥庆、啰博贝为同一监军司；[⑤]李昌宪认为，在贺兰山后；[⑥]鲁人勇认为，驻今内蒙古阿拉善左旗吉兰泰盐场东，中期改称北院；[⑦]牛达生、许成认为在吉兰泰；[⑧]杨蕤认为，驻吉兰泰西勃兔古城。[⑨]

可以确定，白马强镇监军司应在贺兰山以西今阿拉善左旗。2014 年 7 月 24-28 日，笔者对阿拉善左旗境内西夏遗址做了全面调查。在调查之前，笔者拜访了阿拉善盟文物局景学义局长和文物科巴格那科长，巴格那科长介绍了阿拉善左旗西夏遗址的分布情况，笔者之一做了实地考察。

1. 巴音浩特西夏钱币窖藏

据景学义局长讲，阿拉善盟驻地巴音浩特发现过西夏窖藏，出土宋代钱币19000枚，内有少量的西夏钱币，70年代在南梁坡小操场（今为住宅区），发现两麻袋古钱币，有西夏钱币。巴音浩特现在人口12万，城市东西8km，南北5km，用水均从贺兰山中引出，古代此地当有居民居住条件。辽兴宗天祐垂圣元年（1050）入侵西夏，契丹三路进讨，辽兴宗出中路，包围兴庆府，纵兵烧杀掳掠，没藏氏不敢出战，闭城坚守。六月，辽军攻破贺兰山西北的摊粮城，《西夏书事》称：“城在贺兰山西北，国中储粮处。契丹兵攻破之，尽发廪积而还。”[⑩]北路“兵至西凉府，获羊百万，橐驼二十万，牛五百，俘老幼甚众”[⑪]，“惟南路小失利”。这次战争相持五年，终以西夏力屈，被迫向辽朝进表请降。摊粮城应为今阿拉善左旗之巴音浩特。

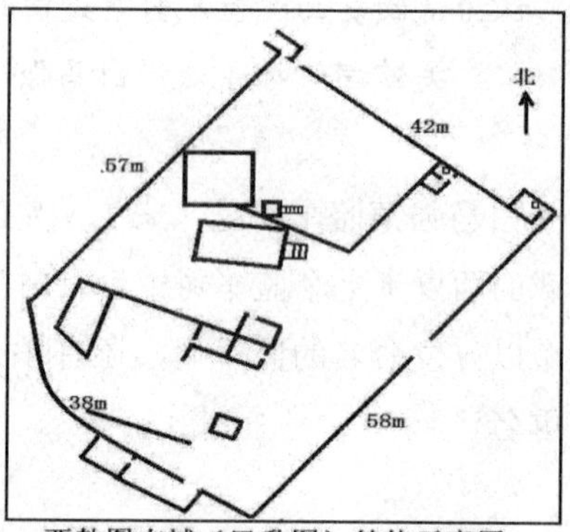

西勃图古城（巴升图）结构示意图

2. 西勃图古城

杨蕤在《西霞地理研究》一书中认为，白马强镇监军司驻地为吉兰泰西勃兔古城。[⑫]2014 年 7 月 25 日，笔者用吉兰泰当地

① 陈炳应：《西夏监军司的数量和驻地考》，《西北师范大学学报（增刊）》，1986 年，第 90—101 页。
② 汤开建：《西夏监军司驻所辨析》，《历史地理》第六辑，上海人民出版社，1988 年，第 137—146 页。
③《续资治通鉴长编》卷四七一“哲宗元祐七年三月丙戌”条，中华书局，1995 年，第 11238 页。
④ 陈炳应：《西夏监军司的数量和驻地考》，《西北师范大学学报（增刊）》，1986 年，第 90—101 页。
⑤ 汤开建：《西夏监军司驻所辨析》，《历史地理》第六辑，上海人民出版社，1988 年，第 137—146 页。
⑥ 李昌宪：《西夏疆域与政区考述》，《历史地理》第十九辑，上海人民出版社，2003 年，第 89—111 页。
⑦ 鲁人勇：《西夏监军司考》，《宁夏社会科学》2001 年第 1 期，第 84—87 页。
⑧ 牛达生、许成：《贺兰山文物古迹考察与研究》，宁夏人民出版社，1988 年，第 18 页。
⑨ 杨蕤：《西夏地理研究》，人民出版社，2008 年，第 67 页。
⑩ 吴广成撰、龚世俊等校证：《西夏书事校证》卷一七，“皇祐二年、天祐垂圣元年六月”条，甘肃文化出版社，1995 年，第 221 页。
⑪《续资治通鉴长编》卷一六八“仁宗皇佑二年春正月庚子”条，中华书局，1993 年，第 4035 页。
⑫ 杨蕤：《西夏地理研究》，人民出版社，2008 年，第 67 页。

居民李有瑞做向导，到西勃图考察，西勃图属于吉兰泰镇西勃图村七队，今天的柏油路从吉兰泰往北，到银根苏木，不经过此城。西勃图是巴音乌拉山的一个山口，有一条大道从此经过，山口内有水流出，宽可通汽车，长 1000m，峡谷深 50-60m，山口地理坐标：39° 51′ 08.2″ N， 105° 30′ 33.9 ″ E，海拔高度：1159m。在峡谷北 600m 的山顶上有一烽燧遗址，用石块砌垒而成，南有方形围墙，东西长 25m，并做成瞭望孔。地理坐标：39° 51′ 23.6″ N， 105° 30′ 48.7 ″ E，海拔高度：1262m，落差 103m。这里有一条道路，可顺利通过巴音乌拉山。当天准备去西勃图古城，结果车险沙路不能前行，垫石板步步前行，待到将汽车一段段移到安全地带，天色已晚，只能返回住在吉兰泰。

2014 年 7 月 26 日，考察了西勃图古城。西勃图古城在距离西勃图 2.5km 的巴音乌拉山前有一红色砂岩低山，有一座古城，海拔高度：1187 m，名叫巴升图。地理坐标： 39° 49′ 30.4″ N， 105° 31′ 30.4 ″ E。用红砂岩石板砌磊而成，石板厚 3-5cm，墙体厚 50cm，墙体仅保存完好，棱角分明，风化不明显，石砌窗口完好无损。北墙长 42m，西墙长 57m，南墙长 38m，东墙长 58m。城内还有许多用同类石板磊筑的小屋，有两座屋子有台阶，小屋开门较为复杂，如迷宫一般。城外沿山边有两个小屋，似为岗哨。由于山岩风化断陷，形成一桥子，桥子以北还有一座岗哨，由两间屋子组成。

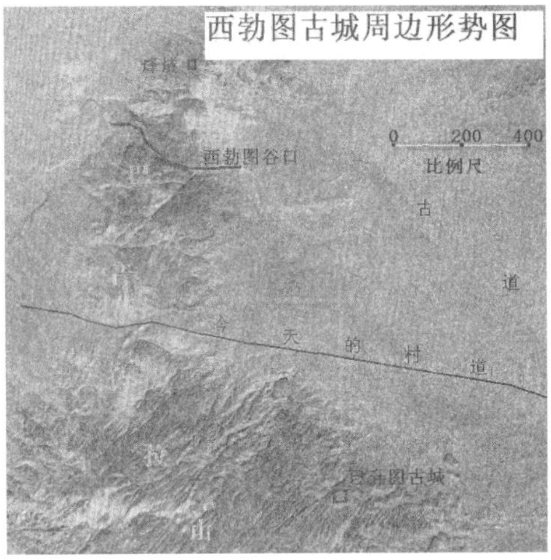

毫无疑问，西勃图古城不是西夏时期的古城遗址，更谈不上监军司遗址。关于这点，阿拉善盟文物局景学义局长也提出这不会是监军司遗址。前一天笔者由于汽车陷入沙路，搬了不少砂岩石板，这些砂岩石板比较酥软，容易断裂，极易风化，而砌磊西勃图城墙和房屋的石板风化不严重，看来此城建筑时代不会晚于民国，而且规模小。笔者判断，当是民国土匪占山为王的巢穴，附近有条大道经过，越过巴音乌拉山的必经之路，土匪在此设穴，当是伏击大路上行走的商旅，同时也从侧面反映出这条道路过去是一条必经的大道。

3. 乌西日格古城

2014 年 7 月 26 日，考察了乌西日格古城。乌西日格属于吉兰泰镇罕乌拉村乌西日格嘎察，苏木是蒙古语“乡”之意，嘎察是蒙古语“村子”的意思，内蒙古自治区将从事牧业的村统一称为嘎察，从事农业的村称为村。日格是蒙古语“草沟”之意，汉民称为“乌西草沟”。去乌西日格沿吉兰泰至银根苏木的公路北行 70km，绕过罕乌拉山（罕乌拉山与巴音乌拉山是同一条山系的不同段），在罕乌拉山北，这里是一个湿地，牧草茂盛，牧民经常在此打草。先前带领的向导李有瑞迷路，在附近转了一个上午。后来得到村民高学军的帮助，用他的皮卡车才到达草沟。

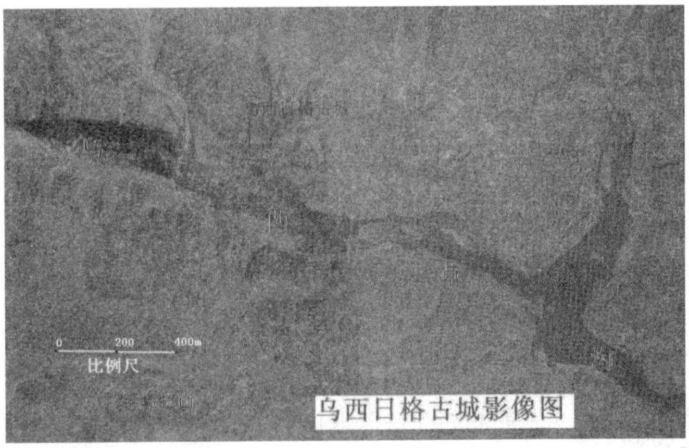

乌西草沟，位于罕乌拉山北，大巴山南，长 5km，是罕乌拉山与狼山之间的断陷地走廊，有一条古道自西向东从草沟穿过，当是河套地区去额济纳旗的古道所经。南山阴坡有黄沙覆盖，大巴山北为稀疏草原。古城的东西均有茂盛的草，城墙用砾石垒成，石块大约 30cm，古城为长方形，南墙长 120m，东墙长 130m，北墙长 120m，西墙长 120m，南北各开一门，墙高 2-3m。城内有现代建筑房屋，系用城墙拆下的石块磊筑而成。西

南角地理坐标：40° 18′ 36.2″ N， 105° 34′ 32.3 ″ E，海拔高度：1514m。今天的道路东西向穿过古城，城西北角有一高台，南北 35m，东西 50m。高台之上有建筑基址，可见到柱础一个，方座圆形，40×40cm，敲击建筑基址为空声，当是地宫。基址上有绳纹砖、绳纹陶片、灰陶片，还捡到五铢钱一枚，还有草叶浮雕砖碎片，布纹瓦片甚多。考之当为汉代和唐代的驿站遗址。

乌西日格古城的发现，可以复原河套通往古居延的道路，此道路当是从宁夏平原北上，经石嘴山、内蒙古乌海，延狼山西端末梢，进入乌兰布和沙漠中间的草沟，再沿着罕乌拉山北缘向西行走。从实地考察中我们发现，狼山西端末梢，沿着罕乌拉山北缘向西行走的古代居延道是大路。宁夏经吉兰泰、巴彦诺日公、乌力吉、苏宏图等地，沿阿拉善右旗北部进入额济纳旗至居延的道路是小路。笔者曾在《“西夏乾祐二年（1171）黑水城般驮、脚户运输文契”汉文文书与西夏交通运输》一文中，对居延道做过探讨，但没有指出详细的走向，[①]本次通过实地考察对乌西日格古城的发现，可弥补以往研究的不足。

4. 察汗克日木古城

察汗克日木古城，位于阿拉善左旗巴彦诺日公苏木豪斯布尔都村沙日布拉格嘎察。豪斯布尔都原来是一个苏木，近年来合并与巴彦诺日公苏木。考察中车险沙路，求救于嘎察长李世清先生。李嘎察长用自家皮卡车将笔者的汽车拖出，又驾皮卡车将笔者送往察汗克日木古城，考场结束后，又送回大路。

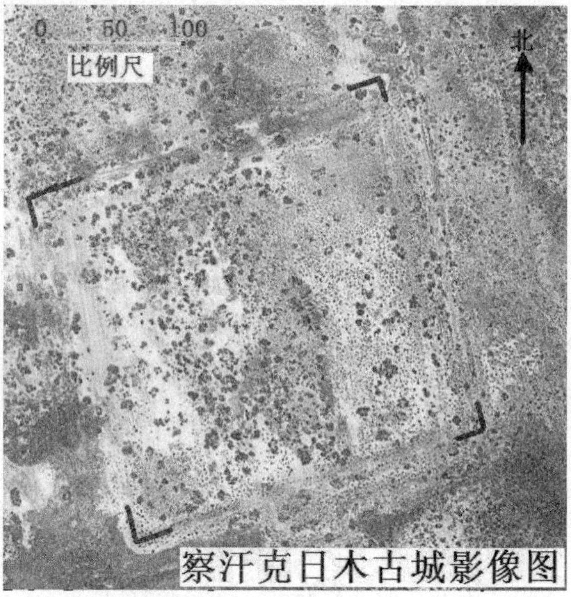

察汗克日木古城影像图

今天古城内外均为盐碱滩，由于受盐碱腐蚀，城墙倒塌变成土陇，南墙尤为严重，但墙体高出地面 1-1.5m，东墙保存较高，高 2m，墙体宽约 10m。古城结构明显，大体呈正方形，东西距 260m，南北距 250m，东墙外护城壕明显，宽 20m，深 0.2-0.5m。西北距豪斯布尔都 17km（鸟距），西距甘肃民勤境界线 50km，东距巴音浩特 220km。西北角地理坐标：39° 29′ 09.9″ N，104° 39′ 04.6 ″ E，海拔高度：1215m。城中有典型的西夏黑色瓷器残片，古城周长 1000 多米，其大小够得上西夏小型监军司规模。这是阿拉善左旗所见到的规模最大的西夏古城遗址，当是西夏白马强镇监军司驻地。

二 从阿拉善左旗至凉州的道路

察汗克日木古城所在盐碱滩属于乌兰布和沙漠与腾格里沙漠中间的湖群带上，“沙日布拉格”即为蒙古语“黄泉”之意，今沙日布拉格尚有东西长约 1500m、宽 120m 的水体，其上游有河水流淌，周围水草茂密，是天然的牧场。这个草沟西北-东南走向，分为两部分：西部长约 50km，西北端四度井，东南端扎格音陶勒盖，中间有 16km 沙梁隔开；东部长约 60km，西北端和屯盐池，东南端为锡林高勒苏木。湖群的西北段经四度井，经阿拉善右旗红沙井与甘肃民勤县五托井有道路相连，即陈守忠

① 张多勇：《“西夏乾祐二年（1171）黑水城般驮、脚户运输文契”汉文文书与西夏交通运输》，《敦煌研究》2012 年第 2 辑，第 20—30 页。

做过考证的高居诲使于闻道路。陈守忠据《高居诲使于闻记》及《西天路竟》，高居诲由灵州向西，渡过黄河，出贺兰山口（三关口），“自灵州过黄河，行三十里,始涉沙入党项界”。折向西北，所经细腰沙、神点沙，即今贺兰山外数十里间沙漠，北上至今阿拉善左旗，即折向西北，经现在的锡林高勒、和屯盐池至四度井,转向西南，到达今甘肃民勤县的五托井。由五托井再南行百余里，即达白亭海至白亭河（现在的石羊河），即民勤绿洲。渡白亭河以达凉州，与传统的河西道合。从地图上看，是向北绕了一个大弯子，实际上这是出贺兰山越腾格里沙漠最好走的一条路。[①]

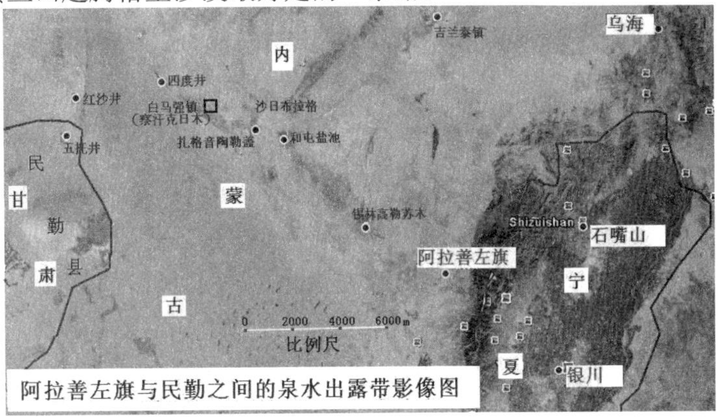

阿拉善左旗与民勤之间的泉水出露带影像图

这个湖群带有的地方表现为盐碱地，有的地方则为涓涓小溪，周边水草肥美。西夏在此设置监军司，利用这个长 100 多公里的湖群带的良好牧场，同时控制高居诲使于闻道路。这条道路称为“阿民道”，由于考得西夏白马强镇监军司驻地在此道上，由于前引《续资治通鉴长编》卷四百七十一“哲宗元祐七年三月丙戌”条：“有鞑靼国人马，于八月内，出来打劫了西界贺兰山后面，娄博贝监军司界住坐人口，孳畜已具状闻奏讫。”[②]我们姑且称为“白马道”，“白马”西夏文应写作“马白”，读音当为“罗博”，或称“罗博道”。用今天的地名命名阿拉善-民勤之间的道路，叫做“阿民道”。

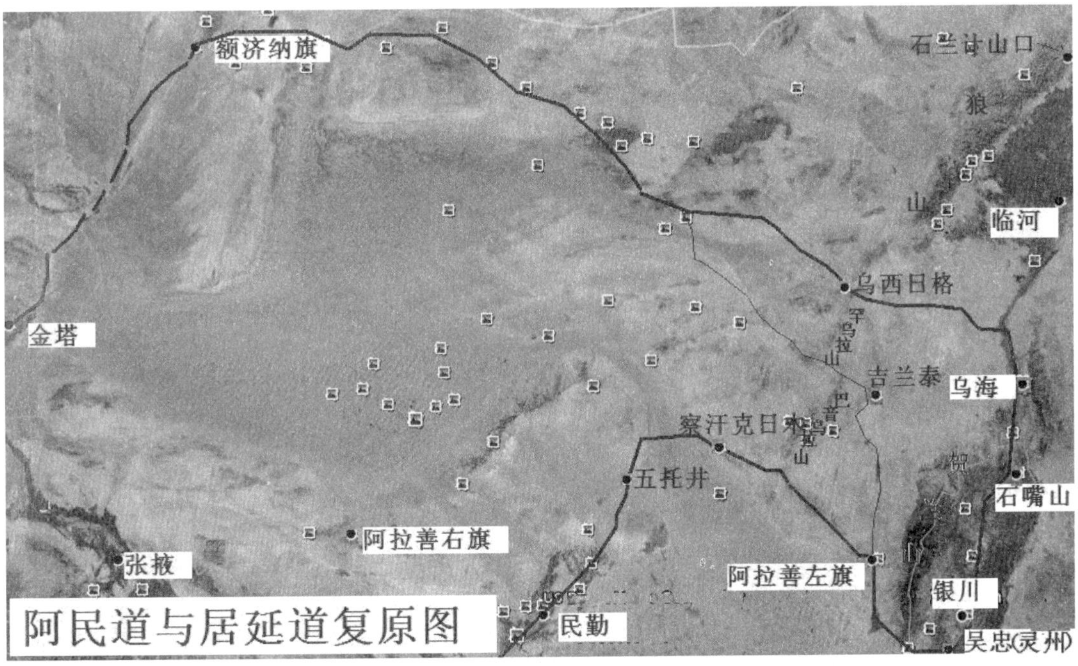

阿民道与居延道复原图

三　白马强镇监军司更名西院

黑水城出土的西夏文文献《天盛改旧新定律令》中，记载了西夏十七个监军司中有北地中监军

① 陈守忠:《北宋通西域的四条道路的探索》，《西北师大学报》1988 年第 1 期，第 77 页。
②《续资治通鉴长编》卷四七一“哲宗元祐七年三月丙戌”条，中华书局，1995 年，第 11238 页。

司。其中，东院、南院、西院、北院、北地中、南地中六个意方位命名的监军司，当在兴庆府周围，是以京师为地理坐标而确定的，是京师地区第二圈层的防御，同时是边防力量在四个方向上的后盾，是组织对外战争的兵员集结地和大后方。北地中、南地中是都城防御的第一圈层，东院、南院、西院、北院四个监军司既是京师的第二圈层防御，不会离京师太近，但关乎主力兵力的布局与调动，距离京师也不会太远。

西夏后期，立国百年以后，官僚体系建立。出现君弱臣强的局面，京畿地区的防御就形成了一套四方有警、相互牵制的局面。出土文献《天盛改旧新定律令》记载，在京畿地区设立五军：虎控军、威地军、大通军、宣威军、鸣沙军，五军属于中央卫戍部队。五军属于中等司（第三品），与地方监军司平级。这京畿五军构成首都防守亲兵。

中央设置五军以外，京畿周围的防御也设置：北地中（省嵬城）、南地中监军司（灵州翔庆军）。在兴庆府东有黄河，西有贺兰山的天然屏障防护的情况下，一个设置在贺兰山北口，一个设置黄河以南交通枢纽地带的灵州。这个布局是元昊时期就已经确立的，与“贺兰驻兵五万、灵州五万人、兴州兴庆府七万人为镇守”没有区别。同时也推测出贺兰驻兵后来改名为北地中，就住在省嵬城，灵州驻兵给军额翔庆军，改名南地中。北地中、南地中，是构成兴庆府的第一防御圈层。

在第一圈层以外，京畿周围的防御也设置四个监军司，这些监军司原来就已建立，将其改名，并改变其防御功能。东院、西院、南院、北院围绕在兴庆府的周围，以兴庆府作地理坐标，以方位命名，其目的很显然是被赋予防御京师的职责。东院（宥州）、西院（白马）、北院（高油房古城）、南院（清远监军司）四个监军司构成了首都地区第二防御圈层。

大内的京畿五军，北地中、南地中，东院、西院、北院、南院，是疏远不同的三种防御力量，体现京畿地区防御的严密性。这种布局与元昊建国初期比较，有着明显的特点：一是京畿镇守形成体系，防御布局成熟，防御力量加强，在军事布局上确保首都的安全；二是形成相互牵制前、后、左、右军，保持防御的平衡，防止兵变，威胁中央王权；三是因地理形势进行军事布局，东院、西院、北院、南院都为次边，有防御敌人进军的国防义务，也有保卫首都的警戒功能；四是布局均衡合理，感到非常稳健，如将西夏经济地区军事布局做成沙盘，使我们感到西夏的军事布局非常均衡和严密。

根据这个布局可以推测，西夏西院监军司就是白马强镇监军司更名而来。

（陇东学院农耕文化与陇东民俗文化产业开发研究中心　甘肃 庆阳 745000）

（责任编辑：杨浣）

西夏学 第11辑 2015年3月
Xixia Studies,Mar,2015,Vol.11

西夏元时期黑河流域绿洲开发的自然驱动因素研究*

史志林　杨谊时　汪桂生　董　斌

摘　要: 西夏元时期黑河流域的绿洲开发主要集中在中游的张掖南部、下游的居延地区等地。绿洲开发的驱动因素包括自然和人文两个方面。本文主要从气候变化、河流改道、地质地貌与风沙活动、自然灾害等角度分析了西夏元时期黑河流域绿洲开发的自然驱动因素。

关键词: 黑河流域　西夏元时期　绿洲开发　自然因素

黑河流域是我国西北干旱区第二大内陆河流域，是西北地区灌溉农业大规模开发最早的流域，也是中亚内陆干旱区形成演化和西部水土资源开发利用具有良好代表性的流域。①随着近2000年以来对水土资源的强度开发和利用，黑河流域出现了许多严重的生态问题。②黑河流域的生态恶化威胁着流域社会经济的可持续发展、国防建设和生态安全，已引起中央和社会各界的广泛关注。③定性、半定量分析西夏元时期黑河流域绿洲的空间格局并探讨背后的驱动因素，对于全面系统地揭示历史时期黑河流域绿洲化时空演变过程和特征，加深对流域绿洲化过程及趋势的理解，提高对人类活动影响下干旱区环境演变过程和规律的认识，为建立和优化绿洲化过程的调控与管理模式，都具有一定的学术意义和现实价值。

学界对黑河流域西夏元时期绿洲开发的驱动因素从不同侧面开展了研究，肖生春等系统分析了影响黑河流域绿洲演变的自然和人文因素，发现战争、民族习惯与政府政策导向，交通、政治、经济地位，人口压力及资源需求的增长与水土资源的利用密切相关。④气候方面，李并成对河西走廊历史时

---

* **基金项目：** 教育部规划基金项目《基于开放获取的敦煌学知识库构建与实证研究》（编号：14XJAZH001）；国家自然科学基金项目《丝绸之路沿线河西段绿洲化时空过程及其驱动机制研究》（编号：41471163）；国家科技支撑项目《丝绸之路文化主题创意关键技术研究》（编号：2013BAH40F01）。

作者简介： 史志林(1988—)，男，云南曲靖人。博士研究生，主要从事敦煌学与西北历史地理的学习与研究；杨谊时（1988— ）男，甘肃张掖人。博士研究生，主要从事环境考古研究；汪桂生（1986— ），男，安徽合肥人。博士研究生，主要从事土地覆盖变化与地理信息系统应用研究；董斌（1990— ），男，安徽黄山人。硕士研究生，主要从事敦煌学与西北历史地理的学习与研究。

① 程国栋等：《黑河流域水—生态—经济系统综合管理研究》，科学出版社，2009年，前言第2页。

② 舒鸿霄：《黑河流域生态环境存在的问题与治理对策》，《甘肃农业》2006年第4期，第108页。

③ 刘少玉等：《黑河流域水资源系统演变和人类活动影响》，《吉林大学学报(地球科学版)》2008年第5期，第806—819页。

④ 肖生春、肖洪浪：《黑河流域绿洲环境演变因素研究》，《中国沙漠》2003年第4期，第385—390页；肖生春、肖洪浪：《两千年来黑河流域水资源平衡估算与下游水环境演变驱动分析》，《冰川冻土》2008年第5期，第733—739页；肖生春、肖洪浪：《黑河流域水环境演变及其驱动机制研究进展》，《地球科学进展》2008年第7期，第748—755页；肖生春、肖洪浪等：《2000年来黑河中下游水土资源利用与下游环境演变》，《中国沙漠》2004年第4期，第405—408页。

期气候干湿状况做了初步研究，[①]张志华等对祁连山地区1310年以来温润指数做了分析，[②]康兴成等对祁连山中部公元904年以来树木年轮记录的旱涝变化做了研究，[③]卓正大从祁连山圆柏年轮中测定推论了该地区气候和冰川变化的趋势，认为这一地区冷期共出现5次，暖期出现四次。[④]杨蕤在其《西夏地理研究》一书中利用西夏文书、传世文献、考古资料对西夏时期的气候状况、干湿状况、气候灾害等做了研究。[⑤] 张德二先生整理的历史文献资料结果表明13世纪中叶的南宋时代，1131—1264年是一个温暖时期，是属中世纪温暖期，时间上相当于该地区的西夏时期。[⑥]

国外方面，日本学者前田正名《河西历史地理学研究》[⑦]是日本学者早期研究涉及黑河流域的重要著作。目前，日本学者对黑河的关注，主要是日本综合地球环境学研究所、日本国立民族学博物馆、京都大学、名古屋大学、新泻大学等机构的有关专家学者。尤其是以日本综合地球环境学研究所中尾正义教授为代表，自2001年以来所实施的"绿洲研究计划"，综合研究黑河流域的生态环境问题，出版了一系列研究论著。[⑧]

可以说，学界对夏元时期黑河流域绿洲开发利用的驱动因素作了不少工作，但尚不够充分，也不够全面，还有很多工作需要展开。史金波先生在2006年举办的黑水城人文与环境国际学术讨论会文集的导言中曾指出要整合人文与自然科学，探讨黑水城历史奥秘。他说：

> 黑水城地区的自然环境特殊，既有戈壁、沙漠，又有绿洲。祁连山融化的雪水汇成黑水，滋润着干涸的沙漠，形成独特的沙漠绿洲文明。自古以来，这块奇特的土地上生活着汉族和西夏、蒙古等少数民族居民。古往今来，这里的环境发生了很大变化，绿洲在萎缩，湖泊在消失，乃至成为今天越来越频繁的沙尘暴形成的重要地区，引起了广泛的关注。毫无疑问，黑水城地区的人文与环境都有着巨大的魅力，是值得社会科学界和自然科学界共同关心的特殊区域。[⑨]

因此，本文试图以往学者的基础上，着重探讨影响西夏元时期黑河流域的绿洲开发的自然因素。

肖生春的研究指出，黑河上游山区属于成水环境，中游绿洲属于用水环境，而下游荒漠天然绿洲属于水成环境，这三种环境的驱动机制不尽相同。具体而言，上游山区成水环境、出山径流的变化直接地与气候变化相联系，因此，上游主要受气候变化的影响；中游平原区人类活动最为集中的区域和主要的水资源耗散区，属于用水环境，其演变主要受人类活动的影响；黑河下游的荒漠区属于水成环境，天然绿洲及其水环境变化主要取决于中游的下泄水量,其环境状况既受到中游和本区域人类活动

① 李并成：《河西走廊历史时期气候干湿状况变迁考略》，《西北师范大学学报》（自然科学版）1996年第4期，第56—61页。

② 张志华、吴祥定：《祁连山地区1310年以来湿润指数及其年际变幅的变化与突变分析》，《第四纪研究》1996年第4期，第368—378页。

③ 康兴成、程国栋：《祁连山中部公元904年以来树木年轮记录的旱涝变化》，《冰川冻土》2003年第5期，第518—525页。

④ 卓正大：《从祁连山圆柏年轮的测定推论该地区气候和冰川变化的趋势》，《植物生态学与地植物学丛刊》1981年第1期，第13—27页。

⑤ 杨蕤：《西夏地理研究》，人民出版社，2008年，第189—253页。

⑥ 张德二：《我国中世纪温暖期气候的初步研究》，《第四纪研究》1993年第1期，第7—15页。

⑦ [日]前田正名著、陈俊谋译：《河西历史地理学研究》，中国藏学出版社，1993年。

⑧ 相关研究著作如[日]井上充幸、加藤雄三、森谷一树编：《オアシス地域史論叢——黑河流域2000年の点描》，松香堂，2007年；[日]中尾正義ほか编：《中国辺境の50年——黑河流域の人びとから見た現代史》，東方书店，2007年；[日]中尾正义编：《オアシス地域の歴史と環境——黑河が語るヒトと自然の2000年》，东京勉诚出版株式会社，2011年。

⑨ 史金波：《导言一：整合人文与自然科学，探讨黑水城历史奥秘》，载沈卫荣、中尾正义、史金波主编《黑水城人文与环境研究》，中国人民大学出版社，2007年。

影响,又受到气候变化及其影响下的上游山区出山口径流量影响，即人类活动与气候变化双重影响。① 下面我们从气候变化、河流改道、地质地貌与风沙活动、自然灾害等角度分析西夏元时期黑河流域绿洲开发的自然驱动因素。②

一 气候变化

气候变化主要体现在降水、温度等方面，降水可直接影响流域水资源的补给，黑河中游地区的降水大部分都在200mm以下,不足以维持垦殖绿洲的用水。但南部祁连山区降水丰富,可达400—700mm，成为径流补给重要来源。竺可桢先生在历史上物候记载的基础上，通过对历史时期中国气候波动情况的研究，得出近5000年的气候可划分为4个冷期与4个暖期的结论。③早期的甘肃省气候研究也获得类似结论，董安祥通过研究表明，甘肃省的4个暖期为 3000 BC－1000 BC、770 BC－44 BC、582 AD － 960 AD 和 l192 AD－1427 AD；4个冷期为 1000 BC－770 BC、43 BC－581 AD、961 AD－1191 AD 和 1428 AD－1870 AD。④近来，杨保等人根据树轮资料，恢复了2000年来流域气温相对1966－1995年的平均值的偏离量和上游地区年降雨量（如图1)。⑤

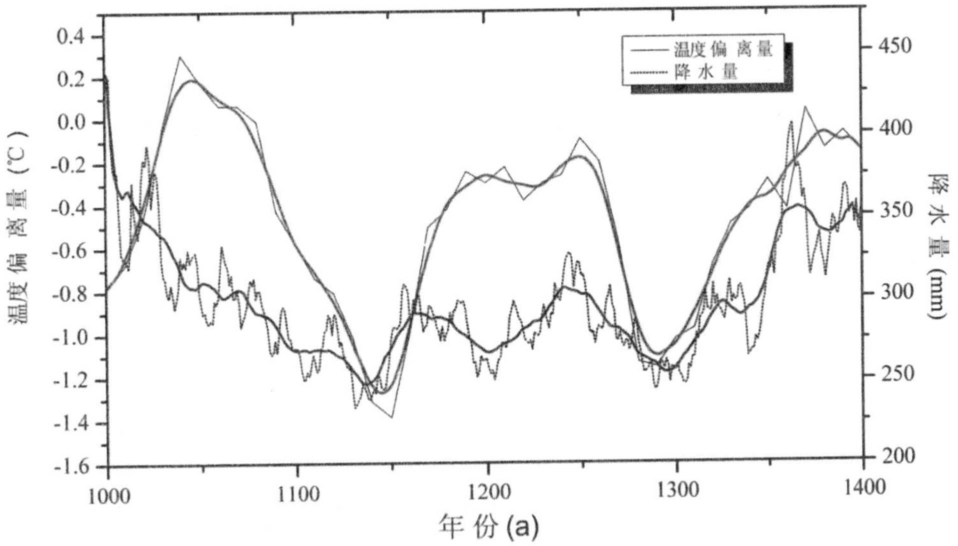

图1 黑河流域夏（宋）元时期温度偏离与降水量变化

由图可见，西夏元时期（1038－1368）大部分时间温度相对现代偏低，总体处于寒冷阶段。西夏前期（1038－1085)、夏末元初时期（1181－1265)、元末（1351－1368）温度相对偏高，其中前者更

① 肖生春、肖洪浪:《黑河流域水环境演变及其驱动机制研究进展》,《地球科学进展》2008年第7期，第748—755页。

② 关于西夏元时期黑河流域绿洲开发的人文驱动因素，笔者将另外撰文分析。

③ 竺可祯:《中国近五千年来气候变迁的初步研究》,《竺可祯文集》，北科学出版社，1979年，第475—498页。

④ 董安祥:《甘肃省近五千年气候变迁的初步研究》,《高原气象》1993年第3期，第243—250页。

⑤ Yang B, Braeuning A, Johnson KR, Shi YF. (2002) General characteristics of temperature variation in China during the last two millennia. Geophys Res Lett , 29(9). doi:10.1029/2001GL014485；Zhang QB, Cheng G, Yao T, Kang X, Huang J (2003) A 2,326－year tree-ring record of climate variability on the northern Qinghai－Tibetan plateau. Geophysical research letters, 30(14):1739. doi: 10.1029/2003GL017425。

高，但持续时间较短。西夏中期（1076－1180）、元中后期（1266－1350）温度均处于明显低谷时期。降水量的变化与之类似，降水大多低于 300mm，总体呈现低谷分布，只在西夏初期（1038－1085）、夏末元初（1181－1265）及元末（1351－1368）的降水略有增加。可以看出，流域气候总体处于“冷干”状态，而以西夏中后期（1086－1180）和元中后期（1266－1350）呈现趋势更为明显，两阶段持续近 200 年。

关于黑河流域出山径流量的变化情况。黑河流域的农业发展多依赖地表水，河流是决定绿洲发展和变迁的根本条件。绿洲依靠水而存在，所以绿洲的稳定程度取决于河流的保证程度。据分析，黑河全流域多年平均出山口径流量为 3.335km^3/a，①学界利用树轮资料，对夏元时期流域径流量和冰川径流量进行了重建（图 2）。②

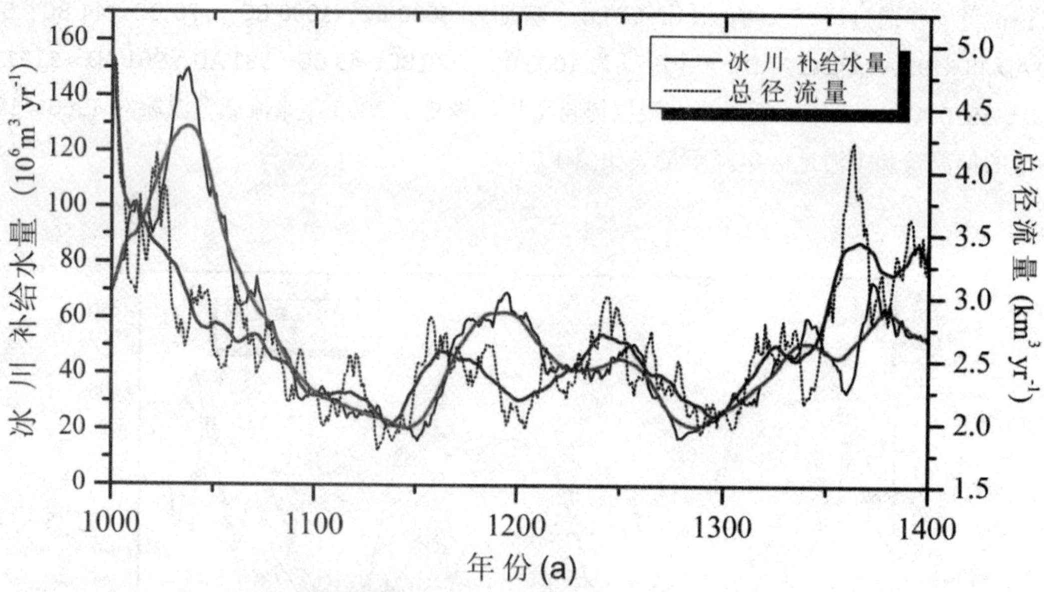

图 2 黑河流域夏元时期冰川补给水量与年径流总量

图 2 反映出，冰川的补给水量与河流径流总量具有良好的一致性，从而证实冰川是流域水量补给的来源之一。整个研究时期内，流域的径流量呈低谷波动趋势，大多数时期总量不足 3.0km^3。与温度变化趋势类似，除了西夏初（1038—1085）及元末（1351—1368）径流量数值较高，及在西夏中期（1150—1190）、夏末元初（1210—1280）有弱峰值外，其他时期径流量大多在 2.5 km^3 以下。水量减少与整个时期内农业发展微弱，畜牧为主的经济形态一致。

二　河流改道

关于西夏元时期的河流改道，文献记载很少，谭其骧先生的《中国历史地图集》中仅仅画出了黑河和北大河的交汇情况，如下表：

---

① 程国栋、孙鸿烈编：《中国西部典型内陆河生态——水文研究》，气象出版社，2010 年，第 3—4 页。

② Akiko Sakai, Mitsuyuki Inoue, Koji Fujita, et al. (2012) ,Variations in discharge from the Qilian mountains, northwest China, and its effect on the agricultural communities of the Heihe basin, over the last two millennia, Water History 4:177–196. DOI 10.1007/s12685－012－0057－8.

表 1　黑河与北大河交汇情况一览表

年代	王朝	行政区划	交汇情况	依据
943 年	甘州回鹘占领后晋天福八年	甘州、肃州	未交汇（北大河流入金塔附近戈壁、沙漠中）	谭其骧《中国历史地图集》第五册，图 82-83.
1111 年	西夏贞观十一年	宣化府（甘州）、肃州、黑水镇燕军司	未交汇（北大河流入金塔附近戈壁、沙漠中）	谭其骧《中国历史地图集》第六册，图 36-37。
1330 年	元至顺元年	甘州路、肃州路、亦集乃城	季节性交汇（北大河下游为伏流河）	谭其骧《中国历史地图集》第七册，图 15-16.

从上表中，我们可以大略知道，在公元 1000—1400 年之间，黑河与北大河基本上不交汇、不合流的，黑河沿着自己的河道流向下游地区，而北大河多半流入到今天的金塔盆地中。然而，西夏、元时期，金塔境内我们并没有找到行政建置的记载，也没有发现古遗址信息。这就使得我们对这其中的原因不得而知，是否与上游的来水量或者中游地区的用水有关系。这里，我们只能借助自然科学的研究成果对黑河下游的额济纳绿洲做一些介绍。据齐乌云等对黑河下游历史时期湖面变动的分析显示，公元前 1200 年—公元前 500 年，古居延泽和苏果淖尔同时存在，即在 2000 多年前左右的汉代已存在古居延泽和苏果淖尔湖。而到了公元 1200 年左右的西夏时期，嘎顺淖尔也已形成西夏后半叶到元末明初阶段，古居延泽、苏果淖尔、嘎顺淖尔同时存在，黑河径流同时往三个盆地分流。但这时黑河的地表径流很少或没有到达古居延泽，其主流注入了嘎顺淖尔和苏果淖尔湖中。黑河往嘎顺淖尔和苏果淖尔分流处剖面的 $\delta^{14}C$ 年代数据表明，1400 年前开始，这里洪水多发，开始形成了额济纳三角洲。①

另外，关于西夏时期黑河向嘎顺淖尔方向改道的原因比较复杂，有学者认为洪水泛滥引起了河流改道或居延三角洲上的河床淤高从而引起了河流改道，也有学者认为与元末明初的战争有关。黑城废弃的原因，当是由于元末丧乱，明廷无暇北顾，黑水城丧失了在政治军事上的重要地位，政权瘫痪，人心离散，河渠不修，水道绝流，迫使生民逐水草而去，留下孤城一片。因此，黑城附近的古河道废弃时间应在元末明初。居延三角洲中部绿洲向荒漠化发展的时间也应从此时开始。据《甘镇志》记述，明时甘州五卫，兴修水渠 79 条，灌溉农田约 $5\times10^4hm^2$。农业的大发展，引水量大增，春夏之交，黑河水源紧缺，正义峡以下主河道经常断流，加之额济纳河东支河床泥沙淤高，额济纳主河道自然改行河床较低的西支。中尾先生对绿城一带引水渠上植物残体所进行的研究表明，这一带的引水渠经西夏和元代的使用，一直到明代初期也在使用这些引水渠。②黑河改道后，遗址附近的东支逐渐断流废弃，繁荣史长达几千年的古居延绿洲最终沦为沙漠。

下图直观反映了黑河尾闾湖居延泽经历的各种变迁过程（图 3）：

---

① 齐乌云等：《黑河下游花粉分析所揭示的历史时期湖面变动及其原因》，载沈卫荣、中尾正义、史金波主编《黑水城人文与环境研究》，中国人民大学出版社，2007 年，第 253—269 页。对于黑河下游尾闾湖的形成，李并成先生认为噶顺淖尔和苏果淖尔两个尾闾湖早在西汉时期大规模开发时就已经存在了，他们的形成是地质历史时期的事情。见氏著《河西走廊历史时期沙漠化研究》，科学出版社，2003 年，第 199—209 页。

② 齐乌云等：《黑河下游花粉分析所揭示的历史时期湖面变动及其原因》，载沈卫荣、中尾正义、史金波主编《黑水城人文与环境研究》，第 262 页。据文章介绍是中尾正義未发表的数据。

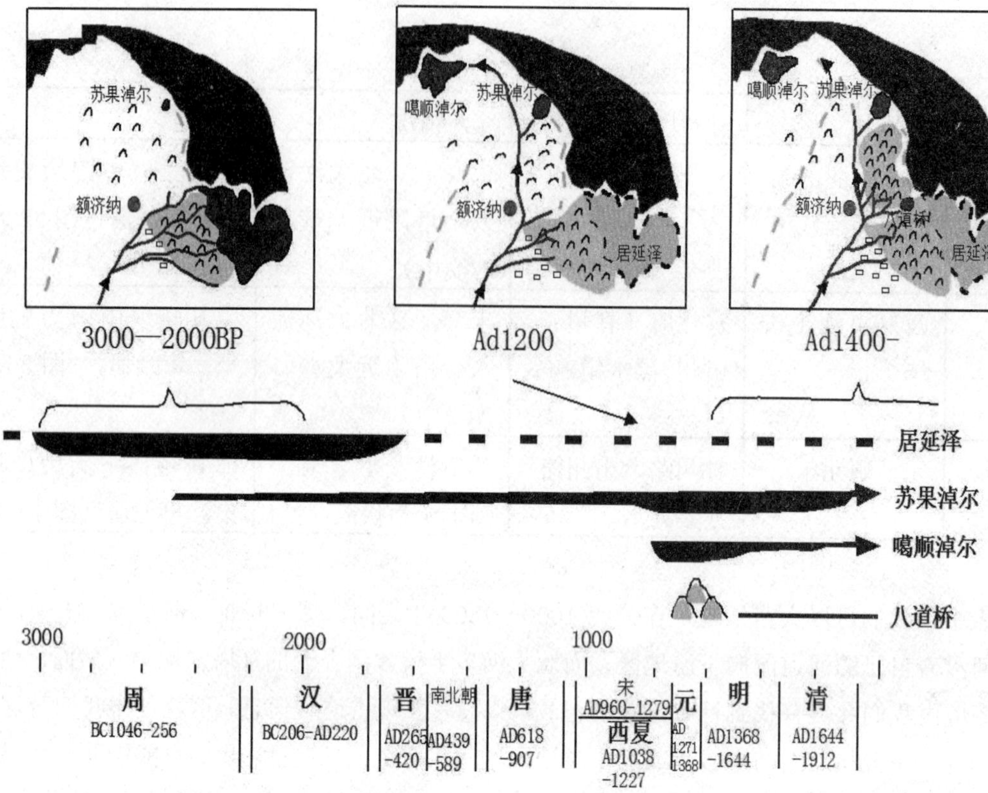

图4 居延泽变迁示意图①

【在过去的2000年内，位于黑河末端的居延泽经历了各种变迁，由于索果淖尔的形成，居延湖开始缩小，公元1200年前后，黑河的流向改道向北，新的噶顺淖尔出现。所以昔日的居延湖现在也不过仅仅是停留在小小的天鹅湖的状态。进入20世纪以来，索果淖尔和噶顺淖尔两个湖相继灭亡，不过由于复原湖泊（黑河调水工程——笔者注）的努力，在2002年，又对索果淖尔进行了小规模的复活。原图来自远藤他：《绿洲地域研究会报》第6卷第2号，第197页。】

从上图中，我们根据水量的大小，可以理解为何说黑河下游历史时期绿洲的沙化从居延三角洲的下部开始，后到达了中部。汉代是对居延三角洲的利用面积最大的时期。到了西夏时代，汉代聚落中心和农田集中的居延三角洲的下部开始显著沙化，人们为了寻求水源，当时的聚落中心和灌溉农业迁移到了居延三角洲的中部一带，当时主要种植小麦、黍、大麦等农作物。目前汉代前后形成的额济纳东三角洲和从1200年的西夏时期开始发育的额济纳三角洲的下部沙化已呈显著，三角洲中部也已有了沙化的危机。

三　地质地貌与风沙活动

黑河流域地形地貌形成于地质时期，但它对于整个黑河流域的水、土、植物资源的分布起到了决定性和持续性的巨大作用，对绿洲的存在与发展的基本条件具有显著的影响。由于区域地形地貌、水、

① 本图根据[日]中尾正义编：《オアシス地域の歴史と環境——黒河が語るヒトと自然の2000年》，勉诚出版株式会社，2011年，彩页部分。

热、植被等条件，从山麓到河流尾闾区土壤产生了地带性分异,具有灰钙土→灰漠土 →灰棕漠土 →棕漠土的分布规律,受人工灌耕及水盐条件等因素的影响，形成草甸土、沼泽土、盐土、风沙土及灌耕土等非地带性分布的土壤类型,其中盐土、风沙土多分布于流域的下游区域。平原区的各非地带性土壤都源自于灰漠土、灰棕漠土、棕漠土等地带性土壤。①而属于平原区绿洲体系的黑河流域的生态系统具有较高的脆弱性。另外，黑河流域的水资源状况沿其流程也产生了很大的分异。在年降水量方面,从山麓到河流尾闾区递减幅度很大,而潜在蒸发量和干燥度都呈上升趋势。出山径流经过张掖—酒泉盆地、金塔盆地和额济纳旗盆地 3 个循环带的利用、消耗及地表地下水的相互转化,最终达到下游的水量不足 $10\times10^8m^3$,其中有 $4.409\times10^8m^3$,占 44.89 %的水量又转化为地下水,而无法实施有效的管理和利用。经过上中游的利用(生活、工业、农业等),地表和地下水水质都渐趋恶化。下游绿洲位置最低,成为整个流域的水盐排泄区,造成绿洲土壤盐渍化。湖泊萎缩后,湖水和地下水矿化度升高,形成部分盐漠,随风沙活动向绿洲扩展。在地下水位高时,为活性积盐,地下水位下降到临界深度以后,盐分仍残留在土体中,变为残遗积盐,普遍含盐在 2 %-5 %之间,表层含盐高达 30 %以上。②由于这样的地质特征，所以黑河流域中游地区的很多古绿洲虽几经废弃，但又被反复开发利用，如张掖的黑水国遗址。但是下游的生态环境较为脆弱，一旦破坏，恢复的几率很小，西夏元之际的后期黑水城的废弃就是一个很典型的例子。

除了地质地貌之外，风沙活动也会对水土资源开发利用产生一定的影响。黑河流域位于腾格里沙漠和巴丹吉林沙漠的边缘地带，流域范围内有很多地域正在不可避免地要遭受风沙的潜在威胁和侵袭。而人类无论是对绿洲自身还是绿洲界外区的利用不当,都会导致风沙的活跃与侵入。冯绳武先生考证,弱水下游向左偏转改道的现象,主要是右岸的巴丹吉林沙漠在盛行的西北风的推动下,流沙堆积于右岸,以至于干三角洲上散流弱水各支被迫向左改道,绿洲随之发生迁移和改变。绿洲边缘的沙丘或绿洲内部干河床沙源在风力作用下,不断前移危害农田。如金塔西部、高台西部活化沙丘向绿洲年平均前移值在 5-10 m 之间。③

四 自然灾害

任朝霞等对黑河流域近 2000 年的旱涝变化作了研究，指出在公元 951—1340 年属于偏旱期，④西夏元刚好属于这个偏旱期内，这一点与前揭西夏元时期黑河流域的的降水量是基本一致的(参见图 1)。历史文献保存下来关于西夏、元时期黑河流域自然灾害的记载较为零星。我们根据甘肃省气象局干旱减灾系统工程研究项目组编的《甘肃省历史气候文献资料》(公元前—1949 年)⑤和李蔚先生《西夏自然灾害简论》一文中所列“西夏自然灾害概况表”⑥、高新荣先生主编《张掖地区水利志》所列“张掖历史上的干旱记录”、“黑河流域历史上的雨洪灾害记载”⑦，把涉及到黑河流域部分的灾害加以整

① 王根绪、程国栋:《西北干旱区土壤的生态特征与变化》,《干旱区资源与环境》1999 年第 3 期，第 14—22 页。
② 肖生春、肖洪浪:《黑河流域绿洲环境演变因素研究》,《中国沙漠》2003 年第 4 期，第 386 页。
③ 冯绳武:《甘肃河西水系的特征和演变》,《兰州大学学报》(自然科学版)1981 年第 1 期，第 125—129 页。
④ 任朝霞、陆玉麒、杨达源:《近 2000 年黑河流域旱涝变化研究》,《干旱区资源与环境》2009 年第 4 期，第 90—93 页。
⑤ 甘肃省气象局干旱减灾系统工程研究项目组编:《甘肃省历史气候文献资料》(公元前—1949 年)，甘肃省气象局藏，藏书编号：457[6200]。
⑥ 李蔚:《西夏自然灾害简论》，载氏著《西夏史若干问题探索》，甘肃文化出版社，2002 年，第 77—78 页。
⑦ 高新荣主编:《张掖地区水利志》，甘肃省张掖地区行政公署水利电力处，1993 年，第 113—118 页。

理，具体见本文附表。

从“西夏元时期黑河流域自然灾害统计表”中可以看出，黑河流域最容易爆发的自然灾害就是旱灾和饥荒，其次就是水灾、冰雹和地震。旱灾最容易导致的就是饥荒，表中6次饥荒的记载都与干旱有直接关系，它们分别是1110年、1260年、1262年、1288年、1308年。另外，一些记载的饥荒，虽未明言是由于干旱所致，但我们推测大抵应该是由于干旱等自然灾害引起的。

自然灾害对于农牧业生产的破坏作用，如表所示，明太祖洪武三十年（1397）一月十五日，陕西行都司都指挥司陈晖奏准：凉州、西宁、永昌、肃州、在浪，每岁丰收，而甘州、山丹等六卫天气寒冷，四月雪消防可耕种。苗始秀，而霜始降。甘州、山丹等六卫都属于今天黑河流域范围内，这里天气寒冷，四月份冰雪消融之后才能耕种，而当庄稼的苗刚刚成器时，就开始下霜了，可见当地的气候对于农作物的生长是很不利的。尽管上面是明代初年的记载，但距离元代很近，我们可以以此窥探元代的情况大抵如此。

五 结语

从影响西夏元时期黑河流域绿洲开发的驱动因素看，上述内容所展示的多为能从文献中梳理和整理的主要部分。由于历史上绿洲开发驱动因素的构成、机制和方式的复杂性，使得目前探讨的深度和广度受到限制，本文仅仅分析了气候变化、河流改道、地质地貌和自然灾害等自然因素。可以肯定的是，自然因素是对垦殖绿洲产生驱动作用最为基本的因素，他们的影响无所不在、无时不有，同时各个自然因素之间还存在组合关系。对于黑河流域这样处于农牧交错带的地区而言，任何自然因素都不可能单独发生作用，他们共同对垦殖绿洲的开发产生作用。气候因素不仅直接影响植被生长，还会影响水资源的供给，是最为重要的自然因素。自然灾害的作用时间较短，对长时期绿洲发展的作用并不明显。

附表：西夏元时期黑河流域自然灾害统计表

灾害种类	公元	历史年代	地点	记载	资料来源
冰雹	1332	元宁宗至顺三年	张掖	夏五月，甘州雨雹。	甘肃全省新通志（清光绪三十四年）
冰雹	1330	元文宗天历三年	张掖	五月，甘州雨雹。	甘州府志（清乾隆四十四年）
虫害	1299	元成宗大德三年	甘肃	陇、陕蝗。	甘肃变异志（民国二十五年）
地震	1311	元武宗至大四年	张掖	七月癸未，甘州地震，大风有声如雷。	甘肃全省新通志（清光绪三十四年）
旱灾饥荒	1110	夏贞观十年九月	瓜、沙、肃	瓜沙肃三周旱饥，自三至九月不雨	《西夏书事》卷三二，《西夏纪》卷二二，《宋史》卷二〇《徽宗纪》
旱灾	1213	宋宁宗嘉定六年	甘肃	诸路旱。	甘肃变异志（民国二十五年）
旱灾	1226	夏乾定三年五月	河西	河西旱。	《西夏书事》卷四二，《西夏纪》卷二八，《金史》卷七《哀宗纪》。《宋史》卷四一《理宗纪》
旱灾饥荒	1260	元世祖中统元年	张掖地区	甘州旱，饥。	甘肃省文史资料（20辑）
饥荒	1261	元世祖至元二年	张掖地区	甘州饥，给粮以赈之。	中国救荒史（民国二十六年）
饥荒	1262	元世祖至元三年	酒泉地区	九月，沙肃二州乏食。	甘肃变异志（民国二十五年）
旱灾	1262	元世祖至元三年	张掖地区	夏五月旱，甘州饥。	甘肃省文史资料（20辑）

饥荒					
饥荒	1273	元世祖至元十年	张掖地区	六月，赈甘州等处诸驿站。	甘肃省志大事记（讨论稿）
饥荒	1285	二十二年	酒泉地区	甘、肃、沙三州饥，民多流之。	肃州新志（清光绪二十三年）
饥荒	1285	二十二年	张掖地区	甘、肃、沙三州饥，民多流之。	肃州新志（清光绪二十三年）
饥荒	1286	二十三年	张掖地区	甘州饥。	甘肃省各县自然灾害表
旱灾	1288	二十五年	酒泉地区	肃州旱、饥。	肃州新志（清光绪二十三年）
旱灾 饥荒	1288	二十五年	张掖地区	九月，甘州旱，饥。	甘州府志（清乾隆四十四年
饥荒	1289	二十六年	张掖地区	甘州饥。	甘州府志（清乾隆四十四年）
水灾	1290	二十七年	张掖地区	甘州路大水。	甘肃变异志（民国二十五年）
饥荒	1295	元成宗贞元元年	甘肃	夏六月，陕西、甘肃饥。	甘肃省文史资料（20辑）
饥荒	1296	二年	酒泉地区	七月，甘、肃二州驿户饥。	甘肃变异志（民国二十五年）
饥荒	1296	二年	张掖地区	七月，甘、肃二州驿户饥。	甘肃省文史资料（20辑）
饥荒	1303	元成宗大德七年	甘肃	一月，以岁歉收，禁甘肃、陕西酿酒；二月，命陕西、甘肃二行省赈凤翔、秦、巩、甘州、合迷里贫乏民户。	甘肃省志大事记（讨论稿）
旱灾 饥荒	1308	元武宗至大元年	张掖地区	甘州、安西等郡旱饥。	甘肃省文史资料（20辑）
饥荒	1309	二年	张掖地区	甘州饥。	甘州府志（清乾隆四十四年）
饥荒	1311	四年	张掖地区	甘州饥。	甘州府志（清乾隆四十四年）
饥荒	1316	元仁宗延佑三年	酒泉地区	冬十月，甘、肃州路饥。	甘肃变异志（民国二十五年）
饥荒	1316	三年	张掖地区	冬十月，甘、肃州路饥。	甘肃变异志（民国二十五年）
水灾	1323	元英宗至治三年	张掖地区	二月，甘州大雨漂没行帐孳畜。	甘州府志（清乾隆四十四年）
水灾	1324	元泰定帝泰定元年	张掖地区	甘州雨伤稼，赈。	甘州府志（清乾隆四十四年）
水灾	1325	二年	张掖地区	二月，甘州大雨漂没行帐孳畜。	甘肃全省新通志（清光绪三十四年）
饥荒 雨雪 灾害	1328	元泰定帝泰至和元年	甘肃	甘肃、陕西边境旱，民饥，冬春之交，雨雪愆期，民馑存臻，饿殍载道，麦苗枯死，秋禾未种，民庶惶惶，流徒者众，陕西自泰定二年至岁不雨，大饥。	甘肃省文史资料（20辑）
雪灾	1332	元文宗至顺三年	张掖	五月，甘州雪。	甘肃变异志（民国二十五年）
气候 寒冷	1397	明太祖洪武三十年	张掖	一月十五日，陕西行都司都指挥司陈晖奏准：凉州、西宁、永昌、肃州、在浪，每岁丰收，而甘州，山丹等六卫天气寒冷，四月雪消防可耕种。苗始秀，而霜始降。	甘肃省志大事记（讨论稿）

【资料来源：甘肃省气象局干旱减灾系统工程研究项目组编《甘肃省历史气候文献资料》（公元前一1949年）；李蔚《西夏自然灾害简论》；高新荣主编《张掖地区水利志》。】

（作者通讯地址：兰州大学敦煌学研究所　兰州　730000　）

（责任编辑：杨浣）

水洛城事件再探究

刘双怡

摘 要： 庆历三、四年间的水洛城之争闹得沸沸扬扬，在长达半年的争论后，水洛城最终得以兴修完毕。但综观其事态发展，其实只是由于宋朝内部、宋夏关系在此时发生的一些变化，从而导致此次事件被放大。水洛城得以竣工，倒像是对宋朝复杂的文武臣之间人际关系的一种妥协。

关键词： 水洛城 郑戬 刘沪 范仲淹 韩琦

水洛城兴修与否的争议在庆历三、四年间可谓是闹得沸沸扬扬，算是当时一件比较大的政治事件。此前研究水洛城事件的论文，大陆与香港学者有不同的侧重点，大陆学者多从人际关系、士风等角度探讨，[①]香港学者曾瑞龙则从水洛城的战略地位和刘沪为人的角度进行了分析。[②]本文不揣冒昧，通过对史实的梳理，分析水洛城事件中几个仍需探讨的问题。

一 关于首次提出进修水洛城时间的补证

前述几篇文章都将首次提出进修水洛城的时间点归于庆历三年（1043）十月，郑戬建议兴修水洛城为始。但详检史料发现，这还不算是提议兴修水洛城之始。早在庆历元年（1041）六月，陕西体量安抚使王尧臣在一则论及宋夏沿边地形的奏疏中就开始关注水洛城的战略位置，他指出：

> 秦州绝在西南，去贼界差远。其入寇之路，东则自仪州西南生属户八王界族经过，至水洛城北，是贼界党留等族地。水洛城南与秦州冶坊、床穰寨相接。[③]

庆历二年（1042）正月，范仲淹在上疏中首次提出兴修水洛城的建议："如进修水洛，断贼入秦亭之路，其利甚大。"[④]其后仁宗即让陕西诸路经略招讨司参议以闻。到了八月，时知秦州韩琦对此表示了反对："范仲淹议进兵修水洛城，通秦渭道路，穿蕃生户几二百里，计其土工亦数百万，止可通二州援兵，亦未能断绝西贼往来。近筑秦州关城方毕工，尚有冲要城寨，当修治者甚多，未敢再

① 李强：《"争水洛城事"的发生及影响》，《前沿》2005 年第 11 期，第 258—262 页；《"争水洛城事"与庆历士风》，《江淮论坛》2005 年第 4 期，第 166—171 页。
② 见曾瑞龙：《拓边西北：北宋中后期对夏战争研究》，北京大学出版社，2013 年，第 11—35 页。
③ （宋）李焘：《续资治通鉴长编》卷一三二，仁宗庆历元年六月己亥条，中华书局，2004 年，第 3142 页。
④《续资治通鉴长编》卷一三五，仁宗庆历二年正月壬戌条，第 3216 页。

劳人力。”[①]韩琦认为兴修水洛城，一是要耗费大量人力物力，二是水洛城并不是要冲地带，故反对范仲淹的提议。仁宗下诏听从韩琦的建议，不兴修水洛城。

在这之后，宋军又遭受了定川寨之败，兴修水洛城一事便搁置下来。直到庆历三年（1043）十月甲子，陕西四路经略安抚招讨使郑戬提出，有“德顺军生户大王家族元宁等以水洛城来献”，因“其地西占陇坻，通秦州往来道路，陇之二水，环城西流，绕带河、渭，田肥沃，广数百里，杂氐十余落，无所役属。寻遣静边寨主刘沪招集其酋长，皆愿纳质子，求补汉官。今若就其地筑城，可得蕃兵三五万人及弓箭手共捍西贼，实为封疆之利”[②]。朝廷采纳了郑戬的建议，正式开始兴修水洛城，同时也拉开了沸沸扬扬的水洛城之争的序幕。

两个月后，一年多前反对兴修水洛城的韩琦这次又第一个出来表示反对，一是认为水洛城的战略地位并不显要，再者耗费人力物力；同时指出这次还征询了文彦博、尹洙、狄青的意见，他们三人也都认为不应兴修。[③]

为何第一次范仲淹提出兴修水洛城的建议在韩琦的反对下作罢，而第二次却顺利开始呢？主要基于以下几点原因：一、范仲淹第一次提出兴修水洛城时只是口头建议，而第二次郑戬提出时，已有水洛城蕃部主动表示归顺，在其地兴修堡寨，招纳蕃部似为可行。二、两次提出兴修水洛城时，朝中执政之人已发生了变化。第一次范仲淹提出兴修水洛城之议时，朝中执政之人为吕夷简，而“仲淹尝与吕夷简有隙”[④]，再加上韩琦反对，自然兴修之事不能成行。而吕夷简执政时期，“屡贬言者，……或谪千里，或抑数年。……夷简当国之后，山后之败，任福以下死者数万人。丰州之战，失地丧师。镇戎之役，葛怀敏以下死者又数万人。庙堂之上，成算安在？”[⑤]而第二次郑戬提出兴修水洛城时，吕夷简已罢相，范仲淹为参知政事，主持庆历新政。况且此提议与范仲淹一年多前的提议相合，也是此次能顺利兴修的主要原因。

二　郑戬是否存在擅权的问题

现存史料中对郑戬派刘沪、董士廉督役水洛城是在解罢陕西四路招讨使之前还是之后，记载有所不同，而这种不同的记载，关乎郑戬在此次事件中是否存在擅权行为。

先看《涑水记闻》、《宋史·郑戬传》和郑戬墓志铭中的记载：

《涑水记闻》卷一〇记载，郑戬派刘沪、董士廉主管兴修水洛城在先，韩琦奏罢四路招讨、郑戬改知永兴军在后，并且郑戬之后还极言筑水洛城之利，“不可则罢”[⑥]。

在胡宿为郑戬所写的墓志铭中，与《涑水记闻》所记时间次序相同：

> （郑戬）初帅四路，有生氐帅乌宁率诸帅，愿奉水洛地入附。……至是，公遣静边戍长刘沪观相形势。沪还，劝公亟城，……遣沪往城，以从军董士廉尸其役。会公移雍，泾源帅毁沮其策，

① 《续资治通鉴长编》卷一三五，仁宗庆历二年二月辛巳条，第3222页。
② 《续资治通鉴长编》卷一四四，仁宗庆历三年十月甲子条，第3486页。
③ 《续资治通鉴长编》卷一四五，仁宗庆历三年十二月辛丑条，第3512—3513页。
④ （宋）徐自明撰、王瑞来校补：《宋宰辅编年录校补》卷五，仁宗庆历三年四月甲辰条，中华书局，2012年，第246页。
⑤ 《宋宰辅编年录校补》卷五，仁宗庆历三年四月甲子条，第240页。
⑥ （宋）司马光撰，邓广铭、张希清点校：《涑水记闻》卷一〇，中华书局，2009年，第188页。

即日檄收水洛兵，趣使罢役。沪、士廉守便宜，不从，公争之甚切。[①]

《宋史·郑戬传》记载：

初，静边寨主刘沪谋筑水洛、结公二城，以通秦、渭援兵，招生羌大王族为边卫。(郑)戬使沪与著作佐郎董士廉督其役。会罢戬四路，宣抚使韩琦、知渭州尹洙皆以为不便，召沪、士廉罢役归，不听。乃使裨将狄青将兵以往，械送德顺军狱。戬力争于朝，卒城之。[②]

这三处的记载都表明，郑戬派刘沪、董士廉督役水洛城是在其罢陕西四路招讨使之前，不遵朝旨擅自兴役的是刘沪与董士廉，郑戬只是在改知永兴军后争辩是否应继续兴修水洛城。这样记载表明，郑戬并不存在擅权行为，事件的发展主要是由于刘沪与董士廉不遵罢修朝旨、执意兴修才造成的。

但是另几处史料的记载则与之完全相反：《续资治通鉴长编》卷一四六记为：

春正月戊辰，诏陕西都部署司、泾原经略司，罢修水洛城，从宣抚使韩琦奏请也。然刘沪时已兴役，郑戬又遣著作佐郎董士廉将兵助之矣。[③]

同书卷一四七记：

先是韩琦以修水洛城为不便，奏罢之，郑戬固请终役。琦还自陕西，即罢戬四路都部署，戬既改知永兴，又极言城水洛之不便，役不可罢；命刘沪、董士廉督役如故。[④]

尹洙的奏状更是明确指出刘沪、董士廉不遵罢修诏旨，继续修城的行为是郑戬所授意，而这是郑戬在罢帅之后的越权行为，“刘沪所执只是郑戬文牒，其郑戬文牒并是解罢兵权后专有行遣，……统兵大臣解罢兵权后尚得处置边事，于国家事体不便”[⑤]，甚至愿意“与郑戬一处下狱照对以明国典”[⑥]。

这些史料都将刘沪与董士廉执意兴修水洛城的行为归结于郑戬的授意，郑戬存在着严重的擅权行为。到底郑戬是否存在擅权行为，我们要梳理以下几个时间节点。一是郑戬罢帅的具体时间。据《续资治通鉴长编》记载，庆历四年（1044）二月甲寅，“罢陕西四路都部署、经略安抚招讨使，复置逐路都部署、经略安抚招讨使，从韩琦之议也。[⑦]以陕西四路都部署、经略安抚招讨使、资政殿学士、礼部侍郎郑戬为永兴军都部署、知永兴军”[⑧]。但是从当月欧阳修的上疏看，郑戬改知永兴军在此之

① （宋）胡宿：《文恭集》卷三六《宋故宣徽北院使奉国军节度使明州管内观察处置等使金紫光禄大夫检校太保使持节明州诸军事明州刺史兼御史大夫判并州河东路经略安抚使兼并代泽潞麟府岚石兵马都部署上柱国荥阳郡开国公食邑二千五百户食实封三百户赠太尉文肃郑公墓志铭》，文渊阁四库全书本。

② 《宋史》卷二九二《郑戬传》，中华书局，1977 年，第 9768 页。

③ 《续资治通鉴长编》卷一四六，仁宗庆历四年正月戊辰条，第 3527 页。

④ 《续资治通鉴长编》卷一四七，仁宗庆历四年三月甲戌条，第 3556 页。

⑤ （宋）尹洙：《河南先生文集》卷二三《奉诏令刘沪董士廉却且往水洛城勾当状》，四部丛刊初编本。

⑥ 《河南先生文集》卷二三《乞与郑戬下御史台照对水洛事状》，四部丛刊初编本。

⑦ 从后文所引欧阳修的上疏来看，罢陕西四路都部署并不是韩琦的建议，韩琦的建议只是“除郑戬知永兴军兼陕西四路都部署”，故欧阳修指出：韩琦“身在边陲，曾为将帅，岂可如此失计？”罢陕西四路都部署实为在欧阳修上疏之后施行的。李焘在《续资治通鉴长编》中也同样提出了这个问题，《实录》与《正史》都将此归于韩琦所议，对于欧阳修的上疏，“《实录》、《正史》都不详耳”。

⑧ 《续资治通鉴长编》卷一四六，仁宗庆历四年二月甲寅条，第 3542 页。

前，虽已改知永兴，但郑戬仍然兼任陕西四路都部署。欧阳修认为这种情况有七个方面的弊端，希望“乞命两府大臣，明议四路不当置都部署利害。其郑戬既不可内居永兴而遥制四路，则乞落其虚名，只令坐镇长安，抚民临政，以为关中之重，其任所系亦大，而使四路各责其将，则名体皆顺，处置合宜”①。至此说明，从这年正月朝廷下令罢修水洛城，到此时正式罢解郑戬陕西四路都部署之职，在这一个月的时间里，郑戬仍然为四路统帅，指派刘沪、董士廉督役水洛城并不是尹洙所提“解罢兵权后专有行遣”。

二是朝廷何时又开始同意继续兴修水洛城使其完工。在枢密院三月二日的劄子中提到：“据郑戬奏，水洛城并是当司一面兴修，若便中止，实恐生、熟蕃部递相仇杀，却为边患”，郑戬希望能继续“在泾州半月日，候许迁等军马回，即起发赴任”②。十天后，朝廷即“命盐铁副使、户部员外郎鱼周询，宫苑使周惟德往陕西，同都转运使程戡相度铸钱及修水洛城利害以闻”③，并且“与本路经略部署司疾速同共支拨军马粮草应付，早令了毕。仍令刘沪、董士廉却且往彼勾当。所有勘到罪状，别听指挥”④。说明朝廷在派遣鱼周询、周惟德和程戡去了解水洛城事件的同时已经同意继续兴修。郑戬在四月向朝廷的上疏中也提到：“尹洙使狄青带领兵马趋德顺军，追摄知水洛城刘沪及本部勾当公事董士廉，枷项送狱，称洙累令住修水洛城，不禀节制。缘臣昨移永兴军，被诏令一面兴修，已移文报洙。洙既知筑城已就，又闻朝廷专委鱼周询定夺，更难以利害自陈，便欲图陷沪等。”⑤指出已将朝廷继续兴修水洛城一事告知尹洙，尹洙并没有理会郑戬的公文，由于刘沪、董士廉不遵己命，凭个人怨气将刘沪、董士廉枷项送狱。

由此可知，出现以上两种记载的原因，主要就是在朝廷下旨罢修水洛城与罢郑戬陕西四路都部署这一个月期间，改知永兴军的郑戬仍兼任四路都部署。从欧阳修与范仲淹的上疏中也可以看出，刘沪与董士廉不遵罢修朝旨在先。而在其二人投狱后，尹洙又未遵从释放刘、董二人，继续兴修的命令才导致后面朝臣的争执。⑥

三　水洛城得以完工的原因

水洛城最后之所以可以完工，主要基于以下几方面原因：

一是怕蕃部生变。在狄青将刘、董二人械送德顺军狱，而朝廷派去了解情况的鱼周询、周惟德未到之前，已是“蕃部遂惊扰，争收积聚，杀吏民为乱”⑦。郑戬也认为将刘沪等逮捕入狱，“必恐蕃汉人民惊溃，互相仇杀，别生边患”⑧。在安抚蕃部的同时，也要安抚边臣武将。当时大多数朝臣都建议采取调解的方法解决此事，代表人物主要有范仲淹、欧阳修、孙甫、余靖。

时任参知政事的范仲淹首先指出，刘沪作为沿边有名将佐，“最有战功，国家且须爱惜，不可轻

---

① （宋）赵汝愚编、北京大学中国中古史研究中心校点整理：《宋朝诸臣奏议》卷六五欧阳修《上仁宗论郑戬不可为四路招讨》，上海古籍出版社，1999 年，第 720—721 页；（宋）欧阳修：《文忠集》卷九七《论罢郑戬四路都部署劄子》，文渊阁四库全书本。

② 《河南先生文集》卷二一《乞与郑戬下御史台诏对水洛事状》，四部丛刊初编本。

③ 《续资治通鉴长编》卷一四七，仁宗庆历四年三月甲戌条，第 3556 页。

④ 《河南先生文集》卷二一《奉诏令刘沪董士廉却且往水洛城勾当状》，四部丛刊初编本。

⑤ 《续资治通鉴长编》卷一四八，仁宗庆历四年四月庚子条，第 3583 页。

⑥ 见《续资治通鉴长编》卷一四七所载范仲淹：《奏为刘沪董士廉修水洛城乞委鱼周询等勘鞫》；同书卷一四八所载欧阳修：《论水洛城事宜乞保全刘沪等劄子》、《再论水洛城事乞保全刘沪劄子》。

⑦ 《续资治通鉴长编》卷一四七，仁宗庆历四年三月甲戌条，第 3557 页。

⑧ 《续资治通鉴长编》卷一四八，仁宗庆历四年四月庚子条，第 3583 页。

弃”。如果因为狄青而被行军法，“则边上将佐，必皆衔冤，谓国家负此有劳之臣，人人解体，谁肯竭力任边事”。最好的办法是先派人去调查，将刘、董二人送往别州拘管，听候朝旨，“一则惜得二人，不至因公被戮，二则惜得狄青、尹洙，免被二家骨肉称冤致讼”，以“彰陛下保庇边将之恩，使武臣效死以报圣德”①。谏官孙甫也认为一方面要安抚蕃部，另一方面狄青之材不可多得，故朝廷应“两全之”②。余靖的看法也与孙甫相似。欧阳修指出，“狄青、刘沪等皆是可惜之人，事体须要两全，利害最难处置”，并且指出了五个利害方面：一释刘沪则挫边将威；二械刘沪则使蕃部惊；三罪刘沪则无立事边防者；四因此事刘沪、狄青生隙；五若调走狄青，则是因一小将易一部署。③到了四月丙辰，欧阳修和余靖再次就此事上言，欧阳修提出了“三利三害”，认为应释放刘沪，调走尹洙；余靖则认为应调走狄青。④

在安抚武臣方面，欧阳修将宋代右文抑武的现象于此事不利之处说得极为明白：“大凡武臣尝疑朝廷偏厚文臣，假有二人相争，实是武人理曲，然终亦不服，但谓执政尽是文臣，递相党助，轻沮武人。况沪与洙争，而沪实有功，又其理不曲，罪沪则缘边武臣尽鼓怨怒。”⑤曾瑞龙认为，“水洛城事件的解决反映出庆历时代的中央政府，已察觉到‘轻沮武臣’的危机，恐怕边庭有警时无人肯为朝廷用命。尽管韩琦一再强调营建水洛并无战略价值，反而存在种种隐忧，朝廷终于还是考虑到既成的事实和招诱蕃部的重要性”；再加上“有谋的边将利用朝廷对边情不明，借助蕃部的支持，造成一些既定事实，来逼朝廷认可，最后完成其开疆辟土、建功立业的美梦”⑥。

二是宋朝在经历三川口、好水川、定川寨兵败后，对西夏的政策已转为防守为主，再加上水洛城之争正处于庆历新政时期，主政的范仲淹就是主张对西夏行防守之策。兴修堡寨正是防守之策的重要组成部分。李华瑞师在其《宋夏关系史》一书中就曾指出，“北宋以修筑城寨作为与西夏争战的主要手段，是随着宋夏对抗的逐步升级才得以确立的”，“战争教训了北宋朝廷，在贸然进攻屡遭败绩后，对修筑城寨作为防御手段的重要性越来越有清醒的认识，即使在与元昊媾和过程中，修筑城寨依然是宋廷抗夏的基本思路”，“由于宋对修筑城寨的战略意义有了清醒的认识，加之城寨堡在抵御西夏进攻中起了巨大作用，因而自庆历年间起至北宋灭亡，宋在陕西沿边掀起了三次修筑城寨的高潮”⑦。兴修水洛城就处在庆历至嘉祐年间的第一次高潮期间。欧阳修更是将刘沪筑水洛城与范仲淹筑大顺城、种世衡筑青涧城相提并论，并认为“沪筑水洛城，沪尤为艰难，其功不在二人下”⑧。

四　余论

反观水洛城之争中，似只有韩琦的建议最为中肯，因其在陕西沿边五年，对边事于他人知之甚详，故从客观情况而不是人情利害关系出发，列出了十三条不应当修水洛城的建议，归纳起来主要有以下七个方面：一是兴修水洛城对于元昊并不构成损伤；二是修城耗费大量人力物力；三是即便水洛城完工，也并不像众人所说有何便利之处；四是水洛城修成后反为敌军入侵提供了便利；五是筑城后所纳

① 《续资治通鉴长编》卷一四七，仁宗庆历四年三月甲戌条，第3557—3558页。
② 《续资治通鉴长编》卷一四八，仁宗庆历四年四月丙申条，第3575页。
③ 《续资治通鉴长编》卷一四八，仁宗庆历四年四月丙申条，第3577页。
④ 《续资治通鉴长编》卷一四八，仁宗庆历四年四月丙辰条，第3590—3591页。
⑤ 《续资治通鉴长编》卷一四八，仁宗庆历四年四月丙辰条，第3590页。
⑥ 曾瑞龙：《拓边西北：北宋中后期对夏战争研究》，第22页。
⑦ 李华瑞：《宋夏关系史》，中国人民大学出版社，2010年，第171、173页。
⑧ 《续资治通鉴长编》卷一四八，仁宗庆历四年四月丙辰条，第3591页。

蕃部尽是浮浪之人，于官无益；六是提议兴修水洛之臣多是借此事转官酬奖，并未细致考察此事是否得当；七是如果降罪尹洙、狄青，则是节制不行，大害军制。[①]但由于当时的议论已倒向继续兴修水洛城的一边，故其建议并未得到重视。经过半年的争论，抱着“弃之诚可惜”的态度，水洛城还是兴建完毕。纵观整个事态的发展以及朝臣的议论，水洛城最后得以竣工并不是因为其较于西夏有多么重要的战略地位，倒像是为平衡人际关系而做出的一种妥协。

另一方面，从宋夏庆历年间的正面交锋可以看出，西夏进犯宋朝的路线主要是集中在泾原路和环庆路，进攻路线由西自东，并没有特别南下的态势，而水洛城处于德顺军的南端，远离西夏进犯的路线范围。再加上宋夏在秦凤路的边界渐次向北推进，水洛城越来越远离宋夏边境线。况且经过三川口、好水川、定川寨三次战役后，西夏的国力也受到了极大的消耗，短时间内也不可能再发动大的进攻。所以从庆历三年开始，元昊就陆续派使者往宋，表达和谈的意愿，双方交涉一年左右时间，终于在庆历四年十月达成和议。若只是单纯为了防范西夏进犯，在此筑城，却有浪费人力、物力之嫌。相较于此，水洛城对于招纳蕃部的作用则更为突显。

水洛城之所以被闹得沸沸扬扬，主要由于其所发生的时机正好处于宋朝内部（庆历新政）、宋夏关系发生变化之时，从筑城所牵扯到的蕃部安抚、文武臣之间的关系、对夏政策，都导致此次事件被放大。而水洛城事件的效应并没有因为水洛城修成而退去。庆历五年（1045）三月，在杜衍、范仲淹、富弼相继被罢，韩琦冒着“朋党”的嫌疑，上疏请求留住范仲淹、富弼负责西北边事，但韩琦的上疏“疏入不报，而董士廉又诣阙讼水洛城事，辅臣多主之，琦不自安，恳求外补。辛酉，琦罢枢密副使，加资政殿学士，知扬州”[②]。

（作者通讯地址：四川大学历史文化学院博士后科研流动站　成都　610064）

（责任编辑：佟建荣）

① 《续资治通鉴长编》卷一四九，仁宗庆历四年五月壬戌条，第3604—3608页。
② 《续资治通鉴长编》卷一五五，仁宗庆历五年三月辛酉条，第3759页。

西夏武官帽式研究*

魏亚丽

摘　要：据图像和文献资料所见，西夏武官首服主要有镂冠、黑漆冠、武弁冠、鸟羽形和尖角状帽盔等类型。其中，富有民族特色的镂冠、黑漆冠是西夏法典明文规定的朝服首服。镂冠系列为官职较高的武将穿戴；黑漆冠是官职较低者所戴便服首服穿戴。

关键词：西夏　武官　帽式

首先要说明的是，本文所探讨的“武官”，是一个广义的概念，包括有官职的武将和没有官职的普通士兵。

元昊于1033年建立衣冠制度，规定：“……武职则冠金帖起云镂冠、银帖间金镂冠、黑漆冠，衣紫旋襕，金涂银束带，垂蹀躞，佩解结锥、短刀、弓矢韣，马乘鲵皮鞍，垂红缨，打跨钹拂。便服则紫皂地绣盘球子花旋襕，束带。……”① 《续资治通鉴长编》、《辽史·西夏外纪》和《隆平集》也有类似记载。

对于西夏武官所戴头冠，学术界已有诸多关注，但学者们对此定名颇不一致。以安西榆林窟第29窟西夏武官供养人像为例，陈炳应先生、徐庄先生均认为是“起云镂冠”②，段文杰先生认为是“金贴起云镂冠或银帖间金冠”③，王静如先生认为是“金镂英雄冠”④，谭蝉雪先生则认为是“金锦暖帽”⑤。这些冠名都是仅见载于传世史籍和西夏文文献中的西夏头冠名词，其形制并不十分清楚，故学者们会有不同的判断是很正常的。

任怀晟先生从西夏武职首服的贵重程度方面，分析探究其反映的等级情况，认为西夏武职官服冠可分为：金冠、金缕贴冠、金帖起云镂冠、金帖镂冠、银帖间金镂冠、金帖纸冠、间起云银帖纸冠、间起云银纸帖冠、黑漆冠。从“冠”的贵重程度可以分为四大类：首先为“金冠”，其次为“‘金缕贴冠、金帖起云镂冠、金帖镂冠、银帖间金镂冠’的贴金、镂金、金缕、金起云工艺的冠”，再次为“‘金帖纸冠、间起云银帖纸冠、间起云银纸帖冠’的各种纸冠”，最后为“黑漆冠”。⑥

谢静、尚世东先生也认为：西夏武官的冠饰，按材质分为金冠、银冠和黑漆冠。金冠有：金帖镂冠、金帖起云镂冠、金帖纸冠。银冠有：银镀金冠、银贴间金镂冠、间起云银帖冠。按样式又分为起

---

* **基金项目：**本文系2013年国家社科基金《黑水城出土版画整理与研究》（批准号：13BMZ066）成果之一。

① 《宋史》卷四八五《夏国传上》，中华书局，1977年，第13993页。

② 陈炳应：《西夏文物研究》，宁夏人民出版社，1985年，第51页；徐庄：《丰富多彩的西夏服饰》（连载之）《宁夏画报》1997年第3期。

③ 段文杰：《榆林窟的壁画艺术》，《中国石窟·安西榆林窟》，文物出版社，1997年，第174页。

④ 王静如：《敦煌莫高窟和安西榆林窟中的西夏壁画》，《文物》1980年第9期，第52页。

⑤ 谭蝉雪：《服饰画卷·敦煌石窟全集》，香港商务印书馆，2005年，第214页。

⑥ 任怀晟先生待刊论文：《西夏服饰研究》。

云镂冠和不起云镂冠两种，是依照武官的级别而划分的。[①]

由于没有文献和图像资料能够互相印证西夏武官冠戴的具体形制及质地，故此，综合上述诸学者的观点和笔者收集整理的资料，暂将西夏武官首服分为“镂冠、黑漆冠、武弁、盔帽”四类。

一　镂冠

西夏艺术品中有许多官员图像资料，其中戴“镂冠”武官形象多处可见。

《西夏译经图》（图 1）描绘了西夏翻译西夏文大藏经官设译场的庄严场景。画面左右有助译 16 人，其中后列 8 位世俗人物均头戴云镂冠、着圆领或交领衫，为西夏武官形象。《西夏译经图》是一幅精美且珍贵的版画，其艺术价值和学术价值极高，史金波先生专门著有《〈西夏译经图〉解》一文，对译经图中辅助译经的八位僧人上方的西夏文款识记其姓名分别做了汉译。史先生认为这些西夏文款仅是八位僧人姓氏，而“后排的八个世俗人未列姓名”[②]。因此，我们也就无法依据“姓名”这条线索判断八位世俗助译者的身份和地位。由于其腰部以下着装被前排僧人头像遮挡，无法看到是否围抱肚，佩解结锥或短刀，但据图像观察，结合文献记载分析，后排这八位世俗助译者所戴应为“金镂冠”或“云镂冠”，与腰围抱肚、腰间有佩饰的俄藏《梁皇宝忏图》（图 2）中武官冠戴相似。

对于《西夏译经图》中八位世俗助译者的身份，谢静认为他们是文职官员，理由是“参加翻译佛经的官员应是文职官员”[③]。言外之意是：在译经场合，武职是不参与的。史金波先生《〈西夏译经图〉解》也并未探讨八位世俗助译者的身份。虽然他们的身份有待于进一步考证，但其所戴镂冠与文献记载武职“冠金帖起云镂冠、银帖间金镂冠”相符，与《高王观世音经》（图 3）卷首版画、俄藏《梁皇宝忏图》（图 2）中的武职镂冠形制相似。笔者推测，《西夏译经图》中八位世俗助译者可能是武职官员。

图 1　《西夏译经图》中戴云镂冠官员

俄藏梁皇宝忏图（图 2）[④]皇帝身边的男侍从秃发，殿前官员为西夏武官着装，腰围抱肚，头戴镂刻有云纹状的冠式，冠后垂两条深色长带。腰间似有佩饰，可能是解结锥和短刀或佩鱼。[⑤]版画人物中，除高僧外的男女人物均着西夏党项人服饰，有秃发男侍和高髻插花黑靴女侍，画面民族特色表

① 谢静：《敦煌石窟中的西夏服饰研究之二——中原汉族服饰对西夏服饰的影响》，《艺术设计研究》2009 年第 3 期，第 47 页；尚世东、郑春生：《试论西夏官服制度及其对外来文化因素的整合》，《宁夏社会科学》2000 年第 3 期，第 107 页。

② 史金波：《〈西夏译经图〉解》，《文献》1979 年 12 月，第 215—219 页。

③ 谢静：《敦煌石窟中西夏供养人服饰研究》，《敦煌研究》2007 年第 3 期，第 29 页。

④ 本文线描图系笔者个人所绘，下文不再一一注解（特意注明出处的除外）。

⑤ 陈育宁、汤晓芳：《西夏艺术史》，上海三联书店，2010 年，第 275—276 页。

现充分。

抱肚，是古代武人着装的主要特征之一。宋代，绣抱肚是将帅士卒普遍采用的服饰。[①]腰围抱肚且头戴镂冠，这两个条件与图像和文献资料都相吻合，说明俄藏《梁皇宝忏图》殿前站立的官员为武官身份。

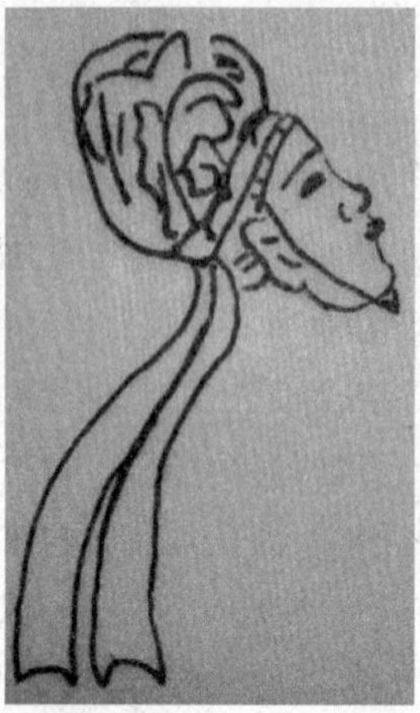
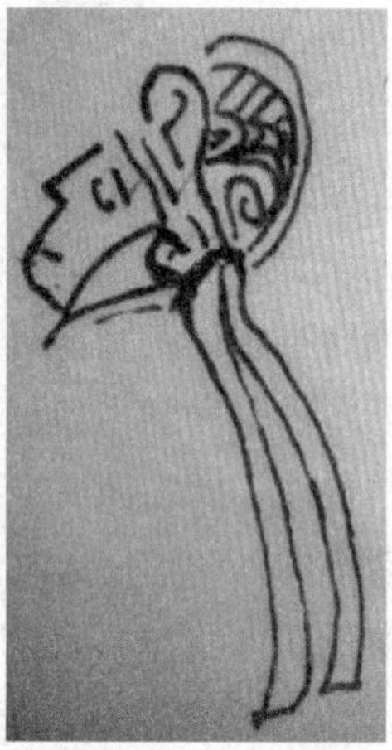

图 2　俄藏梁皇宝忏图武官镂冠线描图

俄藏汉文《高王观世音经》（图 3）中男供养人头戴尖顶起云镂冠。冠身似植物纹或云纹镂空纹饰；冠身两鬓处有单独的两片云纹状饰物，应是文献记载的“起云镂”装饰；冠边沿有带结于颈部。人物身着圆领窄袖裥袍，腰扎抱肚，手持香炉。服饰与榆林窟第 29 窟南壁门东侧的男供养人画像相似，从服饰推测，此人应为西夏高级武官。[②]

俄藏《比丘像》（图 4）保存良好，人物服饰色泽鲜艳，有助于研究西夏服饰文化。画面男供养人头饰为金帖起云镂冠。冠身为明显的云纹和植物纹镂空装饰；冠身两鬓处亦有两片单独的云纹饰片，这应是文献记载的“起云镂”的标志。人物身着绯色圆领袍服，腰束白底黑边抱肚，抱肚由宽带连接，腰带上饰有白色联珠纹。仅从人物冠戴和服饰的颜色可以判断，此人无疑是身份很高的武职官员。[③]

图 3　《高王观世音经》卷首版画男供养人

图 4　《比丘像》局部男供养人

① 关于抱肚和蹀躞带的的详细论述参见，陈育宁、汤晓芳：《西夏艺术史》，第 275—276 页。

② ③陈育宁、汤晓芳：《西夏艺术史》，第 275 页。

安西榆林窟第 29 窟（图 5）绘制了众多西夏供养人画像，保存较为完整清晰。有国师、僧人、尼姑、武官、贵妇、儿童、男女侍从等。其中武官形象居多，对于研究西夏武官服饰具有典型意义。

此窟上下两排西夏武官供养人像头部前侧均有西夏文题记，史金波、白滨二位先生曾对这些题记全部做过释读翻译。[①]又据陈炳应先生对该窟供养人像题名的识读和解释，其中上排第二身为“沙州监军摄受赵麻玉”，此人为莫高、榆林二窟现存供养人像中职务较高者，故其前有“真义国师”导引；紧随其后的第三身为“口内宿御史司正统军使趣赵”，可能应译为“口内宿御史司正统军刺史”；第四身为“儿子御宿军讹玉”，是军士；下排第一身和第二身分别为“瓜州监军……”、“施主长子瓜州监军司通判纳命赵祖玉”[②]。榜题西夏文表明，其身份均是西夏武官、军士，且具有比较明确的官衔，所着衣冠服饰比较清晰，服饰特征是：头戴云镂冠，冠后垂红结绶；着圆领窄袖袍，高开衩，下摆有褶皱，腰围饰宽边绣花护髀，护髀两头有宽束带，在腹前打结并下垂与袍齐；足穿乌靴。

图 5　榆林窟第 29 窟东壁南侧国师身后两位武将镂冠线描图

因瓜州东千佛洞第 5 窟剥落严重，所见西夏男供养人大多头部残缺，头冠形状不易辨识，北壁东端几身供养人画像隐约可见似戴白色头冠，东壁北侧前 7 身供养人均可辨戴形状相似的白色头冠，其中第 2、6 身供养人像头冠比较完整清晰（图 6），其头冠、服饰与榆林窟第 29 窟西壁南侧上排西夏鲜卑智海身后第 2、3 身西夏武官男供养人的头冠、服饰类似。这种“白色头冠”可能就是史籍所记载的“银帖间金镂冠”。他们的头冠没有榆林窟第 29 窟前 2 身西夏武官头冠那样多的装饰部件，腰间也没有表明西夏武官身份的抱肚，似乎表明其地位低于榆林窟者，他们可能属于西夏下级武官。[③]

图 6　东千佛洞第 5 窟东壁北侧男供养人及其线描图示[④]

① 史金波、白滨：《高窟、榆林窟西夏文题记研究》，《考古学报》1982 年第 3 期，第 367—386 页；后收入白滨主编：《西夏史论文集》，宁夏人民出版社，1984 年，第 416—451 页。

② 陈炳应：《西夏文物研究》，宁夏人民出版社，1985 年，第 12、22 页。

③ 张先堂：《瓜州东千佛洞第 5 窟西夏供养人初探》，《敦煌学辑刊》2011 年第 4 期，第 49—59 页。

④ 图见张宝玺著，宁夏大学西夏学研究院、甘肃省古籍文献整理编译中心编：《瓜州东千佛洞西夏石窟艺术》，学苑出版社，2012 年，第 50—51 页。

从西夏武官的图像资料看出，首服“冠金帖起云镂冠，银帖间金镂冠”是西夏武官服饰中民族特色的标帜。这些人物形象的描绘和史书上的文字记载基本吻合。而腰围有带宽边的绣抱肚，抱肚连接有宽带束在腹前，并下垂与袍齐，腰束带，足穿黑靿，也显示出周边民族、尤其是中原王朝服饰风格。

二　黑漆冠

史籍仅载西夏武职冠“金帖起云镂冠、银帖间金镂冠、黑漆冠”① 。所记甚略，以致于“黑漆冠”的质地和形制，不得而知。

图像观察，榆林窟第29窟西夏武官供养人像应分为两类：第一类是上排第二、三身，下排前三身供养人，他们均戴尖圆顶的头冠，此冠的前后左右侧都有附加的华贵繁缛的装饰件，应是史籍所载的“起云镂冠”、“金镂冠”。第二类是上排第四身男供养人，戴黑冠，无云镂装饰，穿窄袖圆领袍，腰无护髀。② 这里的“黑冠”可能就是史籍记载的“黑漆冠”（图7）。此冠分内外两层，内层为尖圆顶状；外层帽檐部分高度在内层的二分之一处。以布帛或漆纱为之，冠身平滑，无镂空或其他任何装饰。冠后垂带。

瓜州东千佛洞第2窟甬道南壁6身供养人（图8及线描图示），可以看清形象的有前4身，他们均头戴尖圆形头冠，也无云镂装饰，冠后垂带，与榆林窟第2窟西夏武官（图9）冠戴形制相近，身穿圆领窄袖紫旋襕，腰围抱肚。

图8　瓜州东千佛洞第2窟甬道南壁供养人线描图③

图9　榆林窟第2窟西夏武官帽式线描图④

本窟男女供养人身前界栏中均有西夏文题名，但多漫漶不易识读，唯南壁6供养人中第3身显一部分字迹，译文为“行愿者□□□□/边检校□□□□/”。“边检校”是西夏武官官名，主要职责就是防守敌寇、盗贼入侵，保护边疆安全，属西夏中级武官。瓜、沙二州属于西夏西部边陲，故设边检校

① 《宋史》卷四八五《夏国传上》，第13993页。
② 敦煌研究院编：《中国石窟·安西榆林窟》，第116—119图。前文已述此供养人为武职身份。
③ 图见张宝玺：《瓜州东千佛洞西夏石窟艺术》第70页。
④ 彩图见徐庄：《丰富多彩的西夏服饰》（连载之一），《宁夏画报》1997年第3期。线描图见王静如：《敦煌莫高窟和安西榆林窟中的西夏壁画》，第51页。

之职。

综观本壁6身男供养人壁画，身材有着由高到低的等级变化，第3身供养人的官职是中级武官边检校，至尊的列于首位第1身供养人显然要高于此官职，可惜题名已漫漶不清，官职不明。供养人身份表明该窟是西夏社会地位较高的地方中上级武官所作的功德窟。

两相比较，东千佛洞第2窟甬道南壁男供养人衣冠服饰与榆林窟第29窟西壁门南侧西夏男武官供养人颇有相似之处，如他们均头戴尖圆形冠，身着圆领窄袖紫旋襕，但他们的头冠没有榆林窟之西夏武官头冠前后左右华贵的装饰件，显示此窟人物比榆林窟第29窟西夏武官身份低。

此窟甬道南壁西侧画像剥落严重(插图1),仔细分辨西起前3身为男性,均着白色圆领窄袖长袍，腰间束带，头部残缺，看不清楚头冠的形状。但据图像观察，且与前述榆林窟第29窟和第2窟男供养人服饰着装等比较来看，应为武官形象。①

插图1　瓜州东千佛洞第2窟甬道南壁西侧供养人线描图示②

旱峡石窟西夏武官形象（插图2）右壁窟脚画一列男供养人，现存13身，其形象多已漫漶不清。仔细分辨图像，前面有僧人引导，男供养人着圆领袍服，腰系带，长带下垂腿际，与榆林窟和瓜州东千佛洞西夏武官服饰相近，是武官的一般装束。每身前有红色题名界栏，一身约现西夏文字迹，余者皆字迹模糊不清，或者没有写文字。③

插图2　旱峡石窟西夏武官形象④

① 张先堂：《瓜州东千佛洞第5窟西夏供养人初探》，《敦煌学辑刊》，第49—59页。
② 同上书，第49—59页。
③ 张宝玺：《瓜州东千佛洞西夏石窟艺术》，第307页。
④ 图见同上书，第307页。

上述黑水城卷轴画、版画、敦煌石窟等西夏艺术品中出现的武官服饰和《宋史·夏国传》“武职则冠金帖起云镂冠、银帖间金镂冠、黑漆冠、衣紫旋襕，金涂银束带，垂蹀躞”的文字记载基本相符，是西夏民族特色服饰。

西夏武职“镂冠、黑漆冠”形制、材质不同，也反映了武职人物的身份、地位和官职的不同。主要表现在以下三个方面：第一，中国古代人物画像资料中，一般都是按人物的身份和地位进行构图，凡是身份尊贵者形象都比较高大，且占据画面的主要位置，如《步辇图》中唐太宗和吐蕃侍者的形象形成鲜明对比。西夏也不例外。西夏人物画像资料，尤以榆林窟第29窟供养人为典型事例，第一身男供养人形象高大，其身后的供养人形体次第减小，说明人物身份、地位、官职随之依次降低。第二，文献记载，西夏武职“冠金帖起云镂冠、银帖间金镂冠、黑漆冠”，从中国人的心理习惯和社会常识方面分析，这种文字表述方式说明戴“金冠”者地位最高，戴“银冠”者次之，而戴黑漆冠者地位最低。对于西夏武职人员的冠式材质及其反映的等级情况，任怀晟先生有较为深入的研究，认为金冠最为贵重，戴此类冠者官位自然最高，其次是贴金和金质镂冠，再次为金帖、银帖的各种纸冠，最后为黑漆冠。①

总之，西夏武职戴金冠的比戴银冠的级别高；同一级别中戴起云冠的比没有起云纹样的级别高；戴金镂冠、云镂冠者比戴黑漆冠者级别高。

三 武弁

西夏武官首服除文献记载的上述冠式之外，笔者还从图像资料中见到一种武弁冠。

山嘴沟西夏石窟中有一幅作品原被定名《讲经图》（图10），②图中有人物3身。居中为一位墨线勾勒的高僧，头戴冠，身穿交领宽大长袍，腰束带，端坐于矮凳之上。左手放置腹前。右手当胸，手持经卷，似乎在讲解经文。其前有矮案，案上放香炉，炉中香烟缭绕。现经研究分析认为，此尊者应该是世俗官员，讲经一说应不成立，此尊者所戴并非僧帽，而是武弁冠（也称“武弁”）。③

图10　武弁

① 任怀晟先生待刊论文：《西夏服饰研究》。
② 图见宁夏文物考古研究所：《山嘴沟西夏石窟》（上），文物出版社，2007年，第10页。
③ 任怀晟先生待刊论文：《西夏服饰研究》。

周锡保《中国古代服饰史》记载了戴武弁冠者身份："乃武官参朝、殿庭武舞郎、堂下鼓人、鼓吹按工的冠服。平巾帻、侍中、中书令则加貂蝉。侍左者左珥、侍右者右珥，皆武官及门下、中书、殿中、内侍者及诸卫领军武侯监门、领左右太子诸坊、诸率及镇戍流内九品以上服之。"①

中国历史博物藏《卤簿图》中之骑士(插图 3)和宋人绘《中兴祯应图》(插图 4)。唐代李贤墓壁画中人物所戴即为武弁冠（插图 5)，冠下黑介帻，朱衣襦裙，皂缘领袖，蔽膝，执笏，黑舄，后垂绶。《唐志》有"武弁金附蝉平巾帻"。《旧唐书》云："侍中，中书令则加貂蝉，侍左者左珥，侍右者右珥，……诸率及镇戍流内九品以上服之。"又云："朝服，亦名具服，冠帻缨诿簪导，绛纱单衣，白纱中单皂领、褾、裾。绛纱蔽膝，袜、舄、剑佩绶。"②

插图 3　宋或元初《卤簿图》中之骑士（中国历史博物馆）

插图 4　宋《中兴祯应图》中人物像③

插图 5　唐·李贤墓壁画中的武弁冠④

① 周锡保：《中国古代服饰史》，中国戏剧出版社，1986 年，第 175 页。
② 图见同上书，第 182 页。
③ 图见周锡保：《中国古代服饰史》，第 332 页。
④ 图见同上书，第 182 页。

四　帽盔

盔，是古代将士用以保护头部的铠甲，所以称为盔，即“首铠”。古称胄，为圆帽形，左右两边及后脑部分向下延伸，用以保护耳、面颊和后颈部分。盔的顶部一般都有竖立的铜管，用于安插羽毛等缨饰。①

盔帽历代呈多种风格，西夏所见将士帽盔有两类。

第一类为武威博物馆藏四块木板画武士所戴鸟羽形帽盔（图 11 至图 14）。

李肖冰著《中国西域民族服饰研究》曰：“此帽盔头部呈尖角形鸟羽状，两侧形成鸟羽半圆状的装饰物，既对称又和谐，盔帽连顿护颈，仅露出面部。②”周锡保在《中国古代服饰史》中提及：“……又唐武士俑中有戴盔者，往往亦有在两旁各添作翅形者，当时可能只是表示其有飞快之意……（插图 6、7）”③张书光《中国历代服装资料》也收录有唐代戴翅形盔帽武将形象（插图 8、插图 9）。插图 6 鸟羽状装饰在盔帽顶部，这种造型不多见。后三图鸟羽状装饰在两耳背后，此造型在唐五代时期最为流行。杜钰洲、缪良云《中国衣经》称其为“凤翅盔”，此乃晚唐时期的头盔，主要特点是两侧有凤翅形的装饰。是唐、宋时期十分流行的头盔。在出土的唐代至辽代各朝文物中，均可看到戴这种凤翅盔的武士俑。④

插图 6 唐武士俑

插图 7 唐武士俑⑤

插图 8 唐武将形象⑥

插图 9 五代时期的武将形象⑦

插图 10　穿绢布甲的唐代武士(新疆吐鲁番阿斯塔纳出土彩绘木俑)⑧

① 杜钰洲、缪良云：《中国衣经》，上海文化出版社，2000 年，第 149 页。
② 李肖冰：《中国西域民族服饰研究》，新疆人民出版社，1995 年，212 页。
③ 周锡保：《中国古代服饰史》，第 186 页。
④ 杜钰洲、缪良云：《中国衣经》，第 150 页。
⑤ 周锡保：《中国古代服饰史》，第 239 页。
⑥ 张书光：《中国历代服装资料》，安徽美术出版社，1990 年，第 106、107 页。
⑦ 图见张书光：《中国历代服装资料》，第 134 页。
⑧ 图见臧迎春：《中国传统服饰》，五洲传播出版社，2003 年，第 84 页。

此外，新疆吐鲁番阿斯塔纳出土彩绘木俑（插图 10）穿绢布甲的唐代武士所戴盔帽与西夏武威木板画武士两耳鸟羽状盔帽形制极为相似。晚唐的盔顶开始用大朵红缨做装饰，盔的左右两侧、后脑部开始向下延伸至耳轮下，两侧出现了凤翅形的装饰。这种式样的盔和唐中期护颊、护项向上翘起的盔，后来的五代和宋、西夏、辽等竞相模仿。①

西夏武威墓所出四块木板画中的武士脸分别侧向左或右边，所戴盔帽两侧两耳处有飞翅形（图 11 至图 14），盔顶亦用大朵红缨子装饰。身穿宽袖战袍，肩披掩膊，臂、胸、腹有甲片保护、脸型有的是汉人形象，有的是大胡子大鼻子的胡人形象，分别手执宝剑、月牙铲、三叉戟或拱手。西夏武士鸟羽状盔帽沿承了唐制。

图 11　武威木板画戴帽盔武士帽式线描图

第二类为西夏博物馆藏 6 幅木俑武人，头戴尖角帽盔（图 15 至图 20）。

这组木俑武人像 2000 年出土于宁夏永宁闽宁村西夏墓。圆雕。随葬明器。面貌主要特征为：长圆脸，脸颊丰腴，短颈，大眼直鼻，方嘴厚唇，脸部施红彩，墨绘粗眉、眼珠、八字胡，四肢简略，雕刻刀法简洁。高约 17—20 厘米、宽 5—7 厘米不等。②

这 6 幅西夏武士木俑戴尖角盔帽，头盔下垂护耳与脖颈相连。这种盔制与回鹘武士（插图 11）所戴盔帽相似。回鹘武士头盔也为尖角形，下垂护耳与脖颈相连。③周家大湾隋墓武士（插图 12），莫高窟第 217 窟武士系盛唐壁画（插图 13），他们都戴尖角盔帽。

这种尖角头盔应是当时普遍流行的一种盔制，形制大同小异，总体特征都是尖角，头盔下垂至肩，达到保护整个头部安全的效果。

西夏武官还有戎服。从《天盛律令》“发放铠甲武器门”可知，西夏戎服不仅有甲、披之分，而且也有新式和老式之别。甲、披均由兽皮、革或毡加褐布制成。甲，是硬质铠甲，由“胸”、“背”、“尾”、“胁”、“裾”、“臂”、“肩”、“腰带”8 部分组成。披，是一种软质铠甲，由“河、“颈”、“背”、“喉”、“末尾”、“盖”等组成。新式甲、披与老式番甲、番披相比，规格尺寸略大一些。西夏除有上述皮甲以外，似乎还有铁甲，如《范文正公年谱・补遗》载：“夏衣甲胄皆冷锻而成，坚滑光莹，非劲弩可入。”④

① 刘永华：《中国古代军戎服饰》，上海古籍出版社，2006 年，第 94 页。
② 汤晓芳等主编：《西夏艺术》，宁夏人民出版社，2003 年，第 90—91 页。
③ 李肖冰：《中国西域民族服饰研究》，新疆人民出版社，1995 年，第 186 页。
④ 尚世东、郑春生：《试论西夏官服制度及其对外来文化因素的整合》，第 107 页。

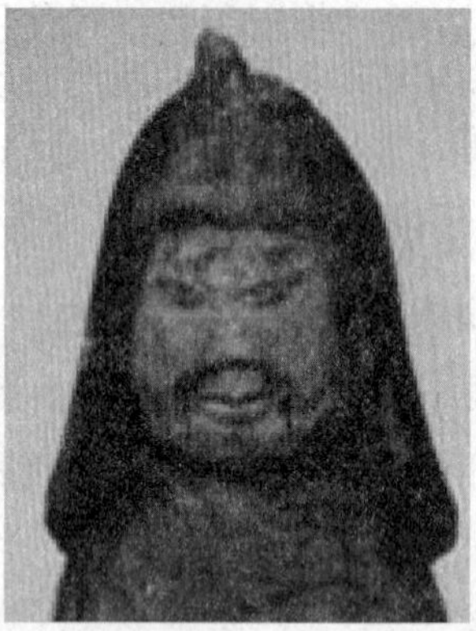

图 19 西夏武士木俑像及其线描图

插图 11 回鹘武士像①

插图 12 周家大湾隋墓武士②

插图 13 莫高窟第 217 窟尖角盔帽武士③

五 裹巾子

黑水城出土的绢画《玄武图》(图 21) 画面右下方有一名男子，其面貌特征和衣着装束独具特点。他面貌粗犷，狮子鼻，蓄胡髭。紧袖胡服，护髀系带围腰一圈，身着骑装，宽大的长裤扎进靴子中，背部披甲胄，肩膀上有围巾或项圈之类。由于画像为平视二分之一正侧面，故而看不到人物头顶部分的冠戴。推测所戴巾帽形制有三种可能：

1．前额缠着一条红巾，后脑的头饰部分类似直板，头顶显露头发，无任何冠饰。

2．整个头部包红巾，后脑竖一直板。

3．由直板和布巾两部分组成完整的帽子，前额另缠一红巾。

西夏没有其他同类型的头饰，既难以判断他的冠戴，也难以决定他所属的社会阶层。但依据此人的着装打扮和双膝跪姿造像推测，可能是最底层的普通士兵。

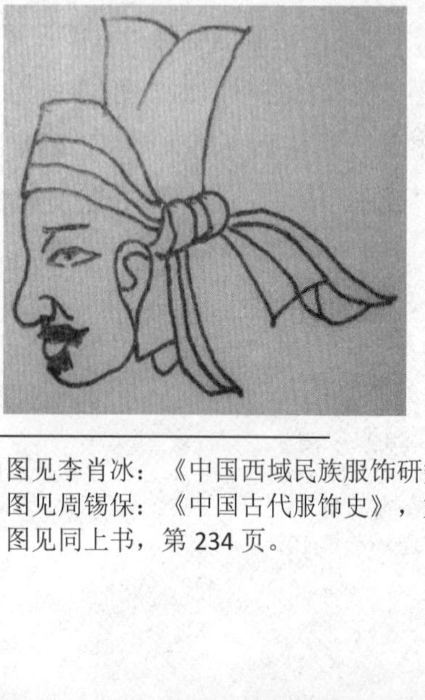

图 21 裹红巾子士兵

① 图见李肖冰：《中国西域民族服饰研究》，第 186 页。

② 图见周锡保：《中国古代服饰史》，第 233 页。

③ 图见同上书，第 234 页。

小结

综上所述，西夏武官首服主要有：镂冠、黑漆冠、武弁冠、鸟羽形和尖角状帽盔。

镂冠系列是西夏官职较高的武将之朝服首服。黑漆冠是官职较低者所戴便服首服。武弁冠图像仅见一幅，难以判定佩戴此冠的场合。但依据画面情境分析，三人分别坐于矮凳上，有矮案，案上放香炉，炉中香烟缭绕，这些元素反映的是闲居的情境，推测此冠应该是有官职的武职人员闲暇之余的便服首服。西夏武将盔帽有两种形制。一种是鸟羽状，另一种是尖顶形。前者应是职位较高的武将首服，后者是最常见的武人冠戴，尖角，头盔下垂至肩，达到保护整个头部安全的效果，安全性较高，应该是武人通服，尤其多用于行军作战过程中。另有裹红巾者的着装和姿势说明此人应该是一名武士，没有官职，地位最低。

西夏武官之冠戴“金帖起云镂冠、银帖间金镂冠、黑漆冠”富有民族特色。镂冠、黑漆冠是西夏法典明文规定的朝服首服。镂冠系列为官职较高的武将穿戴；黑漆冠是官职较低者所戴便服首服穿戴。而其装束“衣紫旋襕，金涂银束带，垂碟躞，佩解结锥、短刀、弓矢韣……便服则紫皂地绣盘球花旋襕，束带”则受西北回鹘、吐蕃、北方契丹着装的影响，但也有所创新，并非单纯模仿和抄袭。[①]宋宝元二年（1039），元昊向宋仁宗上表迫使宋朝承认“改大汉衣冠”、“衣冠既就”，建“万乘之家”[②]。其所指的主要是武官服饰。

① 王静如：《敦煌莫高窟和安西榆林窟中的西夏壁画》，第52页。
② 《宋史》卷四八五《夏国传》，第13995页。

西夏武官帽式一览表

表一　　　　　　　镂冠

图像		出处
局部	原图	
  	 图 1	《西夏译经图》中的武官形象。图见《俄罗斯国立艾尔米塔什博物馆藏黑水城艺术品Ⅰ》，上海古籍出版社，2008 年，第 39 页，插图目录 45。

续表一

<table>
<tr><th colspan="2">图像</th><th rowspan="2">出处</th></tr>
<tr><th>局部</th><th>原图</th></tr>
<tr><td>
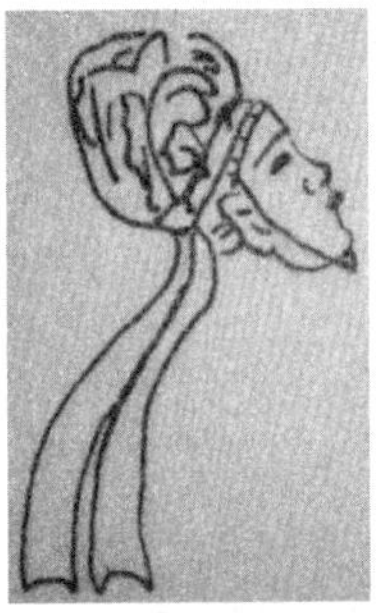 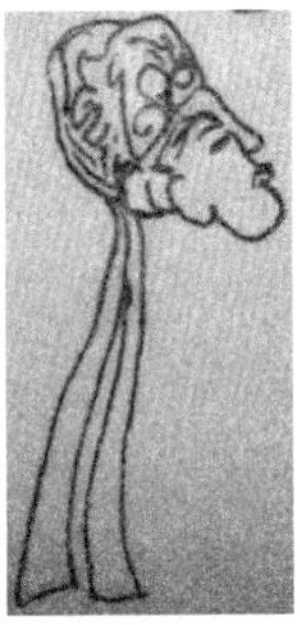</td><td rowspan="2">
图 2</td><td rowspan="2">俄藏《慈悲道场忏罪法》梁皇宝忏图中戴镂冠武职。图见《俄罗斯国立艾尔米塔什博物馆藏黑水城艺术品Ⅰ》，上海古籍出版社，2008 年，第 53 页，插图 56。</td></tr>
<tr><td>
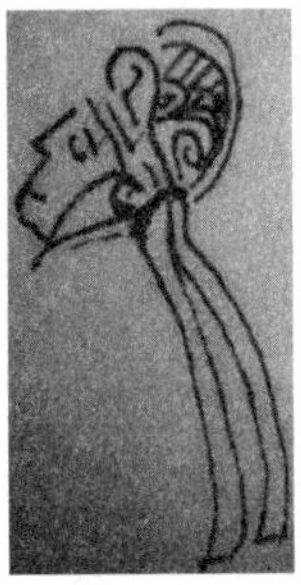 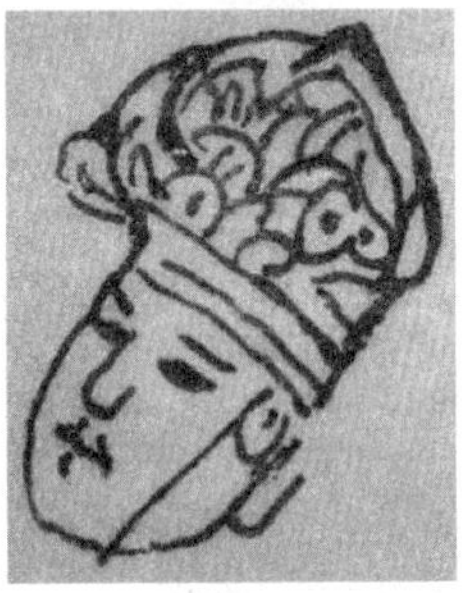</td></tr>
<tr><td> </td><td>
图 3</td><td>俄藏《高王观世音经》（6-1），图见《俄藏黑水城文献③汉文部分》，上海古籍出版社，1996 年，第 36 页。</td></tr>
</table>

续表一

图像		出处
局部	原图	
 	 图 4	俄藏《比丘像》画面左下角的武官。图见《丝路上消失的王国——西夏黑水城的佛教艺术》第 239 页，编号 X. 2400
 	  图 5	榆林窟第 29 窟东壁南侧供养人。图见敦煌研究院编《中国石窟 · 安西榆林窟》，文物出版社，2012 年，图版 115、116。

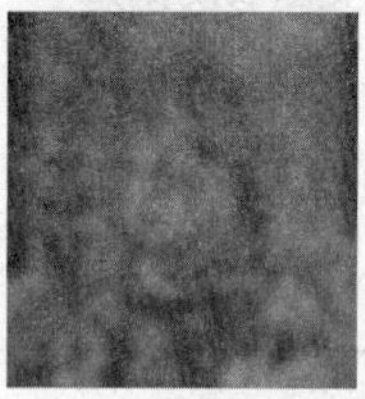 		

续表一

图像		出处
局部	原图	
	 图 6	东千佛洞第 5 窟东壁北侧男供养人。图版参见张先堂：《瓜州东千佛洞第 5 窟西夏供养人初探》，《敦煌学辑刊》，2011 年第 4 期，第 49—59 页。

表二 **武弁**

图像		出处
局部	原图	
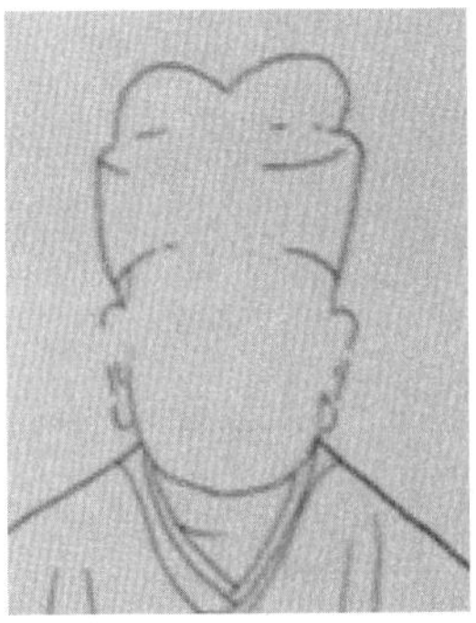	 图 10	山嘴沟西夏石窟 K1 壁画讲经图。图见宁夏文物考古研究所编：《山嘴沟西夏石窟》（上），文物出版社，2007 年，第 10 页。

表三　　　　　　　　　　黑漆冠

图像		出处
局部	原图	
	 图 7	榆林窟第 29 窟东壁南侧供养人。图见敦煌研究院编《中国石窟·安西榆林窟》，文物出版社，2012 年，图版 115、116。
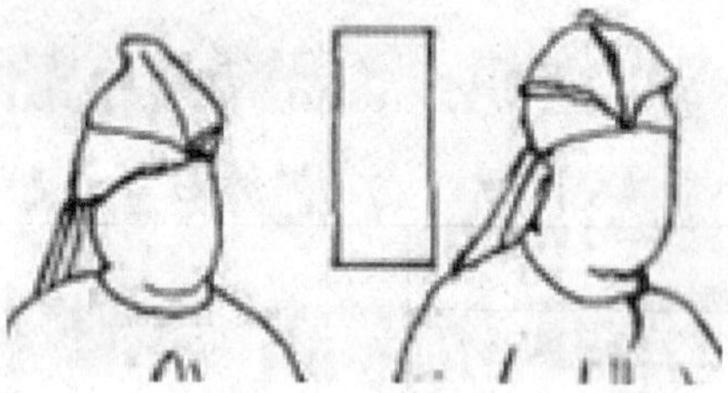	 图 8	瓜州东千佛洞第 2 窟甬道南壁供养人像。图见《瓜州东千佛洞西夏石窟艺术》，学苑出版社，2012 年，第 179 页。
	 图 9	榆林窟第 2 窟西夏武官形象。彩图版参见徐庄：《丰富多彩的西夏服饰》(连载之一)，《宁夏画报》，1997 年 6 月。线描图见王静如：《敦煌莫高窟和安西榆林窟中的西夏壁画》，《文物》1980 年第 9 期，第 51 页。

表四　　　　　　　　　　　鸟羽形帽盔

图像		出处
局部	原图	
 	 图 11	戴帽盔武士木板画。武威市考古研究所藏。图版参见汤晓芳等主编、西夏博物馆编：《西夏艺术》，宁夏人民出版社，2003 年，第 44 页。
 	 图 12	戴帽盔武士木板画。武威市考古研究所藏。图版参见汤晓芳等主编、西夏博物馆编：《西夏艺术》，宁夏人民出版社，2003 年，第 45 页。
 	 图 13	戴帽盔武士木板画。武威市考古研究所藏。图版参见汤晓芳等主编、西夏博物馆编：《西夏艺术》，宁夏人民出版社，2003 年，第 45 页。
 	 图 14	戴帽盔武士木板画。武威市考古研究所藏。图版参见汤晓芳等主编、西夏博物馆编：《西夏艺术》，宁夏人民出版社，2003 年，第 45 页。

表五　　　　　　　　　　　　　　尖角状帽盔

图像		出处
局部	原图	
 	 图 15	戴帽盔武官圆雕。西夏博物馆藏。图版参见汤晓芳等主编、西夏博物馆编：《西夏艺术》，宁夏人民出版社，2003年，第90页。
 	 图 16	戴帽盔武官圆雕。西夏博物馆藏。图版参见汤晓芳等主编、西夏博物馆编：《西夏艺术》，宁夏人民出版社，2003年，第90页。
 	 图 17	戴帽盔武官圆雕。西夏博物馆藏。图版参见汤晓芳等主编、西夏博物馆编：《西夏艺术》，宁夏人民出版社，2003年，第90页。
 	 图 18	戴帽盔武官圆雕。西夏博物馆藏。图版参见汤晓芳等主编、西夏博物馆编：《西夏艺术》，宁夏人民出版社，2003年，第91页。

续表五

图像		出处
局部	原图	
 	 图 19	戴帽盔武官圆雕。西夏博物馆藏。图版参见汤晓芳等主编、西夏博物馆编:《西夏艺术》，宁夏人民出版社，2003年，第 91 页。
 	 图 20	戴帽盔武官圆雕。西夏博物馆藏。图版参见汤晓芳等主编、西夏博物馆编:《西夏艺术》，宁夏人民出版社，2003年，第 91 页。

表六　　　　**裹巾子**

图像		出处
局部	原图	
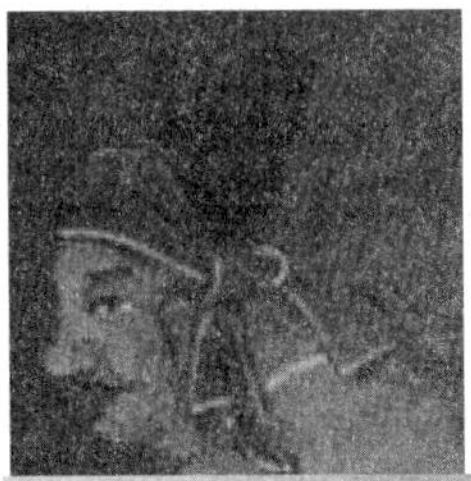 	 图 21	俄藏《玄武》中的武士形象。图见《丝路上消失的王国——西夏黑水城的佛教艺术》国立历史博物馆，第 244 页，编号 X. 2465。

（作者通讯地址：宁夏博物馆　银川　750001）

（责任编辑：杨浣）

西夏学 第11辑 2015年3月
Xixia Studies,Mar,2015,Vol.11

西夏僧人服饰谫论

任怀晟　　魏亚丽

摘　要: 佛教在西夏具有较大的影响力，发展迅速。本文对西夏僧侣的冠帽样式、须发样式、法衣色彩、法衣造型、法衣质地、法衣穿披方式、服饰配件等方面进行归纳整理，发现了许多以前被学界忽略的西夏僧侣服饰品类和形式。进而证明西夏中晚期，当地佛教徒的来源更加丰富，他们来自不同地域、不同种族，信仰的佛教宗派不同、穿着的服饰各异，佛教在当地呈现出欣欣向荣的发展态势。

关键词: 西夏　僧　服饰

西夏主体民族是党项羌，境内还有汉、吐蕃、回鹘等民族。其内流行佛教、道教等宗教，其中佛教被视为西夏的第一宗教。西夏统治者在提倡佛教时，开始主要吸收中原佛教，译经时又得到回鹘僧人的帮助和支持。同时西夏对吐蕃佛教也采取兼收并蓄、容纳吸收的态度。[①]藏传佛教在西夏中后期迅速传播，由西部向东部蔓延，其地位不断提升，影响不断扩大，逐步形成了多来源、多宗派、多层次的特点。

由于近代大量出土西夏文献和文物，我们从中了解到西夏佛教许多过去不为人知的内容。它们被记录在西夏佛教文献中，也体现在出土的数以百计的西夏绘画、佛像、僧人像中。过去国内外学者关于西夏佛教研究的成果主要集中在文献方面，图像资料只是文献的佐证。但是随着认识的逐步提高，我们也发现图像中蕴含着大量的西夏佛教信息。

西夏僧人服饰受到印藏和中原佛教的影响，服饰品类、样式也都比较丰富，主要体现在首服和法衣的变化上。

（1）首服类

第一种，镂冠。

镂冠在西夏并不多见。榆林窟第29窟南壁门供养人前有西夏鲜卑国师像，西夏文榜题汉译为“真义国师西壁智海”。“西壁”即鲜卑，西夏番姓。国师头戴云纹山形冠，从画面看这种冠的质地接近于镂冠。内穿短袖右衽袍，领和襈镶有浅色缘边。（图1）这种短袖紧身袍并非中原样式，而是带有中亚地区服饰的特征。

① 史金波：《西夏的藏传佛教》，《中国藏学》2002年第1期。

图 1 榆林第 29 窟南壁东侧国师像

图 2 俄藏黑水城出土唐卡《药师佛》①

图 3 俄藏黑水城出土唐卡《药师佛》中僧人像

第二种，黑帽。

西夏绘画作品中有两种黑冠，一种是销金黑帽。如俄藏黑水城出土《药师佛》左下角的僧人就戴这种冠饰，（图 2、3）所属教派难以确定；另一种是类似鸡冠帽的黑帽。见俄藏黑水城出土残画中的帽式。（图 4、5）

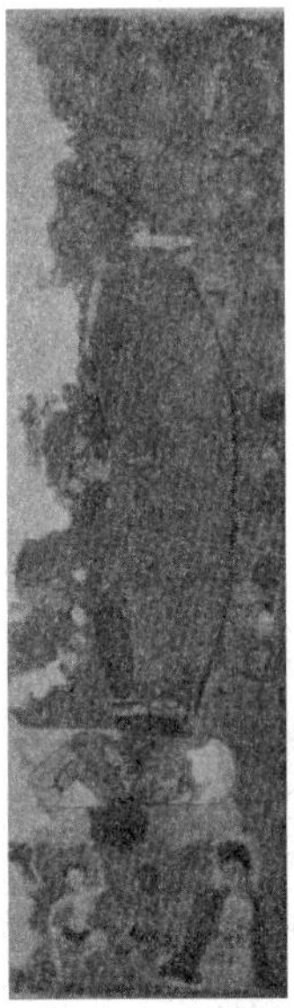

图 4 俄藏黑水城出土残画②

图 5 俄藏黑水城出土残画中的僧人像

第三种，红帽。

西夏绘画作品中有一种红冠，造型似图 2 俄藏黑水城出土的唐卡《药师佛》，其中僧人像戴的就是销金黑帽。另外一个例子是现藏宁夏回族自治区博物馆的贺兰山拜寺沟双塔彩绘绢本《胜乐金刚》

① [俄]吉拉·费达罗芙娜·萨玛秀克：《黑水城出土 12—14 世纪佛教绘画》，国立艾尔米塔什出版社，2006 年，第 231 页。编号：X—2332。

② [俄]吉拉·费达罗芙娜·萨玛秀克：《黑水城出土 12—14 世纪佛教绘画》，国立艾尔米塔什出版社，2006 年，第 299 页。编号：X—2370。

唐卡，此唐卡右下角的僧人戴的也是这种冠饰。（图 6、图 7）这身僧侣像穿着黄色缦衣、红色僧祇支。教派难辨。

图 6 彩绘绢本《胜乐金刚》①

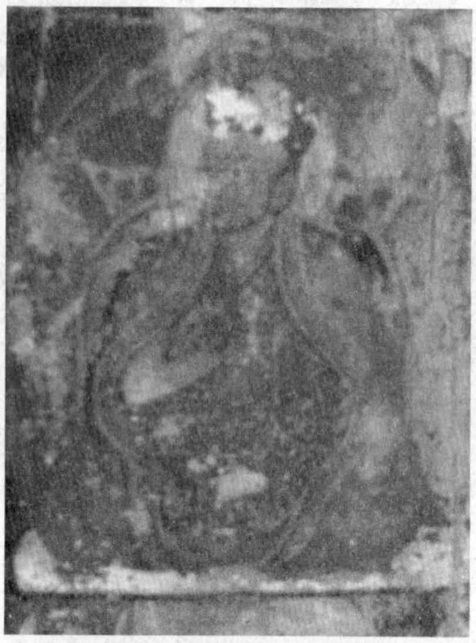

图 7 彩绘绢本《胜乐金刚》中红冠僧侣

图 8 俄藏黑水城出土唐卡《米古鲁米古》②

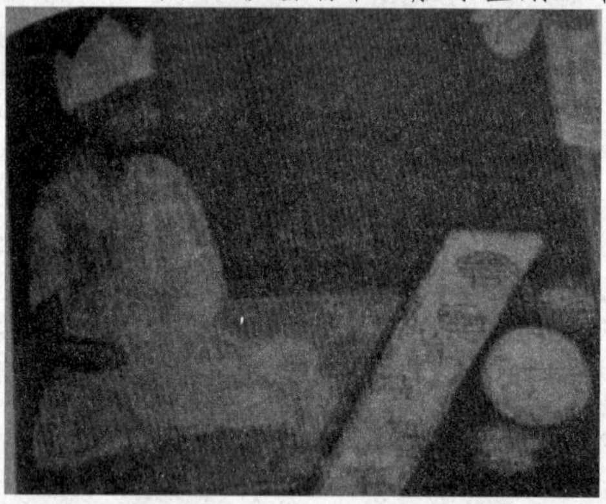

图 9 俄藏黑水城出土唐卡《米古鲁米古》中僧人像

第四种，山形冠。

在俄藏黑水城出土的唐卡中有许多戴山形冠的僧侣形象。冠的颜色都是黄色，法衣也以黄色为多。（图 8-13）③是否当时存在一种教派，有穿着黄色法衣、戴黄色头冠的仪轨？目前我们也只能猜测，尚无明确资料证明。

图 10 俄藏黑水城出土唐卡《胜乐轮金刚》④

① 中国国家图书馆、宁夏回族自治区文化厅：《大夏寻踪——西夏文物辑萃》，中国社会科学出版社，2004 年，第 188 页。

② [俄]吉拉·费达罗芙娜·萨玛秀克：《黑水城出土 12—14 世纪佛教绘画》，国立艾尔米塔什出版社，2006 年，第 340 页。编号：X—2386。

③ 图 2-2-189 黄色山形冠、褐色缦衣、红色田相衣的情况是个特例。

④ [俄]吉拉·费达罗芙娜·萨玛秀克：《黑水城出土 12—14 世纪佛教绘画》，国立艾尔米塔什出版社，2006 年，第 310 页。编号：X—2409。

图 11 俄藏黑水城出土唐卡《胜乐轮金刚》左下角僧人像

图 12 俄藏黑水城出土唐卡《不动明王》[1]

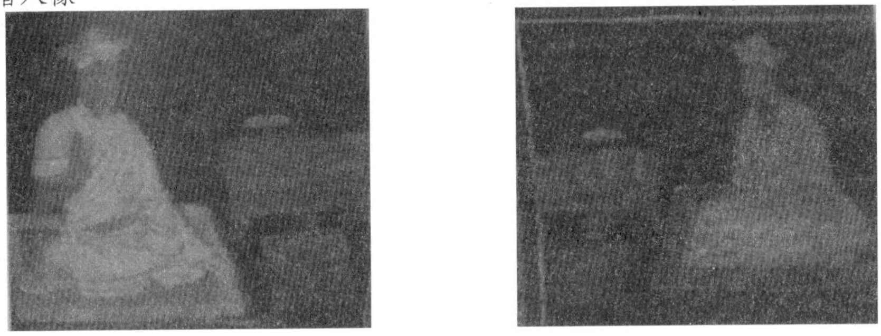

图 13 俄藏黑水城出土唐卡《不动明王》左右下角僧人像

第五种，头巾。西夏唐卡中出现了两种头巾，一种是黄色的，一种是白色的。

俄藏黑水城唐卡《观音菩萨》、《药师佛》中的僧人头巾都是黄色，一般于头部两侧系结。（图 14-18）穿着者往往面色赭褐，不是中原和西夏党项人肤色。此头巾系结样式与俄藏黑水城出土西夏文《梁王宝忏图》中维摩首服（图 19）类似，也应该不是中原样式。[2]西夏还有白色包头巾者，图 20 黑水城出土《一佛二菩萨》中的印式白色包头巾僧侣，为什么如此装扮仍需要进一步研究。

图 14 俄藏黑水城出土唐卡《观音菩萨》[3]

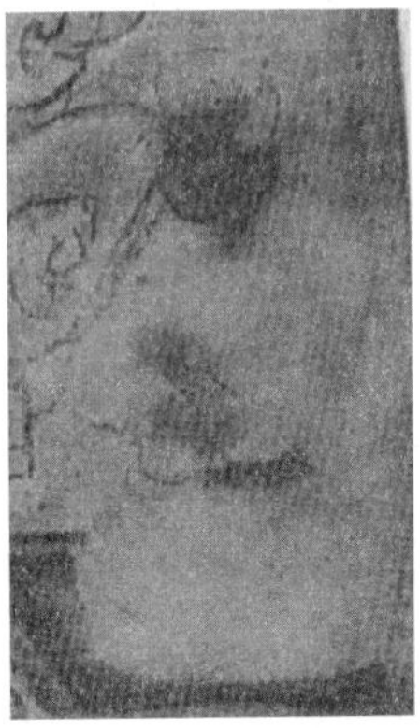

图 15 俄藏黑水城出土唐卡《观音菩萨》中僧人像

图 16 俄藏黑水城出土唐卡《药师佛》

① [俄]吉拉·费达罗芙娜·萨玛秀克：《黑水城出土 12—14 世纪佛教绘画》，国立艾尔米塔什出版社，2006 年，第 329 页。编号：X—2374。

② [俄]吉拉·费达罗芙娜·萨玛秀克：《黑水城出土 12—14 世纪佛教绘画》，国立艾尔米塔什出版社，2006 年，第 243 页。编号：X—2338。此页《三十五佛》右下角也有一个头戴黄色头巾、团花窄袖中衣的僧侣。

③ [俄]吉拉·费达罗芙娜·萨玛秀克：《黑水城出土 12—14 世纪佛教绘画》，国立艾尔米塔什出版社，2006 年，第 326 页。编号：X—3550。

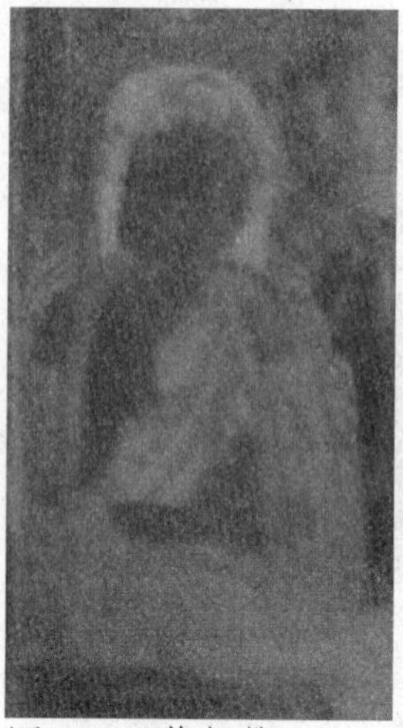

图 17 《药师佛》右下角僧人像[②]

图 18 西夏文《梁皇宝忏图》[①]

图 19 《梁皇宝忏图》中维摩像

除以上五种首服外，西夏图像作品中有僧侣蓄、除须发的情况值得注意。其中蓄留须发僧侣的相貌多非中原汉人相貌，应该是胡僧（图 21-32）；而剃除须发的僧人，从相貌看则胡、汉僧人形象都有（图 33-37）。结合前面五种首服的介绍，西夏僧人首饰的多样性可能意味着西夏曾经存在众多佛教宗派，而且这些宗派一般会对僧人服饰产生影响。

图 20 《一佛二菩萨》左下角白色缠头的僧侣[①]

图 21 《阿弥陀佛的净土与药师佛及其同伴》[①]

图 22 《阿弥陀佛的净土与药师佛及其同伴》左下角蓄须发僧人

图 23 《阿弥陀佛的净土与药师佛及其同伴》右下角蓄须发僧人

① [俄]吉拉·费达罗芙娜·萨玛秀克：《黑水城出土 12—14 世纪佛教绘画》，国立艾尔米塔什出版社，2006 年，第 88 页。

② 笔者注：药师佛右下角僧人像的缦衣为团花纹样，这种团花纹样在中原隋唐时期已经常见。宋辽时期使用这种纹样的服饰也非常普遍。

图 24 《一佛二菩萨》[①]

图 25 《一佛二菩萨》右下角蓄须发僧人

图 26 《一佛二菩萨》[②]

图 27 《三十五佛》左下角披发僧人[③]

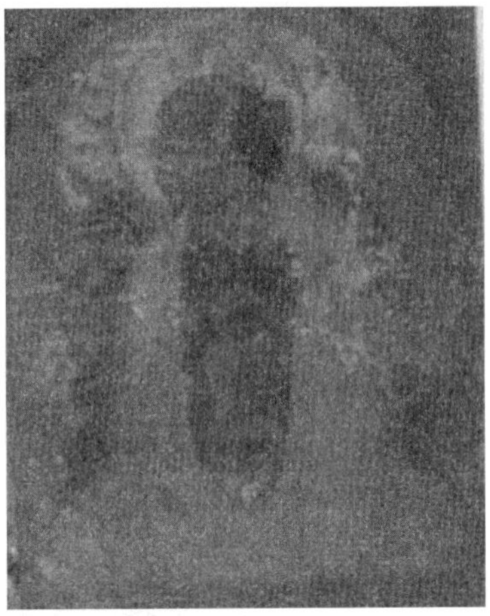

图 28 《一佛二菩萨》右下角蓄发僧人

图 29 《摩利支天》

① [俄]吉拉·费达罗芙娜·萨玛秀克：《黑水城出土 12—14 世纪佛教绘画》，国立艾尔米塔什出版社，2006 年，第 219 页。编号：X—2322。

② [俄]吉拉·费达罗芙娜·萨玛秀克：《黑水城出土 12—14 世纪佛教绘画》，国立艾尔米塔什出版社，2006 年，第 221 页。编号：X—2323。

③ [俄]吉拉·费达罗芙娜·萨玛秀克：《黑水城出土 12—14 世纪佛教绘画》，国立艾尔米塔什出版社，2006 年，第 243 页。编号：X—2338。笔者注：马宝妮翻译的萨玛秀克文章对与此《三十五佛》右下角戴头巾者有如下描述："穿着百衲衣……右手握着一幅经卷，左手放在膝上。他长着一头长发，发梢优美地弯曲着——他的头巾显然与其僧人的身份不符。这幅作品更多的重要细节：喇嘛戴一顶亮色帽子，上面装饰深色的小点，帽子前面边缘被掀起……猜测他是一个世俗译经者，这从他手中的经卷中可以得到证实。"[景永时编：《西夏语言与绘画研究论集》，宁夏人民出版社，2008 年，第 171—172、196—197 页。萨玛秀克：《西夏绘画中供养人的含义和功能》，马宝妮译。]这段翻译应该是语序出现了混乱。此《三十五佛》右下角为一个头戴黄色头巾、团花窄袖中衣者，他肯定没有发梢弯曲的长发。而此《三十五佛》左下角戴黄色山形冠者才蓄留披发、"发梢优美地弯曲"（如图 2-2-189）。他穿着褐色缦衣、领襟红色缘边的黄色田相衣，但是他不戴"头巾"，而是"戴一顶亮色帽子"。这个"亮色帽子"就是笔者所谓"黄色山形冠"者，而且左右僧侣都是跏趺，左手在腹前腿上、右手在胸前结印，不存在"右手握着一幅经卷"的情况。萨氏从"手中的经卷"猜测右侧戴黄色头巾者为世俗译经者的证据明显不足。西夏团花僧衣的情况比较多见，戴黄色头巾的僧侣形象在其他唐卡中也有出现，所以笔者更倾向于此《三十五佛》右下角为一个头戴黄色头巾、团花窄袖中衣者为僧侣。但是，我们很难准确地判断戴黄色山形冠者的族属，他披发、黄色田相衣、褐色缦衣的搭配非常奇特。

图 30 《摩利支天》中蓄须发僧人

图 31 《比丘像》①

图 32 《比丘像》中蓄须比丘

图 33 榆林第 29 窟南壁西侧

图 34 榆林第 29 窟南壁西侧去发导引尼像

图 35 榆林第 29 窟壁画

图 36 榆林第 29 窟壁画中去须发僧人

图 37 宁夏宏佛塔出土去须发彩绘罗汉像

（2）法衣

西夏僧侣法衣色彩和样式众多，从文献中我们可以发现，这种状况很有可能是西夏佛教受到印藏、中原和回鹘僧人着装习惯的影响。

① [俄]吉拉·费达罗芙娜·萨玛秀克：《黑水城出土 12—14 世纪佛教绘画》，国立艾尔米塔什出版社，2006 年，第 348 页。编号：X—2400。

11 世纪末以后，伊斯兰教在印度强力推行，对本地佛教造成重大威胁。不少印度僧人为避难弘法，到吐蕃和西夏传法。这时期，印度正流行密宗佛教。在西夏早期，景宗时镌刻的《大夏国葬舍利碣铭》中记载进献舍利的有“东土名流，西天达士”，这里的“西天达士”当指印度僧人。[①]《圣胜慧到彼岸功德宝集偈》的题款中有高僧拶也阿难答（胜喜），题款“天竺大钵弥怛、五明显密国师、讲经律论、功德司正、口裹乃将沙门拶也阿难答亲执梵本证义”，不难看出他是宗教地位很高的印度僧。[②]印度僧有金色法衣。《大唐西域记》卷第六云：“其侧不远有窣堵波，是如来于大树下，东面而坐，受姨母金缕袈裟。次此率堵波，是如来于此度八王子及五百释种。”[③]“金缕袈裟”应该表现为黄色。

吐蕃对西夏佛教也产生了较大的影响。吐蕃噶玛噶举派格西藏索哇、萨迦派迴巴瓦国师觉本都曾被西夏人奉为上师。西夏崇宗天祐民安五年（1094）的《重修凉州护国寺感通塔碑铭》西夏文部分末尾，列举了修塔的有关人员。其中有“感通塔下羌、汉二众提举赐绯和尚臣王那征遇”。可知当时在凉州护国寺中已专门设有管理吐蕃、汉族僧人事务的僧官。但从很多材料分析，藏传佛教的大力发展当在仁孝及其以后。仁宗朝修订的西夏法典《天盛改旧新定律令》规定“国境内番、汉、羌中僧人”可量才为座主。这不仅证明西夏有藏族僧人，藏族僧人还可以作寺庙主持。从黑水城文献中发现的西夏帝师有两位，除贤觉帝师外还有慧宣帝师，他们都是藏族僧人，在西夏都是地位最高的佛学大师，撰著了多种佛教文献。西夏还有第三个帝师——大乘玄密帝师，他也是藏族僧人，是噶举派著名祖师米拉日巴的再传弟子。[④]藏传佛教在西夏的有力传播，可以从大量出土的藏传佛教唐卡得到印证。

西夏还有大量招徕回鹘僧，主要从事译经工作。天授礼法延祚十年(1047)，元昊又兴建规模宏大的高台寺：“于兴庆府东一十五里役民夫建高台寺及诸浮图，俱高数十丈，贮中国所赐大藏经，广延回鹘僧居之，演绎经文，易为蕃字。”[⑤]西夏第二代皇帝毅宗谅祚幼年继位，母后没藏氏专权。这个曾经一度出家为尼的皇太后十分好佛，也请回鹘僧参与佛事。据记载：“因中国所赐大藏经，役兵民数万，相兴庆府西偏起寺，贮经其中，赐额‘承天’，延回鹘僧登座演经，没藏氏与谅祚时临听焉。”[⑥]自 1038 年至 1090 年间，回鹘高僧白法信、白智光等，主持了《西夏文大藏经》的翻译工作，计译经典 3579 卷，共 820 部，前后历 53 年乃成。[⑦]回鹘僧通晓多种语言的能力是西夏大量延请他们参与译经的主要原因。《天盛律令》中即有“回鹘通译”一职。[⑧]

由于西夏大量侵占宋地，同时宋夏毗邻，所以西夏汉僧很多。崇宗时重修凉州护国寺和佛塔，于天祐民安五年（1094）竣工时大兴庆祝，“诏命庆赞，于是用鸣法鼓，广集有缘，兼起法筵，普利群品，仍饭僧一大会，度增三十八人，曲赦殊死五十四人，以旌能事。特赐黄金一十五两，白金五十两，衣著罗帛六十段，罗锦杂幡七十对，钱一千缗，用为佛常住。又赐钱千缗，谷千斛，官作四户，充番汉僧常住”[⑨]。“充番汉僧常住”说明汉僧的存在。

---

① 史金波：《西夏佛教史略》，宁夏人民出版社，1988 年，第 19—20 页。
② 史金波：《西夏的藏传佛教》，《中国藏学》，2002 年第 1 期。
③ （唐）玄奘译：《大唐西域记》卷六，《大正藏》第 51 册。
④ 史金波：《西夏的藏传佛教》，《中国藏学》2002 年第 1 期。
⑤ （清）吴广成：《西夏书事》卷一八，第 8—9 页。
⑥ （清）吴广成：《西夏书事》卷一八，台北广文书局 1957 年，第 11 页。
⑦ 杨富学：《回鹘僧与〈西夏文大藏经〉的翻译》，《敦煌吐鲁番研究》第 7 卷，中华书局，2004 年，第 338—344 页。
⑧ 史金波、聂鸿音、白滨译注：《天盛改旧新定律令》卷五《军持兵器供给门》，法律出版社，2000 年，第 224 页。
⑨ 史金波：《西夏佛教史略》，宁夏人民出版社，1988 年，第 252 页。

来自不同国度、不同民族的僧人聚集到西夏，他们似乎多仍遵循着本宗派的仪轨，这促使西夏僧侣服饰形成品类多、样式多样的特点。

首先，西夏僧人法衣服色也不仅仅是青、泥、茜①三种如法色，②绯紫玄黄的赐色，还有黑白赤色。就如法色而言，西夏僧人使用虽不广泛，但仍有体现。例如穿泥色缦衣的僧人既有中原绘画风格的汉人形象，（图 38-43）又有如唐卡中的胡人形象，（图 44、45）说明如法色仪轨也被西夏不同佛教派别秉持。

图 38 榆林第 29 窟壁画

图 39 榆林第 29 窟壁画铜青直裰、白缦衣僧人（汉人形象）

图 40 莫高窟第 61 窟助缘僧人供养像

图 41 泥色偏衫、铜青方袍僧人特写（汉人形象）

图 42 榆林第 4 窟说法图局部泥色缦衣、直裰、禅带的僧人（汉人形象）

① 茜即为木兰。东晋天竺三藏佛陀跋陀罗译《摩诃僧祇律大比丘戒本》中记载：“若比丘得新衣，当三种坏色。若一一坏色青、黑、木兰，若不坏色受用者，波夜提。”[（东晋）佛陀跋陀罗译：《摩诃僧抵律大比丘戒本》，《大正藏》第 22 册。]《四分律》卷一六、《五分律》卷第九和《十诵律》卷一五中均持有相同观点，其中以《十诵律》卷第十五中所阐述的观点最为明确：“若比丘得新衣者，应三种色中，随一一种，坏是衣色：若青、若泥、若茜。若比丘不以三种坏衣色，着新衣者，波逸提。”[（后秦）弗若多罗、罗什译：《十诵律》（卷一五），《大正藏》第 23 册。]

② 东晋天竺三藏佛陀跋陀罗与法显共译的《摩诃僧祇律》卷一八记载：“三种坏色，若一——坏色者，青、黑、木兰。青者：铜青、长养青、石青。铜青者，持铜器覆苦酒瓮上，着器者是名铜青。长养青者，是蓝淀青。石青者，是空青。黑者，名字泥、不名字泥。名字泥者，呵梨勒、口醯勒、阿摩勒，合铁一器中，是名名字泥；不名字泥者，实泥，若池泥、井泥，如是一切泥。木兰者，若呵梨勒、口醯勒、阿摩勒，如是比生铁上磨持作点净，是名木兰。”[（东晋）佛陀跋陀罗、法显译《摩诃僧祇律》卷一八，《大正藏》第 22 册。]“青铜等为青色果汁泥等为黑色，木兰赤色，此如法三色也。”[（宋）景霄：《四分律行事钞简正记》卷一二，《卍新纂续藏经》第 43 册。]

图 43 五个庙第 4 窟乐舞图 泥色缦衣、泥色直裰的僧人（汉人形象）

图 44 俄藏黑水城出土唐卡《胜乐金刚亥母双身像》[①]

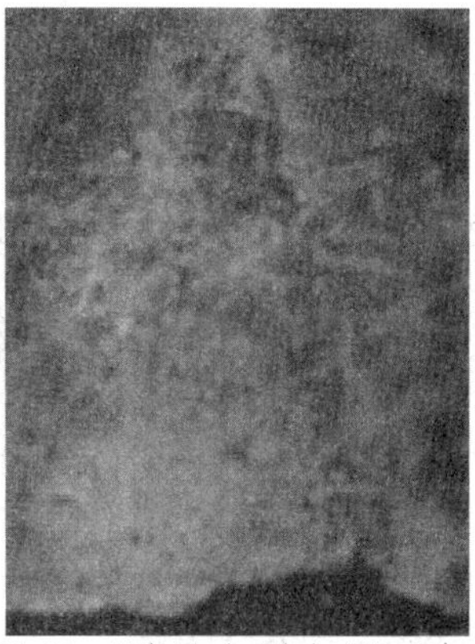

图 45《胜乐金刚亥母双身像》穿泥色缦衣的僧人（从形象特征看为胡僧）

就赐色而言，西夏仿效了中原给僧人赐色的做法。赞宁所撰《大宋僧史略》卷中记载了法朗与薛怀义等为武则天登基制造舆论有功，而被特赐紫衣袈裟的历史事件。其文云："案唐书，则天朝有僧法朗等，重译大云经。陈符命言，则天是弥勒下生，为阎浮提主。唐氏合微，故由之革薛称周(新大云经曰：终后生弥勒宫，不言则天是弥勒)，法朗薛怀义九人并封县公，赐物有差，皆赐紫袈裟银龟袋。其大云经颁于天下寺，各藏一本，令高座讲说。赐紫自此始也。"[②]宋代因袭给僧人赐色衣的制度，辽代也实行给僧人赐色衣的制度。[③]西夏也仿效了这种制度。《天盛律令》中有以下规定："诸有官人及其人之子、兄弟，另僧人、道士中赐穿黄、黑、绯、紫等人犯罪时，除十恶及杂罪中不论官者以外，犯各种杂罪时与官品当，并按应减数减罪。"[④]说明当时僧人受赐色衣的情况。

虽然，西夏有给高僧大德赐色衣的制度，但是也应注意，似乎不能将黄、黑、绯、紫色法衣都归为朝廷颁赐。

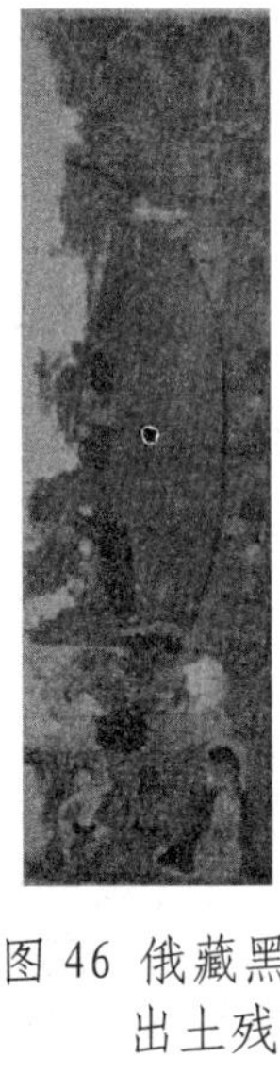

图 46 俄藏黑水城[①]出土残画

周武帝以后，黑色法衣在中原被摒弃，而服黄色。据《大宋僧史略载》记载："今秣陵比丘衣色仿西竺缁衣也。又后周忌闻黑衣之谶，悉屏黑色，著黄色衣，起于周也。"[⑤]西夏僧人在这一点上没有接受中原的仪轨、禁服黑色衣，在西夏绘画作品中出现了穿黑色缦衣的僧人形象（图 46、47）。这种黑色法衣是印度的"西竺缁衣"，西夏赐予的玄色僧衣仍难以确定。另外，因为苯教教徒常穿黑衣戴黑帽（又名"黑教"），所以是否排除图像中黑衣黑帽者是苯教僧侣，仍需在后继研究中关注。

图 47 俄藏黑水城出土残画中黑帽、黑缦衣、白方袍、黑禅带僧人

① [俄]吉拉·费达罗芙娜·萨玛秀克：《黑水城出土 12—14 世纪佛教绘画》，国立艾尔米塔什出版社，2006 年，第 300 页。编号：X—3556。

② (宋)赞宁：《大宋僧史略》(卷中)，大正藏：第 54 册。

③ 向南：《辽代石刻文编》，河北教育出版社，1995 年，第 398、404、504、570、708 页。

④ 史金波、聂鸿音、白滨译注：《天盛改旧新定律令》卷二"罪情与官品当"，第 138—139 页。《中国传世法典》之一，法律出版社，2000 年。

⑤ (宋)赞宁：《大宋僧史略》(卷上)，《大正藏》第 54 册。

西夏僧人中采用黄色法衣情况很多（图 48-57），我们目前还不能确定这是印度“金缕袈裟”[①]还是周武帝以后中原始用的黄色法衣或者赐予的色衣，以及他们是否属于藏传佛教的某个派别。

图 48 俄藏黑水城出土唐卡《胜乐金刚》[②]

图 49 《胜乐金刚》左侧黄缦衣僧人

图 50 《胜乐金刚》右侧黄缦衣僧人

图 51 俄藏黑水城出土唐卡《金刚亥母》[③]

图 52 《金刚亥母》左侧黄缦衣僧人

图 53 《金刚亥母》右侧黄缦衣僧人

图 54 俄藏黑水城出土唐卡《金刚亥母》

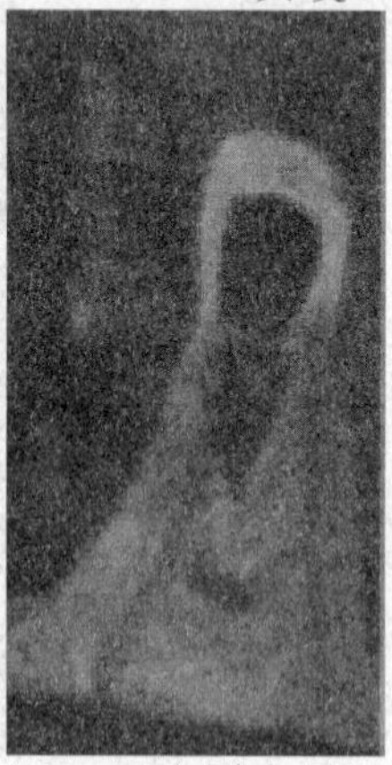

图 55 《金刚亥母》右侧黄缦衣僧人

图 56 俄藏黑水城出土唐卡《金刚亥母》[④]

---

① （唐）玄奘译：《大唐西域记》（卷六），《大正藏》第 51 册。《大唐西域记》卷第六云：“其侧不远有窣堵波，是如来于大树下，东面而坐，受姨母金缕袈裟。次此率堵波，是如来于此度八王子及五百释种。”

② [俄]吉拉·费达罗芙娜·萨玛秀克：《黑水城出土 12—14 世纪佛教绘画》，国立艾尔米塔什出版社，2006 年，第 301 页。编号：X—3556。

③ [俄]吉拉·费达罗芙娜·萨玛秀克：《黑水城出土 12—14 世纪佛教绘画》，国立艾尔米塔什出版社，2006 年，第 316 页。编号：X—2388。

④ [俄]吉拉·费达罗芙娜·萨玛秀克：《黑水城出土 12—14 世纪佛教绘画》，国立艾尔米塔什出版社，2006 年。图 54 在第 314 页，编号：X—2393；图 56 在第 326 页，编号：X—3550。

图 57 《金刚亥母》
右侧黄缦衣僧人

西夏僧人除了使用黄色法衣外，更有赤色法衣。

西夏僧人宋赞宁在《大宋僧史略》(之服章法式)引《五部威仪所服经》云：

今江表多服黑色、赤色衣，时有青黄间色，号为黄褐、石莲褐也。东京关辅尚褐色衣，并部幽州则尚黑色。若服黑色，最为非法也。何耶?黑是上染大色五方正色也。问:缁衣者色何状貌？答:紫而浅黑非正色也。考工记中:三入为□，五入为緅，七入为缁。以再染黑为緅，緅是雀头色，又再染乃成缁矣。知缁本出绛，雀头紫赤色也。故净秀尼见圣众衣色，如桑熟椹，乃浅赤深黑也。[①]

又印度僧人袈裟多为赤色。《南海寄归内法传》卷二《衣食所须》曰：

“此之三衣，皆名支伐罗，北方诸国，多名法衣为袈裟，乃是赤色之义，非律文典语。”[②]

中原江表和印度都存在赤色衣，藏传佛教宁玛派也穿红色僧衣（图 58-64）。因为年代久远、颜色衰变，以及摄影、印刷失真，我们很难确定所有图像中法衣色彩的原貌。接近紫色的颜色有红、绯、朱、绛等同类色。所以这些同类色法衣是被朝廷赐紫，是印度仪轨，还是宋朝僧人仪轨，抑或是属于穿红色法衣的宁玛派？仍需详作考证和进一步研究。

图 58 榆林第 29 窟壁画

图 59 榆林第 29 窟壁画中紫色法衣僧人

图 60 俄藏黑水城出土唐卡《金刚亥母》[③]

图 61 《金刚亥母》左侧紫色法衣僧人

① (宋)赞宁：《大宋僧史略》(卷上)，《大正藏》第 54 册。
②《大正新修大藏经》，第 54 册，台湾新文丰出版公司，1983 年，第 212 页。
③ [俄]吉拉・费达罗芙娜・萨玛秀克：《黑水城出土 12—14 世纪佛教绘画》，国立艾尔米塔什出版社，2006 年，第 314 页。编号：X—2393。

图 62 俄藏黑水城出土
唐卡《金刚亥母》
右侧紫色法衣僧人

图 63 俄藏黑水城出土
唐卡《释迦摩尼》[①]

图 64 俄藏黑水城出土
唐卡《释迦摩尼》
右侧紫色法衣僧人

原本佛教戒律规定，僧衣只可着坏色衣，不许着青、黄、赤、白、黑五正色。其实这种规定似乎在中土没有得到贯彻。炳灵寺第169窟是我国唯一有十六国纪年的石窟，此窟北壁东侧第12号龛 说法图下供养人第一身题榜“法显供养像”，是“偏袒右肩”的白色袈裟。《老学庵笔记》卷三也记载了宋朝有白衣佛徒的情况。[②]西夏图像资料中也有穿着白色法衣的僧侣形象（图66）。这种情况是说明白色袈裟在汉传佛教中另有寓意，还是说明白衣僧侣属于噶举派（白教），尚需进一步考证。

图 65 俄藏黑水城出土唐卡
《摩利支天》

图 66 俄藏黑水城出土唐卡
《摩利支天》中白缦衣僧人

西夏法衣穿披方式，有“双领下垂”式、“偏肩”式和“褒衣博带”式三种。“双领下垂”式、“偏肩”式主要指袈裟、缦衣类外衣穿披方式；“褒衣博带”式主要指宽袍大袖的中原服装样式。图像资料中可以发现三种穿着方式被来自各个民族、地区的僧人穿着，并且与僧衣的色彩没有关联性。

很多学者对于僧人袒露一肩的造像做过研究，发现“偏袒右肩”式造像很多，故此，“偏袒右肩”式样往往被简称为“偏肩”式。实则，在宋夏时期，“偏袒右肩”和“偏袒左肩”式僧人形象都存在，这些僧人都是露出肩部肌肤；另外，“偏肩”式中还有些僧人形象只是露出肩头内穿的僧衣，而不露

① [俄]吉拉·费达罗芙娜·萨玛秀克：《黑水城出土12—14世纪佛教绘画》，国立艾尔米塔什出版社，2006年，第255页。编号：X—2346。

② （宋）陆游：《老学庵笔记》，中华书局，1979年，第36页。

肌肤，所以这种形式称为“偏露一肩衣”式更为合适。如此，“偏肩”式则应包括两种形式：一种是“偏袒一肩”，另一种是“偏露一肩衣”。

“偏袒右肩”式是印度早期的僧衣形式。《十诵律》卷一《四波罗夷法》云：“僧难提比丘偏袒右肩，脱革屣，胡跪合掌作如是言。”[①]印度佛教造像法衣在初期按佛教仪轨来塑造着装形式，如“偏袒右肩”式，即以面料从右腋下绕上覆搭左肩，露出右肩。这种样式也应用在犍陀罗、秣菟罗佛像上。这种穿披方式东传经龟兹石窟，继而出现在甘肃、山西、河南等石窟和出土文物中。[②]《释氏要览》卷上转载了竺道祖《魏录》中的一段话：“魏宫人见僧袒一肘，不以为善，乃作偏袒缝于僧抵支上，相从因名偏衫。”有学者据此认为“偏袒右肩”式比丘造像始于北魏。[③]有的学者则认为中土所见石窟中最早的比丘造像的“偏袒右肩”式出现于西秦。炳灵寺第169窟是我国唯一有十六国纪年的石窟，此窟北壁绘有西域高僧昙无毗供养像，身着的就是“偏袒右肩”式袈裟。同窟北壁东侧第12号龛说法图下供养人第一身题榜“法显供养像”，也是“偏袒右肩”的露胸、白色袈裟。与此像相邻的“道聪供养像”也为“偏袒右肩”露胸，披绿色袈裟，下着条纹绿厥修罗。这些西秦僧人供养像的服饰表明，“偏袒右肩”式袈裟在西秦时期就已出现。[④]“偏袒右肩”式僧衣除炳灵寺之外，又见于云冈石窟第12窟二佛并坐右侧的供养僧僧衣。[⑤]南方见于1957年金华寺万佛塔出土唐、五代鎏金铜阿难立像，此像也是“偏袒右肩”式袈裟[⑥]。

这种“偏袒右肩”式僧衣在宋画中也有体现（图67、68）。事实上，正如前文所言，这种一肩袒露的样式，并非只有袒露右肩的佛衣，袒露左肩的情况也存在。台北故宫博物院藏刘松年的一幅《罗汉图》就是左肩袒露的样式。（图69、70）虽然目前没有发现西夏有袒露左肩的僧侣图像，但是，由于宋夏佛教的频繁交流，西夏也应和宋朝绘画中的僧人形象一样，既有“偏袒左肩”式也有“偏袒右肩”式（图71-74），所以笔者认为宋夏时期两种披穿僧衣方式，统称为“偏袒一肩”式更为确切。而西夏图像资料中“偏袒一肩”式的僧人从相貌和配饰看都为胡僧。

明广州沙门释弘赞《四分律名义标释》卷第二十七“复贮衣”条云：“礼佛对尊。露膊是恒。掩便获罪。然则出家省事。冬月居房。……若不煗服。交见羸亡。既为难缘。理须弘济。方裙偏袒。形简俗流。准立播衣。寒冬暂著。知非本制。为命权开。”据此可知，西夏“偏袒一肩”式穿披方式是佛教规定的僧衣穿着方式，而其他穿披方式的服装都是“冬月居房”，防止羸亡的权宜之计。

图67 宋代刘松年《天女献花图》册页，绢本，台北故宫博物院藏

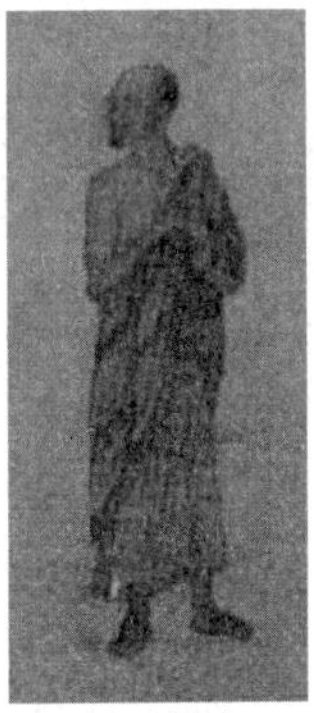
图68 《天女献花图》中“偏袒右肩”式僧衣

① 《大正藏》第22册，台湾新文丰出版有限公司，1983年，第399页。
② 蔡伟堂、卢秀文：《敦煌供养僧服考论（一）——僧装的类型变化》，《敦煌研究》2010年第5期。
③ 郭慧珍：《汉族佛教僧伽服装之研究》，台湾法鼓文化事业股份有限公司，2001年，第120页。
④ 蔡伟堂、卢秀文：《敦煌供养僧服考论（一）——僧装的类型变化》，《敦煌研究》2010年第5期。
⑤ 云冈石窟文物研究所：《中国石窟·云冈石窟》第2卷，文物出版社、日本平凡社，1990年，图101。
⑥ 浙江省图书馆：《浙江省博物馆典藏大系——东土佛光》，浙江古籍出版社，2008年，第61页。

图 69 刘松年《罗汉图》
台北故宫博物院

图 70 刘松年《罗汉图》中
“偏袒左肩”式僧衣

图 71 俄藏黑水城出土
唐卡《观音菩萨》

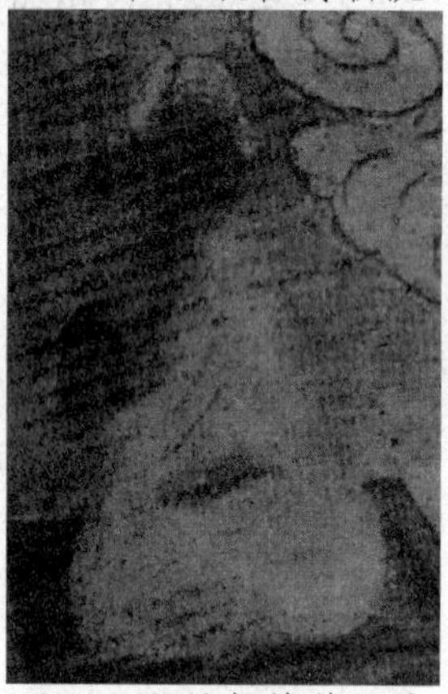

图 72 《观音菩萨》中
“偏袒右肩”式僧衣

图 73 俄藏黑水城出土唐卡
《金刚亥母》①

图 74 《金刚亥母》左侧
“偏袒右肩”式僧衣

图 75 《胜妙吉祥珍宝明经》
版画②

图 76 《胜妙吉祥珍宝明经》
版画中袈裟下穿短袖窄衣的僧人

图 77 俄藏黑水城出土唐卡
《一佛二菩萨》③

虽然目前没有发现“偏露左肩衣”的形式，但是从“偏袒一肩”的情况看，不能完全排除宋夏也存在“偏露左肩衣”的可能，所以露出一肩内穿僧衣的情况称为“偏露一肩衣”式更为确切。“偏露一肩衣”式是以面料从一侧腋下绕上覆搭左肩，露出另一侧僧祇支或者直裰、方袍等。这种样式在西夏僧人图像中经常出现。他们可以分为两类：一类是右肩露出的服装样式，为长袖或者短袖窄衣（图

① [俄]吉拉·费达罗芙娜·萨玛秀克：《黑水城出土 12—14 世纪佛教绘画》，国立艾尔米塔什出版社，2006 年。图 71 见第 269 页，编号：X—2354；图 73 见第 314 页，编号：X—2393。

② 台湾历史博物馆：《丝路上消失的王国——西夏黑水城的佛教艺术》，1996 年，第 81 页。

③ [俄]吉拉·费达罗芙娜·萨玛秀克：《黑水城出土 12—14 世纪佛教绘画》，国立艾尔米塔什出版社，2006 年，第 264 页。编号：X—2351。

75-81)；一类是右肩露出大袖的直裰（图 82、83）。[①]

图 78 《一佛二菩萨》中缦衣内穿短袖窄衣的僧人

图 79 东千佛洞第 5 窟《普贤变相》

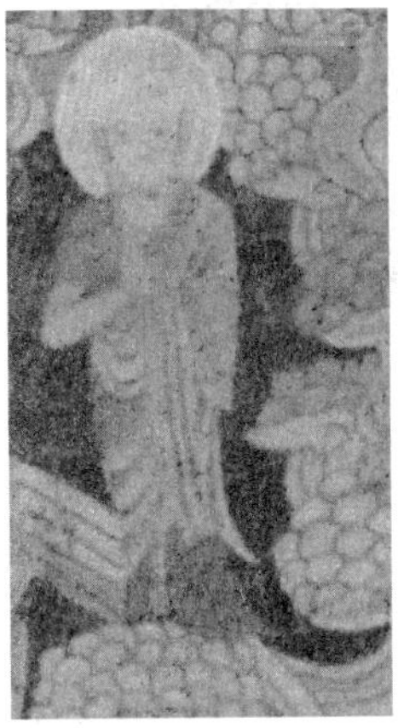

图 80 《普贤变相》中缦衣内短袖窄衣厥修罗僧人

图 81 莫高窟第 395 窟缦衣内穿长窄袍的供养比丘像

图 82 榆林第 29 窟壁画

图 83 榆林第 29 窟壁画中缦衣内穿大袖袖直裰的僧人

除“偏肩”式以外，西夏还存在“双领下垂”式僧人形象。北朝时期“双领下垂”式袈裟领缘向下松垂于胸前，两领下缘相交，形如“U”形的僧衣形象。[②]巩县石窟第 3 窟外壁东侧上部，第 99 龛右侧弟子像，内着交领衣，外披双领下垂式袈裟。[③]这种形式又见于龙门石窟万佛洞甬道北侧供养比丘像、[④]麦积山北魏第 101 窟正壁左侧比丘尼像和西魏第 123 窟左壁右侧弟子像[⑤]“双领下垂”式袈裟。

西夏僧人形象中“双领下垂”式以袈裟或者缦衣覆双肩，领缘向下松垂于胸前，两领下缘不相交，形如“H”形，露出内穿僧衣（图 84-90）。需要注意的是：有的僧人穿着“双领下垂”式缦衣，内穿僧衣是“偏袒一肩”式，但这种情况并不多见（图 90）。采用这种穿披搭配方式者也是胡僧形象。

---

① 段文杰：《敦煌石窟艺术论集》，甘肃人民出版社，1988 年，第 300 页。
② 蔡伟堂、卢秀文：《敦煌供养僧服考论（一）——僧装的类型变化》，《敦煌研究》，2010 年，第 5 期。
③ 河南省文物研究所：《中国石窟・巩县石窟》，文物出版社、日本平凡社，1983 年，图 222。
④ 河南省文物研究所：《中国石窟・龙门石窟》第 2 卷，文物出版社、日本平凡社，1983 年，图 79。
⑤ 天水麦积山石窟艺术研究所：《中国石窟・麦积山石窟》，文物出版社、日本平凡社，1987 年，图 112。

图 84 俄藏黑水城出土唐卡《十一面观音》

图 85 《十一面观音》中左侧僧人“双领下垂”式缦衣

图 86 《十一面观音》中右侧僧人“双领下垂”式缦衣

图 87 俄藏黑水城出土唐卡《一佛二菩萨》

图 88《一佛二菩萨》中右侧僧人“双领下垂”式缦衣

图 89、90 俄藏黑水城出土唐卡《药师佛》[①]僧人 “双领下垂”式缦衣

西夏受汉传佛教僧人服饰样式影响，也存在“褒衣博带”式僧衣。僧侣“褒衣博带”式僧衣始于唐代。《原始秘书》载：“唐武后幸僧怀义，衣帽皆用朝扮，衣用大袖如朝服制，曰直裰，曰偏衫，曰宽衣，加以锦绣。”西夏受到中原汉传佛教影响，也多有“褒衣博带”式僧衣。（图 91-92）

图 91 俄藏黑水城出土《佛母大金曜孔雀明王经》版画[②]

① [俄]吉拉·费达罗芙娜·萨玛秀克：《黑水城出土 12—14 世纪佛教绘画》，国立艾尔米塔什出版社，2006 年。图 84 见第 271 页，编号：X—2355；图 87 见第 219 页，编号：X—2322；图 89 见第 231 页，编号：X—2332。

② 台湾历史博物馆：《丝路上消失的王国——西夏黑水城的佛教艺术》，1996 年，第 82 页。

图 92 俄藏黑水城出土《佛母大金曜孔雀明王经》
版画“褒衣博带”式僧衣

西夏僧人的服饰品类有袈裟、缦衣、偏衫、直裰、僧祇支、厥修罗等。僧衣衣料种类应该也很多。首先，虽然我们没有发现西夏僧人有穿着“复贮衣”的记载，也难以从出土的西夏图像资料中确认复贮衣的存在。但是根据明广州沙门释弘赞《四分律名义标释》卷第二十七“复贮衣”条云：“复。方六切。音福。重也。说文云。重衣也。一曰褚衣。以绵絮装衣。曰褚(音杵)。贮积也。应作纻(音主)。亦绵絮装衣也。……冬月居房。……若不燠服。交见羸亡。……知非本制。为命权开”，说明复贮衣是专门为寒冷环境置备的冬衣，西夏地处苦寒，绵絮的复贮衣应该也被采用。

另外，西夏唐卡中还反映出丝质佛衣的存在。《高僧传》卷第四《义解一》中描述东晋僧人竺僧度执意舍俗出家时，写与杨氏的书信中，有一句话，如下：“布衣可暖身，谁论饰绫罗?”[1]据此可以推测，东晋僧衣的面料仍为布衣。而据慧皎法师《高僧传》卷第九《竺佛图澄一》中记载：“虎倾心事澄，有重于勒，乃下书曰：和上国之大宝，荣爵不加，高禄不受，荣禄匪及，何以旌德?从此已往，宜衣以绫锦，乘以雕辇。”[2] 其中“宜衣以绫锦”说明石虎政权下，法衣质料打破了原有仪轨，丝织面料从此成为汉地僧人法衣可用的材料。虽然从现有图像资料中难以确定西夏僧侣有穿着丝质面料的情况，但是俄藏黑水城出土西夏唐卡中阿弥陀的袈裟与僧祇支带有明显的金线丝质绣品和透明的纱质面料特征（图 2-2-117），说明西夏也接受了法衣采用丝质的方式。

经研究发现，西夏似乎也与中原一样存在僧人着装混乱的情况。唐义净《南海寄归内法传》卷二《衣食所须章》有云：“且如神州祇支偏袒，覆膊方裙，禅裤袍糯，咸乖本制……自余袍裤裈衫之类，咸悉决须遮断。严寒既谢，即是不合擐身，而复更着偏衫，实非开限。”[3]又《尼衣丧制章》云：“东夏诸尼衣皆涉俗，所有着用并皆乖仪……抵支偏袒衫裤之流，大圣亲遮。”[4]明广州沙门释弘赞《四分律名义标释》卷第二十七“复贮衣”条云：“礼佛对尊。露膊是恒。掩便获罪。然则出家省事。冬月居房。……若不燠服。交见羸亡。……方裙偏袒。形简俗流。准立播衣。寒冬暂著。知非本制。为命权开。……自余袍。袴。裩衫之类。咸悉决须遮断。严寒既谢。即是不合擐身。而复更著偏衫。实非开限云云。”“礼佛对尊。露膊是恒。掩便获罪。” 中原违反佛教服装制度，所服怪异的情况在西夏似乎也同样存在。主要由以下几种形式：

第一种，短袖对襟短衫、裈、敞胸的僧侣形象（图 93）。

第二种，俄藏黑水城出土的唐卡中也出现了髻发在头顶正中或头顶偏后、披发、蓄短发，只围腰

[1] （梁）慧皎：《高僧传》卷九，《大正藏》第 50 册。
[2] （梁）慧皎：《高僧传》卷九，《大正藏》第 50 册。
[3] 《大正新修大藏经》第 54 册，台湾新文丰出版公司，1983 年，第 214 页。
[4] 《大正新修大藏经》第 54 册，台湾新文丰出版公司，1983 年，第 216 页。

裙（图 94-97）、或者腰以下用佛衣覆盖的半裸佛教徒形象（图 98）。[1]这些半裸的佛教徒是在西夏的西夏人，还是在西夏的非西夏人，抑或是记忆中他国佛教徒形象的描绘，现在也一样很难确定。

图 93 俄藏黑水城出土唐卡《金刚亥母》中裈、短袖对襟短衫、敞胸的僧侣[2]

图 94 俄藏黑水城出土唐卡《金刚亥母》右侧的髻在额顶的僧侣[3]

图 95 俄藏黑水城出土唐卡《金刚亥母》左侧的髻在头顶的僧侣[4]

图 96 俄藏黑水城唐卡《金刚亥母》左侧披发僧人[5]

图 97《金刚亥母》左侧短发穿腰裙僧人[6]

图 98 俄藏黑水城唐卡《水月观音》右下角穿腰裙上身赤裸、腰以穿僧衣、黄色长发及肩、饰流苏搭袱，戴臂箍、手镯，赤脚僧人[7]

---

① [俄]吉拉·费达罗芙娜·萨玛秀克：《黑水城出土 12—14 世纪佛教绘画》，国立艾尔米塔什出版社，2006 年，第 316 页。编号：X—2388。

② [俄]吉拉·费达罗芙娜·萨玛秀克：《黑水城出土 12—14 世纪佛教绘画》，国立艾尔米塔什出版社，2006 年，第 314 页。编号：X—2393。

③ [俄]吉拉·费达罗芙娜·萨玛秀克：《黑水城出土 12—14 世纪佛教绘画》，国立艾尔米塔什出版社，2006 年，第 316 页。编号：X—2388。

④ [俄]吉拉·费达罗芙娜·萨玛秀克：《黑水城出土 12—14 世纪佛教绘画》，国立艾尔米塔什出版社，2006 年，第 316 页。编号：X—2388。

⑤ [俄]吉拉·费达罗芙娜·萨玛秀克：《黑水城出土 12—14 世纪佛教绘画》，国立艾尔米塔什出版社，2006 年，第 316 页。编号：X—2388。

⑥ [俄]吉拉·费达罗芙娜·萨玛秀克：《黑水城出土 12—14 世纪佛教绘画》，国立艾尔米塔什出版社，2006 年，第 316 页。编号：X—2388。笔者注：只穿腰裙、半裸身形象大量集中出现在此图中，可能与这些佛教徒信仰的流派有关，其中也有穿着缦衣或袈裟的佛教徒，服饰的不同也可能代表他们在这个教派中的身份、职位有所不同。对此笔者另文论述。

⑦ [俄]吉拉·费达罗芙娜·萨玛秀克：《黑水城出土 12—14 世纪佛教绘画》，国立艾尔米塔什出版社，2006 年，第 149 页。编号：X—2439。

以上高僧服饰资料显示，西夏境内僧人着装各异，有中原僧装，也有印藏等地的僧装。僧服多样各异也说明佛教在西夏派别众多，各着其服，显现了西夏佛教的兴盛。但是各个宗派之间的关系怎样，仍需进一步研究。另外，这些僧侣的服色、发色、发式的多样性也显示出西夏佛教被许多种族信仰，这也从侧面反应了西夏地区佛教交流的兴盛。各种派别、种族僧侣汇集到西夏的原因除了藏、印、宋、辽、金佛教自由发展的地区之间进行的佛教徒交流原因外，可能也是因为当时西亚、中亚地区受到伊斯兰教扩张的影响，迫使大量佛教徒东迁造成的。

（作者通讯地址：中国社会科学院民族学与人类学　北京　100081；宁夏博物馆　银川　750002）

（责任编辑：杨浣）

西夏学 第11辑 2015年3月
Xixia Studies,Mar,2015,Vol.11

西夏的笔与笔法

赵生泉

摘　要：西夏通行吐蕃、汉、番、回鹘等多种文字，书写工具则包括藏式竹笔和汉式毛笔。目前的考古工作虽然没有发现西夏时期的回鹘式硬笔实物，却不能排除其实际应用。这种情况，必然会使“笔法”在西夏表现出极大的复杂性和融合性。西夏文有两种笔法：一种直入直出，线条首尾粗糙而中部较精致；一种提按分明，笔画中间平滑而起止精微。前者应用较广，但比较精彩的作品大多后者。由于党项与吐蕃的历史和文化渊源，藏式书写在西夏始终存在；但因为汉文化在东亚地区的强势地位以及毛笔的优越性，汉式毛笔和源自汉字书写的“汉法”最终成为西夏“笔法”的主流。

关键词：竹笔　毛笔　汉法　笔法　西夏

在西夏通行的藏、汉、番、回鹘等文字中，“番文”尽管出现得最晚，地位却可以说是最重要、最崇高的。它与汉字、契丹文、藏文的“共存”而晚出关系，必然要为其书写平添许多复杂因素；而作为“书写”的必备媒介，西夏的“笔”必然要影响西夏文笔法的形成，进而对西夏文书法乃至整体上的西夏书法产生某种制约。

“笔”在西夏文作“[illegible]”，音“兀”，牙音。《同音》丁种本背注：“[illegible]，[illegible][illegible][illegible]（笔，书写用）。”①《番汉合时掌中珠》亦言“[illegible][illegible][illegible][illegible]（纸笔墨砚）”②，《新集锦合辞》有“[illegible][illegible][illegible][illegible]（舔笔舔尖，即用嘴唇舔笔毫使之齐整）”③。前者言其功效，后者状其用法。这些特征与汉族的毛笔一致，但藏文笔读如“妞古”，与西夏读音颇近，足证在西夏文化中，“笔”确有某种吐蕃渊源。

1972年，甘肃博物馆在武威张义山洞中发现两支竹笔（图1），④其形态“是将竹子的一头削出一个斜面，斜面下削尖，并将笔尖分裂成两片，如现在的沾水笔一样。一支没有用过，长13.6cm；一支笔尖有墨迹，略残，长9.5cm”⑤。后来，又有专家进一步指出：“其形制是将竹子的一头削成笔尖形，在笔尖中间划开一道缝隙，与现在的蘸水笔类似。其中一支已使用过，有墨迹，略残，长9.5cm，直径0.8cm。另一支未用过，长13.6cm，直径0.7cm。”并指出这是“中国首次发现的西夏时期

① 韩小忙：《〈同音背隐音义〉整理与研究》，中国社会科学出版社，2011年，第303页、图版77、78。
② 韩小忙：《〈同音背隐音义〉整理与研究》，中国社会科学出版社，2011年，第303页、图版77、78。
③ 俄罗斯科学院东方研究所圣彼得堡分所、中国社会科学院民族研究所编：《俄藏黑水城文献》第十册，上海古籍出版社，1999年，第14、32页下栏。
④ 甘肃省博物馆：《甘肃武威发现一批西夏遗物》，《考古》1974年第3期，第200页。
⑤ 甘肃省博物馆：《甘肃武威发现一批西夏遗物》，《考古》1974年第3期，第203页。又，“沾水笔”系原文，当作“蘸水笔”。

的竹笔”[①]。因其笔尖锋利，笔舌（锋）呈马耳形，也有专家称之为“双瓣合尖竹管笔”[②]。从形制、历史、文化渊源等角度考察，这两支竹笔属于吐蕃或藏传佛教僧侣，是藏笔无疑。[③]尺寸较短的一支，是削制“十余次”即重复使用所致。

图 1 武威出土竹笔

图 2 《西夏—吐蕃两体文书》(K.K.Ⅱ.0234.k)

藏文书体较多，而不同书体特征的表现又对笔尖提出了极高的要求。一般说来，乌金体（楷书体）要求笔尖切口偏左，乌梅体（行书体）要求偏右，圆曲光滑的朱匝体则要求平口。[④]所谓藏笔分圆形和三棱形两类，分别用于书写大字和小字，[⑤]其实说的就是笔锋。武威所出二笔的笔锋切口偏向不明显，但笔尖锋利，应该是写小字用的。敦煌北区所出《同音字汇》残页（G11·004[D751-2]）笔画生硬，转折处不自然，有时还断为二笔，与英藏《西夏—吐蕃两体文书》(K.K.Ⅱ.0234.k，图 2）比观，[⑥]可以确定为硬笔书写。

与两支竹笔同出的，还有西夏文《佛说观弥勒菩萨上生兜率天经》刻本残页等西夏文、汉文、藏文文献残页。[⑦]在这些文献中，发现了“人庆”、“天盛”、“乾祐”、“天庆”、“光定”等 5 个西夏年号，最晚的“光定二年（1212）”距西夏灭亡只有 15 年，而且洞内也没有发现元代遗物，可见此洞“废闭”于蒙古军队攻略河西走廊之际。[⑧]就此而言，这批遗物的下限是光定二年以后，但不会进入元代，则

① 陈炳应：《西夏文物研究》，宁夏人民出版社，1985 年，第 427 页。

② 李正宇：《敦煌古代硬笔书法》，甘肃人民出版社，2007 年，第 15 页。

③ 赵生泉：《西夏竹笔新解》，《西夏学》第七辑，上海古籍出版社，2011 年，第 259—264 页。

④ 斯洛：《藏文书法艺术初探》，《青海民族学院学报》（社会科学版）1991 年第 4 期，第 71 页；达瓦次仁：《藏文书法的起源和流派》，《中国西藏》1996 年 1 期，第 51—53 页。

⑤ 达瓦次仁：《藏文书法的起源和流派》，《中国西藏》1996 年第 1 期，第 53 页。

⑥ [英]奥雷尔·斯坦因原著，巫新华、秦立彦、龚国强、艾力江译：《亚洲腹地考古图记》第 3 卷，CXXXⅠV，广西师范大学出版社，2004 年，第 134 页。

⑦ 甘肃省博物馆：《甘肃武威发现一批西夏遗物》，《考古》1974 年第 3 期，第 200—204 页；史金波、白滨、吴峰云：《西夏文物·图版说明》330、342、345—350、352、385 等，文物出版社，1988 年，第 323、325—326、331 页。

⑧ 甘肃省博物馆：《甘肃武威发现一批西夏遗物》，《考古》1974 年第 3 期，第 204 页。

这两支竹笔是西夏中晚期的遗物。这足以证明西夏人曾长期使用藏式硬笔。

与毛笔相比，竹笔等硬笔虽有便于制作的优点，线条表现力却严重不足，所以西夏人一直没有放弃改进的努力。《金史》卷六一《交聘表中》载大定十年（1170）“正月壬子朔，夏武功大夫刘志直、宣德郎韩德容等贺正旦”。《西夏书事》卷三七乾祐元年（1170）正月条谓：“志直，志真弟，官翰林学士，工书法。西北有黄羊，志直取其尾豪为笔，国中效之，遂以为法。”西夏文“黄羊”作“□”、“□”、“□”。《文海杂类》来日舌齿音：“□，□□□□；□□□□□□，□□□（黄羊，羊兽雄下；黄羊者野兽之名，黄羊之谓）。”①《文海》平 51 韵：“□，□□□□；□□□□□，□□□□□□□（黄羊，[字]左黄羊右；黄羊者黄羊也，野兽黄羊之谓也）。”②黄羊虽有黄羚、蒙古原羚、蒙古瞪羚、蒙古羚等异名，在现代科学分类中却是洞角科原羚属，并非羊属动物。古人之所以把它称作黄羊，只是因其形状与羊相近。《文海》平 17 韵说：“□□□□□□，□□□（罗者捕黄羊用，网之谓）。”③《新集锦合辞》亦言：“□□□□□□□□（山谷黄羊奔驰各异）。”④表明西夏境内黄羊极多。黄羊的尾巴很短，仅 9—11cm，尾毛棕色，较硬，未必十分适合做笔，“国中效之，遂以为法”恐怕主要是因其数量优势。但无论如何，这一“改进”都有利于西夏人提高实际书写技能，并且完善书法教育水平。西夏晚期写本如《新集孝慈传》、《德行集》无论精、粗，线条皆极富弹性，显然与此有关。就此而言，Инв.No. 347《榷场使兼拘榷西凉府签判文书》提到的“笔壹仟伍十管”，很可能是自制或从中原输入的毛笔，而不是所谓“竹子削成”的竹笔。⑤

1977 年，武威西郊林场西夏二号墓一长方形槽状木架，长 8cm，宽 4cm，通高 6cm，底部两端附加衬垫，上面开二圆孔，孔径 1.3cm，一孔内插一木笔，杆长 13cm，径 1.2cm，尖长 3.5cm，尖端还有墨迹。⑥墓主刘德仁为西经略司都案，卒于天庆五年（1198），至天庆七年下葬，⑦当时黄羊尾毫制作的笔已然流行，所以这支木笔很可能是模拟黄羊笔之形的陪葬明器。以文具陪葬，十分符合刘德仁“都案”的身份。

笔尖的软、硬，对文字书写出来后的面貌会产生一定影响。以□（四）、□（妙、懿）为例，这两个西夏文的楷体极其相似，文献中也有混淆、误译之例。⑧同时，□（妙、懿）在 L7 残碑中有篆体，而□（四）在文书中则时有草体出现（表 1）。为便于录入，最前面的数字是省去“Инв.No.”后的编号，最后两个以“·”隔开的数字，则分别是例字所在的行数和在行中的位置。

表 1 西夏文“妙”、“四”篆、草对比

□		□			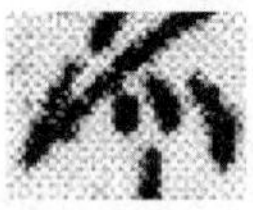	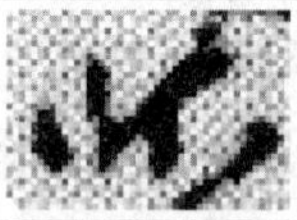
妙、懿		四	7893-9.18.3	7893-9.3.2	8372.6.4	6342-2.6.9

① 史金波、白滨、黄振华：《文海研究》，中国社会科学出版社，1983 年，第 331、544、656 页。

② 史金波、白滨、黄振华：《文海研究》，中国社会科学出版社，1983 年，第 242、481、512 页。

③ 史金波、白滨、黄振华：《文海研究》，中国社会科学出版社，1983 年，第 175、427、528 页。

④ 俄罗斯科学院东方研究所圣彼得堡分所，中国社会科学院民族研究所编：《俄藏黑水城文献》第 10 册，上海古籍出版社，1999 年，第 334 页上栏。

⑤ 杜建录、史金波：《西夏社会文书研究》（增订本），上海古籍出版社，2012 年，第 28 页。

⑥ 陈炳应：《西夏文物研究》，宁夏人民出版社，1985 年，第 188 页；史金波、白滨、吴峰云：《西夏文物》，文物出版社，1988 年，第 203、314 页。

⑦ 王伟、马克华：《从武威西郊林场西夏墓谈西夏的主体葬俗——火葬》，《兰州学刊》2000 年第 4 期，第 79 页。

⑧ 俄罗斯科学院东方研究所圣彼得堡分所、中国社会科学院民族研究所：《俄藏黑水城文献》第十册，上海古籍出版社，1999 年，第 39—40 页；聂鸿音、史金波：《西夏文〈三才杂字〉考》，《中央民族大学学报》1995 年第 6 期，第 83 页；聂鸿音：《西夏遗文录》，杜建录主编《西夏学》第二辑，宁夏人民出版社，2007 年，第 159—160 页。

在楷体中，这两个字的笔顺、笔势差别不大，仅□（妙、懿）在右上角径直转笔，□（四）则提起断开后另起。而在草体中，□（四）不仅左边大幅度简化，右面的中间也极度简化为一“丨”，同时左右的两“丨”则先连写为“八”式，又进一步讹省为两“丶”，直至一“丶”。如此一来，其笔顺就变成一横一竖，然后是两点，笔势遂因而发生变化。而□（妙、懿）的篆体，则没有改变笔顺，仅笔势因刻意摆曲而有所变更。这些特点，都是汉字书写的特征。

汉字书写对西夏文的影响，还表现在一些特殊的笔画或结构上，如□（欧，真言用字）、□（起）、□（骷髅）、□（作祟）、□（交换）、□（踩压）等字，因“乚”的存在而成为半包围结构，但“乚”其实是为了“字形结构的整齐、美观和便于书写”，而对“丨”的“变通”[①]。而且，这种变通有时也出现在右边，如□、□都是“官爵”之意，□、□都是“记、传”意，结构、部件均同，所异者仅右下一为直竖，一拉长且右转为“乚”。又如Инв.N0.4193《天庆戊午五年卖地契》（图3）纵贯连绵，流利畅达，点画间的牵丝、映带能简则简，并不刻意表现。它体现出的是一种类似汉字草书式的美感，说明书写者受汉字书写法度影响极深。所有这些，都显示出汉字书法对西夏文的强力“渗透”。换句话说，与构造一样，西夏文的书写也深受汉字影响。[②]

无论笔画本身，还是基本笔法，“乚”都来源于汉字，但很多西夏文写本都呈现出一种非常特别的形态：下行笔意非常突出，转折处近乎直角，以致于横画更像另起的一笔。类似特征，在刻本中也有表现。之所以如此，不外乎两方面原因，一是西夏文笔画繁复，客观上不便于调整笔势，即使精美的写本，有时候也不得不断为二笔；二是主要源自藏文书写的硬笔书写习惯的“保留”或“渗透”。这说明，藏文笔法对西夏文书写同样有影响。

西夏文草体中，藏文笔意也有体现。Инв.N0.4199《天庆丙辰年卖地契》（图 4）的前两行与Инв.N0.4193《天庆戊午五年卖地契》相似，后面诸行则突出了横势，有时甚至出现向上方划出的圆弧。这种意态，就是藏文草体笔法在不经意间的流露。天盛、乾祐间的那些《告牒》末尾的签署（图5），即有类似特点。

英藏 Or.12380-3843（K.K.）草书写本（图 6）用笔缓弱，字势左右变化不大，且有很多部件或笔画被处理成环形，似有回鹘文书写痕迹在焉。著名突厥语、回鹘语专家葛玛丽、耿世民指出，回鹘文化中“所有文字形式的正式写本”都是用尖部劈开的苇笔或木笔写成，一些“非正式的”写本和壁画上的题词则用汉族的毛笔书写。前者称“qalam”，来自波斯语 qalam，与梵文 kalama、希腊语 kalamos 亦近；后者称 pir，来自汉语“笔”的发音。[③]回鹘人拥有文字的历史比党项人悠久，回鹘僧侣又曾荣膺“国师”之任，主持西夏的译经工作，[④]因而回鹘文对西夏文书写产生一些影响实在情理之中。西夏早期的L3、大安二年（1075）的《拜寺沟方塔八角形塔心柱》（F064）等碑刻、墨迹，横势都不明显，[⑤]不排除就有这方面的原因。换言之，目前的考古工作虽然没有发现西夏时期的回鹘式硬笔实物，却不能排除其实际应用。

西夏文之外，汉字、藏文、回鹘文等文字的书写，也会发生相互影响。俄 A6 两面都是写本，正面是著名的《解释謌（歌）义壹畚》，背面是《究竟一乘圆通心要等杂抄》（A6v，图 7）等佛教文献。

① 史金波：《从〈文海〉看西夏文字构造的特点》，载史金波、白滨、黄振华《文海研究》，中国社会科学出版社，1983年，第28页。

② 史金波：《西夏文教程》，社会科学文献出版社，2013年，第119页。

③ 耿世民：《古代维吾尔族的书写文化》，《喀山师范学院学报》2005年第2期，第23页。

④ 史金波：《西夏佛教史略》，宁夏人民出版社，1988年，第78—79页。

⑤ 韩小忙、李彤：《西夏时期的书法艺术》，《固原师专学报》（社会科学版）2001年第1期，第55—56页。

背面第21面左半靠近外边缘处有一行藏文草书。①藏文本来是横写右行，这里却是竖行，到底ཧ（ha）时右转，又向右写了三个字母。特别有意思的是，本页最后一个汉字是俗字“号”，与ཧ的形式有些相似，所以这几个ཧ，特别是最靠近“号”的那个，笔画转折与“号”尤其接近。不仅如此，这几个藏文字母其线条头尖尾细，中部鼓起，虽然可以确定是毛笔所书，但起笔时的提按及笔势变化已经大大简化，径直起笔，一往无前。黑水城出土的西夏文甚至汉文写本中，都存在这种形态的笔画，可以视为藏文笔法不仅对西夏文，甚至也对汉字发生影响的见证。

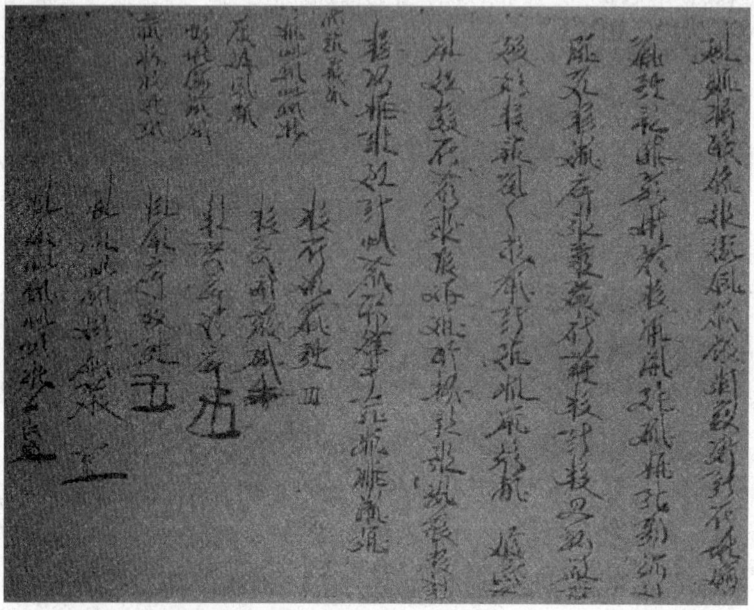

图3 《天庆戊午五年卖地契》（Инв.NO.4193）

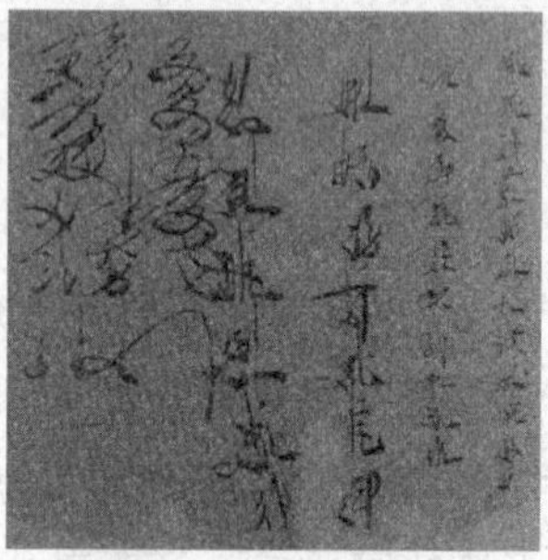

图5《天盛告牒签署》（Инв.NO.4483-1）

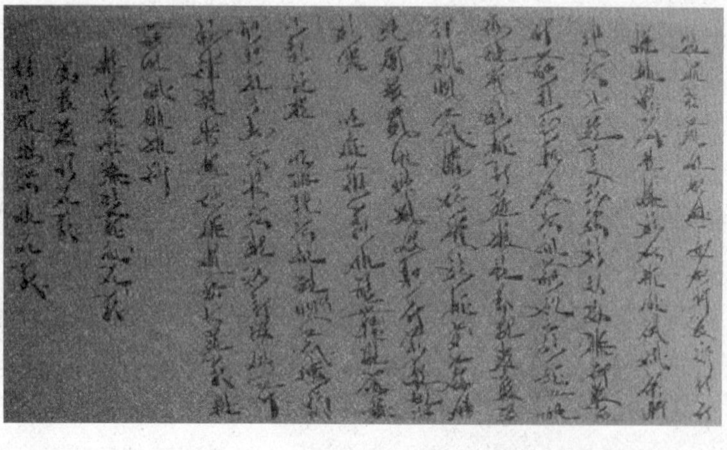

图4 《天庆丙辰年卖地契》（Инв.NO.4199）

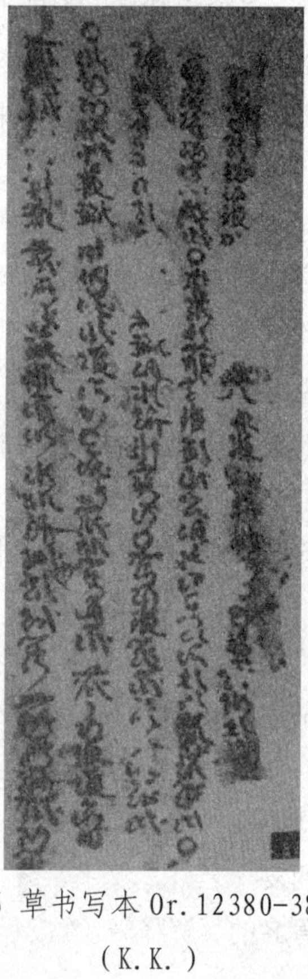

图6 草书写本 Or.12380-3843（K.K.）

与此类似，英藏 Or.8212/727K.K.Ⅰ.0270(a)《天庆间裴松寿典麦契》（图8），笔画粗细几无变化，似硬笔平动而成，可视为西夏文笔法影响汉字书写之例。

① [俄]孟列夫著、王克孝译：《黑城出土汉文遗书叙录》，宁夏人民出版社，1994年，第228页。

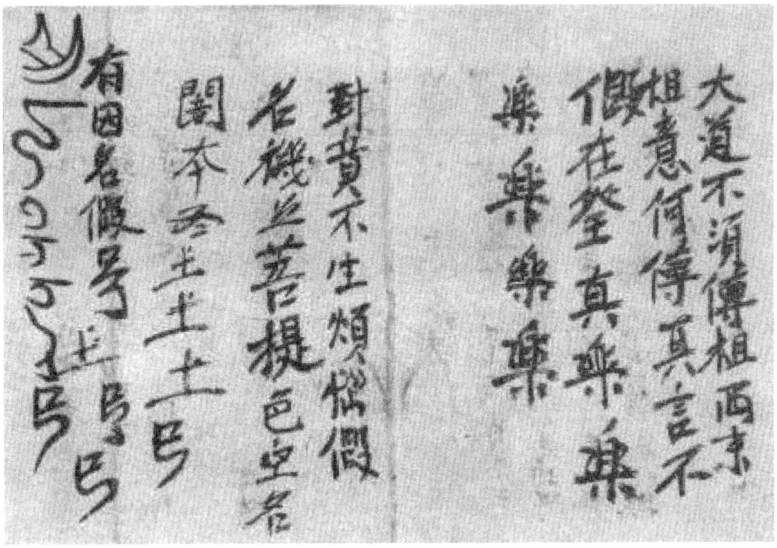

图 7 《究竟一乘圆通心要等杂抄》（A6v）

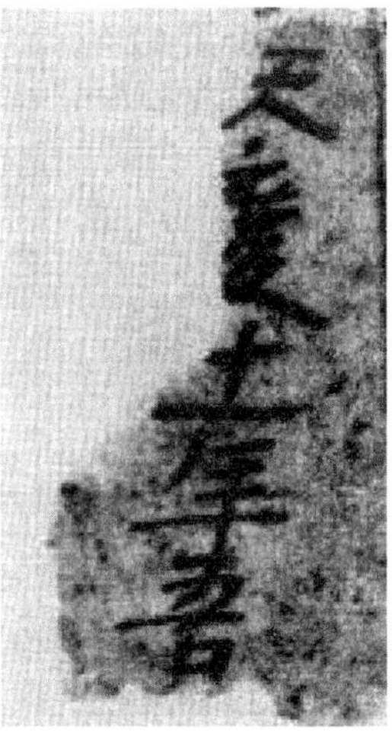

图 8 《裴松寿典麦契》

通过这些比较和分析，可以发现西夏文有两种笔法：一种直入直出，线条首尾粗糙而中部较精致；一种提按分明，笔画中间平滑而起止精微。前者类似“平动”，后者犹如“弧转”。直入直出式的笔法应用较广，但比较精彩的作品大多提按分明，如俄Инв.No.741《碎金》写本。就此而言，“汉法”是西夏书法的精华部分，而藏式笔法甚至回鹘文书写方法，则因其吐蕃、回鹘与党项人的密切关系，而长期在西夏社会生活中占有广泛影响。

总而言之，在 7 到 11 世纪间，党项拓跋部逐渐由青藏高原东部北徙，继而东迁陕北，最终建立西夏政权。这一漫长的历史过程，在很大程度上体现了隋唐以来西北民族关系的发展与演变。隋唐时期的突厥、回鹘、吐蕃等少数民族，不仅与中原交往密切，而且与西方的中亚甚至更远的地区也建立起了经贸联系。频繁的经济、文化交往，凸显出拥有“独立”文字的重要性和迫切性，所以突厥、回鹘、吐蕃先后都创立了自己的文字。这与魏晋时期入主中原，有民族语言却没有民族文字的匈奴、鲜卑、羯、氐、羌等民族形成了鲜明对比。[①]事实证明，分别参照粟特文、梵文创造自己的文字以后，[②]突厥、回鹘、吐蕃的社会发展、乃至民族的向心力、凝聚力，都得以大大加强。而元昊主导创制的西夏文，更是成效卓异，这首先表现在它为元昊统合“番族”提供了一种新的有效工具，如果没有它，“番”的命运很可能将是另一种情形；其次，作为一种不同于汉字的崭新书法载体，它的出现，也使古老的书法艺术在中古时期展现出别样的魅力。

（作者通讯地址：河北省石家庄市裕华区南二环东路 20 号　石家庄　050024）

（责任编辑：杨浣）

---

① 《魏书》卷二《道武帝纪》载天兴四年（401）十二月辛亥“集博士、儒生，比众经文字，义类相从凡四万余字，号曰《众文经》”；卷四《太武帝纪上》载始光二年（425）三月丁巳，“初造新字千余”，且下诏曰：“在昔帝轩，创制造物，乃命仓颉因鸟兽之迹以立文字。自兹以降，随时改作，故篆、隶、草、楷，并行于世。然经历久远，传习多失其真，故令文体错谬，会义不惬，非所以示轨则于来世也。孔子曰：名不正则事不成，此之谓矣。今制定文字，世所用者，颁下远近，永为楷式。”则所造为汉字。参胡奇光：《中国小学史》，上海人民出版社，2005 年，第 112 页。

② 牛汝极：《维吾尔古文字与古文献导论》，新疆人民出版社，1997 年，第 297 页；史金波、黄润华：《中国历代民族古文字文献探幽》，中华书局，2008 年，第 37、43、46 页。

西夏学 第 11 辑 2015 年 3 月
Xixia Studies,Mar,2015,Vol.11

敦煌莫高窟第 148 窟西夏供养人图像新探
——以佛教史考察为核心

张先堂

摘　要： 西夏时期敦煌石窟的研究比较薄弱，供养人图像是石窟造像题材中最具有历史真实性的内容，通过对西夏时期供养人图像的考察，有助于我们加深对于当时参与石窟重修活动的功德主、施主的了解，进而有助于我们对当时石窟营造活动参与者及其组织形态获得更加清晰的了解。基于这样的思路，本文从佛教史等角度，选择莫高窟第 148 窟的西夏供养人图像予以考察分析。

关键词： 西夏　莫高窟　供养人

一　引言

在整个敦煌石窟研究中，对西夏时期敦煌石窟的研究是比较薄弱的环节。这主要体现在两个方面：一是有关研究的论著总体较少，很多方面的内容学者们尚未涉及；二是即使现有的研究成果，对一些基本问题的认识也存在分歧（如分期断代问题），没有形成共识。与此相应，对于西夏时期敦煌石窟中供养人图像的研究也是比较薄弱的。

造成这种现象有主客观两个方面的原因。从客观上说，首先，这与有关西夏时期敦煌地方历史文献的匮乏有关，导致人们对于当时敦煌历史认识的模糊。其次，这与西夏时期敦煌石窟供养人画像本身的两个基本特征相关。一是数量锐减。据笔者主持课题组调查统计，莫高窟供养人画像数量：初唐 499 身、盛唐 302 身、中唐 366 身、晚唐 938 身、五代 1736 身、宋代 1220 身、西夏 177 身、元代 40 身。[①]在西夏初期的莫高窟中，在甬道壁、东壁门上、四壁下部这些以往常画供养人像的位置，往往改画为具有西夏程式化特征的供养菩萨、千佛、净土变等新的流行题材内容，使得供养人画像踪迹难见。[②]之后在莫高窟出现了一批具有回鹘人特征的供养人画像。到了西夏晚期，在榆林窟、东千佛洞中出现了具有典型党项人特征的西夏供养人像。二是绘制草率。这是与西夏时期莫高窟壁画绘制的总体风格相应的。西夏时期莫高窟少见创建新的洞窟，大多是重修前代创建的洞窟，即在覆盖前代壁画的基础上，改绘西夏时期流行的题材内容。从供养人绘制来说，往往是在前代所绘供养人像表面仅仅

① 参见拙作《莫高窟供养人画像的发展演变——以佛教史考察为中心》，《敦煌学辑刊》2008 年第 4 期，第 93—103 页。

② 参见刘玉权：《瓜、沙西夏石窟概论》，《中国石窟·敦煌莫高窟（五）》，文物出版社、日本平凡社，1987 年，第 179 页。

刷一层薄薄的灰层覆盖，然后再画供养人像，这样的绘制工艺不免显得草率，结果历经沧桑后，草率覆盖的灰层往往起甲、脱落，导致供养人像斑驳、残破，致使西夏时期莫高窟中本来就数量稀少的供养人像很少保留下完整清晰的图像。

从主观来说，则与两个方面的因素相关：一是由于以往关注西夏石窟研究的学者较少，投入研究力量不足；二是由于学术界关于西夏时期敦煌历史研究的观点歧异纷纭，特别是沙州回鹘与西夏的关系问题，观点分歧，莫衷一是，导致对于这一时期石窟的分期断代，观点模糊分歧，尚未形成比较一致的意见。与此相应，关于这一时期供养人画像的研究也是观点模糊分歧。

鉴于上述情况，目前有关西夏石窟及其供养人的研究，首先需要对相关的图像、文献资料进行系统的调查、整理，然后结合历史背景进行深入细致的考察、分析，以期获得更加准确、清晰的认识。

供养人图像是石窟造像题材中最具有历史真实性的内容，通过对西夏时期供养人图像的考察，有助于我们加深对于当时参与石窟重修活动的功德主、施主的了解，进而有助于我们对当时石窟营造活动参与者及其组织形态获得更加清晰的了解。基于这样的思路，本文试图选择莫高窟第 148 窟的西夏供养人图像予以考察分析。选择此窟的主要理由是，它在莫高窟中保存西夏供养人图像最为完整清晰，数量最多（共有 48 人），涉及人物身份最为丰富（有僧人 20、男 23、小儿 1、女 2、小女 2），具有代表性，可以作为一个范本来考察西夏时期莫高窟的供养人画像。

二　莫高窟第 148 窟供养人像及其身份

莫高窟第 148 窟创建于盛唐，晚唐、西夏、清代予以重修。现存供养人画像有晚唐、西夏两个时期。其中晚唐供养人画像在西壁涅槃佛坛下存 16 男、20 女，北壁佛龛下存 2 女。西夏时期在甬道南、北壁刷一层白灰层覆盖原来壁画，并在其上绘制供养人像，在东壁南、北侧和南、北壁龛下刷一层薄薄的灰色层覆盖原来壁画，并在其上绘制供养人。综合考察这些供养人画像的身份及其组合关系，可以将他们分为下列 4 组：1.甬道南、北壁；2.东壁南侧下部；3. 东壁北侧下部；4.南、北壁龛下。现将此 4 组供养人画像分述于下：

1. 甬道

南壁残存 1 回鹘装男供养人和头顶的伞盖。男头戴紫色莲瓣形尖顶冠，身穿圆领窄袖紫色团花纹长袍，腰系蹀躞带，带上垂挂诸物；双手捧供盘，盘中两侧有 2 个香宝子、珊瑚，中间 1 香炉，香炉顶上绘彩色条纹扇形图案，不知何物（香炉喷出的烟雾？）；脚蹬白靴，立于菱格花纹地毯上（图 1）。据残存的伞盖推测，原壁当绘有侍从（被后世重修甬道所覆盖灭失）。

显然，此男供养人衣冠服饰与莫高窟第 409 窟东壁南侧（图 2）、第 237 窟甬道南壁（图 3）、西千佛洞第 16 窟甬道西壁（图 4）三处回鹘供养人及其侍从类似，其双手所捧供盘及盘中供养物与第 237 窟甬道南壁、西千佛洞第 16 窟甬道西壁 2 处回鹘供养像类似。[①]此外，此男供养人头冠、袍上团花纹、腰带、供盘、香炉等处皆残存有贴金遗迹，这与第 237 窟甬道南壁男供养人相似（勘察原壁此供养人头冠、团龙纹、供盘等处皆被后世人为刮抠损坏，当为刮取贴金所致，但仍残存有稍许贴金遗

---

① 关于敦煌石窟中以莫高窟第 409 窟东壁南侧男供养人为代表，以及与其类似的莫高窟第 237 窟甬道南壁、西千佛洞第 16 窟甬道西壁男供养人，究竟是回鹘王还是西夏王，至今尚未有定论。敦煌研究院专家早期认为是西夏王（如《敦煌莫高窟内容总录》，文物出版社，1982 年；《中国石窟・敦煌石窟（五）》，文物出版社、日本平凡社，1987 年）。后来谢静、谢生保《敦煌石窟中回鹘、西夏供养人服饰辨析》（《敦煌研究》2007 年第 4 期，第 80—85 页）以及贾应逸、侯世新《莫高窟第 409 窟与高昌回鹘供养人像比较研究》（敦煌研究院编《敦煌壁画艺术继承与创新国际学术研讨会论文集》，上海辞书出版社，2008 年，第 511—517 页）两文，均认为系回鹘王；而史金波《西夏皇室和敦煌莫高窟当议》（《西夏学》第四辑，宁夏人民出版社，2009 年，第 167 页），则认为系西夏王。对于其族属，笔者赞同回鹘说；对于其时代，笔者则持西夏说。对此问题当另作探讨，此文不赘。

迹）。

图 1　莫高窟第 148 窟
甬道南壁男供养人

图 2　莫高窟第 409 窟
东壁南侧男供养人

图 3　莫高窟第 237 窟
甬道南壁男供养人像

图 4　西千佛洞第 16 窟
甬道西壁男供养人与侍从

还值得注意的有两点：其一，据笔者实地勘察发现，此男供养人榜题被后世白灰层覆盖，但题记文字仍露出一些残存痕迹，似乎为回鹘文。此点若可确认，更可证明此男供养人当为出身于回鹘族的高官或贵族。其二，此男供养人与上述三处男供养人仍有两点显著不同：一是服饰花纹不同，即后者袍上为团龙纹，而此供养人袍上为团花纹；二是其他三处男供养人身前均有王子，而此供养人没有。这些似乎显示其地位低于其他三位男供养人，或与其他两处供养人所处时代不同。

甬道北壁残存 1 位成年女供养人半身与其身前 2 位小女儿供养像。据残存痕迹推测，女供养人穿白色双翻领通裾大襦，2 位小女儿皆头戴桃形冠，头后红结绶垂至地面，身着大翻领窄袖通裾大襦（一为红色，一为绿色），双手持花枝，立于菱格花纹地毯上（图 5）。此处女供养人衣冠形制与第 409 窟女供养人（图 6）类似，也与五代第 61 窟、98 窟回鹘夫人、公主供养人类似。2 位小女儿供养人头冠、项圈等处也残存有贴金遗迹。此 3 位女供养人当为甬道南壁回鹘族高官或贵族供养人的女眷。

图 5　莫高窟第 148 窟
甬道北壁女供养人像

图 6　莫高窟第 409 窟
东壁北侧女供养人像

甬道南北壁出现回鹘族高官或贵族及其家人供养像，其意义可作两方面的理解：其一，这表明回鹘族高官或贵族及其家人参与了第 148 窟的重修活动；其二，这是第 148 窟的重修活动的主持者按照传统，为表示对地方长官的尊崇而将其与家人的供养像画在甬道壁上。①

2. 东壁北侧

存有一列 11 身供养人：起首是 4 位僧人，双手上下错开持花枝；接着第 5、6 身是 2 位男性，服饰相同，均头戴扇形冠，用带系于颌下，身着绿色圆领窄袖长袍，腰部系双带，下层带上垂挂诸物，第一身双手上下错开持花枝，第二身双手并举持长柄香炉，上部香烟缭绕。这两身男供养人冠式、服饰（图 7）与第 409 窟回鹘王身后侍从类似，与柏孜克里克石窟第 16 窟回鹘男供养人冠式类似（图 8）②。第 7 身是 1 小儿，身着绿袍（袍上有花纹），腰带与前 2 位男供养人相同，头戴黑色尖顶冠，双手捧香宝子。第 8 至 11 身是 4 位女供养人，均双手上下错开持花枝，第 8、10 身是中年女性，第 9、11 身是年轻女性；4 人均身着双翻领通裾大襦，颜色分别为红、蓝、绿、紫，第 8、11 身袍上有团花纹；4 人均双鬓包面，发髻周边插花叶形银钗，但顶髻装饰略有不同，第 8、10 身头戴花形银簪，第 9 身头戴尖顶单瓣莲花形冠，第 11 身头戴多瓣莲花形冠。此处 4 位女供养人服饰、第 8、10 身女供养人的发式（图 9、10）与柏孜克里克第 20 窟高昌回鹘王后供养像类似（图 11）。③但与后者橘红服色、金簪凤钗所显示的高贵富丽明显不同，显示其地位较低。

---

① 据笔者研究，在晚唐、五代、宋初的莫高窟中有一种相当普遍的现象，即由各个不同家族、地位的功德主创建、重修的洞窟都会在甬道壁上绘制地方长官的供养像。详参拙作《晚唐至宋初敦煌地方长官在石窟供养人画像中的地位》，载《敦煌文献、考古、艺术综合研究——纪念向达先生诞辰 110 周年国际学术研讨会论文集》，中华书局，2011 年，第 455—466 页。

② 参见《中国新疆壁画艺术》第六卷《柏孜克里克石窟》第 217 图，新疆美术摄影出版社，2009 年，第 241 页。

③ 参见《中国新疆壁画艺术》第六卷《柏孜克里克石窟》第 91 图，第 110 页。

图 7　莫高窟第 148 窟
东壁南侧男供养人像

图 8　伯孜克里克石窟
第 16 窟回鹘男供养人像

图 9　莫高窟第 148 窟
东壁南侧女供养人像

图 10　莫高窟第 148 窟
东壁南侧女供养人白描图

图 11　伯孜克里克石
窟第 32 窟回鹘公主像

东壁南侧残存有 4 位供养人题记，北起第 1 身僧人题名："……印充河西应管内外释门……"，第二身题名："应管内外释门圣光寺……"，第 5 身男供养人题名："故慈父贵……"，第 8 身女供养人题名："故慈母娘子……"[①]由此可以确知，此处 4 位僧人为僧官，由于地位较高，可能是第 148 窟重修活动的参与者或指导者，故被画在供养人行列前端；之后 7 位世俗供养人是敦煌某一具有较高社会地位的回鹘家族的成员，他们可能是重修第 148 窟的发起人和主持者，故被画在世俗供养人行列前端。

图 12　莫高窟第 148 窟东壁北侧前 4 身男供养人像

3. 东壁北侧

有 21 位男供养人，他们又明显地分为 2 组。前 8 身为一组，均身穿圆领窄袖绿袍，袍上有黑白色团花纹，腰系绛色双带，双手持花枝。但 8 人的冠式分为 2 种，前 4 身头戴三叉冠（图 12、图 13）有冠带系于颔下，此冠形与榆林

① 《敦煌莫高窟供养人题记》，文物出版社，1986 年，第 71 页。

窟第39窟前室南壁第一身回鹘男供养人（图14）、柏孜克里克石窟第16窟回鹘男供养人的三叉冠（见图8）类似，不同的是冠下有红色幅巾包裹，两侧向下延伸垂至肩头，显示其地位在本组供养人中最高；后4身戴扇形冠，有冠带系于颌下，与东壁北侧男供养人和第409窟回鹘王身后侍从头冠类似，显示其具有一定社会地位。后13身为一组，均穿圆领窄袖袍，10人袍为绿色，3人袍为褐色，腰系白色或绛色腰带，均双手合十持花枝；均头戴白色毡冠，冠顶有两条窄带向两侧分叉排开，形如帽翅（图15、16）。此类毡冠少见，另见莫高窟第245窟西龛下南侧男供养人冠形与此类似（图17、18），是敦煌石窟中出现的新冠式，很可能是回鹘平民的冠式。①

图13　莫高窟第148窟东壁北侧男供养人白描图

图14　榆林窟第39窟前室南壁第一身回鹘男供养人像

图15、16　莫高窟第148窟东壁北侧男供养人像、白描图

值得注意的是，东壁北侧供养人画像在绘制时有意识地对其身份、地位予以区别，前8身供养人单行排列，形象较大，后13身供养人上下双行排列，形象较小，显示出二者之间具有社会地位高低

① 谭蝉雪先生认为此供养人为武官，此冠为西夏“金帖起云镂冠”，但又根据《宋史·夏国传》“民庶青绿，以别贵贱”的记录，怀疑此供养人绿色袍子“似与武官的身份不符”（详见《敦煌石窟全集（24）·服饰画卷》，商务印书馆（香港）有限公司，第213页）。的确，由于证据不足，连论者本人也不免心生疑窦，下笔踌躇。笔者认为，榆林窟第29窟、东千佛洞第2窟男供养人的头冠才代表了西夏武官的“金帖起云镂冠”，第148窟此组供养人的头冠当属于回鹘平民的头冠。

的差异。遗憾的是，这一组供养人的题记仅存第9身题名："……继兴……"，据名字推测可能为汉人（他是否代表了回鹘化的汉人？由于缺乏证据，目前难以遽断。但值得以后深入探讨）。根据东壁北侧男供养人的组合关系，推测他们可能是代表了参与第148窟重修活动的来自不同地位、身份家族的人物。

4.南、北壁龛下

南壁龛下存僧人供养像8身，存题记7条，北壁龛下存僧人供养像8身，存题记5条，这些僧人具有相同的头衔"窟禅"，但他们来自于三界寺、龙兴寺、开元寺、报恩寺、莲台寺、圣光寺、显德寺等不同的寺院。"窟禅"全称"住窟禅师"，是指寺院派遣在莫高窟进行禅修、参与石窟管理的僧人。从僧人供养像题名可知，此次第148窟的重修活动，敦煌主要寺院的住窟禅师都参与了。

综上所述可知，此次第148窟的重修是莫高窟当时一次比较重大的活动，吸引了包括敦煌本地回鹘高官或贵族家族成员、诸多当地有势力有地位家族的成员、诸多寺院住窟禅师等僧俗两界各方面人物的参与，其组织形态当属于结社修窟。因为第148窟是莫高窟两座大型涅槃佛窟之一，位于南区南端二层，位置便捷重要。联系西夏时期曾重修与其邻近的南大像第130窟（此窟自盛唐时期建成后历来即为莫高窟佛事活动的一个重要场所）的窟前殿堂，重绘第147、153、154、158窟等窟的壁画，补绘第146的西夏供养人像，可以判断这一片洞窟是当时莫高窟佛事活动活跃的一个重要区域。由于第148窟的位置比较重要，晚唐绘画供养人的壁面位置也比较充足，因而将众多的供养人像绘在此窟，使之成为当时供养人画像的典型代表。

三　莫高窟第148窟供养人画像断代的探讨

据上文论述，第148窟供养人像具有明显的回鹘服饰特征，他们代表了回鹘人（或回鹘化的汉人），这应该不成问题。曹氏归义军初期，与甘州回鹘联姻，回鹘人进入敦煌的上层社会。曹氏归义军时期供养人像中出现的曹议金回鹘夫人、回鹘公主即为代表。到曹氏归义军晚期，沙州本地的回鹘部族势力抬头，更多的回鹘人进入敦煌社会。至西夏进攻河西，甘州回鹘一部分逃往西州，一部分移居沙州，使敦煌的回鹘人更加多，回鹘的势力更加强大，使沙州出现回鹘化的趋势。到西夏1036年统治瓜沙后，敦煌的回鹘人又成为西夏的臣民。因而，敦煌石窟中出现具有回鹘人特征的供养人画像，这是很自然的现象。但敦煌石窟中的回鹘人画像究竟属于什么时代？这却是一个值得探讨的问题，对于具体的洞窟来说，也需要做具体深入的考察。

早先敦煌研究院的专家们均将第148窟断代为西夏，此观点集中体现在《敦煌莫高窟内容总录》、《敦煌莫高窟供养人题记》中。到后来，刘玉权先生采纳学术界关于敦煌存在一个独立的沙州回鹘政权时期的观点，将原来定为西夏一期、二期的一批洞窟抽出来，划分为回鹘早期、后期洞窟，其中将第148窟划分为回鹘后期。[①]敦煌历史上是否存在一个独立的沙州回鹘政权时期？自上世纪80年代后，学术界有立主此说者（如李正宇、杨富学先生），有竭力否定者（如陈炳应先生），聚讼纷纭，莫衷一是，迄无定论。

笔者本文不拟涉及这些宏大叙事的议题，而试图从一些细节问题入手进行具体细致的考察，以期获得扎实可靠的结论。经过一番考察，笔者认为，莫高窟第148窟供养人画像更可能属于西夏时期。

---

① 刘玉权：《关于沙州回鹘洞窟的划分》，载敦煌研究院编《1987年敦煌石窟研究国际讨论会论文集·石窟考古编》，辽宁美术出版社，1990年。

其一，从第148窟重修的组织形态看，更接近于西夏时期的时代特征。

敦煌石窟的营造活动分为创建、重修两种形态。五代至宋代，莫高窟在继续创建新窟的同时，还兴起了一股重修前代旧窟的热潮。在石窟营造活动中选择重修旧窟，其原因是多方面的。首先是由于社会地位、经济能力的限制。重修旧窟比创建新窟在人力、物力、财力等方面的要求都要低一些，所以一些社会地位较低、经济力量较弱的中下级官员、平民家族热衷于重修前代旧窟。其次是出于佛教信仰观念和感情。对古代佛教信徒来说，创建新窟是功德，重修旧窟同样也是功德，甚至是更重要的功德，他们看着那些古老洞窟和佛像年久失修、破败不堪，不免心中“黯然”，第216窟西龛下中唐功德记记载泛光秀等社人见前代洞窟“或□钱□(生)进，或红癣侵阶，尘沙坌而掩旧踪”，有感于“……（开）新岂如修故”[①]，遂重修盛唐创建的洞窟。再次是由于石窟营造活动的长期持续繁荣，在晚唐以后造成莫高窟崖面位置的紧缺。张淮深欲造第156窟时在莫高窟“踌躇瞻眺，余所竟无”[②]，即为明证。由于上述原因，一些敦煌地方最有权势的家族一方面创建新窟，甚至不惜毁并前代旧窟而建新窟（如五代时曹元忠为营造第61窟而毁坏了隋代建造的第62、63窟的部分），一方面重修前代旧窟（如曹氏家族重修第244窟，慕容氏家族重修第202、205、256、444窟）；一些中等权势地位的家族则重修唐代以前的古老洞窟作为本家族的功德窟（如宋代王氏第427窟、阎氏第431窟）；一些下级官员、平民家族更是热衷于重修旧窟。

至西夏时期，莫高窟很少创建新窟，基本上是以重修前代旧窟为主。这既是沿袭前代传统，更与西夏时期敦煌所处政治、经济、文化地位的大幅下降有关。西夏时期，敦煌由晚唐、五代一个独立的地方政权一降而为西夏王朝的西陲边地，而在瓜、沙二州中，瓜州又是西夏在西部边地的一个政治、军事据点，地位高于沙州，故瓜州成为西夏晚期石窟营造的中心。而沙州的政治、经济、文化地位与前相比不可同日而语。与此相应，一方面随着沙州民众的政治、经济地位的下降，他们对于石窟营造的能力和热情也在下降；另一方面，在沙州千百年来代代相传形成的石窟营造工匠队伍便有可能分化，部分甚至大部分高水平的工匠便有可能被吸引、甚至强征流散到西夏其他中心地区，进而导致本地石窟营造工匠队伍的数量减少、水平下降。因而当时在莫高窟的石窟营造活动中更多地选择了重修。第148窟的供养人画像正是当时重修莫高窟活动的遗迹。

其次，从第148窟供养人服饰特征看，具有西夏的时代特征。

如前文所述，第148窟供养人的衣冠、服饰具有回鹘服饰的特征。这是学者们在考察与此窟类似的莫高窟第409窟东壁门南北侧、237窟甬道南北壁、西千佛洞第16窟甬道西壁、榆林窟第39窟前室北壁等处男女供养人服饰时，将其与柏孜克里克石窟、北庭西大寺高昌回鹘供养人服饰加以比较研究后所得出的一致结论。

但与此同时，我们还应该特别注意到，在这些敦煌石窟的回鹘人服饰中还出现了一些与西州高昌回鹘不同的新特征。贾应逸先生在认定莫高窟第409窟的回鹘王供养像与高昌回鹘王供养人像“在面型和服饰上均反映了同一个民族的共同性”的同时，也指出莫高窟第409窟与柏孜克里克石窟的回鹘供养人像之间有着很大的区别，如长袍上织出团龙纹图案，随从侍者为其捧象征权力的权杖，举描绘着双龙纹的扇，这是高昌回鹘供养人像所没有的特征，并进而认为这“表明两者并非一个政权”[③]。著名西夏学家史金波先生更力主莫高窟第409窟供养人为西夏王：“莫高窟409窟供养人虽也穿圆领窄袖袍，但袍上是全身团龙文饰。似乎到目前为止尚未见到回鹘可汗穿龙袍的文献记载和形象资料，

① 见《敦煌莫高窟供养人题记》，第98页。

② 见S.3329+S.6161（a、b）+S.11564+S.6973+P.2762《敕河西节度兵部尚书张公德政之碑》。

③ 贾应逸：《莫高窟第409窟与高昌回鹘供养人像对比研究》，载《敦煌壁画艺术继承与创新国际学术研讨会论文集》，2008年，第511—517页.

也未见到有关回鹤王国有关团龙纹样服饰的规定。上述西夏文献明确记载只有皇帝才能有‘一身团龙’的纹样，若将409窟有一身团龙的等身供养人看作是西夏皇帝是顺理成章的，若看成是回鹘可汗则似乏依据。”①

我们也注意到，在莫高窟具有回鹘特征的服饰中，也出现了一些新的特征，衣服颜色中大量出现绿色即为显著的特征。如第409窟西壁回鹘王侍从的长袍皆为绿色，第194窟（图17、18）和245、363、399、418窟等窟中男供养人长袍大多为绿色，本文重点考察的第148窟东壁南北侧男供养人长袍也是绿色。笔者认为，这正是西夏的服饰制度在莫高窟供养人画的反映。西夏立国后，对文武百官的朝服、便服，庶民百姓服装颜色制定了严格的规定：

> 文资则幞头、靴笏、紫衣、绯衣；武职则冠金帖起云镂冠、银帖间金镂冠、黑漆冠，衣紫旋襕、金涂银束带，垂蹀躞，佩解结锥、短刀、弓矢韣。马乘鲵皮鞍，垂红缨，打跨钹拂。便服则紫皂地绣盘球子花旋襕，束带。民庶青绿，以别贵贱。②

据此可知，莫高窟中上述洞窟中男供养人的绿色服饰，应该正是西夏时期平民服饰的反映。如果说敦煌石窟中与西州回鹘相同的服饰特征反映了敦煌回鹘人对本民族传统的承袭，那么，敦煌回鹘特色服饰中的新特征则反映了敦煌回鹘人在西夏政权统治下接受西夏新制度、新文化影响而出现的新变化。

图17　莫高窟第194窟
南壁男供养人像

图18　莫高窟第194窟南壁
男供养人紫外荧光图

第三，从第148窟僧官名称看，也表明它当属于西夏时期。

东壁南侧4位僧人供养像残存2条题记，北起第1身僧人题名：“……印充河西应管内外释门……”，第二身题名：“应管内外释门圣光寺……”。显然，这2位僧人是当时敦煌本地的僧官。检索莫高窟中类似的僧官名称有下列几例：

1. 就修建并三龛施主河西应管内都僧录……外临坛/大德僧政法律兼阐扬三教大法□僧政沙门思云一心供养（第188窟甬道南壁西向第一身，五代）

2. 应管内释门都僧政京城内外临坛/供奉大德毗尼藏主阐扬三教大法师/赐紫沙门洪认一心供养（217窟东壁门北沿，五代）

3. 社子释门法律知应管内二部大众诸司都判官兼常/住仓务闸扬三□(教)法师临□(坛)大德沙门法眼一心供养（第346窟南壁西向第二身，五代）

---

① 史金波：《西夏皇室和敦煌莫高窟当议》，《西夏学》第四辑，宁夏人民出版社，2009年，第167页。

② 《宋史》卷四八五《夏国传上》，中华书局，1985年，第13993页。

4. 应管内释门法律临坛供/奉大□阐扬三教大德/□(兼)毗尼藏□沙门□□供养（第 39 窟东壁门北侧五代供养人像列南向第一身）

检索敦煌文献中类似的僧官名有下列几例：

1. 后唐天成四年(929)三月六日应管内外都僧统置方等戒坛牓（S. 2575）
2. 已丑年(929)五月廿六日应管内外都僧统为道场纳色目牓（S. 2575 v 6）
3. 乾祐四年(951)四月四日应管内外都僧统为常例转念限应有僧尼准时云集帖（S. 3879）
4. 归义军应管内外都僧统氾和尚邈真赞并序（P. 3556）
5. 后周应管内释门僧正贾清和尚邈影赞并序（P. 3556）
6. 应管内外释门都僧统帖（P. 3556）
7. 应管内外释门都僧统兼佛法主赐紫沙门龙辩都僧录赐紫沙门惠云（P. 4638）
8. 太平兴国三年(九七八)四月应管内外都僧统钢惠等牒（P. 3553）

统观上述例证可以知道，五代时唯有都僧统才具有“应管内外”的头衔，而第 148 窟存有题记的 2 位僧官都具有“应管内外”的头衔，表明他们是不同时代的僧官名称。更值得注意的是，第一身僧人题名中的“……印充河西”，似表明此僧官具有统领河西僧官系统的职责。在晚唐、五代后，整个河西佛教僧团可以处于一个统一的僧官系统管理下，这只有在西夏占领统治整个河西后才有可能，因此可以推断，此僧官名称当属于西夏时期。

第四，从圣光寺由尼寺变为僧寺的情形看，第 148 窟供养人像也当属于西夏时期。

第 148 窟现存供养人题记中出现 2 次“圣光寺”，即东壁南侧第二身僧官题名：“应管内外释门圣光寺……”，北壁龛下西向第六身僧人题名：“窟禅圣光寺释门法律……”，这也是此窟中唯一出现 2 位僧人的寺院，由此可见，圣光寺在第 148 窟的重修活动中是一个十分活跃和重要的寺院。

据李正宇先生研究，圣光寺始建于吐蕃占领时期，本为尼寺，以“圣主（赞普）统三光之明，无幽不照……率滨咸服，观国之光”，故名圣光寺。此寺至西夏时改为僧寺。①我们有确切证据可以知道，在宋初曹氏归义军晚期，圣光寺还是尼寺。如榆林窟第 35 窟建于宋初曹氏归义军晚期，主室甬道南壁第一身男供养人为曹延禄，主室东壁甬道口北侧女供养人第二身题名：“故婆圣光寺尼众法律宝真一心供养”，第三身题名：“……圣光寺比丘尼长胜一心供养”。S. 4760《宋太平兴国六年（981）圣光寺阇梨尼修善等请戒慈等充寺职牒并判辞》载：“圣光寺阇梨尼修善等，请□辈尼戒慈充法律……”但在上述第 148 窟供养人像题记中已可确知圣光寺为僧寺。另莫高窟第 206 窟东壁门北侧供养人像列北向第一身题名：“故施主圣光寺院主僧张和……”敦煌研究院的专家将此供养人断代为西夏。②由此也可证明圣光寺在西夏时期改为僧寺。大概由于西夏时期尼众减少，故将圣光寺改为僧寺。

综上所述，笔者可以得出结论，莫高窟第 148 窟供养人画像当属于西夏时期。如果说榆林窟第 3、29 窟和东千佛洞第 2、5 窟的供养人像是西夏时期党项族供养人的代表，莫高窟第 148 窟的供养人像则是西夏时期回鹘族或回鹘化的汉族供养人的代表。

（作者通讯地址：敦煌研究院　兰州　730000）

（责任编辑：许伟伟）

① 李正宇：《敦煌地区古代祠庙寺观简志》，《敦煌学辑刊》1988 年第 21 期，第 80 页。
② 见《敦煌莫高窟供养人题记》，第 96 页。

西夏时期的敦煌五台山图*
——敦煌五台山信仰研究之一

赵晓星

摘　要：敦煌的五台山信仰，最早开始于唐代，在五代时达到了顶峰。西夏统治敦煌时期，是敦煌宗教与艺术发生变革的一个时期。较之前代，这一时期的五台山图发生了很大的变化。不同于五代宋时期，西夏时期敦煌文殊变的五台山背景不再沿用五代宋时期的样本，而是以多种全新样式呈现，西夏在贺兰山中修建的“北五台山”内容也传到敦煌，并与敦煌的五台山信仰相互影响。

关键词：西夏　敦煌　五台山

一　问题的提出

五台山，属太行山脉的一支，位于今山西省东北部的五台和繁峙两县境内，周围五百余里。五台山被佛教徒认为是文殊菩萨的道场，是与普陀、峨眉、九华并称的四大佛教名山之一。唐代以来，五台山信仰流行于敦煌，敦煌壁画中保存了多铺五台山图。敦煌最早的五台山图出现于吐蕃统治的中唐时期，笔者在《吐蕃统治时期传入敦煌的中土图像——以五台山图为例》①、《莫高窟第 361 窟的文殊显现与五台山图》②和《莫高窟第 361 窟的普贤显现与圣迹图》③等文中均有论述。五代莫高窟第 61 窟的营建将敦煌地区的五台山信仰推向了高峰，并一直延续到北宋初期。到了西夏时期，五台山信仰仍在敦煌流行。有关西夏时期的敦煌五台山信仰，公维章《西夏时期敦煌的五台山文殊信仰》④通过当时流传的佛教经典、壁画遗存、洞窟题记等资料，对这一问题有过较为详细的疏理；杨富学《西夏五台山信仰斟议》⑤对这一问题也有过讨论。两位前辈的研究中，比较关注运用文献史料，虽然对敦煌石窟资料也有提及，但对于有五台山信仰传统的敦煌来说，西夏作为重要的变革期需要讨论的问题

* **项目基金**：国家社会科学基金特别委托项目《西夏文献文物研究》子课题《西夏文物（石窟篇）》；敦煌研究院院级课题《敦煌五台山信仰研究》，项目编号 201302。

① 赵晓星：《吐蕃统治时期传入敦煌的中土图像——以五台山图为例》，《文艺研究》2010 年第 5 期，第 118—126 页。

② 赵晓星：《莫高窟第 361 窟的文殊显现与五台山图——莫高窟第 361 窟研究之二》，《五台山研究》2010 年第 4 期，第 36—47 页。

③ 赵晓星：《莫高窟第 361 窟的普贤显现与圣迹图——莫高窟第 361 窟研究之五》，中央文史研究馆、敦煌研究院、香港大学饶宗颐学术馆编《庆贺饶宗颐先生九十五华诞敦煌学国际学术研讨会论文集》，中华书局，2012 年，第 168—180 页。

④ 公维章：《西夏时期敦煌的五台山文殊信仰》，《泰山学院学报》2009 年第 2 期，第 14—21 页。

⑤ 杨富学：《西夏五台山信仰斟议》，《西夏研究》2010 年第 1 期，第 14—22 页。

还很多。在此，笔者不揣冒昧，进一步讨论一下西夏时期的敦煌五台山图。

二　传统与变化

在西夏之前，敦煌壁画共有 13 处五台山图，另有 1 幅敦煌绢画文殊变中绘有五台山背景，具体情况见表 1。在北宋及之前的五台山图大致可分为两类：一类是相对独立的五台山图，以屏风式和横卷式为主，另一类是作为文殊普贤变背景的五台山图。但无论属于哪种形式，这些屏风画都延续着从中唐开始的五台山图的绘制传统，即在五台山图中重点表现三个部分：一是天空神变，二是五台山胜迹，三是五台山典故。天空神变主要包括各类五台山史料中所记载的各种神异化现及菩萨显现的情况，五台山胜迹是以组成五台山的五个台为单位，各台上在文献中记载的有代表性的寺院或建筑。五台山典故则是发生在五台山上的传说或历史事件，如佛陀波利见文殊老人，或送供使等等。最为重要的是，从中唐晚期开始，这些五台山图中都书写榜题来标示画面的内容。这些情况，到了沙州回鹘时期出现了重大变化。

表 1：中唐至沙州回鹘时期的敦煌五台山图概况

时代	窟号	位置	样式	同窟文殊普贤变
中唐	莫 112	主室西壁正龛龛下	横卷式	主室西壁正龛龛外南侧普贤变、龛外北侧文殊变
	莫 222	主室西壁正龛龛外南北侧上部	对称式	主室东壁门南普贤变、东壁门北文殊变
	莫 159	主室西壁正龛龛外北侧下部	屏风式	主室西壁正龛龛外南侧普贤变、龛外北侧文殊变
	莫 237	主室西壁正龛龛外北侧下部	屏风式	主室西壁正龛龛外南侧普贤变、龛外北侧文殊变
	莫 361	主室西壁正龛外层龛北侧	屏风式	主室西壁正龛外层龛南侧普贤显现与圣迹图，外层龛北侧文殊显现与五台山图
中晚唐	莫 144	主室西壁正龛龛外南北两侧	背景式	主室正龛龛外南侧文殊变、龛外北侧普贤变
晚唐	莫 9	主室中心柱正龛龛内南壁	屏风式	主室东壁门南普贤变、门北文殊变
五代	莫 61	主室西壁	经变式	主室中心佛坛主尊原为文殊骑狮像
	榆 19	主室西壁门南北	背景式	主室西壁门南文殊变、门北普贤变
	榆 32	主室东壁门南	背景式	主室东壁门南文殊变、门北普贤变
宋代	莫 25	主室西壁正龛龛外南北两侧	背景式	主室西壁正龛龛外南侧普贤变、龛外北侧文殊变
	EO.3588	藏经洞出土敦煌绢画	背景式	绢画为文殊变
沙州回鹘	莫 245	主室东壁门南	背景式	主室东壁门南文殊变、门北普贤变
	莫 237	前壁西壁门北	背景式	下部残毁，不详

敦煌中唐晚期样式成熟的五台山图，以独立的屏风画形式出现（见图 1）。这时以青绿山水表现五台山，绘出完整的五台地理面貌，上为神异化现，山间绘胜迹与人物活动。五代莫高窟第 61 窟出现通壁的大幅五台山图之后，整个五代宋时期的敦煌五台山图全部遵从第 61 窟五台山图的传统，虽然其余四幅五台山图都是作为文殊普贤变背景出现的，但实际上应是第 61 窟五台山图的缩略版或是一部

图 1　莫高窟第 361 窟 五台山图（中唐）

图 2　莫高窟第 25 窟 文殊变（宋代）

图 3　莫高窟第 245 窟 文殊变（沙州回鹘时期）

分。五代宋时期的这些附有五台山图的文殊变（见图 2），都是将五台山的画面绘在全图的最上方，绘制的内容仍然主要是化现、胜迹和活动于青绿山水间的人物，并用榜题标示画面细节。到了沙州回鹘时期，敦煌的五台山图突然呈现出完全不同的面貌。沙州回鹘时期莫高窟第 245 窟（见图 3）的五台山图画面骤然简化，原来的青绿山水完全消失，除了在蓝色背景中绘出山岳纹之外，仅在东壁门南的文殊图像上部绘出云中放光的化现图像，而其他的化现图像、寺院胜迹，甚至于文殊的一干随从眷属除牵狮的于阗王外全部消失。同样的情况还见于莫高窟第 237 窟，在残存的沙州回鹘重修的前室西壁门北上部的壁画中，出现了与第 245 窟一模一样的图案化卷云，也仅绘制云中放光一种化现图像，而未见其他化现内容。

图 4　莫高窟第 164 窟 文殊变（西夏）

图 5　莫高窟第 164 窟 普贤变（西夏）

此后的西夏时期，五台山图的情况变得非常复杂，出现了多种样本，以莫高窟第 164 窟、榆林窟第 29 窟和榆林窟第 3 窟为代表。莫高窟西夏第 164 窟（见图 4、图 5），文殊普贤变分别位于主室东壁门北和门南两侧。门北文殊变上方绘通身光、佛光、经夹、佛手等在云中化现的图像；下方绘山峦及寺院；门南普贤变上方绘佛光、化金桥、佛手、通身光、居士、佛头等在云中化现的图像，下方绘山峦与寺院。这两幅图的背景仍是五台山图，只是这时的五台山图更加抽象化，

忽略了写实的山水，而是借助榜题标志寺院，同时绘出有代表性的化现图像来象征五台山。这铺文殊普贤变上部化现图像的绘制手法与莫高窟沙州回鹘第245窟文殊变非常相似，只是化现内容丰富了许多，说明其对沙州回鹘时期的样式是有继承的。但画面中部以下则全然不同，文殊普贤的众多眷属重新回归画面，以极为紧凑的方式簇拥着主尊大菩萨，特别需要注意的是，在文殊变的左上角出现了老人的形象，文殊坐骑狮子前爪的前方出现了童子形象，这两个人物在以后的文殊变中被固定下来。画面下部又重新开始绘制五台山胜迹，但这时仅绘成几乎完全一样的山峦和建筑物，同时用榜题进行标示。山间人物的活动不见了，所以榜题标示的只可能是建筑物的名称或地理位置。

榆林窟西夏第29窟东壁文殊变的五台山背景（见图6），虽然与莫高窟同时代同类题材一样，已经非常程式化，但其程式化的表达方法显然与莫高窟不同。榆林窟第29窟的文殊背景采用与后期藏传密教近似的画法，以极为简括生硬的线条勾出层层叠叠的符号化的山容，具有很强的装饰性。这时仍旧保留了在画面的最上方绘制化现图像的传统，从莫高窟第164窟开始绘制的老人被画在了文殊右侧的狮子头的附近，狮子前爪前方依旧绘制童子，眷属人物的排列明显比莫高窟第164窟文殊变疏朗，人物在色彩与形象上也与莫高窟迥异，突显出西夏的特征。榆林窟第29窟壁画中包括藏传密教图像，因此在显教经变的绘制上也受到藏传密教画风的影响。西夏中后期引入藏传佛教，榆林窟第29窟表现了藏传佛教传入西夏后对敦煌艺术的影响。也就是说，藏传佛教艺术在当时不仅带来了藏式的密教曼荼罗，也引起了显教传统题材在绘画方面的变革。

图6 榆林窟第29窟 文殊变（西夏）

榆林窟第3窟西壁门两侧文殊普贤变中的五台山图，赵声良《榆林窟第3窟的山水画初探》一文有细致的研究，并判定“第3窟的山水画作于13世纪初、中叶或者以后的可能性比较大”[①]。榆林窟西夏第3窟的文殊普贤会背景（见图7）与同时代莫高窟的图像很不相同，莫高窟此类题材已经已变得非常程式化，仅以化现的各种图像来代表五台山，但榆林窟这铺文殊变仍注重绘制山水，采用中国传统的水墨山水画方式绘出背景，并于山中以较为写实的手法绘制寺院和胜迹。以往画面中最上方的化现图像不见了，虽然山中的建筑物绘制得非常写实，但没有榜题的标注，也完全无法确定分别代表了哪些胜迹。画中文殊的眷属在前两处西夏文殊变的基础上进行了扩展，老人位于文殊坐骑狮子的前方，狮头的一侧增加了梵僧的形象，童子位于整个队伍的最前方，所有的人物疏朗自在地行走在云海上。

① 赵声良：《榆林窟第3窟山水画初探》，敦煌研究院编《榆林窟研究论文集》，上海辞书出版社，2011年，第693页。

将沙州回鹘、西夏的五处五台山图与敦煌五代宋时期的五台山图进行比较，可以发现明显的差异。虽然沙州回鹘和西夏的五台山图都是以文殊变背景形式出现的，但构图、色彩绘和画风格都与前期完全不同，彻底抛弃了前期以青绿山水描绘五台山的手法。即使是同一时期的三幅西夏五台山图，看起来也大不相同，莫高窟第 164 窟构图上化现下寺院，但图像程式化严重，榆林窟第 29 窟受到了藏传画风的影响，将五台山以符号画的山容进行表现，榆林窟第 3 窟显然是宋元界画山水的代表。与前期五台山图最大的不同是，五台山中的胜迹与典故不再是表现的重点。我们看到，无论是敦煌壁画还是敦煌绢画，在西夏之前都是延续前代传统，为什么在沙州回鹘至西夏时期不仅出现了如此大的变化，甚至于同属西夏时期的三幅作品对五台山的表现也如此千差万别？这种情况表明，沙州回鹘和西夏时期的敦煌没有继承前代五台山图的底本，或者说沙州回鹘和西夏统治时期的敦煌人很可能没有得到前代留传下来的五台山底本，于是在敦煌绘制这时新传来的底本，但是这时的新底本样式不一并且有形成统一的风格，进而营建者根据各自的需要采用了不同的样本。为什么会造成这种情况呢？这可能与当时的历史背景密切相关。

图 7 榆林窟第 3 窟 文殊变(局部)(西夏)

三 历史与选择

西夏占领敦煌经过了一个相对复杂的过程。景祐三年（1036），党项人攻占肃、瓜、沙等州，沙州回鹘在抵抗失利后率众撤离敦煌。宝元元年（1038），党项人建立西夏政权。康定二年（1041），沙州回鹘率众进攻沙州；次年，攻克沙瓜二州。乾道元年（1068），西夏再克瓜沙，沙州回鹘政权灭亡。从此西夏加强了对沙州地区的控制。从这种历史背景来看，西夏统治敦煌前期经过了三十余年的动荡期。而正是在这之前的 11 世纪初，敦煌藏经洞被封闭，我们现在所能见到的藏经洞封闭前的最后一幅五台山图，可能就是敦煌绢画 EO.3588（见图 8）。在这幅五台山图中，五台、化现、胜迹、典故和榜题种种五代宋之前的图像要素都还在，整幅画面与同时代的敦煌壁画如出一辙。从北宋初期绘制的敦煌壁画和绢画中的五台山图来看，至少藏经洞封闭之前敦煌仍然继承五代五台山图的样式与传统，在藏经洞封闭之后这种五台山图的绘制传统就全然不见了。无论藏经洞因何种原因而封闭，但这次封闭意味着五代宋时期传统样式五台山图的传承被中止。而后在西夏与沙州回鹘争夺的三十余年之间，敦煌绘制这种五台山图的画技传承似乎也中断了。到了沙州回鹘时期，作为图像的五台山简化成淡淡的山岳纹隐藏到经变的

图 8 敦煌绢画 EO. 3588 文殊变

背景当中，到了西夏时期才又重新出现写实的五台山与山中的建筑。

但西夏时期文殊变中的人物却与藏经洞出土的敦煌白描画 P.4049“文殊五尊图”[①]有明显的承继关系，在五代宋之前的敦煌壁画文殊变中，看不到“文殊五尊图”的太多影响。虽然早在中唐时期的五台山图中就绘制佛陀波利遇老人的画面，但只是作为典故出现的，在宋代之前两者的形象并未同时被放大成文殊的眷属。到了西夏时期的这三幅附有五台山图的文殊变中，牵狮的于阗王、文殊化现的圣老人和善财童子固定成为文殊的眷属，最后梵僧形象的佛陀波利也加入了眷属的行列。也就是说，11 世纪初藏经洞的封闭是一个重要的时间节点，此后敦煌的五台山图全然抛弃以往的传统改绘全新的样式，而这些全新样式又与藏经洞封闭前新传入的“文殊五尊图”有关。“文殊五尊图”似乎成为了藏经洞封闭后敦煌文殊变中人物的最基本的底本。

西夏时期，新绘制的五台山图中再也见不到五代宋的任何影响，转而以全新的面貌出现，还可能与西夏在贺兰山境内修建自己的五台山有关。早在西夏立国前，李德明就十分崇拜五台山，宋景德四年（1007）德明母罔氏薨，“及葬，请修供五台山十寺，乃遣閤门袛候袁瑀为致祭使，护送所供物至山”[②]。西夏立国后，北宋宝元元年（1038）元昊“表遣使诣五台山供佛宝，欲窥河东路”[③]。此后因为宋夏关系紧张，宋不再允许西夏朝贡五台山。为了迎合朝礼五台山的需要，西夏统治者在贺兰山区模仿山西五台山，修建了西夏的五台山，即后来所说的“北五台山”。从现存西夏时期文献来看，可能模仿山西五台山修建了清凉、佛光等古寺。比起山西的五台山来说，贺兰山区的五台山规模应小得多。莫高窟第 164 窟的五台山图最下部，为平均绘制的山头与寺院，很可能就是当时“北五台山”的五台与主要寺院。在莫高窟第 444 窟前室东壁门北南起第一柱内侧还保存了“北五台山大清凉寺”的僧人题记，说明敦煌与西夏贺兰山区的五台山之间是有交流的。

榆林窟第 3 窟五台山图的山水画属于宋元时期流行的艺术风格，特别是其中的寺院胜迹多以界画的方式强调其建筑构造。西夏时期壁画中流行的这些突出界画的经变画，可能与西夏时期大兴土木有关。宋代郭若虚《图画见闻志》中，出现“界画”一词，“界画”之名也见于北宋李诫编修的《营造法式》。自宋代起，它既是指中国画的一种技法，也成为了中国画的一个独立门类。作为中国画技法，界指界尺，是建筑绘图时专供毛笔画直线的工具，界画是套用了建筑中界划的意思。界画与其他画种相比，有一个明显的特点，就是要求准确、细致地再现所画对象，分毫不得逾越。界画作为一种艺术门类，在宋代达到了高峰，并且在同时期的辽、金、西夏直至元代都很盛行。作为有着画技传承传统的敦煌艺术来说，为什么到西夏时期突然流行界画，特别是绘制榆林窟第 3 窟这样的五台山图，可能与西夏兴建北五台山有关。大兴土木的设计稿很可能成为后来流行经变的样式，并传到了敦煌。但这只是一种猜测，还有待更多资料的证实。

四　小结

从以上西夏时期敦煌的三幅五台山图来看，莫高窟第 164 窟文殊变中的五台山图对沙州回鹘的五台山图有所继承，应属于西夏早期的作品；榆林窟第 29 窟文殊变中五台山图的藏传绘画风格，说明其属于西夏中后期的作品；榆林窟第 3 窟文殊变中的五台山图则是西夏末期、元代取代西夏之前的作品。

---

① 沙武田：《敦煌画稿研究》，中央编译出版社，2007 年，第 156—171 页。
② （元）脱脱等撰《宋史》，中华书局，1977 年，第 13990 页。
③ （元）脱脱等撰《宋史》，第 13995 页。

在西夏的敦煌五台山信仰当中，具有深刻的历史与民族的烙印。这时的敦煌五台山图并没有继承五代宋的传统而是以全新的面貌出现，这时敦煌的五台山信仰与西夏北五台山的兴建有着密切的关系，并因西夏佛教传统的变化而变化，既展现出西夏时期敦煌艺术复杂多变的一面，同时又开创了敦煌五台山图绘制的新传统。元代敦煌莫高窟第149窟的五台山图（见图9）就是继承了莫高窟西夏五台山图的样式。所以，西夏五台山图是继中晚唐和五代宋之后，敦煌五台山图的第三个时代，开创了敦煌五台山图的晚期传统。

图9 莫高窟第149窟 文殊变（元代）

（作者通讯地址：敦煌研究院文献所　兰州　730000）

（责任编辑：许伟伟）

瓜州东千佛洞西夏第7窟“涅槃变”中乐器图像的音乐学考察*

刘文荣

摘　要： 瓜州东千佛洞第7窟为西夏时期壁画，其中心柱背面有“涅槃变”一幅，“涅槃变”下部有世俗伎乐图像，对认识西夏乐舞文化具有极重要的意义。该伎乐图像共四人，一人舞蹈，三人操器而奏，所奏乐器中有横笛、毛员鼓、拍板。横笛，乃西域传至河西，汉后本为河西旧器，并非由唐僖宗所赐鼓吹而由唐才传入宋。横笛亦非羌笛，横笛笛有七孔，笛身较长，故又称长笛，《长笛赋》所咏即为此器；横笛源自西域，又曰胡笛。胡笛、羌笛乃二笛，非为一器。尽管党项出自羌人，东千佛洞及河西诸窟西夏壁画横笛亦非羌笛，仍为留存在河西地区日久的横笛；毛员鼓，西域龟兹传入，广首纤腰，用两手两面拍击，不用杖击，唐后毛员鼓在西夏朝中保存了下来；拍板，击节之用，西夏壁画音乐图像中多板数为六的小拍板。本文从音乐学及夏与周边民族音乐文化关系的角度，对瓜州东千佛洞第7窟“涅槃变”中的三身乐器作了考论。

关键词： 东千佛洞　西夏　“涅槃变”　横笛　毛员鼓　拍板

西夏，是以党项羌为主体民族而在西北建立起来的地方政权。1038年，李元昊称帝，建国“白高大夏国”，因处宋国之西，古称西夏，李元昊自号“大夏世祖始文本武兴法建礼仁孝皇帝”。即位后，为标榜与中原宋庭之区别，遂改制礼乐习俗。元昊认为：“王者制礼作乐，道在宜民。蕃俗以忠实为先，战斗为务。若唐宋之缛节繁音，吾无取焉。”①遂简化礼乐，“裁礼之九拜为三拜，革乐之五音为一音”②，并专设掌管乐舞的机构“蕃汉乐人院”，由羌人和汉人乐舞人员共同担任，以通蕃汉乐舞之异，以别蕃汉乐舞之似。元昊在“大辇方舆，卤薄仪卫，一如中国帝制”的同时，认为汉庭礼乐不足以效法，并在“嘉宾、宗祀、燕京”等施行的礼乐仪式场合中大为减裁，使原之九拜礼为“舞蹈，行三拜礼”③，五音去四而存一声音阶，以彰显与中原宋廷立异标新之图。五音为汉乐法章之精髓，乐曲构成之骨干，五音缺一不可。《乐记》有云：“宫为君，商为臣，角为民，徵为事，羽为物，五者不乱，则无怗懘之音矣。大乐与天地同和，大礼与天地同节，明于天地然后兴礼乐也”。五音为数律乐理运行之必使然，五音非但不能为缺，反而在五音的基础上可增加双音成为数组不同的音阶。汉乐五音体系，是为我国中古以来封建音乐文化发展中得以前后相承发展且逐渐衍化为已较固定的形态系统。既然夏国“得中国土地，役中国人力，称中国位号，仿中国官属，任中国贤才，读中国书籍，用

* 本文为教育部人文社会科学青年基金项目"河西走廊石窟壁画乐器图像研究"（14YJC760037）的成果之一。

① 吴广成：《西夏书事》卷一二，山东泰山出版社，2000年，第66页。
② 吴广成：《西夏书事》卷一二，山东泰山出版社，2000年，第66页。
③ 吴广成：《西夏书事》卷一二，山东泰山出版社，2000年，第67页。

中国车属，行中国法令”[①]，面对礼乐文化已臻完备的中国，其礼乐必袭之。故早在太宗德明朝时，“其礼文仪节，律度声音，无不遵依宋制”。经元昊改乐后，历后各任新主不满旧乐，先是毅宗谅祚向宋乞要乐人伶官，以续兴汉乐。1148年，仁宗令乐官李元儒更定乐书音律，赐名《鼎新律》，即《旧唐书·党项羌传》所云：“仁孝时，使乐官李元儒采汉族乐书，参照夏国制度，增修新律，赐名‘鼎新’”[②]，使西夏音乐得到了空前的发展。

我国固有对过去政权历史进行修史的优良传统，得以对古代历朝典籍文化有直观的了解。宋、辽、金、西夏虽有成鼎力之势，各有其国，西夏亦立国已近两百余久，然惟独西夏不存正史，故不载乐书、乐典、乐录、礼乐等以为传，以致对其礼乐兴设不能有详尽的把握，不得不叹其为憾事。宋人及后有关夏书如《夏国枢要》、《夏国须知》、《赵元昊西夏事实》、《契丹夏州事迹》、《夏州杂志》、《西夏事宜》、《西夏书事》诸等以及《隋书·党项传》、《旧唐书·党项羌传》、《宋史夏国传》、《金史西夏传》、《辽史西夏外记》及《元史》各书虽有对西夏乐舞行事的点滴零星的记录，以诚然可贵了。然河西莫高窟、东千佛洞、瓜州榆林窟、肃北五个庙等诸窟中却有西夏乐舞的珍贵图像资料记录，在文字记录西夏乐舞资料有限的情况下，实万能宝贵。据笔者统计，河西诸窟中有关西夏乐舞壁画约二十余窟，这对认识西夏乐舞文化及其艺术特征具有极重要的意义，瓜州东千佛第7窟的伎乐图像即是如此。

东千佛洞，位于酒泉瓜州县桥子乡南三十五公里峡谷的两岸，现共存石窟二十三个，多绘于西夏时期。其中第7窟，位于河谷东岸中部，坐东面西。该窟前部有穹窿顶，甬道后部有中心塔柱，中心塔柱西壁清代开有一龛，中心柱三面皆有壁画，南壁有八臂观音一铺，北壁有十一面观音一铺，东壁（背向面）则是“涅磐变”（图1）。涅槃变中，释迦右手托腮，身右倾半卧于七宝床上，前有一年长比丘，面带憔色，迦叶与阿难及众比丘皆悲泣哀声，神色痛苦无比。此正是《大波涅槃经》卷所云“如来不久当般涅盘。诸天人众。忽闻此声。心大悲悯，遍体血现”[③]所云。众比丘面色悲苦懊恼，就连七宝床下的虎、龟、猕猴、孔雀、鹤等供养动物亦泣涕悲号（图2）。“涅磐变”中动物供养的旁边即是伎乐图像（图3），该图像亦是此窟最精美的壁画之一，该伎乐图像不似藏密画，对认识西夏元真乐舞艺术具有极高的历史价值。

该伎乐四人，三人奏乐，一人舞蹈，奏乐乐器分别为横笛、毛员鼓、拍板，舞蹈似中原所流行的“踏歌”样。以下笔者分别就该伎乐图像中的横笛、毛员鼓、拍板及相关音乐文化展开论考。

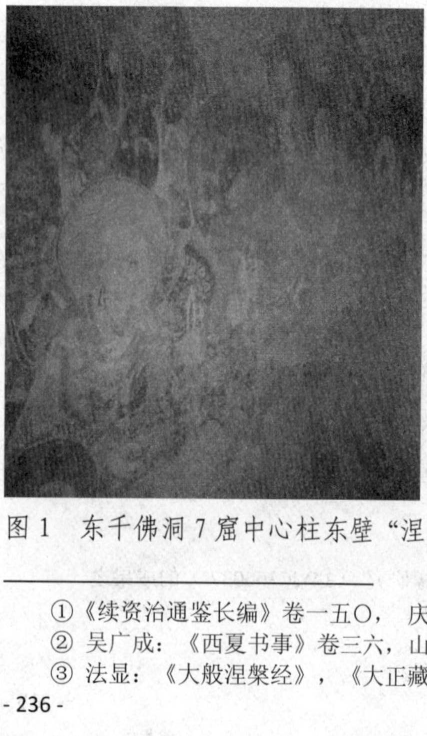

图1　东千佛洞7窟中心柱东壁“涅磐变”

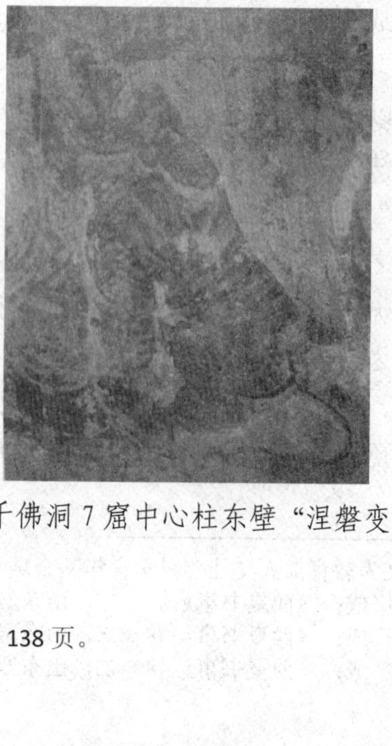

图2　东千佛洞7窟中心柱东壁“涅磐变”中的虎

---

① 《续资治通鉴长编》卷一五〇，庆历四年六月戊午。

② 吴广成：《西夏书事》卷三六，山东泰山出版社，2000年，第138页。

③ 法显：《大般涅槃经》，《大正藏》第一册，第191页。

图 3　东千佛洞 7 窟中心柱东壁“涅磐变”中的伎乐

一　横笛

西夏处祖国之西北，毋庸置疑，亦必具有一般草原民族能歌善舞的习性。丰富的河西走廊石窟西夏壁画即有描述，寥散的文献不必怀疑亦有记载。据《隋书·党项传》载，斯时党项人的乐器已有“琵琶、横吹”，并以“击缶为节”来组织节奏。①横吹，即图中所奏横笛，因与竖笛之竖吹不同，将笛横持于唇前吹奏，故曰横吹。唐僖宗时曾赐给党项首领拓跋思恭以鼓吹乐，其乐器中即有横吹。《西夏书事校注》卷十二载：“僖宗时，赐思恭鼓吹全部，部有三驾，大驾用一千五百三十人，法驾七百八十一人，小驾八百一十六人。俱以金钲、节鼓、掆鼓、大鼓、小鼓、铙鼓、羽葆、中鸣、大横吹、小横吹、觱栗、桃皮笳、笛为器。历五代入宋，年隔百余，而其音节悠扬，声容清厉，犹有唐代遗风。”②唐不仅赐西夏横吹，而且有分之大横吹与小横吹，可见，唐乐对西夏的影响非同一般，致使唐亡后，西夏乐仍保存有唐乐遗风，亦可说明横吹乐器在西夏的流行与普遍，并可以与之印证的是莫高窟中出现有大量的横笛乐器。如仅莫高窟西夏 327 窟壁中有两身吹横笛伎乐（图 4、图 5），榆林西夏 10 窟中亦有一身吹横笛乐（图 6），并且横笛伎乐旁的拍板伎乐也是东千佛洞 7 窟中心柱东壁“涅磐变”中的乐器。另外，俄藏黑水城出土水月观音下方乐舞图亦有奏横笛乐器（图 7）。除此之外，俄藏黑水城出土阿弥陀佛图中有大量不鼓自鸣的横笛乐器。由以上诸般图像可见，横笛确乃西夏音乐中常见的乐器之一。西夏音乐机构《蕃汉乐人院》中已有横笛乐器的演奏，《番汉合时掌中珠》中亦有记载。

图 4　莫高窟西夏 327 窟吹横笛伎乐

图 5　莫高窟西夏 327 窟吹横笛伎乐

① 魏徵等：《隋书》卷八三《党项传》，中华书局，1973 年，第 1846 页。
② 吴广成撰、龚世俊等校注：《西夏书事校注》，甘肃文化出版社，1995 年，第 146 页。

图 6　榆林西夏 10 窟吹横笛、执拍板伎乐

图 7　俄藏黑水城出土水月观音下方吹横笛图

横笛，古曰横吹。《乐书》有云：“大横吹、小横吹，并以竹为之，笛之类也。”图三所示东千佛洞 7 窟中心柱东壁“涅磐变”中的横吹之乐器，即为横吹的竹类横笛。《古今注·音乐》有云：“横吹，胡乐也，昔张博望入西域，传其法于西京，唯得《摩诃兜勒》一曲。李延年因胡曲，更造新声二十八解。”可见，以横吹为主要演奏乐器的横吹乐来自西域胡乐，并常用来伴唱佛曲，因张骞而传之于中原，协律都尉李延年得之而加工演变成了中原音乐。另《风俗通义》有云：“（东汉）京师有胡服，京师有胡服、胡帐、胡床、胡箜篌、胡笛、胡舞，按董卓时胡兵填塞是也。”《后汉书·五行志一》亦有云：“灵帝好胡服、胡帐、胡床、胡坐、胡饭、胡空侯、胡笛、胡舞，京都贵族贵戚皆竞为之。”其中，胡笛即为横笛。

由上可见，东汉以来来自西域的横笛亦渐为流行，克孜尔早期石窟中亦有相关图像为之印证。如绘制时期约在公元 3 世纪末、4 世纪初的克孜尔 77 窟，在左甬道外壁左起第三身天宫伎乐中见有吹横笛者（图 8 ），旁边有在横笛伴奏下起舞者数伎。绘制时期约在 4 世纪的克孜尔 76 窟，现藏于柏林民俗博物馆，有一飞天伎乐在吹横笛（图 9）。另外亦绘制时期于 4 世纪的克孜尔 38 窟，其主室左右两壁靠顶部处天宫伎乐中绘有四身奏横笛者，左壁正面靠上亦绘有一身奏横笛的伎乐天。该窟左壁正面壁画破坏严重，其余地方隐约只见奏乐伎乐天，但乐器面貌已很难分辨。此外，绘制约 5 世纪的克孜尔 76 窟至 8 世纪的 227 窟亦可看到奏横笛的伎乐天。约晚至 9 世纪的柏孜克里克 33 窟仍见吹横笛者，可见，这种乐器在西域一直流行，并通过中西亚的音乐文化交流在敦煌河西等地也有了流传。

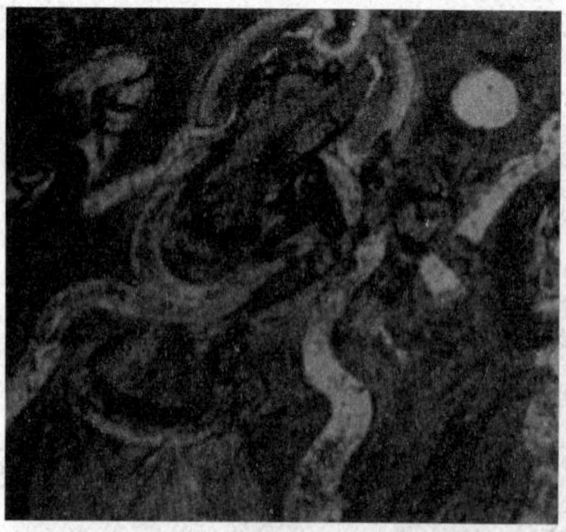

图 8　克孜尔 77 窟左甬道外壁吹横笛

图 9　克孜尔 76 窟吹横笛伎乐天

毗邻西域之东，河西走廊亦是横笛等西域胡器较早流行的地区。莫高窟绘制时期最早的北凉 272 窟窟室顶部天宫伎乐中即见有奏横笛及舞蹈者，以及之后如北魏 435 窟西壁上部天宫伎乐、西魏 285 窟南壁飞天伎乐、北周 461 窟窟顶飞天伎乐及中、后期的隋、唐、五代、宋、西夏、元窟中均出现有

大量的横笛奏乐乐器。说明横笛乐器自西域传至河西后，在河西有大量的流行，并通过河西在中原亦得到了流行。《隋书》卷十四《音乐志》云："(齐)杂乐有西凉鼙舞、清乐、龟兹等。然吹笛、弹琵琶、五弦及歌舞之伎，自文襄以来，皆所爱好。至河清以后，传习尤盛。后主唯赏胡戎乐，耽爱无已。"① 西域横笛就这样至西凉后在全国得到风靡传播。

然西域横笛传至河西后，横笛已逐渐成为河西本土乐器，如前文已述，唐僖宗时，曾赐思恭鼓吹大驾、小驾、法驾全部中有横吹乐器，遂有学者云：横笛是由唐才传至西夏，该论实为谬矣。前文已从西域及莫高窟中各时期存在的横笛乐器已经做了说明，并且在时间上，明显西域石窟横笛乐器在前，河西石窟横笛乐器在后。另外，河西早期石窟最早出现横笛的272窟，同样是河西最早凿绘有音乐图像的洞窟，其人物造型的凹凸绘制法，均受自西域极大的影响。横笛自西域传至河西后，河西已本有这种乐器。而僖宗时赐思恭全部鼓吹中的横笛，是指鼓吹乐横吹的演奏形式和乐种，而横笛是鼓吹中的主要演奏乐器和鼓吹中横笛与其他乐器的合奏形式，当所赠乐器中不至横笛一种，还有筚篥、大鼓等，故《番汉合时掌中珠》中亦记载了西夏的乐器有筚篥、大鼓等，已完全作为西夏的本土乐器了。而横吹不仅指横笛，横吹作为鼓吹的乐种在文献中也是有明确记载的。可见，横吹是演奏体裁组织形式。唐僖宗赐于的鼓吹中，大横吹、小横吹是以鼓吹乐的演奏形式而存在，并非横笛是由唐才传入西夏的。

另外，前文所述，张骞使西域得横笛的同时，亦得《摩诃兜勒》一曲。此事件在《汉书》、《后汉书》、《晋书》、《宋书》、《古今乐录》、《通典》、《通志》、《唐六典》等史籍中均有记载，且在部分典籍中亦有详论。其中，撰者并不乏古代著名学者，其治学严谨，此并不存伪，理当毋庸置疑②，并且《乐府诗集》中专门载有《横吹曲辞》，辞曲多有《陇头水》、《陇头吟》、《出塞》、《出关》、《入关》等，曲辞内容多写凉州城、阳关、玉门关等景情。另有学者认为，西夏窟壁画中的横笛乃古人所说羌笛，亦为不妥。东汉马融专写有《长笛赋》，即指笛身而长的横吹的横笛。其云"近世双笛从羌起，羌人伐竹未及已，龙鸣水中不见已，截竹吹之声相似。剡其上孔通洞之，裁以当篴便易持"。南朝梁萧统所编《文选》卷十八《音乐下》对《长笛赋》有注云："然羌笛与笛，二器不同，长于古笛，有三孔，大小异，故谓之双笛。"而横笛为七孔，《说文》曰："七孔筩也，从竹由声。羌笛三孔。"《文选》引《说文》云："笛七孔，长一尺四寸，今人长笛是也。"可见，羌笛三孔，竖吹，汉后由羌人而起，与横笛并非一器，西北塔吉克等少数民族中至今犹存的骨笛仍多为三孔。西南四川阿坝一带羌族有"其篥"、"肖列"等多为三孔。西南彝族有"木比美"乐器，竖吹管乐器，三孔，另有双管竖吹乐器，各三孔，共六孔。此外，西南瑶族的"筚管"、壮族的"筚楞罗"等竖吹管乐器皆三孔，或为古羌笛乐器在不同民族地区的遗制。

横笛（胡笛）、羌笛、洞箫乃三种不同民族形态的乐器，横笛、胡笛、羌笛乃汉人所言，西域胡人不会自称胡笛，羌人亦不会自言羌笛。而洞箫乃汉人自属乐器。为有别于汉人之竖吹，故有曰横笛，因是胡地，故有称胡笛，羌笛依然。另外，笔者有疑《长笛赋》中"龙鸣水中不见已，截竹吹之声相似"，"龙鸣（吟）水"或与横吹曲辞中汉乐府曲辞名《陇头吟》和《陇头水》有很大的关系。《乐府诗集》是继《诗经·风》之后，对汉魏以来汉族民风歌谣最集中的收集总录。《乐府诗集·横吹曲辞》中对汉已产生的曲调及魏晋隋唐以来的曲调、曲名在前后继承关系上也有详细的说明。《初学记》卷

① 魏徵等：《隋书·音乐志》，中华书局，1973年，第331页。

② 张骞得《摩诃兜勒》之曲，有学者存疑，认为是由南朝僧人智匠所杜撰妄说。见仲铎：《张骞得胡曲李延年造新声辨伪》，《学艺杂志》1934年第15期；阴法鲁：《中国古代音乐史料杂记三则》，《音乐研究》1988年第1期；冯文慈：《中外音乐交流史》，湖南教育出版社，1998年，第30页。

二十八引梁刘孝先《咏竹诗》："耻染湘妃泪,羞入上宫琴。谁能制长笛，当为作龙吟。"[①]开元二十五年（737），王维以监察御史的身份到边关视探军民，领略边境风情后，有感遂作《陇头吟》一首，诗中有记"陇头明月迥临关，陇上行人夜吹笛"一句，是对唐边境横笛演奏的真实记录。西夏所处的河西及周边地区，与西域接壤较为频繁。1974 年，甘肃居延甲渠侯官遗址出土一只汉代竹笛，长约 24 厘米，管尾残余部分有一不规则切扣，管刻七孔。按《文选》引《说文》注云："笛七孔，长一尺四寸。"据今人研究，汉时一尺约今 21.35—23.75 厘米，一尺四寸计约今 29.89—33.25 厘米，除去年代久远、土中微损、管尾稍残外，正与今测 24 厘米相当，其物确乃当时横吹横笛的出土物证。另有学者对《摩诃兜勒》一曲的研究得出，"摩诃"、"兜勒"各为梵文词，组合在一起为"大吐火罗"（大夏）之意，该曲同西夏乐曲《也葛倘兀》（大夏）或有继承关系。[②]

西夏统领西域、河西将近两百余年。元灭西夏后，元承西夏旧乐，换言之，西夏乐在元时仍得到了继续发展。莫高窟元窟中仍有大量西夏乐器，与西夏窟及黑水城图中乐器形制一致。《元史·礼乐志》载："以河西高智耀，征用西夏旧乐。"元世祖至元三十年后，每年在大明殿启建白伞盖佛事时就用西夏乐。由此即可看出，西夏多佛教音乐，而且，元时直接将西夏音乐用之佛事。另有以图证史的是元人盛懋于元至正十一年（1351）有作《沧江横笛图轴》一幅（图 10），图上有后人吴湖帆收藏题写的"元盛子昭画沧江横笛图真迹"（图 11），可以看出，西夏横笛在元时亦有流行。另外，元代西藏夏鲁寺乐舞壁画中仍有奏横笛者，元代河南焦作出土乐佣中即有吹横笛的乐伎。

图 10　元人盛懋《沧江横笛图轴》

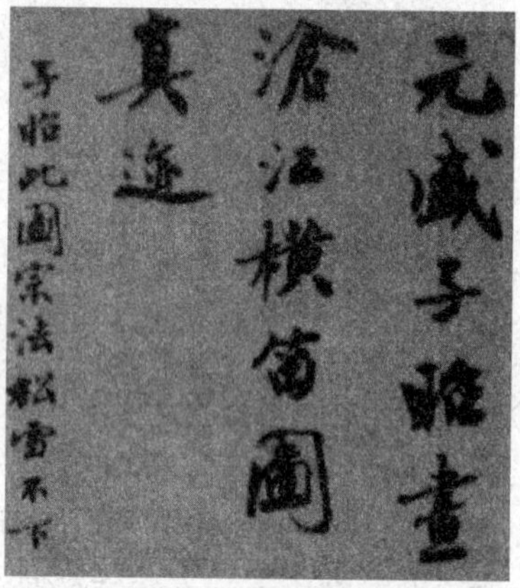

图 11　《沧江横笛图轴》题词

二　毛员鼓

东千佛洞 7 窟"涅槃变"下伎乐横笛旁所击鼓为毛员鼓（图 12）。有学者认为是细腰鼓，鄙意不同。《乐书》有云："拄鼓、腰鼓，汉魏用之。大者以瓦、小者以木类，皆广首纤腹。宋萧思话所谓细腰鼓是也。……右击以杖，左拍以手，后世谓之拄鼓、拍鼓、亦谓之魏鼓。"可见，细腰鼓要"右击以杖，左拍以手"，而该图明显可见左右手皆手拍击，不为细腰鼓。

① （唐）徐坚等：《初学记》，中华书局，1962 年，第 696 页。

② 王福利：《〈摩诃兜勒〉曲名含义及其相关问题》，《历史研究》2010 年第 3 期。

图 12　东千佛洞 7 窟“涅槃变”下部毛员鼓

图 13　克孜尔 171 窟主室券顶拍毛员鼓

另据《隋书》、《旧唐书》、《文献统考》、《通典》等载，龟兹乐器有竖箜篌、琵琶、五弦、笙、笛、箫、篦篥、毛员鼓、都昙鼓、答腊鼓、腰鼓、羯鼓、鸡娄鼓、铜钹、贝、弹筝、候提鼓、齐鼓、檐鼓等二十种，毛员鼓即为其一。毛员鼓在河西的流行，极有可能是在吕光灭龟兹后得龟兹乐返凉州后，遂将毛员鼓等西域龟兹乐器传入到河西。《旧唐书·音乐志》(卷二十九)载：“腰鼓，大者瓦，小者木，皆广首而纤腹，本胡鼓也……都昙鼓，似腰鼓而小，以槌击之。毛员鼓，似都昙鼓而稍大。”可见，腰鼓、都昙鼓、毛员鼓皆广首纤腹，而都昙鼓较腰鼓要小，以槌而击。但毛员鼓似都昙鼓，亦似腰鼓，形制而稍大。毛员鼓的奏法是用手双面拍击，而不用杖或棰击奏。前文已述，龟兹乐中使用毛员鼓，令人幸喜的是绘制于 4 世纪的克孜尔 171 窟主室券顶空间有拍毛员鼓者，鼓身略大，垂于胸前，双手拍击，正是毛员鼓（图 13）。克孜尔 5、6、7 世纪各时期的壁画中均有绘毛员鼓者，如克孜尔 104 窟主室券顶（图 14）、克孜尔 163 窟主室券顶（图 15）、克孜尔 80 窟主室券顶有拍毛员鼓伎（图 16）。另外，克孜尔 101 窟主室券顶，绘制于 7 世纪的克孜尔 224 窟均绘制有毛员鼓。绘制于 7 世纪龟兹风格的森木塞姆 1 窟（图 17）、克孜尔尕哈 11 窟主室均有拍毛员鼓的伎乐演奏（图 18）。

图 14　克孜尔 104 窟主室券顶拍毛员鼓伎

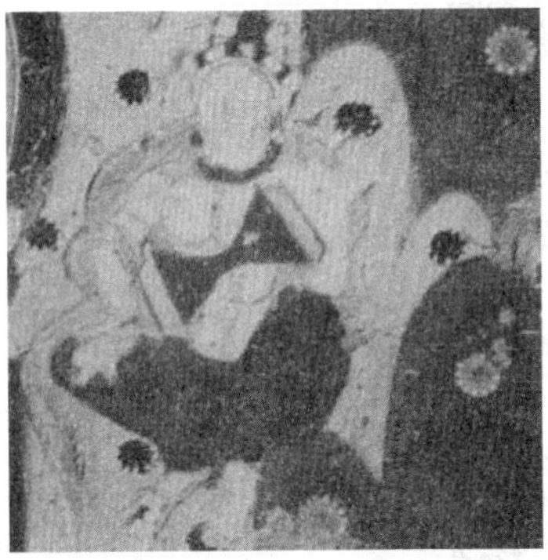

图 15　克孜尔 80 窟主室券顶拍毛员鼓图

图 16　克孜尔 163 窟主室券顶拍毛员鼓

图 17　森木塞姆 1 窟拍毛员鼓

五凉以来，随着中原对西域的开发，西域的音乐文化渊源不断输入到汉廷。莫高窟北凉272窟藻井南披天宫伎乐中有疑似拍毛员鼓图，画面模糊，鼓身较小，垂于胸前，双手双面拍击（图19）。后莫高窟北魏、西魏（图20）壁画均见毛员鼓。特别是有隋一朝，对西域音乐极度痴迷，《隋书西域传》载：“炀帝时，遣侍御史韦节、司隶从事杜行满使于西蕃诸国。至史国得十舞女……帝复令闻喜公裴矩于武威、张掖间往来,以引致之。”[①]且“西域诸蕃款张掖塞与中国互市”[②]。炀帝又遣常骏等人使赤土国，“其王遣婆罗门鸠摩罗以舶三十艘来迎，吹蠡击鼓，以乐隋使”。 而且“金石匏革之声，闻数十里外。弹弦擫管以上，一万八千人。大列炬火，光烛天地，百戏之盛，振古无比。自是每年以为常焉”[③]。大业五年（609），炀帝巡幸张掖，“皆令佩金玉，被锦罽，焚香奏乐，歌儛喧噪”[④]。“（炀帝）总追四方散乐，大集东都”，“六年,诸夷大献方物,突厥启人以下,皆国主亲来朝贺。乃于天津街盛陈百戏,自海内凡有伎艺,无不总萃”。毛员鼓等西域乐器又一次盛演隋廷，在莫高窟隋窟中亦有大量毛员鼓，如隋390窟东壁飞天拍毛员鼓图等（图21）。隋开皇初，始置了“七部乐”[⑤]，炀帝增设了“九部乐”[⑥]，含毛员鼓演奏的龟兹乐均在其中占有重要的位置。唐始，西域龟兹等乐更是风靡于汉廷。《通典》载：“又有新声自河西至者，号《胡音声》，与《龟兹乐》、《散乐》俱为时重，诸乐咸为之少寝。”[⑦]且河西边塞曲也多由节度使进献而盛演于朝廷。《新唐书·礼乐志》载：“开元二十四年，升胡部于堂上。而天宝乐曲，皆以边地名，若《凉州》、《伊州》、《甘州》之类。”[⑧]莫高窟唐窟中更是有大量的毛员鼓，如莫高窟初唐158窟西方净土变中的毛员鼓（图22）。

图 18　克孜尔尕哈 11 窟主室拍毛员鼓

图 19　莫高窟北凉 272 窟藻井南披拍毛员鼓

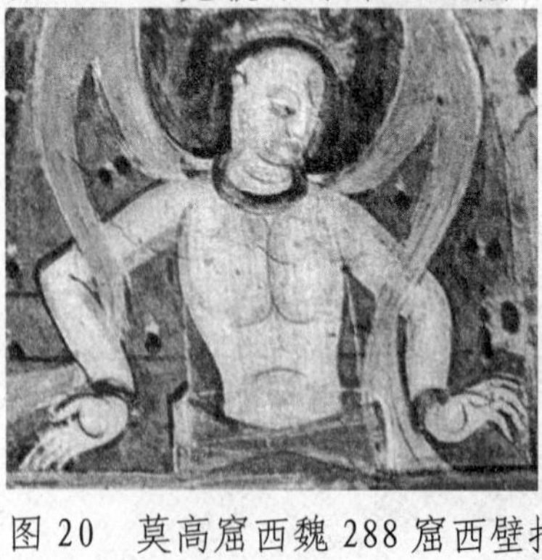

图 20　莫高窟西魏 288 窟西壁拍毛员鼓

图 21　莫高窟隋 390 窟东壁飞天拍毛员鼓图

① 魏徵等:《隋书》卷八三《西域传》，中华书局，1973年，第1844页。
② 魏徵等:《隋书》卷八三《西域传》，中华书局，1973年，第1844页。
③ 魏徵等:《隋书》卷一五《音乐志下》，中华书局，1973年，第381页。
④ 魏徵等:《隋书》卷六七，中华书局，1973年。
⑤ 《隋书·音乐志》载：“始开皇初定令，置七部乐：一曰国伎，二曰清商伎，三曰高丽伎，四曰天竺伎，五曰安国伎，六曰龟兹伎，七曰文康伎。”魏徵，《隋书》卷一五《音乐志》，中华书局，1973年，第376页。
⑥ 《隋书·音乐志》载：“及大业中，炀帝乃定清乐、西凉、龟兹、天竺、康国、疏勒、安国、高丽、礼毕，以为九部。乐器工衣创造既成，大备于兹矣。”中华书局，1973年，第377页。
⑦ 杜佑:《通典》卷一四六《乐六》，岳麓书社，1995年，第1964页。
⑧ 欧阳修等:《新唐书》卷二二《礼乐十二》，中华书局，1975年，第476—477页。

图 22　莫高窟初唐 158 窟西方净土变中的毛员鼓

至宋后，毛员鼓的演奏由盛而衰，甚至几近亡佚，但西夏自夏州节度使后，多存有唐乐遗音，故中原唐乐在西夏朝中仍得到了进一步的流传。正如《金史》卷一三四《西夏传》所载“五代之际,朝兴夕替,制度礼乐,荡为灰烬,唐节度使有鼓吹,故夏国声乐清厉顿挫，犹有鼓吹之遗音焉”。今莫高窟西夏 130 窟（图 23）、榆林 38 窟、榆林 10 窟（图 24）及黑水城阿弥陀佛不鼓自鸣乐器中仍见有众多毛员鼓拍奏图。其中，莫高窟西夏 130 窟拍腰鼓图，虽头部绘制已残，但从该窟吹箫乐伎可以看出，其头饰发冠与俄藏黑水城出土卷轴画一致。

图 23　莫高窟西夏 130 窟拍毛员鼓

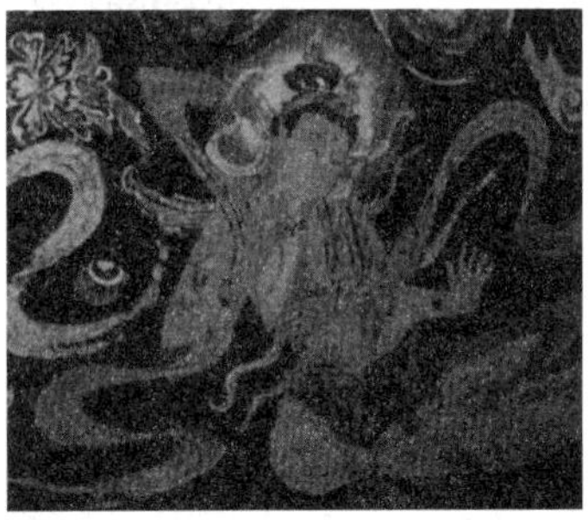

图 24　榆林 10 窟西夏拍鼓图

三　拍板

东千佛洞 7 窟“涅槃变”下伎乐毛员鼓旁所奏乐器为拍板（图 25）。拍板为我国古代常见的节奏乐器。《旧唐书·音乐志》载：“拍板长阔如手，厚寸余，以韦连之。”正是图中所示拍板。关于拍板的数量，《乐书·胡部》有载：“大者九板，小者六板。”细数该图拍板片数，正为六板，可谓是小拍板。因拍板以击节，保持、引领节奏为主，拍板也常用来协助诵经之韵律。正如《景德传灯录》云：“大士登坐，执拍板唱经，成四十九颂”且拍板“因其声以节舞”来统一舞蹈的节奏，故凡有舞蹈处几乎皆有拍板为之击节。该图亦然，在拍板的统一节奏下，舞人翩翩而舞。莫高窟西夏 327 窟中有执拍板伎乐（图 26），榆林西夏 10 窟亦有执拍板乐（图 27），俄藏黑水城出土阿弥陀佛图中亦有不鼓自鸣的拍板（图 28）。此外，榆林西夏 3 窟东壁南侧五十一面千手观音变上部有不鼓自鸣的拍板，构图清晰，板数为六。可见，板数为六的小拍板为西夏乐中常见的乐器之一。《番汉合时掌中珠》中即有拍板一词，其所指拍板极有可能也是为板数为六的小拍板。

图 25 东千佛洞 7 窟“涅槃变”下执奏拍板

图 26 莫高窟西夏 327 窟西壁执拍板伎乐

图 27 榆林西夏 10 窟执拍板乐

图 28 俄藏黑水城出土阿弥陀佛图不鼓自鸣拍板

结　语

西夏及其党项民族能歌善舞，其乐器也较为丰富，然西夏因无正史所立乐志，故对西夏的音乐文化很难全面认识，这也正是造成西夏音乐较难研究的原因之一。河西走廊石窟亦多西夏壁画，其中不乏乐舞图像。然多以藏密形式而绘制，很难对当时世俗的西夏乐舞面貌能有所察觉。然东千佛洞 7 窟“涅槃变”下四身伎乐，并不为藏密形式所表现，其横笛、毛员鼓、拍板及其所伴“踏歌舞”对认识西夏本土音乐有极大的意义。鼓、板、笛为中原音乐的最核心的乐器，兴起于宋元的戏曲音乐中，鼓、板、笛亦是最不能或缺及最重要的伴奏乐器。板奏节、鼓节奏、笛旋律，可成最方便的乐器组合。北宋教坊专门设有“鼓笛部”，而西夏《杂字》中有“吹笛击鼓”一词不难看出，当时的西夏音乐文化已极为发达，也由此看出其与中原宋廷等周边国家在音乐文化上的相互交流与影响。

（作者通讯地址：江苏省南京艺术学院　南京　210013）

（责任编辑：王培培）

四体“至元通宝”考述
——兼论该钱为清末戏作之品

牛达生

如图 1 所示，四体“至元通宝”中的一字为西夏字，而为西夏学界所关注。从图中可以看到，该钱正面四字为“至元通宝”，背面四字由三种文字组成，故被称为“四体‘至元通宝’”；背面四字，因文字特殊，经数辈学者研究，始定为“至治通宝”。该钱与普通钱币不同，是一枚少有的、特殊的钱币。从 20 世纪 30 年代见之文献，至今未见它品出现，仍是孤品。正因为如此，引起学界的关注，并有学界名流进行研究。

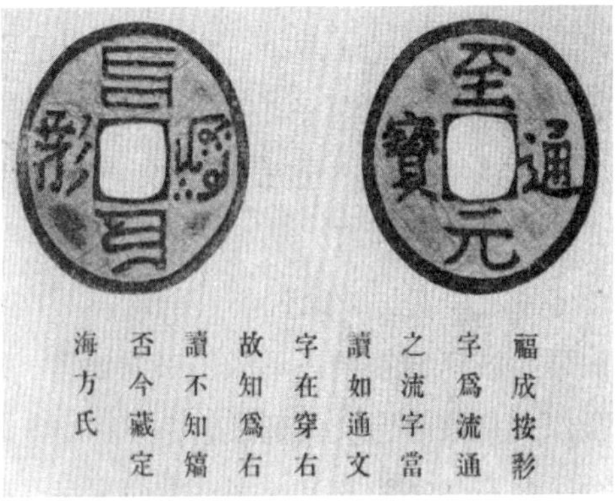

图 1 四体“至元通宝”

本文拟讨论两个问题：一为前辈研究考述，二为可能是清末戏作之品。

一 前辈研究考述

（一）此钱为定海方氏藏品

最早著录该钱的是《国立北平图书馆馆刊·西夏文专号》第四卷第三号，此刊民国十九年（1930）编妥，耽延至民国二十一年（1932）始正式出版，从而使这一奇钱面世，并知为定海方氏藏品。钱下有注文：“福成按：彩字为流通之流，当读如通字，文字在穿右，故知为右读。不知确否，今藏定海方氏。” 后来的研究证明这个字是“宝”字，而非通字。

福成即罗福成（1884－1960），是国学大师罗振玉长子，字君美，浙江上虞人。中国民族古文字学家、西夏学专家。辛亥革命后，随父罗振玉避居日本，开始接触内蒙古黑城文献。1919 年随父返国，在天津主持其父开设的贻安堂书店。后迁居旅顺，拒受日本驻伪满当局的招延，闭门潜研学问。解放后，任旅顺博物馆研究员。

定海方氏，即方药雨（1869－1954）。据考，浙江定海人，寄居天津，原名方城，改名若，字药雨。他平生好藏金石书画，尤迷古钱，在北方数十年间，大量收集传世名泉，遂成为古泉大家。中国泉坛素有“南张北方巴蜀罗”之誉，南方的张叔驯、北方的方药雨、四川的罗伯昭被列为古钱界最负盛名的三大藏家。方药雨于清光绪三十三年（1907）完成《方家长物》，是其早期作品，为原钱拓本，初印仅 20 册。后著有《言钱别录》、《言钱补录》二书，1925 年又编《药雨古化（货）杂咏》一书，内有自藏的 101 枚珍泉原拓。

（二）首开四体“至元通宝”钱文的译释

第二次著录并考释钱文的是：1931 年出版的《国立中央研究院历史语言研究所集刊》第三本第二分，收王静如《释定海方氏所藏四体字“至元通宝”钱文》一文。史金波主编的《王静如文集（上）》（社会科学文献出版社，2013 年），也收录了此文。

王静如（1903—1990）先生，是我国著名语言学家、历史学家、民族研究专家。1929 年毕业于清华大学研究院，后赴法、英、德等国，学习、研究语言学、中亚史语学、印欧语比较语言学及汉学等。1932-1933 年著《西夏研究》三辑，对西夏语言文字进行全面系统的研究，极富学术价值，是他最重要的代表著作。1936 年，荣获法国院士会授予的东方学“茹莲（S.Julien）奖”，他也被推荐为法国巴黎语言学会会员。他是中国个人获此荣誉的第一个人。此外，他对诸如契丹文、女真文、回鹘文等也发表过不少论著。

该文对方氏所藏“至元通宝”，背面三种文字进行了考述。

他认为穿上下两字，为“帕克斯巴字”，亦称为“蒙古新字或蒙古篆字”，即今称之“八思巴字”。他考证认为钱文两字“盖即译汉文‘至元’二字”也。他没有从文字学的角度对此二字进行考释，想当然的认为也是“至元”。后文论证，此说是不正确的。

穿左（实为右）一字，为“波斯字”。钱文“当属以波斯文拼成”，“字音应作 tung，即汉语‘通’t'uŋ字之译音”。此说不够确切，后文论及此字不是“波斯文”，而是察合台文。察合台文是在阿拉伯语和波斯语影响下形成的书面语言。从中世纪到 20 世纪 30 年代，通行于中国新疆和中亚。现代维吾尔文是察合台文的延续。

穿右（实为左）一字，为西夏字。他认为既然“已知帕斯巴文（八思巴字）为‘至元’二字，波斯文为‘通’字，则此西夏字之推定，当为‘宝’字无疑矣”。他还认为：“奈君美先生（即罗福成）未能细审，且疑此字为‘通’。……按此字之音，为‘波’、‘钵’或 po，乃汉语‘宝’字之译音，当可断定。”后文论及，此字汉译为“通”字是正确的，君美推论的确有误。

静如先生综合上述，认为其钱文是“汉字‘至元通宝’之音译”，并提出此钱流通区域的看法：既然“帕克斯巴字（八思巴字）为蒙古字，其时当然流通；西夏字之作，或以此钱便于流行陕、甘一带地；若乃波斯文之印铸，则似用途较狭；唯据近年考察所得，其在元代固亦为一通行之语言也”。先生在肯定这枚钱 “实古钱中之罕构”后，立即提出：“当时铸斯四体，果何所用乎？意或蒙元以征异族，包有万国，欲以合其文字为一欤？抑所以纪其战胜之功欤？观其每思混化诸种宗教归于一途，则其前述为胜，此钱特其表现耳。”

先生考证及论述，今天看来，多有迁强附会之处，即如四字钱文为“‘至元通宝’的音译”，就难以成立。先生提出铸四体钱是为“欲以合其文字为一”，也尚有商榷空间。但首创译释异体文字，筚路蓝缕，功不可没，足为后人思考。

（三）方药雨定为供养钱

第三次著录该钱的是丁福保《古钱大辞典》。钱图见上编第二三二（七九四）页，收在“至元通宝”条下。此书出版于民国二十七年（1938），丁氏为近代著名的古钱收藏家，他编纂的《古钱大辞典》，是少有大部头的著作，至今仍是钱币家、收藏家和文物工作者的案头必备。1982 年，中华书局“照原大”影印出版。

该书在著录钱图的同时，在下编第二二九（一六二九）页，收录了方药雨先生《古化（货）杂咏》对此钱的论述。该书体例是先咏诗，然后考述。

寺观铸钱一代制，兼金声价近年闻，白头不识同增慨，四体盲从面对文

背首一字，是蒙文至字。元世祖铸蒙文至元钱可证。其他三体：下疑藏文元字；左为番文，疑通字；右为回文，疑宝字。左读。曩见元至正八年（1348）莫高窟造像记，有唵、嘛、呢、叭、咪、吽六字，上横列梵藏文，下直列汉番蒙回文，成六体，与之相同。此品虽大，似亦寺宝一类，前辈所谓供养钱也（方药雨先生《古化杂咏》）。

或因为当时信息不通，方氏可能未见静如先生考释一文。但他已看到了“敦煌窟造像记”，也即“西宁王速来蛮六体真言功德碑”。文中六体称呼，旧时与今有差异，确切地说，梵、藏、汉三体是没有问题的，但“回”文何指，是否就是回鹘文，是要打个问号的。但现知“番”为西夏文，但那时的“番”字，可能是指人们尚不认识的少数民族文字泛称，也就是说他能否确认就是西夏文，也是有问题的；特别是将八思巴文“至”称为“蒙”文，“元”称为“藏”文，按当时的学术水平，是不应该的。八思巴字，是元世祖忽必烈国师八思巴创制的一种拼音文字，是蒙古“国字”，一直使到元朝灭亡。方氏用敦煌六体字碑进行比对，其方法是正确的。方氏所以出错，或许与当时尚无人考证是碑有关。最早考证是碑的是著名考古学家阎文儒先生，他的论文《元代速来蛮刻石释文》，1981 年发表在《敦煌研究》试刊第 1 期。方氏首次提出该钱为寺院“供养钱”，是一大发明，对后世颇有影响。后文要谈到将此异体四字译为“至元通宝”是错误的，应为“至治通宝”。

（四）四体异文为“至治通宝”

20 世纪 80 年代，改革开放的劲风，带来了学术的春天，我国古文明之一的钱币文化研究，也如春风化雨，蓬勃发展，一片生机。我的好友卫月望先生，将至元异文钱拓，提供给内蒙古大学古文字专家陈乃雄教授，请其译释。为此，1985 年，《内蒙古金融·钱币续刊》发表了陈氏《‘至元通宝’‘大元通宝’异文钱试释》和卫氏《‘四体合璧’钱及‘大元通宝’异文钱补证》两文。此后，陈氏将译释“大元通宝”剔除，以《元四体异文钱试释》发表在 1986 年《中国钱币》第 1 期上。从行文可知，卫、陈二位先生，似皆未知静如先生一文。

陈文说此钱原载《古钱大辞典》，“过去无释文，仅有拓片传世”。细审之，此说欠当，如前述已有静如先生、药雨先生考证。看来他未见此二文。但他的译文，超越前人，独树一帜，对此钱研究，做出重大贡献。

陈先生认为，四体中的上下两字“”“”，是八思巴文。经从《蒙古字韵》找到“至元”“至大”“至治”“至和”“至顺”等相关文字，然后仔细在字形上进行比对得出：钱文两字，尽管写法上略有出入，“”表示元代‘至治’的年号是没有疑问的。笔者查阅了姚朔民先生编制的“元代钱币八思巴字速见表”[①]中的“（至）（治）”二字，经与异体二字比对，字形略有变通，完全正确。

左侧的异文“”，是一个西夏字。 他找到西夏文辞典《文海》来解读该字。“《文海》以声、韵归类，对每一个西夏字的形、音、义都作了细致的注释，成了今天我们解读西夏文字不可缺少的有效工具。”他在 1983 年中国社会科学出版社出版的《文海研究》中，查出“‘’意为‘波’，音‘跛’，

① 《中国钱币》1986 年第 1 期，第 77 页。

北臈切。‘跛’‘宝’音近，看来这里采用了西夏文的字形，来表示汉语‘通宝’的‘宝’的读音”。笔者查对了该书，陈说基本正确。《文海研究》有《文海》影印本、校勘本和汉文译本。该书的“”字，影印本在五七六页，校勘本在一七二页，汉文译本在四二五页。汉译本的意译文字：“波（跛）此者令波动，风吹水之谓。”

右侧的异文“”，“是一个察合台字”。陈氏认为：“察合台文是在阿拉伯文演变而来的哈尼亚文的基础上形成的一种文字，为成吉思汗次子察合台及其后裔统治天山南北及中亚地区的畏兀儿”等突厥部落使用的文字。其中添加部分如字下三点、一绞，是为美化而搞的“装饰性花纹”。根据字形分析，“它是采用了察合台文的字形，来表示汉语‘通宝’的‘通’的读音”。

乃雄先生在肯定四个异体字为“至治通宝”后，就此钱的铸造时间进行了分析。至治为元代英宗硕德八剌（1321－1323）的年号，它比忽必烈至元晚了30年至50年，认为此钱“正面和背面的文字不是同时铸的。肯定是至治年间利用至元所铸背面无字的钱加铸了这四个字而成”。他认为，这枚钱的产生，是因为元代是个多民族的社会，它体现了“倡导民族团结的思想”，“是作为象征民族亲和的纪念品或宣传品”。

乃雄先生首次提出背文异体四字是“至治通宝”，对正确认识该钱贡献最大，认为该钱是民族亲和的“纪念品”，也有积极的意义。同时认为该钱是两次铸成的，即至治年间在“至元通宝”钱背“加铸”而成的。先生首次提出此钱铸法，扩展了研究领域，值得肯定，但是否是“加铸”，尚待新的研究。

与此文同时发表的还有卫月望《四体合璧钱及‘大元通宝’异文钱补正》，也谈了对此钱的认识。他首次提出该钱是一枚“四体文合璧当十钱”，提出铸钱的具体时间：“是元世祖至元二十四年（当为二十二年——牛按）卢世荣建议铸至元钱后所铸钱样。”认为至治短短的三年（1321－1323）期间，察合台相继有三人继承汗位，因此他认为铸四体钱，是为了“庆贺（某位）继承汗位大典，即以此‘至元通宝’当十大钱为范”，另书汉、蒙、夏、察诸文合铸成“四种文字合璧之钱”。又认为该钱“铸造非常精整，全无荒率潦草之气息”，提出可能铸于“大都附近的寿安山”。

卫氏提出所谓“卢世荣铸钱”事，源于《元史·奸臣传·卢世荣》卷二〇五：至元二十二年（1285），在“钞法虚弊”后，右丞相卢世荣提出“莫若依汉唐故事，括铜铸至元钱。……世祖曰，便宜之事，当速行之”。“四阅月，所行不符，所言钱谷出者多于所入，……（世祖与诸老臣议）世荣所行，当罢者罢之，更者更之。”药雨先生《言钱别录》，也记述了兹事，并云“世祖曾铸钱，信而有征矣”。铸钱方法与乃雄同，也认为是至元、至治两次合成。卫氏提出钱铸是为了“庆贺察合台某王继承汗位”，铸造具体地址在“寿安山”，尽管两说缺乏文献依据，多是揣测之词，且聊备一说。

1988年文物出版社出版的《西夏文物》也著录了该钱，在307页文字说明中，认为“背面穿上八思巴‘至’字，下为何字待考，其发音应为‘元’字，右为阿拉伯文‘通’子，左为西夏文，音‘宝’”。这个说明文字多处有误，未能吸收乃雄先生研究成果，不能不说是个遗憾。

（五）铸于元英宗至治年间

唐石父（1919—2005），我国著名钱币学家。生前为天津市社会科学院历史研究所研究员，曾担任天津市钱币学会副理事长、中国钱币学会名誉理事、国家文物鉴定委员会委员等职。一生论著颇丰，先后发表有关古代钱币及天津地方史研究论文300余篇，专著有《中国钱币学辞典》、《中国古钱币》等，参与《中国钱币大系》及《中国钱币大辞典》的编纂工作，两次荣获中国钱币学会最高学术奖——“金泉奖”，并为笔者《西夏钱币论集》作序。

2000 年北京出版社出版《中国钱币学辞典》第 48 页至元通宝（三）提到该钱：“正书，背文至治通宝，用八思巴等字书写，合铸钱。旧以至元为面，至治为背，非是。即。

第 351、352 专门设有此钱条文：

“ 钱文。元英宗孛儿只斤·硕德八剌至治（1321—1323）年间铸。铸主不明。三种民族文字杂书，穿上、下为八思巴文，译“治至”；穿右为察合台文，译“通”；穿左为西夏文，译“宝”，合读为“至治通宝”。由三种民族文字组成钱文，仅见此例。顺读，大钱，径 45 毫米，背文“至元通宝”四字，正书，顺读，合铸，铜钱。异代两种钱文合铸，面背自有先后，元代至治前后，曾有两至元。如是前至元，则不能预知至治年号，自难成立，可以不论。若系后至元，袭用至治钱文，虽有可能，然三种文字用于一钱，则属创举。此种创举，不用于当时年号之至元，而用以袭用钱文，有悖创新之意，亦难成立。两至元既皆难成立，属于治至，又复何疑。

石父先生显然吸收了前人、特别是乃雄教授的研究成果，但又有新的发明。他认为异体四字“至治通宝”为钱面，“至元通宝”为钱背，前所未有。他还肯定其为至治年间所铸，是“异代两种钱文合铸”钱，经分析“两至元既皆难成立，属于治至，又复何疑”。当然，这也属一家之言，能否成立，尚有探讨空间。

二　可能是清末戏作之品

我们的先辈，对此钱的性质、铸造时代、铸造方法、特别是文字考释方面，孜孜以求，做了很多工作，留下一笔财富，应当充分肯定。只有在这样的基础上，我们才能作进一步的研究。从考古的角度论，此钱究竟是什么钱，似还有探索的必要。现在存在以下问题：

首先，此钱仅知为定海方氏所藏，但源于何方，上述诸公无一字涉及。

再者，此钱现藏何处，谁见过实物，谁从文物的角度进行过描述，没有；我们仅从拓本上知其直径为 45 毫米。

第三，多人提到这是分两次合铸而成，但这只是因为有两个年号所作的推论。究竟如何铸成，已难探究。如有实物，我们的专家通过观察是合铸，还是一次铸成，当可作出判断。

第四，卫月望先生提出：无论此钱是“纪念品”还是“通行品”，“绝不会只铸一枚，既有当十就有小平钱”。并推断既为“察合台汗国之遗物，故今后当于新疆境中及西辽之故地，将来总会有所发现的”。先生高论发表至今正好 30 年了，但未见新发现的任何信息。

应该肯定这枚钱是存在的，是方氏收藏并被《钱币大辞典》著录了的。但是，上述考述这枚钱的铸造时间却是可以讨论的。我有一个想法：就是它不是铸于大家所说的元代，而是清末、甚至民国。这枚钱不是供养钱，不是纪功钱，更不是什么纪念品、通行品，而是文人们的戏作之品。理由如下：

第一，清乾嘉后始有假钱之作。据研究，清代乾隆以前，出土古钱很少，就是有也是有钱无市，不被人们注意，因此也就没有伪造古钱的问题。降及乾（隆）嘉（庆）时期，古代出土文物渐多，研究、收藏古文物的人也多起来，金石学得到空前发展。乾嘉及其以后的金石学家，如仪徵、阮元、陈介琪、翁树培以及晚清的吴云、潘祖阴、罗振玉、吴大徵等数不胜数，他们有多种身份——官员、学者、藏家，他们无所不收，诸如铜器、兵器、符牌、官印、碑石、砖瓦、甲骨、封泥、佛像、货币等等，并且多有著述流传至今。古董商也收罗居奇，收藏者不惜重金购求，遂至各种古物成为有利可图的商品，伪造之风也日胜一日。而钱币更是无人不收藏，因此成为收藏和造假的热点。

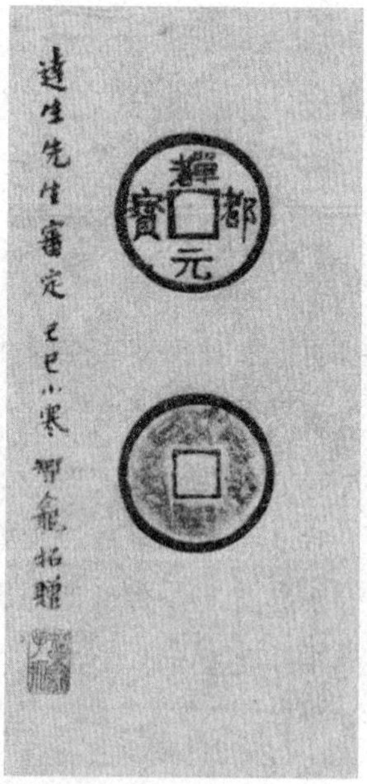
图 3　戏作“䪞都元宝”

第二，清代以来钱谱未载。清乾嘉以来考据之风盛行，涉及古物的著作多如牛毛，这为前代所无。而涉及钱币著作，约有近百种之多，最早的是乾隆《钦定钱录》，最好的、影响最大的如翁树培《古泉汇》、初尚龄《吉金所见录》、倪模《古今钱略》、李佐贤《古泉汇》等等，成为今天研究的基础。问题是：这些钱谱，大多从古到今，务求其全，唯恐遗漏；还有专门记述《蒙古西域诸国钱谱》等，但皆未见著录这枚“异体四字钱币”。如上所述，这枚奇钱最早出现在 20 世纪 30 年代的著作中。这无情的事实告诉我们：此钱的出现，当在晚清甚至民国。

第三，假钱已有很多。所谓戏作之钱，就是假钱。其中，艺术性较高的，铸工较细的，或为文人把玩之品，或为商人牟利之作。四字中的察合台文“通”字较为少见。据研究，察合台书面文字一直使用到 20 世纪 30 年代。

而西夏字，早在 1914 年，已有罗福成之弟西夏文字专家罗福苌《西夏国书略说》出版。好事者，当具有相关知识，或可就是该钱的设计和铸造者。其铸造方法多用翻砂法，即根据图样，用木质、骨质或软石等材料雕模型，然后翻砂铸成。这种造出来的奇品推到市场，自会有个好价钱。有如徽宗“圣宋通宝”，原无篆书钱，而篆书“圣宋”，就是苏州伪造。古钱中有所谓合背钱，即误用两件面范铸成两面都是钱面者。而此钱，即是有意识地刻成两面文字，然后翻砂一次铸成。

第四，西夏钱币中的假钱。清乾嘉以来，历代假钱都有铸造。据上海翻译出版社 1985 年出版的《古钱的鉴定和保养》，举例说明假钱造法，如采用改刻法改刻三字刀为六字刀，改刻半两为半半或两两，改刻五铢为五五或铢铢；用挖补法如五铢钱挖去五字补上别的字等；而最多的是用翻铸法，伪造篆书圣宋通宝，伪造辽钱天禄通宝，还用珍品钱如金泰和通宝折十钱做模型，翻铸假钱，等等，不一而足。笔者专于西夏钱币研究，据手中资料，在清代钱谱就有不少假钱，如正德元宝，《古今钱略》著录；大德元宝，《钱志新编》著录；乾定元宝，《古今钱略》著录；应天元宝，《古今钱略》著录；贞观元宝，《古泉汇考》著录，等等，不一而足。这些所谓西夏钱币，至今未见出土，足以证明其为假钱。

假钱中还有纸币。孟麟《泉布统志》卷六著录，有“大夏颁行宝钞”、“大夏军营宝钞”两种，均属伪作。广东泉家王贵忱教授认为，此书体制杂乱，钱说驳杂，“尤为后人诟病的是收入一批伪造古钞”，“检阅开来有不知所云之概”。

在这些假钱中，也有如同“四体异文钱”一样，令人喜欢的戏作之品。如“䪞（音 Due 朵）都元宝”，为著名学者郭若愚先生收藏。所附拓片为郭老所赠。拓片布局严整，文字清晰，有精美繁体字题款：“达生先生审定　己巳小寒　智龛拓赠”，下有“智龛手拓”四字红印，我很喜爱，珍藏至今（图 3）。按年号，当铸于西夏毅宗䪞都年间（1057－1062）。史志旧谱不载，至今未见出土报导和进一步的信息。西夏钱庄重朴实，文字工整，足可与宋钱比美，而此钱与西夏钱风格不类，文字大小不一，全无宋钱、夏钱韵味，也是无聊文人的戏作之品。

或许有人要问，谁能想起这个古怪的年号？天下之大无奇不有，可以想象，或有好事文人，其家境较好，本人略通篆刻，也翻过几部古籍，忽然有一天心血来潮，信手做出此钱。据悉，国家图书馆藏有佚名《钱拓》一书，可能是晚清、民国的作品。其中著录两枚、两式西夏文“大安宝钱”小平钱

（图 4、图 5），其中一式还刻出背星。从来图片看来，是据真钱仿刻，尽管仿刻水平不错，但因仿刻者不懂西夏文字，与真钱仔细相较，还是可以看出文字有错。西夏文钱都可以臆造，何况汉文钱乎！

有意思的是，又有人依样画葫芦，竟照此平钱造出两枚大钱（图 7、图 8），一枚藏西安市文管会，一式枚著录于丁福保《古钱大辞典》，曾被学界认为是西夏真品。经比对，大钱和小钱点画全同。笔者曾撰文《西夏文钱币中的伪品和待考品——浅论西夏文钱币之二》(《内蒙古金融研究 •钱币增刊》，2009 年第 3/4 期)，对此作了辨析。

图 4　《钱拓》两品大安宝钱

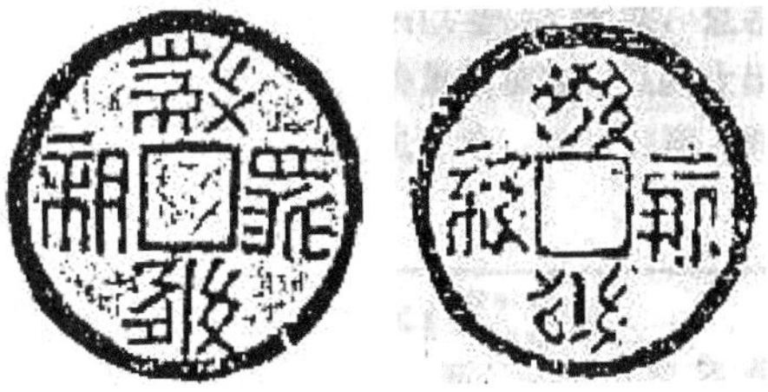

图 5　据《钱拓》戏作之折二大安宝钱

1990 年，沈阳杜军先生来信说，1970 年，辽宁戈某从废铜中获得西夏文折二“福圣宝钱”一品，直径 31.7 厘米，给笔者致函，认为是真品，并附有拓片一纸（图 6）。笔者认为，此钱为至今未见出土报道，也应是前人戏作的一枚仿品。尽管仿刻水平不错，但仍能看出如唐石父先生所言：“笔画呆板，好郭棱角太清。”

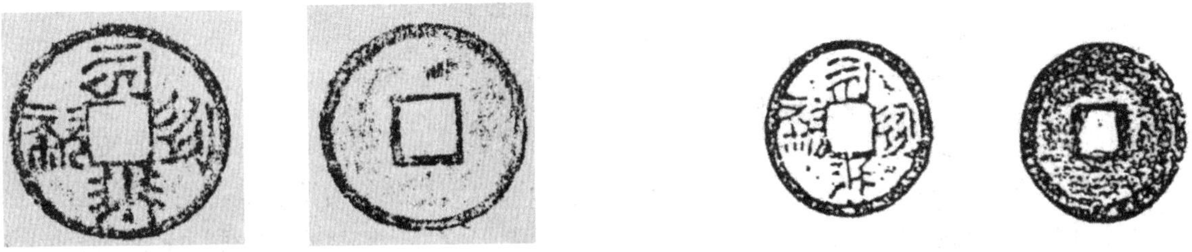

图 6　杜氏折二福圣假钱与出土真钱比对

如今世风不好，有人造假，屡屡得手，获利千万，而政府却监管缺位。又有高科技电子扫描，使人真假莫辨，以致造假之风更是甚嚣尘上。据闻，有西夏假钱，竟卖到数万、数十万元。造假者不需高深学问，但钱币知识绝不比他人少，西夏假钱花样不少，或许与真钱少、市价高有关。

（作者通讯地址：宁夏银川市北安小区 2 号 2 单元 201 室　银川　750002）

（责任编辑：许伟伟）

西夏学 第 11 辑 2015 年 3 月
Xixia Studies,Mar,2015,Vol.11

元代西夏遗民买住的两通德政碑

周 峰

摘 要： 身为西夏遗民的买住是元代元统元年进士，他曾任松阳县达鲁花赤，《邑令买住公去思碑》与《达鲁花赤买住公善政碑》这两通关于德政碑记载了一些他的事迹，本文据此及其他一些史料对买住的生平进行概略研究。

关键词： 元代 西夏遗民 买住 德政碑

作为元代西夏遗民的买住，在以往西夏学的研究中多被提及过，如汤开建先生的《增订〈元代西夏人物表〉》，[①]引用了《元统元年进士录》、《元诗选癸集》、《光绪处州府志》对买住进行了简要介绍。邓文韬《元代西夏遗民进士补考——兼论元朝对西夏遗民的文教政策》[②]也同样利用了汤文所引用的前两种史料，对作为进士的买住予以简介。王明荪先生《元代唐兀人的汉学》[③]对买住的“文儒士大夫”本性做了介绍，并引用了汤文所遗漏的元代季仁寿所撰的《达鲁花赤买住公善政碑》。[④]

一 两碑概说

德政碑是古代碑刻的一种，又有去思、遗爱、善政等名义。最早出现于汉代，如学习书法者所必须临摹的张迁碑就是较早的一通德政碑。汉代之后，德政碑历代皆有，主要是由地方官吏或百姓为颂扬当地的地方官员的政绩、功德而立，一般来说，官员在位时所立称为德政碑、善政碑，官员去职之后所立称为去思碑、遗爱碑。除了《达鲁花赤买住公善政碑》之外，买住还有另外一通德政碑的文字[⑤]存世，这就是《邑令买住公去思碑》。[⑥]

买住的生平事迹，主要见载于《元统元年进士录》，文字不长，全文引用如下：

① 该表有多个版本，先后载于《暨南史学》第二辑，暨南大学出版社，2003 年；汤开建著：《党项西夏史探微》，台北允晨文化股份有限公司，2005 年。最新版本见汤开建著：《党项西夏史探微》，商务印书馆，2013 年，第 501 页。

② 邓文韬：《元代西夏遗民进士补考——兼论元朝对西夏遗民的文教政策》，《西夏学》（第九辑），上海古籍出版社，2014 年，第 138 页。

③ 王明荪：《元代唐兀人的汉学》，韩格平、魏崇武主编《元代文献与文化研究》（第 1 辑），中华书局，2012 年，第 250—251 页。

④ （元）季仁寿：《达鲁花赤买住公善政碑》（成化二十二年《处州府志》卷一〇）。后收入李修生主编《全元文》第 47 册，凤凰出版社，2004 年，第 32—34 页。

⑤ 两碑实物都已无存。

⑥ 清光绪元年《松阳县志》卷一一《艺文志》，又载民国十五年《松阳县志》卷一三《金石志 · 碑文》。

蒙古色目人第二甲第六名……

买住

贯广平路，唐兀人氏，见居成安县。

字从道，行一，年廿七，八月初□日。

曾祖业母，县达鲁花赤，祖唐兀歹，父□哈答儿，县达鲁花赤。母岳氏。具庆下。娶蒙古氏。

乡试燕南第六名，会试第四十二名。

授保定路同知安州事。①

除此之外，光绪元年《松阳县志》有一简短小传：

买住字从道，家世唐兀氏，居广平。元统元年举进士，任保定路安州同知，转松阳达鲁花赤。莅官政德彰著，民为立石者四：曰善政、曰新筑宣公堤、曰遗爱、曰去思，本县谕季仁寿为之记。②

这段文字，又先后被光绪三年《处州府志》卷一四《职官志中•文官二》及民国十五年《松阳县志》卷七《官秩志・政绩》所全文引用。但光绪元年《松阳县志》卷七《官秩志・职官》将买住任松阳县达鲁花赤时间系于“至大”年间明显有误，详见下文。

从以上引文可知，买住字从道，为广平路成安县（今天河北省成安县）人。其曾祖父和父亲都担任过县的达鲁花赤。元统元年（1333）中进士时，买住 27 岁，则当生于大德十一年（1307）。安州（今河北省安新县）为下州，③其同知为正七品。④松阳县（今浙江省松阳县）为中县，⑤其达鲁花赤也为正七品。⑥所以买住是由安州同知平级转任松阳县达鲁花赤，并未升迁。买住在职和去职后，当地百姓给他立了四通碑，即善政、新筑宣公堤、遗爱、去思四碑。善政碑也就是《达鲁花赤买住公善政碑》，去思碑也就是《邑令买住公去思碑》。光绪元年《松阳县志》将此四碑的作者都系于松阳县教谕季仁寿，不确。新筑宣公堤、遗爱两碑已佚，不知作者。善政碑的作者是季仁寿，去思碑的作者是明初重臣刘基。刘基也是元统元年进士，为汉人、南人榜第三甲第二十名。⑦由于刘基与买住有同年之谊，且刘基是处州路（今浙江省丽水市）青田县（今浙江省青田县）人，买主任职的松阳县也是处州路属县，故而两人关系更近一层。至正六年（1346）松阳县民金文俊请求刘基撰写碑文时，刘基慨然答应。此时，正是刘基辞官在青田县及处州一带闲居之时。此文，刘基《诚意伯文集》未载。

二　德政碑所见买住事迹

至元六年（1340）十一月，买住任松阳县达鲁花赤。上任伊始，他就主持了修复金梁堰的水利工程。金梁堰是松阳县的一处重要水利设施，当时能够灌溉良田 8000 余亩。至元六年夏天暴雨成灾，“堰坏，膏腴壅为砂砾，渠流横洩，民戚甚。公为相地宜，计丈数，量事期，令徒庸即畚去砾，筑为

① 王斑点校：《元统元年进士录》，《庙学典礼（外二种）》，浙江古籍出版社，1992 年，第 175 页。
② 清光绪元年《松阳县志》卷七《官秩志・政绩》。
③《元史》卷五八《地理志一》，中华书局，1976 年，第 1355 页。
④《元史》卷九一《百官志七》，第 2318 页。
⑤《元史》卷六二《地理志五》，中华书局，1976 年，第 1499 页。
⑥《元史》卷九一《百官志七》，第 2318 页。
⑦ 王斑点校：《元统元年进士录》，《庙学典礼（外二种）》，浙江古籍出版社，1992 年，第 210 页。

大防，田开而堰成，水利复旧。役不踰时，民不告劳，垦废田三千余亩，为堰堤三百余丈。民怀其惠，因名其堤曰宣公堤”[①]。当地百姓还编了歌谣歌颂他：“闵闵污莱，我畲我菑。堰流以溉，有堤相之。积潦肆啮，堤圮赴壑。究其原田，白石凿凿。公来相攸，负锸商功。阴泄阳潴，岁则屡丰。”[②]金梁堰历代一直沿用，清朝时，“灌田六十顷”[③]。金梁堰现名为京梁堰，位于松阳县斋坦乡小石村大花地自然村北，仍发挥着灌溉效用。

元代中后期，计口摊派的“食盐法”范围日益扩大，“两浙运司已大规模实行食盐法，食盐困民也成为当时一个严重的社会问题”[④]。松阳县也同样面临这个问题，“县比户口，食盐为额凡一千六百引，畴运司督办，令日以急，民日以困，府又檄县加办他县所不足六百四十七引”[⑤]。买住认为按照原额征办，就已经民力困乏，再多加征 40%，百姓难免“疲死”。因而坚持不加征，最后得到上级的同意并上报朝廷得到批准，按照原额办理。百姓又编了歌谣歌颂他：“盐筴馑止，我则弗胜。来者绳绳，曾莫我矜。公独我恤，曰盐不可增。义气横出，慨然争承。我实赖之，犁耕轴鸣。日用饮食，企其有成。”[⑥]

由于买住是进士出身，故而他对学校、教育相当重视。松阳县原有赡学田 350 亩，租金用于县学师生的廪膳。但是由于管理者多次更换，文书缺失，致使租金减少，岁入只有原来的 2/3。当时，松阳县缺少县令，属于县令职责内的学校事务，由买住代为管理。他查出了隐匿的学田，按照原额输租。并又实地踏查，将赡学田的亩数、地图都记录于册，以便长期可考。他还每月都到县学与师生会面，讲论经史。或者在公堂与师生集会，赋诗咏歌。他还重修了学校，新建了先贤祠，祭祀周敦颐、朱熹等六君子，“使士知道统所在”[⑦]。为此，当地的士子编了歌谣歌颂他：“桓桓学宫，教化所基。支倾柱败，孰振前规。显允进士，职是县长。载葺载完，有教有养，理其田疆。辑其租逋，惠我多士。”[⑧]买住本人也能诗会画，至今有《和伯笃鲁丁浮云寺》一诗存世：

马首山光泼眼青，柳边童叟远欢迎。
花飞南苑芳春暮，凉入西楼夜月平。
野鸟唤晴声正滑，主人留客酒初行。
明年我亦燕山去，稻可供炊鱼可羹。[⑨]

买住在松阳期间还有画作《枯木石图》，此画已无存，但是时任松阳教授的陈镒有《买从道枯木石图》五绝一首，可以想见画面景色：

寂历何年树，
槎牙傍水村。
霜风吹叶尽，

① （元）季仁寿：《达鲁花赤买住公善政碑》，成化二十二年《处州府志》卷一〇。
② （元）刘基：《邑令买住公去思碑》，清光绪元年《松阳县志》卷一一《艺文志》。
③ 清光绪元年《松阳县志》卷四《建置志·塘堰》。
④ 李春园：《元代的“食盐法”》，《中国经济史研究》2013 年第 3 期。
⑤ （元）季仁寿：《达鲁花赤买住公善政碑》，成化二十二年《处州府志》卷一〇。
⑥ （元）刘基：《邑令买住公去思碑》，清光绪元年《松阳县志》卷一一《艺文志》。
⑦ （元）季仁寿：《达鲁花赤买住公善政碑》，成化二十二年《处州府志》卷一〇。
⑧ （元）刘基：《邑令买住公去思碑》，清光绪元年《松阳县志》卷一一《艺文志》。
⑨ （清）顾嗣立、席世臣编，吴申扬点校：《元诗选癸集》癸之己上，中华书局，2001 年，第 756 页。

秋色落云根。[①]

任职松阳县达鲁花赤期间，除了以上几件大事，买住还对百姓承担的赋役予以公平、公正的分配，勤政安民，刑狱清明。因此，买住在担任松阳县达鲁花赤期间，得到了官民的一致赞许。尽管两通德政碑难免有溢美之之词，但仍然为我们提供了买住的珍贵史料。买住在松阳县之后的经历现已不可考。

附录：

达鲁花赤买住公善政碑　至正三年

松阳县文学季仁寿莅教之三月，闻士之论于乡校，僚吏之语于县庭，父老细氓之议于山阿涧曲，往往称监县公之善政不绝口。于是监县公将奏报最于考功矣，缙绅先生暨邑之长者相与谋曰："公三年于兹，终始一致，论定矣。盍劖其事于石以慰他日之思乎!"众皆曰然。属笔仁寿，义不得辞，谨撰其所闻。至元庚辰冬十一月，公下车，家政肃然，门无杂谒，清冰苦蘖，廉恪自持。苟求利民，则汲汲若嗜欲。县有金梁堰，引渠水溉田八千余亩。先是，夏潦暴涨，堰坏，膏腴壅为砂砾，渠流横溲，民戚甚。公为相地宜，计丈数，量事期，令徒庸即畚去砾，筑为大防，田开而堰成，水利复旧。役不踰时，民不告劳，垦废田三千余亩，为堰堤三百余丈。民怀其惠，因名其堤曰宣公堤。此利之及于农者然也。县有赡学田三顷五十亩，典计者数易，缘绝簿书，减租额，岁入仅三之二，师生廪膳乏。属缺尹，公提调学事，尽覈出隐匿田，如故籍输租，既又履亩，书其土方，图其形制，俾永久可稽。学官受成，牒下征令。此惠之及于士者然也。县比户口，食盐为额凡一千六百引，畴运司督办，令日以急，民日以困，府又檄县加办他县所不足六百四十七引，公恻然曰："办常额，民已困于逮系，况又加办，民不疲死乎？"力争，承不肯以赋民。上韪其议，未几，牒可，如常额办，人赖以安。此又利之均及于庶民者也。昔载于石，皆可征已，然公之惠利之实可征者，岂止此哉！县自宋乾道，乡都置义役田，应役者所费，于田之所入不至破产，他州旁县悉采取法，文公朱子以常平使节至郡，亦尝称其法之善。自县入职方氏，田没不存，民复用私财应役，贫富不均。至元五年，旧尹始令民自相推逊，隐户产高烦扰。公革其弊，止署其都里姓名县门，期以某月日诣县受役，民无敢后者。其有昔服□，而今因□同役者，佥以为乏，即令迭代，民无怨咨。凡和买，必合当官受买输物，吏无所出入，事集而民不知。乡舍义仓法，前后皆按行故事，文具实亡。公曰："此朝廷仁民之政，天地之大德寓焉，奉行可不谨乎!"于是申明旧章，身历乡社巡视，以时法敛，民多赖焉。其听讼也，以忠信为本，明决为用，片言之间，不烦鞫治，而洞其情伪，故能使虚诞者自愧而输，桀骜者亦自戢而孱焉。留心劳来，督察奸宄，尝曰：羞恶之心人皆有之，孰肯为贼盗！苟岁无凶荒，人用给足，则廉耻自见。每殷勤接父老，使归语子弟，务勤生理以食其力。急游食之人，严蒲博之禁。由是贼盗屏息，户口用增，下至道路、沟渠、亭传、馆舍，无不整饬。扁其厅事曰"勤政"，其励志为治如此。公退之暇，游泳

① （元）陈镒：《午溪集》卷四，文渊阁四库全书本。参见萧启庆《元代多族士人的书画题跋》，《文史》2011年第2期。

典籍，宾礼才俊，其于学校尤加之意，月吉必会校官诸生，讲论经史，率请益身为之倡。或时集公堂，赋诗咏歌，终日忘倦。立先贤祠，祀濂溪至考亭六君子，使士知道统所在。繇是县司翕然大化，名誉籍籍，远近称叹，是岂声音笑貌之所为哉！盖有其本焉矣。公名买住，字从道，唐兀氏，世居广平。以元统元年进士同知安州事，除今任。材识精敏，声容舒徐，不尚苛猛，而毅不可犯。子谅岂弟出于天性，而又以文学济之，宜其治行之不可及也。呜呼，循良之治不见久矣。吏机张其民，民仇视其吏，上下睽而情不相维，桀黠民方持法议吏短长，无所回忌，奚暇其去后之思？而于公独不然，官且满代，而民爱慕之如一日，畏詟之如始至，惟恐遽舍而去，故未去而先形其思，则去后之思又将何如也？《诗》曰："心乎爱矣，遐不谓矣。中心藏之，何日忘之？"出于诚矣。故为署其概以慰其思，且以俟夫后之传循良者有所取焉。至正三年记。

邑令买住公去思碑　至正六年

松阳民金文俊致其父老之言，走郡请曰："邑长买住公治吾邑六年，有善政，今秩满而去矣。吾民不能忘，愿得文以记。"伯温辞不获，则询，治状曰："公为政以爱民为先，以廉洁为本。其始至也，复金梁堰以灌民田，民受其利。歌之曰：'闵闵污莱，我畬我菑。堰流以溉，有堤相之。积潦肆啮，堤圮赴壑。究其原田，白石凿凿。公来相攸，负锸商功。阴泄阳潴，岁则屡丰。'既而民以食盐为苦，公请于运司复旧额。民又颂曰：'盐策馑止，我则弗胜。来者绳绳，曾莫我矜。公独我恤，曰盐不可增。义气横出，慨然争承。我实赖之，犁耕轴鸣。日用饮食，企其有成。'其修学宫也，士颂之曰：'桓桓学宫，教化所基。支倾柱败，孰振前规。显允进士，职是县长。载葺载完，有教有养，理其田疆。辑其租逋，惠我多士。'矜佩来趋予曰：'美哉！愿悉数之。'曰：'县役旧弗均，无教条绳墨，岁点差吏得为奸。公阅前政簿账，按成式，随民力所至高下使自承，民均其平而赋役用均。县民素好讼，公以明察，洞其情伪，事曲直立判，亦婴节解，民各自戢而词讼用简。劝农桑，课树畜，使皆力本务实效。故荒垦沃耕，田野用辟。他邑民或致鱼盐货物居县廛，而乡村之民无带牛佩犊之风。勤于劳来而户口以增，谨于关讥而盗贼自息。行省抡公廉干，以海船事委公之朝阳。数月，县中讼柅牍稽。公归，悉为疏决，吏民益服。浙东宪佥琐主公按郡至县，得公治绩荐之。已而索公行部，复廉察之，交剡上台。今去我将羽仪天朝，是不可不识其思也。'"余曰："美哉！邑长之政固善矣，若父老不忘其善，能致其去后之思，亦善也。"语曰："斯民也，三代之所以直道而行。"有循良之政，使得相安于田里，则所以渗漉乎其心者，自有以使人不忘如是也。然汉传循吏六人，班固称其所居民富，所去见思，然皆二千石守相。唐世县令若韦景俊、何易于等往往始得列是传，然大要以惠利在民不忘者预焉。今买住公去而见思，正所谓古循良者欤。因作诗畀其父老，且以续夫士民之所未诵者。公字从道，唐兀氏，世居广平。由进士出身，故知爱民之方，而民亦不忘之如此。诗曰：民产有恒，役则罕均。何以均之，曰义以使民。民情好恶，喧讦以刃。何以理之，曰明德知本。迤逦阡陌，蓁蓁禾麻。民用胥勤，力及荒畬。受廛为氓，旅涂任载。苍苍萑将，夜寂尨吠。治无大小，学道爱人。已惟冰蘖，民则阳春。车声辚辚，辕攀辙卧。去者之思，用勖来者。善达而思，天下之兼。宁独尔思，一邑之奄。蟾峰秋高，明月千里。甘棠蔽芾，柏台森峙。至正六年正月记。

（作者通讯地址：中国社会科学院民族学与人类学研究所　北京　100081）

（责任编辑：许伟伟）

西夏学 第 11 辑 2015 年 3 月
Xixia Studies,Mar,2015,Vol.11

略论黑水城元代文献中的忽刺术大王

陈瑞青

摘　要：黑水城元代文献中有两件文书涉及到“忽刺术”大王，可与传世文献中的记载相互印证，大致可推断出“忽刺术”大王在元代中后期的活动轨迹。同时，这两件文书中的记载对于研究元末西北地区诸王驻军及其军粮供给等问题具有较高的史料价值。

关键词：军粮　过川军　肃政廉访司

在《中国藏黑水城文献》中，收录有两件反映亦集乃路总管府忽刺木翼军人驻扎情况的文书：一件是 F116：W581 号文书作“忽刺术”，一件是 Y1：W22 号文书作“忽刺木翼军人”。这两件文书对于研究元代中后期西北地区驻军问题具有重要价值。因此，有必要对元代文献中的“忽刺木翼军人”进行系统的梳理和研究。

此前笔者已经对 Y1：W22 号文书作过详细的考证，[1]因此本文重点对 F116：W581 号文书进行考察。Y1：W22 号文书收录于《黑城出土文书》（汉文文书卷）第 138—139 页《军用钱粮类》。同时还收录于《中国藏黑水城汉文文献》第 2 册《军用钱粮文书》第 409 页，其出版编号为“M1·0299[F116：W581]”。《黑城出土文书》（汉文文书卷）列出该文书诸要素：宣纸，残，末尾有八思巴字年款一行，汉文行草书。本件文书由两件残片组成，残片一首全尾缺，上完下残，现存文字 11 行；残片二为印章。为研究方便，现将 F116：W581 号文书逐录如下：

1. 皇帝圣旨里，甘肃等处□□□[2]省□
2. 　忽[刺]术大王位下使臣老的帖木儿哈□
3. 　　　乌兀不花将
4. 　今旨省里去了，一万军[3]根底壹石官粮休交迟□
5. 　　　若便应付，别无明[4]文。又先有无□
6. 　　　乞照明降事□
7. 　　　都省定夺去讫。今□

① 陈瑞青：《黑水城所出元代亦集乃路总管府钱粮房<照验状>考释》，《西夏学》第四辑，宁夏人民出版社，2009 年。

② 此处所缺三字，据《中国藏黑水城汉文文献》所收《大德四年军用钱粮文卷》可知，当为“行中书”。

③ “军”，李逸友《黑城出土文书》（汉文文书卷）释作“军粮”，误，据图版改。

④ “明”，李逸友《黑城出土文书》（汉文文书卷）释作“别”，误，据图版改。

8.　　内先行支付各军▭

9.　　札付者▭

10.　　　右札付亦集乃路揔管府准[①] ▭。

11.　右亦集乃军粮事

[后缺]

这件文书除末尾残存印章外，其余部分缺失。但可以根据其他文书进行补充。如 F116：W552 号文书保存较为完整，其文书末尾为：

28.　　大德四年六月　日　府吏▭

29.　为军粮扫里钞事　　提控案牍冯▭

30.　　　　　　　　　知　　事李▭

31.　　　　　　　　　经　　历▭

32.　**廿九日**　（印章）

33.　创行未绝一件为计置军粮▭

34.　　　省检目为首，至▭

35.　　别不见差▭

36.　圣旨检违错[罪]▭

37.　诏书[释]□后罚▭

河西陇北道 　　　　　刷讫 肃政廉访司	王信 （朱印）书吏 石泉

通过 F116：W552 号文书可以看出，F116：W581 号文书缺少了落款、官吏署名以及“河西陇北道肃政廉访司”的刷尾。在黑水城元代大德四年军粮文卷中保存有一件较为完整的“河西陇北道肃政廉访司”刷尾，其编号为 F116：W390，收录于《中国藏黑水城汉文文献》第 2 册《军用钱粮文书》第 410 页，现将该文书迻录如下：

[前缺]

1.　接行已绝▭粮事大德▭

2.　　右札付为首，至当日□为▭

3.　　尾缝司吏张天福行

河西陇北道 　　　　　刷讫 肃政廉访司	王信 （朱印）书吏 石泉

① 此处残缺，李逸友《黑城出土文书》（汉文文书卷）径释作“此”，据图版改。

F116：W390 号文书很可能就是 F116：W581 号文书所缺失的“河西陇北道肃政廉访司”刷尾部分。关于“河西陇北道肃政廉访司”刷尾的性质、作用及运作流程等问题，孙继民、郭兆斌等先生曾有过专门的研究。[①]由于此问题无关本文宏旨，故在此不赘述。

F116：W581 号文书第 1 行，根据《大德四年军用钱粮文卷》其他文书可知应为“甘肃等处行中书省”，这表明 F116：W581 号文书的行文主体应为甘肃行省。文书第 9、10 行出现两处“札付”，这说明 F116：W581 号文书是甘肃行省给亦集乃路总管府的札付。札付，元代二品以上官府发给下级官府的文书称为“札付”，如中书省对枢密院以及御史台、六部，行中书省对宣慰司、路，御史台或行台对廉访司，文书均称“札付”。另外由中书省或行省签发的流外官、吏员任命文书，也称札付。《吏学指南》“公式”门“札付”条：“刺着为书曰札，以文相与曰付。犹畀赐也。”[②]明中叶，朝鲜李朝所著《吏文辑览》卷二“札付”条：“大概与照会同，但上司行所属衙门居多，如五军都督府行经历司、都察院行御史道、六部行各清吏司之类。”[③]元代对行省职官品级有着明确规定：“每省丞相一员，从一品；平章二员，从一品；右丞一员，左丞一员，正二品；参知政事二员，从二品，甘肃、岭北二省各减一员。”[④]行省丞相、平章为从一品，左右丞为正二品。因此甘肃行省给亦集乃路总管府的公文使用札子这种文体是符合元代规定的。

文书第 4 行出现“令旨”一词，元代令旨主要适用于皇太子、诸王，为便于官民等的贯彻执行，大多数令旨被翻译成具有口语风格的白话文。但这种问题文辞不雅，还夹杂着一些蒙古词汇，显得艰涩生硬，理解较为困难。不过，这种公文反映了蒙元王朝的公牍风貌，有着鲜明的时代特色和史料价值。[⑤]元代令旨以蒙文硬译文体的起首语，起初多为“皇帝福荫里，（某人）令旨”，后期则固定为“长生天气力里，皇帝福荫里，（某人）令旨”[⑥]。

同时，文书第 7 行出现“都省”。都省是指中书省，因相对于行中书省而言，故称都省。如《元史·选举志》：“先是，有亦马罕者，妄称省委括地，蚕食其民，以有主之田俱为荒地，所至骚动。民高荣等六百人，诉于都省，追其驿券，方议其罪，遇赦获免，今乃献其地于皇子。”[⑦]

这件文书主要是说，忽剌术大王位下使臣老的帖木儿哈、乌兀不花奉忽剌术大王令旨于甘肃行省筹措“过川军”壹石官粮军粮，但由于未得到中书省明文回复，因此甘肃行省要求亦集乃路总管府先行支付，以免贻误军情。综合以上，我们可将 F116：W581 号文书拟定名为《元大德四年（1300）甘肃行省札付为亦集乃路军粮事》。

关于“忽剌木”的蒙古语义，《钦定辽史语解》卷九《人名》称：“蒙古语筵席也，卷六十七作忽里没。”对于忽剌术大王的生平，史籍记载较为零散，《元史·阿沙不花传》称：“至元三十年，海都叛，成宗以皇孙抚军于北。阿沙不花从行，逾金山战杭海有功。成宗即位，会大宗正扎鲁火赤脱儿速以赃污闻，诏鞫问之，脱儿速伏罪，就命代之。成宗目之曰阿即剌。阿即剌，译言阎罗王也。有诉朱清、张瑄阴私，既抵罪，帝遣兵马都指挥使忽剌术籍没其家，以受赂诛。更命阿沙不花往，具以实闻，赐宅一区、钞万五千缗，兼两城兵马都指挥使事。”[⑧]在这条材料中，明确提出在至元三十年时，忽剌

---

① 参见孙继民、郭兆斌《从黑水城出土文书看元代的肃政廉访司刷案制度》（《宁夏社会科学》2012 年第 2 期）及孙继民《黑水城文献所见元代肃政廉访司“刷尾”工作流程》（《南京师范大学学报》2012 年第 5 期）两文。

② （元）徐元瑞：《吏学指南》之《公式·札付》，浙江古籍出版社，1988 年，第 35 页。

③ 佚名：《吏文辑览》卷二《札付》，（日本）极东书店，1962 年，第 314 页。

④ （明）宋濂：《元史》卷九一《百官志七》，第 2305 页。

⑤ 汪楷：《从永昌王府白话令旨看巩昌帅府与永昌王之关系》，《丝绸之路》2010 年第 18 期。

⑥ 刘晓：《元代公文起首语初探——兼论〈全元文〉所收顺帝诏书等相关问题》，《文史》2007 年第 3 期。

⑦ （明）宋濂：《元史》卷二二《武宗纪一》，第 500 页。

⑧ （明）宋濂：《元史》卷一三六《阿沙不花传》，第 3297 页。

术任兵马都指挥使。《元史》中关于忽剌术大王的记载较少，这为深入研究忽剌术大王在元中叶的活动制造了困难，而黑水城文献的出土则在一定程度上为进一步推进关于忽剌术大王的研究提供了十分珍贵的资料。我们知道，F116：W581号文书与F116：W552号、F116：W553号、F116：W566号、F116：W565号、F116：W581号和F116：W552号文书同属于大德四年（1300）准备支持诸王大军迤北军情计禀攒运粮斛有关，故应为同一组文书。在上述文书中，以F116：W552号文书最为完整。在这件文书中，提到"术伯大王军马经由本路入川征进，准备炒米面粮等事"。关于"入川军"或"过川军"，李治安先生曾做过专门的研究，认为元代与大漠相关的木怜站道、纳邻站道和哈密力东西站道，皆出现了被称为"川"的地段。蒙古语的cul-cul在与汉字"川勒"发生对译联系之际，主要指谓"荒漠、石川"。大德四年漠北宗王、驸马使臣南下传达"迤北军情声息"和"术伯大王军马"奉命"征进"漠北时的"入川"、"过川"等，无疑是穿越亦集乃路以北戈壁石川的纳怜站道。此乃西北军旅和使臣等所"入"所"过"的第一处戈壁石川，亦属与云南建都纳怜、甘肃纳怜并为三纳怜站道的通往岭北行省的纳怜站道。①丛海平先生则对大德四年军粮文书的背景进行了研究，认为与元代中期元廷平定海都之乱有关，同时对对海都之乱时期亦集乃路的位置、为元军筹措转运军粮情况等进行探讨，认为亦集乃路作为西北兵站之一，在元代北方军粮后勤供给体系中充当的重要角色。②通过以上两位先生的研究，基本理清了大德四年军粮文卷的历史背景，对于准确理解和把握文书信息具有重要参考价值。通过考察黑水城文献可以看出，大德四年元廷派出的军队除F116：W581号文书中的"忽剌术大王"外，尚有蛮子歹驸马、海山太子、术伯大王、脱忽答大王等。

元世祖忽必烈时期，西北发生海都、笃哇之乱，据史书记载："初，金山南北，叛王海都、笃娃据之，不奉正朔垂五十年，时入为寇。尝命亲王统左右部宗王诸帅，屯列大军，备其冲突。"③海都、笃哇之乱前后持续近五十年之久。大德二年（1298），"北边诸王都哇、彻彻秃等潜师袭火儿哈秃之地。其地亦有山甚高，敌兵据之"④。这次笃哇叛乱，在元朝征北诸军元帅床兀儿的奋力反击下被镇压下去。但西北战局并未就此结束，海都、笃哇仍盘踞西北，伺机入寇。大德四年（1300），海都、笃哇再次叛乱，"大军分为五队，月赤察儿将其一。锋既交，颇不利。月赤察儿怒，被甲持矛，身先陷阵，一军随之，出敌之背，五军合击，大败之。海都、笃娃遁去，月赤察儿亦罢兵归镇"⑤。黑水城出土的116：W552号文书中出现的"海山太子"，即后来的元武宗。根据这件文书可知，大德四年（1300）作为太子的海山曾率领诸王部队"入川"抗击海都叛军。《元史·特薛禅传》称："时武宗在藩邸，统大军以镇朔方，有旨令蛮子台总领蒙古军民官，辅武守莽来，以遏北方。"⑥关于海山太子平定海都叛乱的过程，《元史·武宗纪》中这样记载："成宗大德三年，以宁远王阔阔出总兵北边，怠于备御，命帝即军中代之。四年八月，与海都军战于阔别列之地，败之。十二月，军至按台山，乃蛮带部落降。五年八月朔，与海都战于迭怯里古之地，海都军溃。越二日，海都悉合其众以来，大战于合剌合塔之地。师失利，亲出阵力战，大败之，尽获其辎重，悉援诸王、驸马众军以出。明日复战，军少却，海都乘之，帝挥军力战，突出敌阵后，全军而还。海都不得志去，旋亦死。"⑦大德四年击溃海都叛乱是海山作为太子时的最主要的功绩之一，因此在其本纪中进行了着意书写。同时，元廷对笃哇的战争取

① 李治安：《元中叶西北"过川"及"过川军"新探》，《历史研究》2013年第2期。
② 丛海平：《〈黑城出土文书〉所见海都之乱时期亦集乃路的军粮供给》，《云南师范大学学报》2009年第4期。
③ （明）宋濂：《元史》卷一一九《博尔忽传》，第2951页。
④ （明）宋濂：《元史》卷一二八《床兀儿传》，第3136页。
⑤ （明）宋濂：《元史》卷一一九《博尔忽传》，第2951页。
⑥ （明）宋濂：《元史》卷一一八《特薛禅传》，第2916页。
⑦ （明）宋濂：《元史》卷二二《武宗纪一》，第477页。

书写训练的角度对某个字的反复书写，少则三五遍，多则三十几遍。单字练习一般可以分为画间隔和不画间隔。如 M1・1203[84H・F125：W19/1869]（图一）用毛笔画方格界限，书者将每个“折”字放到整齐的方框中进行临写。在左上角可以看见清晰的楷书朱笔示范，朱笔示范应该是老师的笔迹，墨迹则是学生的笔迹，学生习字是临摹老师的字来练习。可见，在书写的初级阶段，学生并不是直接临摹字帖，而是临摹老师的字，模仿老师的风格进行习字。“折”字带有明显的颜真卿的笔意，结体宽绰，提按显着。同样， M1・1206[84H・F111：W22/1100]（图二）也是用墨笔画好间格，进行整齐的临写。右上角也有一个残缺的“兴”字的朱笔示范。“兴”字在结构上与虞世南的楷书风格接近，比较平和，用笔上又比较像褚体，起笔尖细，有行书笔意。画界格的习抄整齐规范，每字的大小基本相同，字势更稳健。不画间隔的习字，如 M1・1183[84H・Y1 采：W81/2751]（图三）中对“结”字的反复书写，该习字具备一定的书写基础，其结构和用笔明显受唐楷影响，似欧似颜，书写水平比较稚嫩，但却能看出书写者的用心，一个“结”字，单从残页上看就写了 34 遍，在大字的缝隙处还写了很多小字，可见其对纸张的节约与反复利用。M1・1209[84H・F7：W3/0249]（图四）中对“上”字的重复书写。该习字线条羸弱，结体幼稚，还没有基本的结构意识，却也不乏童趣，还处在识字和记字的阶段。

图一　习字

图二　习字

图三　习字

图四　习字

从书写风格来看，这批习抄受颜体影响比较大，比如 M1・1196 [84H・Y1 采：W104/2774]中的

字与颜真卿的《自书告身帖》的字从用笔和结字上看都非常接近，尤其是用笔，为标准的唐楷提按笔法。相比较而言，该习抄的字势更平和，将颜体的倚侧字势写得平稳，这也是初学者常见的问题。又如 M1 • 1192 [84H • Y1 采：W80/2750]习抄中的字与颜真卿的《颜勤礼碑》中的字如出一辙，用外拓的笔法，线条筋健，字势左低右高，重心向下。M1 • 1191[84H • Y1 采：W84/2754]中的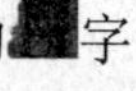字带有颜真卿早期的作品《多宝塔碑》中的字相仿，结构恭谨严密，笔画方中带圆；M1 •1182[843H •F1：W3/0003]中的字与颜真卿的《麻姑仙坛记》中的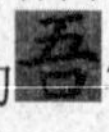字从结体和用笔上都非常相似。还有些字，从用笔和结体来看，意在欧阳询和颜真卿之间，如 M1 •1197[84H •F245：W26/2523]中的、、、，此四字结体似欧体的中宫收紧，平正峭劲，但用笔又不似欧体方正，反类颜体的篆轴笔意。可以说，元代在小学阶段用颜体习字比较普遍。在文化兴盛的江南地区的庙学中也可以得见：元贞元年江南行御史台颁布关于小学教育中规定“诸生所习字，合用唐颜尚书字样，写大小两样”并规定习字时“直日取砚各置诸生桌上，满贮水，诸生各取笔墨，习大字一纸，小字一纸，为在模仿精工，字画端谨，通晓前贤笔法，毋得率略及有浥污”[①]。无论是写大楷还是小楷，学生都要写颜体，且力求临摹精细。元代苏天爵亦谈到“先生教诸生习字，必以颜鲁公为法”[②]。在唐代以后，尤其是整个宋代，颜体书风逐步地被接受和推崇。“论颜遂及宋四家，寻源而得其流也。四家皆学颜，而各成其一家”[③]，在北宋，以欧阳修和宋四家为代表的士大夫阶层中掀起学颜的风潮。到了南宋，以人品论书品的观念深入人心，颜真卿的人格被神圣化，从朱熹到陆游，都推崇学颜体书法。[④]而在黑水城出土的习抄中可以看见，习颜书之风，已经从文人精英阶层推及小学阶段的习字教育中。

除了学习颜体，还发现了一些其他的楷书风格。如类似褚遂良风格的字体，如 M1 •1217[83H •F2：W19/0086]的与褚遂良的《雁塔圣教序》中的字在用笔上都细劲，是初唐时期的瘦劲风格，与中晚唐时期的颜、柳书风宽博雄健的风格迥异，只是习抄中该字结构上的把握能力有限；M1 • 1199[84H • F126：W12/1935]中的字在起笔和收笔处还带有行书的笔意，与褚遂良的《大字阴符经》中的字相似，初唐时期楷书书风受二王影响甚大，褚遂良的楷书在用笔上还保留了很多行书用笔。

当然，也并不是所有的习字都有明显的风格取向：如 M1 • 1209[84H • F7：W3/0249]中的和 M1 • 1205[84H • F79：W32/0967]中的，这两个字天真而有童趣，结构和用笔都没有基础，这是初学者与生俱来的意趣。这在今天的幼童练字的习抄中仍能看见，如陈兮书“五一节”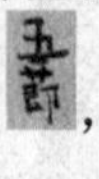，此三字和谐而有趣。[⑤]M1 • 1215[83H • F2：W23/0090]中的和 M1 • 1191[84H • Y1 采：W84/2754]中的在结构上讲究内部空间的匀称，线条上有提按和转折，受唐楷影响无疑，只是由于临摹能力不足，对书家的风格把握还不太准确。

① 佚名撰、王颋点校：《庙学典礼》卷五《行台坐下宪司讲究学校便宜》，浙江古籍出版社，1992 年，第 101—102 页。

② （元）苏天爵辑撰、姚景安点校：《元朝名臣事略》卷八《左丞许文正公》，中华书局，1996 年，第 174 页。

③ 台湾新文丰出版公司编辑部主编：《石刻史料新编》第三辑第三十八册，陈奕禧《隐绿轩题识 • 论蔡忠惠》，台湾新文丰出版公司，1986 年，第 675 页。

④ 张颖昌：《宋代颜真卿书法接受研究》，山东大学 2011 年硕士学位论文。

⑤ 白谦慎：《与古为徒与娟娟发屋——关于书法经典问题的思考》，荣宝斋出版社，2009 年，第 71 页。

二　篇章抄写

在中藏的习抄中，抄经书等教材的习抄占了绝大部分，其内容主要有《孝经》、《朱文公小学》、《千字文》、《大学》、《论语》、《孟子》等。这与元代官方对小学阶段的读书要求是一致的：《通制条格》载元代至元二十三年（1286）对各学校所用教材有明确规定"先读《孝经》、《小学》，次及《大学》、《论》、《孟》、经、史"[①]。除了读经书和一些蒙学教材，小学阶段还要习字学文。元代程端礼在《读书分年日程》中曾谈到："小学读经、习字、演文，必须分日。读经必用三日，习字演文止用一日。"[②]程氏此书在元代被国子监指定为地方郡县的教材，[③]其中的读书要求和读书方法都相当具有代表性。而在黑水所出习抄中，抄写经书等教材的习抄占了绝大部分。总体来看，篇章抄写多用小楷写成，抄书的习抄比较追求篇章的整齐，横有行，纵有列。如 M1·1144[84H·F175:W1/2177]（图五）为小楷书《论语》，字距茂密，行距疏松，略带行书用笔，有魏晋小楷遗意。同时，在墨迹中还有朱笔的点断文章的痕迹。在第七行与第八行之间有楷书朱笔"廿三"，在十三行和十四行之间亦有楷书朱笔批注"廿卅"。这些朱笔很可能是出自教师之手。可以说，在抄写篇章的习抄中几乎都有朱笔句读的痕迹。

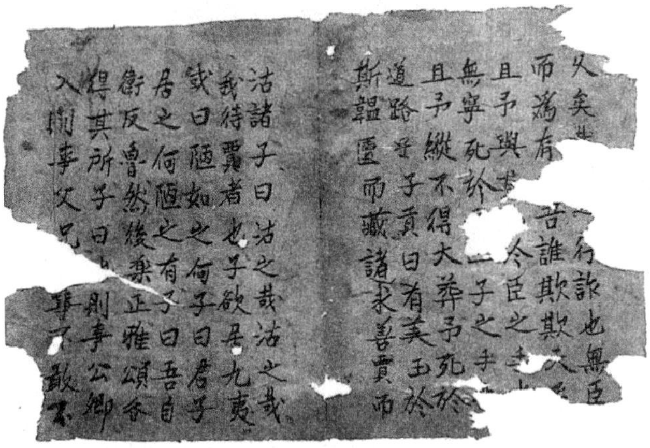

图五　习抄　《论语》

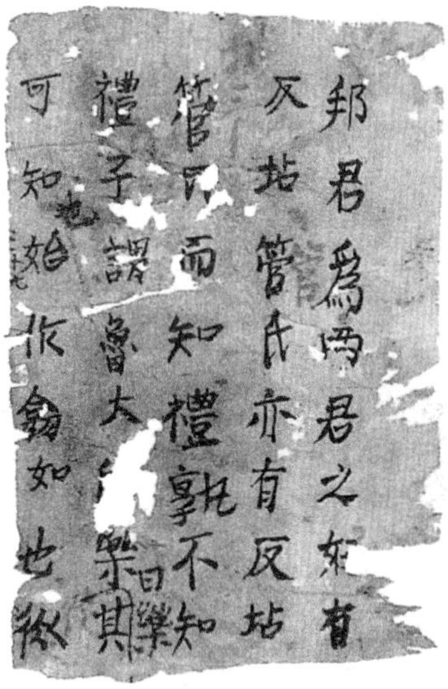

图六　习抄　《论语》

M1·1145[84H·F224：W18/2440]（图六）亦为习抄《论语》，此张习抄中朱笔批注的痕迹更为明显，除了点段，还有对个别错别字进行纠正的批注。如"管"字和"从"字的墨迹书写有明显错误，旁边的用朱笔对其进行正确的示范应该是出自老师之手。元代的国子学教学中有明确的教学分工，"助教，同掌学事，而专守一斋；正、录、申明规矩，督习课业"，还有"博士、助教亲授句读，音训、正、录，伴读以次及传习之"[④]。当时师生之间的这种教学互动颇有规范可循。在国子学的教学过程中，博士、助教、学正和学录的分工各有不同，这或许和诸路的儒学教育中的分工有些差异，但关于句读的教学方式或有相通之处。这批中藏的习抄中，幼童抄录的经典文章中都有朱笔对文章进行点断

① 方龄贵：《通制条格校注》，中华书局，2001 年，第 250 页。
② （元）程端礼：《程氏家塾读书分年日程》卷一，四部丛刊续编，子部，上海书店，1984 年，第 13 页。
③ （明）宋濂等撰：《元史》卷一九〇，《儒学二》，中华书局，1976 年，第 4343 页。
④ （明）宋濂等撰：《元史》卷八一《选举一》，中华书局，1976 年，第 2029 页。

的痕迹，显然与此有关。

M1・1166[F234：W18]、M1・1167[F234:W5]（图七）、M1・1169[84H・F247:W4/2533]、M1・1171[F245:W11]、M1・1172[84H・F234:W4/2487]、M1・1173[84H・F234:W6/2489]六件习抄内容均为《孝经》，从字迹的习气和书写水平来看，应出自于几位不同的学生之手。在几件习抄正文中间，可以看见同样的行书朱笔批注，行书字迹模糊，但线条变化丰富，遒劲有力，应该是老师的字迹。初学者不具备这样的书写水平。可以看出，他们同样都抄录《孝经》，有着相同的批注，很可能是同一时期的同一批学生。在《读书分年日程》中能见到元代的蒙学教育中老师每天在学生的作业簿上分日期布置作业，并每天勾阅检查的记载："以前日程，依序分日，定其节目，写作空眼，刊定印板，使生徒每人各置一簿，以凭用工。次日早，于师前试验，亲笔勾销。师复亲标所授起止于簿。"①

相对于单字习抄而言，篇章抄写更注重整体布局。朱熹在童蒙习字的教育中并不是特别强调书写的艺术与美感，而是把写字当成一种途径，他更注重文章内容抄写的准确无误。②文字的艺术美感无形中已经被整饰的书写要求所削弱。程端礼在《读书分年日程》中也曾说道："凡抄书之字，偏傍须依《说文》翻楷之体，骨肉间架气象用智永，非写诗帖，不得全用智永也。"③程氏主张在小学阶段学习智永楷书千字文，在抄书时只需有智永的意象，不必像写诗帖一样完全追求智永的书法风格。由此，在一定程度上可以说，在宋元时期蒙学教育中，幼童在抄写经文教材时并不是特别注重字体的艺术美。

图七　习抄《孝经》

图八　习字

这批习抄所抄录的内容大部分是用汉字书写，但是还有两张西夏文和汉文的杂糅书写。M1・1178[84H・F125:W57/1907 中有两个相同的西夏文楷书，用唐楷笔法书写而成；M1・1185[84H・F192:W4/2224]中有两个相同的西夏文草书，用行书笔法书写。另外，M1・1223[大院内北墙下 A 正]（图八）、M1・1224[大院内北墙下 A 背]两件习抄上面画满了墨色浓淡不一的墨团和线条，还有几个杂乱无章的"之"字，应该是学生用毛笔在纸上的胡乱涂鸦。写字和抄教材也是一件极为枯燥的事，学生的烦躁和无奈心情跃然纸上。这与唐宋时期敦煌地区的学生偶尔厌学发牢骚而写的诗歌也是同样的情形。④ 李逸友的《黑城出土文书》中 F234：W10 载学生已到和未到名单，呈

① （元）程端礼：《程氏家塾读书分年日程》卷一，四部丛刊续编，子部，上海书店，1984 年，第 12 页。

② （元）朱熹撰，朱杰人、严佐之、刘永翔主编：《朱子全书》第 13 册，上海古籍出版社、安徽教育出版社，2002 年，第 374 页。

③ （元）程端礼撰：《程氏家塾读书分年日程》卷一，四部丛刊续编，子部，上海书店，1984 年，第 7 页。

④ 杨秀清：《浅谈唐、宋时期敦煌地区的学生生活——以学郎诗和学郎题记为中心》，《敦煌研究》1999 年第 4 期，第 144 页。"在吐鲁番出土阿斯塔那 363 号墓文书有唐景龙四年（710）卜天寿写卷抄有五绝一首：'书写今日了，先生莫咸池（嫌迟）。明朝是贾（假）日，早放学生归。'"

现出“生员不来学习诗书”[①]的现象，可见学生们逃学厌学的现象很普遍。到了元代后期，亦集乃路儒学堕废，甚至连教师都出现青黄不接的状况。

三　教师书写

在这批习抄中，有几件书写水平较高，据笔者推测，应出自老师之手。如 M1·1175[F19:W15]（图九）为“朱文公小学”大楷题签，书写工稳，M1·1187[84H·F21:W17/0734]为 “步云”小楷二字亦笔力遒劲，二者楷书并没有明显的风格取向，既不同于魏晋小楷，自然率意，朴拙茂密；也不同于唐楷结构森严，提按有度，更不同于宋人楷书，将楷书行书化。M1·1186[F124:W21]（图十）的“人”、“笔”、“日”有米芾书意，M1·1176[84HF504 正]的右半部分的“大为从”及 M1·1177[84HF504 背]的“果夫年卅三岁” 和字均属于二王一脉的行草书风， M1·1179[84H·F135:W14/1966]中的“般看”二字和 M1·1184[84H·F160:W3/2125]中的“担水”二字有宋人楷书行书化的趋向。此外，还有两张朱笔笔记，也应出自教师之手，不过书写水平却较差。如 M1·1220[84H·Y1 采：W82/2752]（图十一）中的朱笔书“俞斯矣”、“古”字。

图九　习字

图十　习字

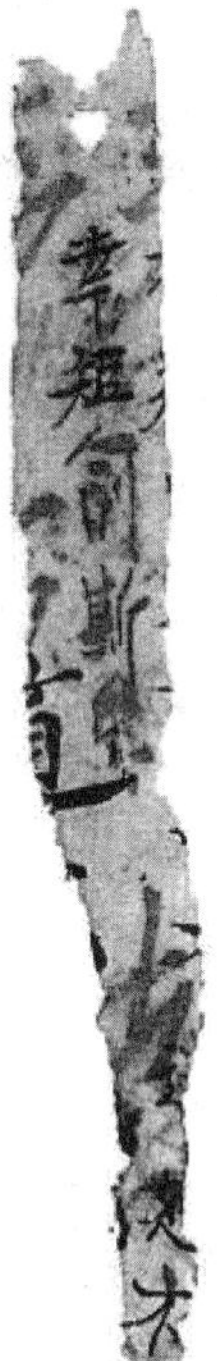
图十一　习字

这些碎片化的残片习抄，很难让我们对亦集乃路的教师整体书写水平作出准确的判断。所幸，除了黑水所出的习抄外，还能从出土的亦集乃路府学文书中见到当时的儒学教授们的手迹。M1·1134[F77:W1]（图十二）为李时敏教授在至正十五年二月（1355）受朝廷任命，代替任满的史允为亦集乃路儒学教授的文书。李时敏此书细劲娟秀，有魏晋小楷之风。M1·1135[F234：W10]（图十三）为亦集乃路教授胡文整的劝学文书，他到任以来，学校堕废，急阙教授，导致很多生员不来学

① 李逸友：《黑城出土文书》，北京科学技术出版社，1991 年，第 195 页。

诗书。此文书的书写水平实在低劣，毫无用笔与结体可言，甚至根本没有接受过书写的训练。身为亦集乃路儒学的管理者，这样的水平令人难以置信。亦集乃路地区边缘，自然条件艰苦，很多教授不愿到此赴任。到了宣光年间(1371)，亦集乃路儒学生存困难重重。M1 •1133[F9: W101]为宣光元年(1371)朝列大夫河西陇北道肃政廉访使亦集乃分司付使哈剌孙要求朝廷撤换教授刑守善的文书档案。

照得亦集乃路学黉已摧毁，教养无法与所任非人，以致学校废弛，今体察得，权教授邢守善并非教养之才，冒膺师儒，至职耽误后进，玷污儒风，拟将本人截日革去。若不作急，选委才德兼备、学问擅长之人俾充教授，有防后进。切见前教授易和敬其人行止端方，操履笃实，如将斯人承权与儒学教授，所掌管一应事务，诚为相应。①

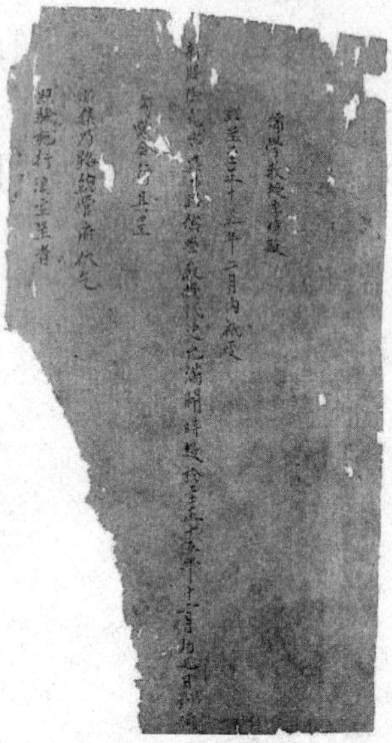

图十二　至正十五年李时敏代史允充任亦集乃路儒学教授

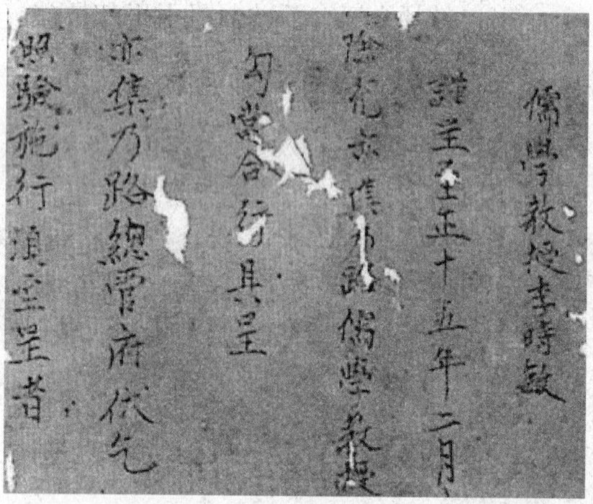

局部

图十三　亦集乃路儒学教授劝学事迹

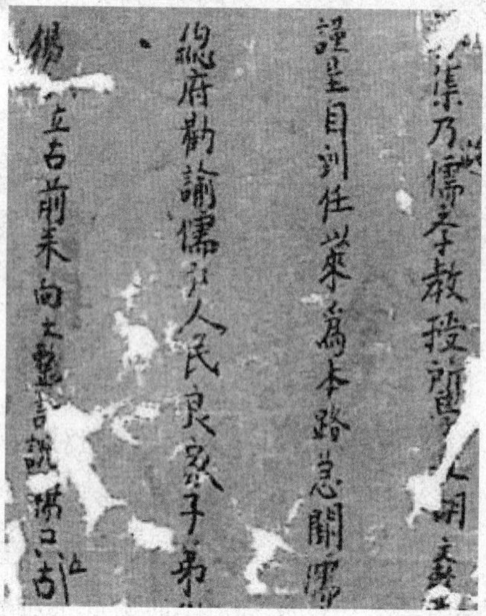

局部

① 李逸友：《黑城出土文书》，北京科学技术出版社，1991 年，第 196 页。

可见在宣光年间亦集乃路儒学已经非常颓废，儒学教授的水平也在逐步下降，甚至出现了青黄不接的情况，长此以往，连正常教学也很难开展。

黑水城这批习抄为我们提供了当地的习字书写生活的视觉例证。古代的蒙学教育中，教师的书写水平究竟是怎样，很多时候我们只能通过想象来完成。但在这批习抄中可以看见，教师的书写水平参差不齐，虽然偶有几张流美的行草书，但大部分的水平都是不尽人意的。这似乎在提醒我们，在理解古人的书写时不要有先入为主的概念，误把精英阶层的书法史当做是全部的书写的历史，这个书写的历史应该是一种更复杂的存在。类似于黑水城习抄的文书，过去学界所关注的也是其文本呈现出来的价值，至于文书形成的书写过程及书写样态，由于书写者本身的水平不高而往往被人忽视。不过如果以书法专业的眼光来审视这批习抄，可以构建出元代边镇童蒙汉字书写的习得过程，习抄呈现出大量的唐代楷书之风，教师的书写也与宋元时代士大夫书法中盛行的审美精神大异其趣。从中可见出的下层人士的书写水平与风格，明显地与上层士大夫的书法文化迥然不同，也为后人理解古代下层士民汉字书写的过程和状态提供了切实的直观实物和丰富的想象空间。

（作者通讯地址：四川大学历史文化学院　成都　610065）

（责任编辑：彭向前）

黑水城文献所见元代地方仓库官选任制度的变化

杜立晖

摘　要：黑水城F114：W3文书证实，元代“仓库官例”经皇帝批准后颁行全国。由黑水城文书及传世文献所见，元成宗大德时期是元代地方仓库官选任制度变化的一个重要时期。该时期，元代诸路仓库官的选任机构出现了从“路总管府”到“行省”的变化，仓库官的身份性质也发生了较大转变，仓库官由此前的“差役”渐变为“职事”。

关键词：黑水城　仓库官例文书　选任变化

《黑城出土文书（汉文文书卷）》第88页载有一件编号为F114：W3文书的录文，《中国藏黑水城汉文文献》第5册第1001页载录了此件文书的图版，并将此件重新编号、拟题为“M1•0776[F114：W3]《选有抵业无过之人充仓库官》。对于此件文书，笔者曾撰文进行过专门讨论，[1]几与笔者发表该文同时，朱建路先生在其硕士论文中也提及了此件文书，其认识与笔者拙文有一定相似之处。[2]此后，潘洁、吴超等先生均在其文中又涉及该文书。[3]但此件文书对于研究元代仓库官选任制度，仍有剩意，因此本文拟对此件再作进一步的探讨。

一　从F114：W3文书看元代的“仓库官例”

为研究方便，现将F114：W3文书释录如下：

1 中书省咨：照得各处钱粮造作责在[4]有司管领，
2 俱有正官提调，每设有亏欠，着[5]落追陪[6]，其仓库
3 官员，在前俱系各路自行选充，近年以来本省

① 杜立晖：《黑水城F114：W3元代选充仓库官文书初探》，《西夏学》第四辑，宁夏人民出版社，2009年，第139—144页。
② 朱建路：《黑水城所出元代粮食相关文书研究》，河北师范大学2009年硕士论文，第26—27页。
③ 潘洁、陈朝辉：《黑水城出土元代亦集乃路选官文书》，《宁夏社会科学》2009年第3期，第102—104页；吴超：《黑水城出土文书所见人事变化初探》，《吉林师范大学学报》（人文社会科学版）2011年第3期，第40页。
④ “在”，据残笔划及文义补。
⑤ “着”，《黑城出土文书》（汉文文书卷）、《黑水城F114：W3元代选充仓库官文书初探》、《黑水城所出元代粮食相关文书研究》，均释作“省”，误。
⑥ “陪”，据残笔划及文义补。

4 铨注[1]，中间恐无抵业，若侵欺钱粮，追究无可折剉，

5 有累官府，除（深）[2]为未便。省府仰照验，今后照依

6 都省咨文内事理，于各处见役司吏，或曾受三品

7 已上衙门文凭、历过钱谷官三界相应人员内[3]

8 从共选[4]用有低（抵）[5]业、无过之人充仓库官。遍谕各

9 路，依例于路府请俸司吏或有相应钱谷官内

10 抵业物力高强、通晓书算者点差，齐年随

11 粮交代，庶革官吏贪贿之弊，亦绝废民积久

12 之患。钦此。

此件首尾完整，共存文字 12 行，文书前后均留有大片空白。关于此件之内容，笔者及朱建路先生都曾发现其与《元典章》吏部卷之三《典章九》“仓库官例”条相似。[6]虽然笔者及朱先生此前指出了两者的相似性，但均未对两者之间的异同进行比较。通过比较，我们会发现一些此前所未关注的问题，故为研究之需，现将《元典章》“仓库官例”的部分内容转引如下：

仓库官例

大德八年七月，江浙行省：

准中书省咨：“〔来咨：〕〔准中书省咨：〕[7]吏部呈：腹里至元二十五年呈准：各路司吏请俸六十月吏目，历两考升都目，一考升提控，两考升正九……已经移咨本省依上施行。咨请照验。”准此。照得各处钱粮造作，责在有司管领，各俱有正官提调，每岁取勘认状，设有亏欠，着落追陪。其仓库官员，在前俱系各路自行选差，近年以来本省铨注，中间恐无抵业，设若侵欺钱粮，追究无可折剉，有累官府，深为未便。省府仰照验，今后照依都省咨文内事理，于各路见役司吏，或曾受三品以上衙门文凭、历过钱谷官三界相应人内，从公选用有抵业、无过之人充仓库官。满日，依例升迁施行。[8]

《元典章》“仓库官例”原文共 671 字，黑水城 F114：W3 文书与“仓库官例”相关文字共计：142 字，如此可知，F114：W3 文书仅保留了前者内容的 1/5 强。F114：W3 文书对“仓库官例”进行的删节主要包括如下一些内容：其一，从“仓库官例”至“江浙行省：准”的起始部分；其二，从“吏部呈”至“准此”，这是此件文书删节最多的部分；其三，“每岁取勘认状，设有亏欠”两句，删其中“岁取勘认状”一语，并将余文合并为一句；其四，删除了末尾“满日，依例升迁施行”两句。F114：W3 文书与“仓库官例”的相同部分，主要是保留了“仓库官例”后部的大部分内容。可以看出，虽然

---

① “注”，《黑城出土文书》（汉文文书卷）、《黑水城 F114：W3 元代选充仓库官文书初探》、《黑水城所出元代粮食相关文书研究》，均释作“省”，误。

② “除”，据《元典章》当为“深”之误。

③ “内”，据残笔划及文义补。

④ “从共选”，《黑水城 F114：W3 元代选充仓库官文书初探》据《元典章》补。

⑤ “低”，据文义当为“抵”之讹。

⑥ 此外，笔者还指出，《元典章》“仓库官例”与《永乐大典》“仓库官”条内容相同。笔者认为，《经世大典》及《元典章》两书可能是摘引了同一件文书。

⑦ 括号里内容为《元典章》点校者增。

⑧ 陈高华等点校：《元典章》吏部卷之三《典章九》，中华书局、天津古籍出版社，2011 年，第 329—331 页。

F114：W3 文书可能是脱胎于《元典章》“仓库官例”，或 F114：W3 文书与《元典章》“仓库官例”源自同一制度规定，但 F114：W3 文书却是这一制度规定的删节版。笔者曾认为 F114：W3 是一件抄件，[①]目前来看，此件文书更应为一件不完整的“仓库官例”抄件。设若 F114：W3 文书仅仅是一件《元典章》“仓库官例”的不完整抄件，那么此件文书的价值必然会大打折扣，其文献价值也仅限于为《元典章》“仓库官例” 提供了一份实证资料而已，但此件文书的价值实则远在“实证资料”之上。这主要因为，此件从第 8、9 行的“遍谕各路”三字至文末“钦此”部分的内容，为《元典章》“仓库官例”所不载，毫无疑问，这一内容当是对“仓库官例”的一项重要补充，这反映出 F114：W3 文书所具有的重要史料价值。通过两者的比较，一方面说明，《元典章》中所引“仓库官例”文书可能也是不完整的，完整版的“仓库官例”文书应包括“仓库官例”＋ F114：W3 文书“遍谕各路”至“钦此”部分，F114：W3 文书起到了补充“仓库官例”的重要作用。当然，我们也不能完全否认，最初《元典章》在引用“仓库官例”文书时，或无 F114：W3 文书中“遍谕各路”至“钦此”的部分，这一部分内容或许是后来对“仓库官例”进行修订时所加，完整版的“仓库官例”的形成，曾经历过一个历史过程，但无论如何，F114：W3 文书对“仓库官例”的补充作用毋庸置疑。另一方面，F114：W3 文书结尾使用了“钦此”二字作为文书的结语，“钦此”为皇帝使用的专用术语，这又进一步说明，“仓库官例”文书最后经过了皇帝批准后向全国诸路颁行，所以，F114：W3 文书对于了解“仓库官例”文书的审批、发放程序亦有重要价值。

二 F114：W3 文书所见元代地方仓库官选任制度的变化

对于元代仓库官选任制度，陈高华先生在研究元代役法时指出：“严格说来，元代的差役，只有六种，即里正、主首、隅正、坊正、仓官和库子。里正、主首、隅正、坊正是一类，可以说是元朝政府基层政权的职事人员。仓官和库子是另一类，为官府保管财物。”[②]陈先生认为，元代的“仓官和库子”属于差役，“差役是一种封建义务，它有两个特点：一是按各户财产情况轮流充当的，有一定期限；二是不能领取薪俸。如果不符合这两条，就不能算做差役”[③]。显然，在陈先生看来，元代的仓官和库子是符合差役的两个条件的。陈先生又指出：“元代地方上的各种仓库的仓官和库子，都由民户差充。此外，官府每遇造作工役，也差民户‘以主其出纳，谓之库子’。因为被选差者往往不通书算，稽纳出入，每多误事，后来有的地方改成委派‘请俸司吏’充当，‘役不及民’。但多数地方仍采取在民户中科派差役的办法。”[④]陈先生注意到有些地方仓官、库子的选任出现了一定的变化，即由原来从民户中差充，变为委派“请俸司吏”充当，但在陈先生看来，这种变化只是局部的，并没有改变仓官、库子在民户中差充的总体格局。以上陈先生所谈及的仓官，无疑就是仓库官。陈先生所作的仓库官是“差役”的判断，以及提出的仓库官选任过程中出现了局部变化，但总体性质并未改变的观点，无疑很有见地，但其观点似乎还有进一步补充探讨的余地。笔者曾以黑水城 F114：W3 文书为中心，着力探讨了文书反映的元代仓库官选任制度中“诸路何种仓库官待选充”、“何人可充仓库官”、

① 杜立晖：《黑水城 F114：W3 元代选充仓库官文书初探》，《西夏学》第四辑，宁夏人民出版社，2009 年，第 142 页。

② 陈高华：《元史研究论稿》，中华书局，1985 年，第 23 页。

③ 陈高华：《元史研究论稿》，中华书局，1985 年，第 24 页。

④ 陈高华：《元史研究论稿》，中华书局，1985 年，第 23—24 页。

“选充仓库官的标准为何要验之以‘物力高强’、‘抵业’之类”等三个问题，[①]但对于元代仓库官选任制度的变化当时未加关注，朱建路先生在其文中则仅对F114：W3文书的性质进行了探讨，并未涉及仓库官选任制度，[②]潘洁先生在其文中对此件文书反映的仓库官选任机构的变化有所涉及，但还有补充的余地。通过对F114：W3文书的再研究，我们可以在前人研究基础上，得出一些关于元代仓库官选任制度变化的新认识。

（一）从“路总管府”到“行省”——仓库官选任机构的变化

关于元代仓库官选任机构的变化，潘洁先生据F114：W3等文书提出，“甘肃行省的仓库官经历了由各路自行选任到行省选任的过程”的观点。[③]虽然F114：W3中并未提及甘肃行省，但潘先生据之而得的推论无疑是准确的。F114：W3文书第2—4行载：“其仓库/官员，在前俱系各路自行选充，近年以来本省/铨注”，这几句话反映出，元代的仓库官（主要是指路一级行政机构的仓库官），其选任机构，经历过从“各路”向“本省”的转变，“各路”当指“各路总管府”没有异议，那么，“本省”是指“中书省”还是“行省”？按元代中书省往往简称“都省”，行省则简称“省”，从这一角度讲，此处之“本省”当指行省，也即行中书省。另，据文书第5、6行所载“省府仰照验，今后照依/都省咨文内事理”等语判断，“省府”之“省”即应指本省。又，从《元典章》“仓库官例”的起首句可知，该句载有文书的形成时间“大德八年七月”，以及发文机关“江浙行省”，故此件实是载录的一份“江浙行省”的文件，文件中既有江浙行省向中书省请示的咨文，也有中书省发给行省的咨文，[④]最后则是江浙行省根据“都省”咨文给出的处理意见。按F114：W3文书，元廷将这份“仓库官例”文件下发全国，通令执行。故F114：W3文书中的“本省”具体是指“江浙行省”，在此份文件中，“江浙行省”仓库官的选任机构，要从“各路”向“本省”转变，鉴于此份文件又通行全国，就全国范围而言，仓库官的选任机构应是要求从“路总管府”向“行省”转换。这说明，元代的仓库官选任机构经历了一次较大的变化，从此变化的结果可以看出，元代仓库官的选任权出现了由分散于各路逐渐向行省集中的趋势。

F114：W3文书及与之相关的《元典章》“仓库官例”是目前比较少见的关于元代仓库官选任机构及其变化的记载，该类材料对于我们认识元代仓库官选任制度的变化，无疑具有重要的史料价值。

关于元代仓库官选任机构变化的时间点，以往学者并未言及。首先，元代仓库官选任机构的这一变化完成于何时呢？F114：W3文书中仅指出为“近年以来”。那么“近年以来”又为何时？我们根据《元典章》“仓库官例”所载该例的形成时间“大德八年七月”推知，“近年以来”当去“大德八年七月”不远。其次，元代仓库官选任机构的变化又起于何时？笔者认为，当在至元三十一年（1294）左右。如《元典章》“选差仓库人员”条载：

> 至元三十一年，御史台咨：奉中书省札付：
>
> 准江西行省咨该：“先为各处官司差税户充仓库官、攒典、库子人等，放富差贫，本省与行台监察等一同完议得：南方税家，子孙相承，率皆不晓事务，唯以酒色是娱，家事一委干人。归附之后，捉充仓库官，并不谙练钱谷，又不通晓书算，失陷官钱，追陪之后，破家荡产。亏官损

① 杜立晖：《黑水城F114：W3元代选充仓库官文书初探》，《西夏学》第四辑，宁夏人民出版社，2009年，第143—144页。

② 朱建路：《黑水城所出元代粮食相关文书研究》，河北师范大学2009年硕士论文，第26—27页。

③ 潘洁、陈朝辉：《黑水城出土元代亦集乃路选官文书》，《宁夏社会科学》2009年第3期，第104页。

④ 详情参见《元典章》“校勘记”，中华书局、天津古籍出版社，2011年，第331页。

民，深为未便。如蒙照依本省移准中书省咨文事理，今后各路仓库官、大使、副使，拟于见役府州司县〔司〕吏、典史内，验物力高者指名点取。如有不敷，本省立格差取。仓官已后告闲司吏、典史内有物力之家，仰一体选差，似革官吏贪饕之弊，亦绝百姓破家之患。今将吏部议拟到仓库官出身定例开坐前去，请定夺回示。”除已依准江西行省所拟另行外，仰行移合属，严加体察施行。[①]

从这份至元三十一年（1294）御史台咨文所转引的中书省札付来看，至元三十一年（1294）之前，江西行省选差仓库官是由“各处官司差税户”充当的，这里的“各处官司”当然是指江西行省所辖的各处官府，而作为行省下属机构的诸路总管府必然包括在“各处官司”之内。此条材料还显示，鉴于从民户中选差仓库官易出现“失陷官钱”、“亏官损民”等现象，中书省发出咨文，要求改变各路仓库官的选任对象，即“拟于见役府州司县〔司〕吏、典史内，验物力高者指名点取”，为此，吏部出台了“仓库官出身定例”。此“仓库官出身定例”的出台，表明吏部开始介入此前归行省“各处官司”管理的仓库官选任事宜，也即是说，元代诸路仓库官的选任机构，从至元三十一年（1294）开始，出现了由路总管府向行省转变的趋势。而此转变的最终完成，当在大德八年（1304）之前。

另外，元代诸路仓库官选任机构的变化，似乎主要涉及到路总管府的府仓、府库，除府仓、府库以外的路总府下属仓库的仓库官选任，可能依然由路总管府甚至该仓的主管部门来掌握，如黑水城文献中有一件编号与拟题为 M1·0757［F13:W131］《吴政宗充本屯仓官状》载：

1 皇帝圣旨里，管领新附屯
2 　田军百户所，今拟吴
3 　政宗充本屯仓官
4 　勾当。所有付身，须议
5 　出给者。
6 右付吴政宗，准此。

7 付身
8 至治叁年柒月（印章）日　（签押）[②]（签押）

此件作为至治三年（1323）新附屯百户所下达给吴政宗令其充本屯仓官的付身，[③]即任命吴政宗为本屯仓官的文书，显然本屯仓官的任命机构并非为行省，而是该仓的主管机构新附屯百户所。此件文书反映出，大德八年（1304）之后元代路总管府的仓库官选任机构由路级官府向行省转变，但除府仓、府库之外的仓官选任之权，可能依然保留在基层。

（二）从“差役化”到“职事化”——仓库官身份性质的转变

关于元代仓库官的身份性质，上述陈高华先生有元一代仓库官“差役”性质总体未变的观点，似可作进一步的讨论。元代地方政府中的仓库官作为“差役”，是有一定的时间限制的。通过上文所引

① 陈高华等点校：《元典章》吏部卷之三《典章九》，中华书局、天津古籍出版社，2011 年，第 324—325 页。
② 塔拉等：《中国藏黑水城汉文文献》，国家图书馆出版社，2008 年，第 984 页；李逸友：《黑城出土文书》（汉文文书卷），科学出版社，1991 年，第 89 页，后者编号为“Y1：W131”。
③ 参见拙文《黑水城文献所见元代付身考》（待刊）。

资料可以看出，从至元三十一年（1294）开始，元代诸路总管府的仓库官选任机构出现了从地方向行省转变的趋势，而仓库官的选任对象，在此之前是从民户中选差，这对于这些民户而言，他们充任仓库官，无疑是在承担政府的“差役”。但至元三十一年（1294）之后，情况出现了变化，仓库官的选任对象逐渐由民户向地方政府的司吏等转变，如F114：W3文书显示，中书省要求“遍谕各路”，仓库官依例于“路府请俸司吏或有相应钱谷官内”选取，这反映出，仓库官选任对象由民户向各路司吏等转变，是中书省要求所有路分都需执行的政策，而非陈高华先生所云仅在“有的地方”施行。按，此件文书的成文时间应与《元典章》“仓库官例”相同，也即是在大德八年（1304），换言之，从该年开始元代各路仓库官的选任对象发生了较大的转变。选任对象的转变，也意味着仓库官的身份性质会发生变化，仓库官因之逐渐摆脱了“差役”之性，并成为诸路司吏等在升迁过程中不可或缺的一环经历。如《元史》卷八四《选举志四》载：

> 大德十年，省准：“诸路吏六十月，须历五万石之上仓官一界，升吏目，一考升都目，一考升中州案牍或钱谷官，通理九十月入流。五万石之下仓官一界，升吏目，两考都目，一考依上升转。补不尽路吏，九十月升吏目，两考升都目，依上流转，如非州县司吏转补者，役过月日，别无定夺。”[①]

在大德十年（1306），元廷规定，诸路司吏须历一界仓库官，才能升吏目，然后再升都目。但在至元二十五（1288）年时，这一规定是不存在的，如《元史》卷八三《选举志三》载：“至元二十五年呈准，各路司吏六十月吏目，两考升都目，一考升提控案牍，两考正九。”[②]至元二十五年（1288），元廷规定各路司吏任满六十月即可升吏目，然后升任都目。这说明，从成宗大德时期开始，充任仓库官已成为了各路司吏迁转的必由之路，元代各路司吏升迁路径的变化，使得原本“差役化”的仓库官，逐渐具有了“职事化”的性质。

许凡先生在总结有元一代各路司吏出职情况时列表指出：[③]

<table>
<tr><td>世祖时期</td><td rowspan="3">路
司
吏</td><td>—————→都、吏目</td></tr>
<tr><td>成宗时期
武宗时期</td><td>——（钱谷官）→都、吏目</td></tr>
<tr><td>仁宗时期及以后</td><td>——（钱谷官）→典史</td></tr>
</table>

由此表可以看出，从成宗时期开始（即大德年间）迄至元末，钱谷官成为了各路司吏迁转的必由之路。许凡先生认为“仓库官亦称钱谷官”[④]，因此，此表中的钱谷官主要是指仓库官。这反映出，从大德时期仓库官被纳入到各路司吏迁转之途开始，仓库官的“职事化”趋势已成大势所趋，不可逆袭。

大德之后仓库官的“职事化”不仅表现在仓库官成为了各路司吏迁转的中转站，还表现在：地方政府中的仓库官也开始有了一定的品级，如《元史》卷二一《成宗纪四》载：（大德八年五月）“癸

① （明）宋濂等：《元史》卷八四《选举志四》，中华书局，1976年，第2111页。
② （明）宋濂等：《元史》卷八三《选举志三》，中华书局，1976年，第2070页。
③ 许凡：《元代吏制研究》，劳动人事出版社，1987年，第26页。
④ 许凡：《元代吏制研究》，劳动人事出版社，1987年，第23页。

酉，定馆陶等十七仓官品级：诸粮十万石以上者从七品，五万以上者正八品，不及五万者从八品。”[①]从大德八年（1304）之后，一些地方政府中的仓库官也根据储粮的多少确定了相应的品级，仓库官品级的确定，标志着其早先的“差役化”色彩已经完全褪去，代之而起的则是具有“职事化”的新角色。

总之，元成宗大德时期是元代地方仓库官选任制度变化的一个重要时期，通过黑水城文献及相关传世文献可见，在这一时期，元代诸路仓库官的选任机构发生了变化，由此前的各路总管府主管变为行省负责。此外，在这一时期，仓库官的身份性质也发生了较大转变，仓库官由此前的“差役”渐变为“职事”。从以上两点不难发现，在大德时期，元代仓库官的选任制度发生了很大变化。之所以会发生一系列的变化，其原因可能在于以下两个方面：其一，由于长期以来，元代地方政府的仓库官在元代属于杂职官，“不得转入流官要职。名声低微，前途受限”[②]。因此，官吏多不愿就任。其二，则是因为任用非人，管理不善，长期令民户差充，导致仓库损失严重，并进而威胁到了元代地方政府钱粮物的安全问题。鉴于以上弊病，元成宗对于仓库官选任制度进行了改革，而这一改革对于维持元政府在基层的统治，无疑是具有积极意义的。

（作者通讯地址：山东省滨州学院黄河三角洲文化研究所　滨州　256603）

（责任编辑：彭向前）

① （明）宋濂等：《元史》卷二一《成宗纪四》，中华书局，1976年，第459页。
② 许凡：《元代吏制研究》，劳动人事出版社，1987年，第23页。

黑城出土的举荐信与北元初期三位宗王的去向

樊永学　邓文韬

摘　要：结合黑水城出土的M1·1111[F9:W30B]举荐信和一些传世文献，我们能够得知元明易代之际三位北元宗王的去向。《明实录》中对岐王朵儿只巴的记载有矛盾之处，既载其于洪武二年（1369）已然归附，又载其于洪武五年（1372）之后仍然在和明军对抗。本件举荐信表明，直到宣光元年（1371），岐王仍在为北元王朝保举人才，说明他并没有降明。高昌王和赏在明军叩关之际，于甘肃永昌投降明朝，而他的怯薛普伯忽歹此时正在亦集乃路充任司狱，故未能随行，留在北元效力。《元史》记载义王和尚在大都陷落后不知所踪，本件举荐信反映他在宣光初年仍统辖北元的分中书省，并未被俘或更名改姓，落籍为民。

关键词：北元　岐王 高昌王 义王 明实录

元至正二十八年，明洪武元年（1368）明军总帅徐达攻克大都，元惠宗逃亡上都，元朝结束在中原的统治，中国历史进入了北元和明朝对峙时期。但在宣光二年（1372）六月之前，地处西北边陲的亦集乃路仍然为北元王朝所统治。20世纪对黑水城遗址进行了发掘的俄国人科兹洛夫、匈牙利裔英国人斯坦因以及内蒙古文物考古研究所都曾在城内发现过北元时期的文献。这批北元文献中有一封年款为宣光元年（1371）的举荐信，李逸友先生在《黑城出土文书（汉文文书卷）》对其进行了录文工作，但并未进行深入探讨；[①]潘洁、陈朝晖《黑水城出土元代亦集乃路选官文书》认为这件举荐信反映了北元时期官员任免制度的变化，受推荐任官成为政府允许的正规途径，已经发展成为一种选官的方式，举善荐良成为急务；[②]吴超《黑水城出土文书所见人事变化初探》认为这是一件私人书信，书写者应该是一位既熟知被举荐人又同文书内所提到的“大人”关系密切的人物；[③]胡鹏飞《元代书信研究》对此举荐信作了考释，他认为这件文书映证了元代怯薛出仕的主要途径是由长官推荐，文书也反映了亦集乃分省的存在以及四部的建制；此外，这封书信还具有一定的文学价值。[④]总的来说，前贤对举荐信所反映的选官制度和北元初年行政区划的研究成果是非常准确的。但其成果的不足之处则在于使用《黑城出土文书（汉文文书卷）》的录文，有一些关键的缺录和错录，对举荐信中涉及人物的考察也稍欠细致，本文拟重新对这件举荐信进行校录，并就前贤研究的缺憾之处做一些探索。如有错误，还请方家不吝赐教。

① 李逸友：《黑城出土文书》（汉文文书卷），科学出版社，1991年，第191页。
② 潘洁、陈朝晖：《黑水城出土元代亦集乃路选官文书》，《宁夏社会科学》2009年第3期，第103—104页。
③ 吴超：《黑水城出土文书所见人事变化初探》，《吉林师范大学学报》（人文社会科学版）2001年第3期，第39页。
④ 胡鹏飞：《元代书信研究》，宁夏大学2011年硕士学位论文，第28—32页。

出版编号为M1·1111[F9:W30B]的北元宣光元年举荐信，出土于额济纳旗黑水城遗址，藏于内蒙古文物考古研究所，图版可见于《中国藏黑水城文献》第六卷，第1357页。该文书为北元写本，夹麻纸，行草书，高13.3厘米，宽25.3厘米，共15行文字。第二行与第三行间、第四行与第五行间、第五行与第六行间有倒写的朱色“百家”两字。第二行与第三行、第四行与第五行间亦有墨色勾画。以下为录文，与前人不同之处在脚注中予以说明。

1. 一员普伯忽歹，[①]年卅四岁，畏兀
2. 氏，高昌王位下怯薛丹身世
3. 除前历仕外，始由至正廿九年七
4. 月内蒙[②]大尉丞相买住夆，
5. 充亦集乃路司狱，移咨
6. 中书省□定□[③]至当年十一月
7. □四日[④]到任勾当，历过十四月。至宣
8. 光元年正[⑤]月内，又蒙
9. 岐[⑥]王大尉丞相朵只巴夆充
10. 知事，先行照会，[⑦]到任勾当。仰望
11. 大人主盟提携，于……
12. 系[⑧]义[⑨]王下分中书省断事……
13. 知事或四部相……
14. 至死不敢忘也□……
15. ……

文书的主角、被举荐人是“高昌王位下怯薛丹”普伯忽歹，他先后在至正二十九年和宣光元年受太尉丞相买住和岐王多只巴举荐，出任亦集乃路司狱、知事等官职，这次又受某位“大人”举荐，有望任职于义王下分中书省断事官，希望收信人能够加以提携。

或许是因为他仅仅只担任过知事或司狱这种品级较低的官员，被举荐人普伯忽歹在传世史籍和其他出土文献中没有留下记载。然而，文书中出现的其他人物，如买住、高昌王、岐王、义王等人，却几乎都有着显赫的身世和较高的社会地位。不过，在徐达率领明军攻克大都、朱元璋急于昭示明王朝正统地位的大背景下，短时间内仓促修成的《元史》对至正末年事迹和相关人物的记载并不详尽；再者，出于一些政治目的，对北元政权的某些重要人物，明朝史官在修撰《太祖实录》时没能做到真实客观的记载，反而在行文中互有抵牾。这样一来，某些在元末政坛上呼风唤雨的风云人物在北元初年

① “歹”，《黑城出土文书》（汉文文书卷）第194页脱。
② “据”，《黑城出土文书》（汉文文书卷）第194页录为“蒙”。
③ “中书省□定□”，《黑城出土文书》（汉文文书卷）第194页录为“中书省定夺定于先会照”，图版正文中的“先会照”及右侧行间补入的“夺”等字为墨迹涂去，又在左侧行间补入“□定于”等字，按此录入。
④ “□四日”三字系在左侧行间补入，《黑城出土文书》（汉文文书卷）第194页脱。
⑤ “正”，《黑城出土文书》（汉文文书卷）第194页录为“六”。
⑥ “岐”，《黑城出土文书》（汉文文书卷）第194页录为“政”。
⑦ “先行照会”，四字系右侧行间补入，《黑城出土文书》（汉文文书卷）194页将“照会”误为“具呈”
⑧ “系”，《黑城出土文书》（汉文文书卷）第194页未释。
⑨ “义”，《黑城出土文书》（汉文文书卷）第194页未释。

的行踪就成了未解之谜。有了黑水城出土的M1·1111[F9:W30B]举荐信，再结合一些传世文献中的蛛丝马迹，我们可以大致勾勒元明易代之际岐王朵儿只班、高昌王和赏以及义王和尚的大致行踪，弥补传世文献记载矛盾或不详的缺憾。以下分别予以考证。

（一） 岐王

岐王是元代湟水流域的弘吉剌驸马家族的王爵。《元史·诸王表》录有两位岐王，法国汉学家韩百诗的《〈元史·诸王表〉笺证》①、张岱玉的《〈元史·诸王表〉补证及部分诸王研究》（为便于叙述，以下简称张文）②和胡小鹏的《元代西北历史与民族文献研究》③共考出蒙元时期的四位岐王，分别为脱脱木儿、索南管布、阿剌乞巴和朵儿只班，从姓名来看，其中最后一位应该就是本件文书中的岐王"朵只巴"。

据《元史》记载，前任岐王阿剌乞巴于至正九年受诏命"出镇西番"④，并曾在至正十二年秋"以杀获西蕃首贼功，赐岐王阿剌乞巴钞一千锭"⑤。至正二十五年，皇太子爱猷识理达腊"命甘肃行省平章政事朵儿只班以岐王阿剌乞儿军马会平章政事臧卜、李思齐，各以兵守宁夏"⑥，以防止博罗帖木儿西进。对此，张文认为"岐王阿剌乞儿也卷入了元末的宫廷之争"，"岐王阿剌乞巴死于至正末年"⑦。

笔者对此结论稍有疑议，因为倘若阿剌乞剌在当时尚在世，那为何不亲自带兵，何劳他人率领本属于自己的军马出征？与此相关的另一个问题就是，接替阿剌乞剌统帅岐王兵马的"甘肃行省平章政事朵儿只班"是否为下一任岐王，也就是信中的"太尉丞相朵只巴"？《明实录》中的一段记载或能说明问题：

> 朵儿只失结，西宁人，仕元为甘肃行省右丞。初，王师下关陕，与太尉朵儿只班在青海，朵儿只班遣其来朝进马。上赐以袭衣、文绮，令还招谕其部曲。朵儿只班不奉诏，遁甘肃。朵儿只失结自率所部二千余人还西宁，遣弟贲答等赴京言朵儿只班不奉诏之故。⑧

虽然《实录》称朵儿只班为太尉，但元代的"太尉"，更多是一种荣誉头衔，应该不是朵儿只班的实职。据《元史·百官志》，元代行省官员之级别为："每省丞相一员，从一品；平章二员，从一品；右丞一员，左丞一员，正二品；参知政事二员，从二品，甘肃、岭北二省各减一员"⑨，既然朵儿只失结受朵儿只班差遣，入朝进马，那么在当时朵儿只班所任官职则应较时任甘肃行省右丞的朵儿只失结更高，只可能是在担任行省平章政事或丞相，这无疑与《元史》中朵儿只班时任甘肃行省平章的记载是能够对应的。因而笔者认为在至正二十五年，前任岐王阿剌乞巴就已经去世，由朵儿只班嗣位，统辖故岐王的军马。只不过《元史》不称朵儿只班为岐王的具体原因还不详。

《明实录》中，对北元时期岐王的记载颇有矛盾之处。一方面，明朝史臣刻意营造岐王诚心纳款以及朱元璋宽宏大量的形象，如下：

---

① [法国]韩百诗著、张国骥译：《元史·诸王表笺证》，湖南大学出版社，2005年，第96—98页。
② 张岱玉：《〈元史·诸王表〉补证及部分诸王研究》，内蒙古大学博士学位论文2008年，第116—119页。
③ 胡小鹏：《西北民族文献与历史研究》，甘肃人民出版社，2004年，第75—76页。
④ （明）宋濂等：《元史》卷四二《顺帝纪五》，中华书局，1974年，第887页。
⑤ 《元史》卷四二《顺帝纪五》，第901页。
⑥ 《元史》卷四六《顺帝纪九》，第968—969页。
⑦ 《〈元史·诸王表〉补证及部分诸王研究》，第119页。
⑧ 《明太祖实录》卷七八洪武六年正月己未条，影印台湾中研院史语所，1982年，第1430页。
⑨ 《元史》卷九一《百官志七》，第2305页。

故元高昌王和尚、岐王桑哥朵儿只班以其所部来降。[①]

诏礼部考定元降臣高昌王岐王陪祭。[②]

置武靖、岐山、高昌三卫指挥使司……桑加朵儿只为高昌卫指挥同知。上谓侍臣曰:“推诚心以待人，路人可使如骨肉。以嫌猜而御物，骨肉终变为仇雠。朕遇前元亲族如高昌、岐王等，皆授以显职，仍令带刀侍卫，一无所疑。朕待之如此，彼岂肯相负哉！[③]

而另一方面，《实录》中又如实记有不少岐王继续和明军作战的事例：

败元太尉朵儿只巴于忽刺罕口，大获其辎重、牛马……遂进之亦集乃路，元守将卜颜帖木儿全城降。师次别笃山口，元岐王朵儿只班遁去……友德复引兵至瓜、沙州，又败其兵，获金银印马驼牛羊二万而还。[④]

故元右丞朵儿失结会河州卫指挥徐景等领兵至西宁息利思沟闪古儿之地，攻破故元岐王朵儿只班营，朵儿只班遁去。获岐王金印一、司徒银印一，及其士马而还。[⑤]

洮州三副使阿都儿等以出猎聚众，约故元岐王朵儿只班寇边。朵儿只班等遂率众驻大通山黑子城，入寇河、兰二州。[⑥]

先投降后作战，令笔者不得不怀疑《实录》中关于岐王率部归附或者陪祀庙堂等记载是否为明朝史官一厢情愿的念想？

亦集乃路出土的这件举荐文书证明了这些猜测，既然受荐人于“至宣光元年（1371）正月内，又蒙岐王大尉丞相朵只巴举充知事”，那么就证明岐王朵儿只班并没有在1370年归降明朝，他仍然忠于已经即位为元昭宗的爱猷识理达腊，并继续为北元王朝推荐人才。张文认为“洪武三年（1370）只是岐王派了部下去明军军营探听虚实；明朝所谓定岐王陪祭礼仪及设岐山卫，都是利诱岐王来归”[⑦]，应该是准确的。

（二）高昌王

高昌王为元代驸马封王号，为高昌回鹘亦都护家族世代承袭。1209 年，畏兀儿首领巴而术阿而忒的斤斩杀西辽派驻的少监，随后亲赴克鲁伦河畔朝觐成吉思汗，率全国上下归附，并也立安敦公主，被成吉思汗称为五子，仍世袭统领畏兀儿。武宗时，其后裔纽林的斤“嗣为亦都护，赐之金印，复署其部押西护司之官。仁宗始稽故实，封为高昌王，别以金印赐之，设王傅之官，其王印行诸内郡，亦都护印行诸畏兀儿之境”[⑧]，亦都护家族始世代承袭高昌王号。元末封高昌王者，先后为帖睦儿普化、篯吉、太平奴、月鲁帖木儿、桑哥、不答失里及和赏等八人。[⑨]从在位时间来看，文书中的“高昌王”应该是首位高昌王纽林的斤的曾孙和赏。

---

① 《明太祖实录》卷五五洪武三年八月丙寅条，第1077页。
② 《明太祖实录》卷五八，洪武三年十一月丁酉条，第1138页。
③ 《明太祖实录》卷六〇，洪武四年正月庚寅条，第1172页。
④ 《明太祖实录》卷七四，洪武五年六月戊寅条，第1358—1359页。
⑤ 《明太祖实录》卷七六，洪武五年十一月壬申条，第1406—1407页。
⑥ 《明太祖实录》卷八三，洪武六年七月乙巳条，第1496页。
⑦ 《〈元史·诸王表〉补证及部分诸王研究》，第119页。
⑧ 《元史》卷一二二《巴而术阿而忒的斤传》，第3002页。
⑨ 《〈元史·诸王表〉补证及部分诸王研究》，第230—236页。

M1·1111[F9:W30B]文书中，被举荐人普伯忽歹的身份是高昌王的“怯薛丹”。怯薛丹，又称怯薛歹、怯薛台、怯薛带，蒙古语 kešiktei 之对音，《蒙古秘史》作客失克田，旁译“护卫”、“宿卫的”、“扈卫”。“一般以为蒙古语 kešik 当源于突厥语之 kezek、kezik，乃由突厥语族中畏兀儿语假借而来”[①]；“怯薛者，犹言番直宿卫也”。“若夫宿卫之士，则谓之怯薛歹，亦以三日分番入卫。其初名数甚简，后累增为万四千人。揆之古制，犹天子之禁军。是故无事则各执其事，以备宿卫禁庭；有事则为天子之所指使。比之枢密各卫诸军，于是为尤亲信者也。”[②]蒙元时期的天子、诸王位下皆有“怯薛丹”，如断事官一职，“皆御位下及中宫、东宫、诸王各投下怯薛丹等人为之”[③]。佩金印驼纽的高昌王和赏也不例外地拥有着属于自己的怯薛卫队。

据宋濂撰和赏坟记介绍：“洪武三年，大兵下兰州，公赍印绶自永昌率府属诣辕门内附。”[④]既然洪武三年（1370）高昌王和赏就已然归降，那么为何直到宣光元年（1371）身为高昌王的怯薛却仍然留在北元王朝效力呢？要解决这个问题就需要追溯高昌王的居地变化。自唐末以来，高昌回鹘汗国的统治者亦都护家族长期居住于火州（位于今新疆吐鲁番盆地），巴而术阿而忒的斤归附成吉思汗后，未变更居地，仍统辖畏兀儿全境。自以海都为首的西北诸王发动叛乱，亦都护家族控制下的新疆东部地区成为蒙元王朝抵抗叛王侵扰的前线。至元十二年（1275），察合台系宗王笃哇攻克火州，亦都护火赤哈儿的斤战死，嗣任亦都护的纽林的斤“诣阙请兵北征，以报父雠”，“有旨师出河西，俟北征诸军齐发，遂留永昌”[⑤]，不料这一留就过去了大半个世纪。时至和赏袭封，仍镇永昌，其诣门请降的地点亦是在此。此时，身为怯薛的普伯忽歹尚在亦集乃路充任司狱，并不在高昌王身边担任宿卫，故而未能随其附明，仍然留在北元亦集乃分省任职。

与岐王仅仅只是入朝贡马、随后远遁、继续抵抗明王朝不同，高昌王和赏在冯胜兵临城下之际奉印出降，此后便兢兢业业地效忠明王朝，“公乃开设官署，招集降卒数百人。会宋国公冯公胜奉勅征甘肃，命公移镇西凉，转输馈饷无乏，朝廷嘉之”[⑥]。而明太祖为了招徕北元文武官僚前来归附，也摆出了一副宽宏大量的姿态，“诏授怀远将军高昌卫同知指挥使司事，世袭其职”[⑦]。

和赏卒于洪武七年九月二十八日，葬于南京聚宝门外五里吕氏花园。其后世之传袭，“子伟字怀英袭职，后调宣府前卫，卒。子永传”，永之子名为宁，任宣府前卫指挥使。[⑧]

在明太祖“胡服、胡语、胡姓，一切禁止”[⑨]等强制同化政策下，迁入中原的亦都护家族也采用了汉姓，如和赏之姊，前任高昌王亦都护不答试里之女妙光，时人为之作传时乘“节妇高氏，讳妙光，畏吾而氏”[⑩]，即取故元王号之第一字为姓；伟、永、宁等汉名，以及“怀英”这样的字号，也表明高昌王家族不再使用传统的畏兀儿名或是蒙古名。其生活习俗也更进一步汉化，如高妙光“年二十有五，孀居无子，守节自誓，来依舅家。族姻欲夺其志，正色厉辞谢绝之”，和赏早卒，留下腹遗子高

---

① 方龄贵校注：《通制条格校注》，中华书局，2001年，第104页

②《元史》卷九九《兵志二》，第2524—2525页。

③《元史》卷八五《百官志一》，第2124页。

④（明）宋濂：《宋学士文集》卷二八《故怀远将军高昌卫同知指挥使司事和赏公坟记》，万有文库本，商务印书馆，1937年，第521页。

⑤《元史》卷一二二《巴而术阿而忒的斤传》，第3001页。

⑥《宋学士文集》卷二八《故怀远将军高昌卫同知指挥使司事和赏公坟记》，第521页。

⑦《宋学士文集》卷二八《故怀远将军高昌卫同知指挥使司事和赏公坟记》，第521页。

⑧（明）叶盛撰、魏忠平点校：《水东日记》卷二七《高昌王世勋碑》，元明史料笔记丛书本，中华书局，1980年，第264—265页。

⑨《明太祖实录》卷三〇，洪武元年二月壬子条，第525页。

⑩（明）晏壁：《节孝传》，见《（民国）龙关县志》卷一八《艺文志下》，中国地方志集成本，上海书店，2006年，第11页。

伟，“高氏姑鞠育至于成人，教之读书，习礼容”[①]，说明高昌亦都护家族之女眷尚能做到守节和知书达礼。高伟成年后，“得元奎章阁学士虞文靖公所撰高昌王世勲碑为据”，修成家谱；其孙高宁“读书好礼，循循雅饬，用能保藏是谱，重加修定，敦本厚伦仁也，尊祖敬宗孝也”[②]，与当时的汉族士大夫已没有太大的区别。

（三）义王

《元史·诸王表》不载，《〈元史·诸王表〉笺证》考得其姓名为和尚（与末代高昌王同名异人），并注“义”称“不可能为实际封地，但是一个荣誉封地。不过在满洲大宁路有其地”[③]。据《元史·宽彻普化》附传，和尚为元世祖忽必烈曾孙，祖父系镇南王脱欢，父宽彻普化封威顺王。和尚曾为元顺帝近侍，忿权臣孛罗帖木儿跋扈欺君，受密诏刺杀之。经此事后获得元顺帝信任，被封为义王。“二十八年，顺帝将北奔，诏淮王帖木儿不花监国，而以和尚佐之。及京城将破，即先遁，不知所之。”[④]

目前学界对于和尚在逃出大都之后的行动主要有两种猜测。第一种为被俘：

> 据高岱的《鸿猷录》记载，洪武元年八月，明军攻入大都，擒杀元淮王帖木儿不花、丞相庆童、平章迭儿必迭、朴赛因不花等人，“又获镇南威顺诸王子六人”，威顺王之子不知是不是和尚。[⑤]

由于史籍并未记载被俘的威顺王子的姓名，所以我们尚不能判断这种推测正确与否。另一种猜测是义王更名改姓，落籍为民。持这种观点的主要是20世纪90年代先后发表的一系列有关山东鄄城蒙古苏氏家族先世研究的论文，[⑥]这些论文均称，目前生活在山东省鄄城县梁屯乡苏老家村苏姓居民的始祖为元末义王和尚。现将其中注明了引用文献出处的一则论证转引如下：

> 当京城被破之时，和尚“即先遁，不知所之”。八月二日，明军攻入京城，淮王帖木儿不花与中书左丞相庆童出齐化门皆战死，国亡。在这紧急关头，和尚遁走不知所向，这不完全是他个人所为，留都监国的淮王帖木儿不花系义王和尚的叔父，当时淮王看到顺帝北奔，将帅反戈、子侄全都战死，唯和尚在自己身边辅佐，眼下明军攻势猛烈，朝廷危在旦夕，与其一起坐以待毙，不如令其侄子远走逃生，或许可以留下一支根苗。所以，淮王即命和尚去僻静之处，拥兵自卫，维持生计。和尚“先遁”在当时是个秘密行动，所以《元史》不可能详记，只记下了“京城将破，即先遁，不知所之”几个字。那么，和尚究竟遁到哪里，史无下文。但是，在清乾隆二十一年（1756）所撰《曹州府志》第二十二卷，载有这样的一段话：“濮州苏氏，其先本元蒙古之后，至兵部侍郎。”古濮州，即今鄄城县。由此可见鄄城蒙古苏氏是元朝蒙古之裔，其祖为元廷官宦，级至四品。这是无可置疑的。那么，蒙古孛尔只斤氏的义王和尚，怎么会与苏氏之

---

① 同上注《节孝传》。

② （明）倪谦：《倪文僖集》卷二一《高昌家乘后序》，文渊阁四库全书本，商务印书馆，1986年。

③《元史·诸王表笺证》，第137页。

④《元史》卷一一七《宽彻普化传》，第2912页。

⑤《〈元史·诸王表〉补证及部分诸王研究》，第140页。

⑥ 苏德彪：《山东鄄城县的元代蒙古人后裔》，中国蒙古史学会编《蒙古史研究》（第四集），内蒙古大学出版社，1993年，第25页；苏德彪：《元朝义王苏氏始祖苏克明生平事略》，周方林主编《鄄城文史资料》第12辑，2005年，第207—211页；苏德彪：《元世祖后裔、镇南王子孙——山东鄄城元代蒙古人后裔苏氏历史研究》，《黑龙江民族丛刊》1994年第4期，第79—80页；鲁夫：《明朝辖下蒙古苏氏在鄄城的发展》，《内蒙古社会科学》（文史哲版）1994年第6期，第95—97页；波•少布：《鄄城蒙古苏氏考》，《黑龙江民族丛刊》1996年第1期，第56—63页。

祖苏克明同为一人呢？这个问题在《郓城县志》中作了回答："五界首乡苏楼苏氏，原系蒙古，元末明初，其祖四处奔逃，被明军围堵在药材地里，追其姓名，遂指苏子（一种药材），明军信其言，放行，自此姓苏。"志中所载五界者乡苏楼苏氏，是鄄城蒙古苏氏的长门长支。在《明朝辖下蒙古苏氏在鄄城的发展》以及《元世祖后裔、镇南王子孙》等文章中也都反映了这一史实。文章说：义王和尚来到濮州后，收集人马，拥兵自保，听到京都失陷，淮王殉难，和尚晕厥倒地，良久方苏。自此，改称苏姓，起汉名克明，意为死而复苏，克明复国。

……

正如《苏氏族谱》中所称高祖府君讳克明，生于元季，上世莫可考者，洪武初占籍于睽，人传闻晓雄勇健，时当草昧，带乘骏持架以自随卒免于乱，娶郑继赵，生六子，兵戈之后芦苇满目，乃极力垦田，初不下千余亩。子孙至今衣食饶裕皆遗业。①

在这段论证中，原作者关于义王和尚更名改姓为"苏克明"的最主要史料依据是《(乾隆）曹州府志》和《郓城县志》中的记载。然细观其所引文献，仅仅只能说明苏氏本源出蒙古，为明兵所迫，不得已改姓苏氏。可是元末因战乱而流亡的蒙古人，又何尝只义王和尚一人？即便是在《苏氏族谱》中也并没有确凿的证据说明苏克明在改名之前就是义王和尚，而不是其他蒙古人。因此，即便采取这段传说而撰写的论文已在不少学术期刊上公开发表，但笔者仍对义王和尚改名苏克明一事持质疑态度。

黑水城出土的 M1•1111[F9:W30B]举荐信则为我们揭示了义王和尚真正的去向，信中文字写到：普伯忽歹"至宣光元年正月内，又蒙岐王大尉丞相朵只巴夆充知事，先行照会，到任勾当。仰望大人主盟提携，于……系义王下分中书省断事……知事或四部相……"。断事官为元代中书省下设官司，秩三品，掌刑政之属，下辖知事和经历各一员作为首领官。②信内文字说明分中书省之下也设断事官，结合本件文书的出土地点，笔者推测普伯忽歹应该是受岐王朵儿只班举荐出任亦集乃分省断事官知事。"义王下"三字，则说明直到宣光元年正月，义王和尚仍在北元王朝效力，而且依然受到北元昭宗信任，辖制亦集乃分省，并未被明军俘虏或流落民间，更名改姓。

在明代的传世文献和民间传说中，我们分别看到了顺应时势而投降的高昌王和岐王，以及隐姓埋名、安居乐业的义王。似乎明政权对北元诸王有着非同寻常的吸引力，他们愿意放下蒙汉之别或是故旧君臣之义，重新成为朱家王朝的臣子乃至其统治下的普通百姓。然而，黑水城出土文献则告诉我们事实并非如此，除高昌王的确是奉印归降，岐王、义王的归附和落籍为民都不属实，他们仍然留在北元朝廷效力，继续和明王朝对抗。从文本发生的角度来看，无论是官修史书的记载还是义王民间传说的流传，都是为了塑造明王朝的新形象：一来是其受到北元众臣的钦慕，以至其宗王重臣纷纷纳款投诚；二来是其对昔日的敌人既往不咎、宽宏大量。这种形象的塑造，有利于去争取那些继续效忠北元诸王、将官或者是居住在江南和中原的元遗民，也同时有助于进一步安抚那些已然投降的故元文武臣僚。

（作者通讯地址：宁夏大学西夏学研究院　银川　750021）

（责任编辑：潘洁）

① 波•少布：《鄄城蒙古苏氏考》，《黑龙江民族丛刊》1996年第1期，第57—58页。
②《元史》卷八五《百官志一》，第2124页。

黑水城出土元代M1·1284[F21：W25]历日残页考

侯子罡　彭向前

摘　要： 编号为M1·1284[F21: W25]的历日文书由4件残片组成，当年《黑城出土文书（汉文文书卷)》仅公布了最大的一片残屑，即文书中的残片二，系元顺帝至正十年(1350年)五月历书残片。本文根据月朔日、建除十二客、二十八宿注历和二十四节气等历法知识，考定残片四与残片二同为元顺帝至正十年（1350年)五月历书，系残片二的后续部分，并对《中国藏黑水城汉文文献》所刊布的这4件残片作了重新拼合。

关键词： 元代　历法　黑水城

本文打算介绍的是 1983—1984 年内蒙古文物考古研究所对黑水城进行系统清理发掘时发现的一大批元代文献之一，原始编号为 F21：W25，初次收录在《黑城出土文书（汉文文书卷)》中，归入《杂类·历学》。叙录称：竹纸印本，字体楷书，较 F21：W24、F19：W18、F21：W22 三种历书，开本、字体均小，最小字径 2 毫米，属于袖珍本，残存碎屑 4 张，其中最大 64×62 毫米，见图版伍拾（1)。[①]后《中国藏黑水城汉文文献》将其收入第八册《历学》，出版编号 M1·1284，拟题《历书残页》，并记尺寸为 15.6cm×21.1cm。[②]

该件文书共 4 件残片，其中残片一、二为一页之右半页，残片三为一页之左半页。《黑城出土文书（汉文文书卷)》当年仅公布了最大的一片残屑，即文书中的残片二，张培瑜、卢央先生推断其为元顺帝至正十年(1350)五月历书残片，[③]对其余三件残片则无缘论及。那么其余三件残片是否与残片二为同一件历日？《中国藏黑水城汉文文献》所刊布的 4 件残片的顺序是否正确？本文利用相关的历法知识，对 4 件残片分别作了考证，并予以重新拼合。

下面是这件文书的图版和经过校订的录文。

① 李逸友：《黑城出土文书》(汉文文书卷)，科学出版社，1991 年，第 212 页。
② 塔拉、杜建录、高国祥主编：《中国藏黑水城汉文文献》第 8 册，国家图书馆出版社，2008 年，第 1606 页。
③ 张培瑜、卢央：《黑城出土残历的年代和有关问题》，《南京大学学报》1994 年第 2 期。

录文：

（一）

1. ……北行，宜出西北行

2. ……在□南……

3. □

4. ……干

5. ……乘船渡水

6. ……□病□□动土……

（二）

1.（五月）大　前月二十四日……

2.（建壬午）　天德在（亥），月厌（在）……

3. 是月也螳蜋生　鵙始鸣……

4. 十五日戊辰酉正二刻……

5.（一日甲寅水）成胃　宜……

6.（二日乙卯）水收（昴……

（二）

1. ……病破屋坏垣

2. ……纳采、问名、安床、修造、动土

3. ……履险

4. ……出行、入学、求医、疗病……

5. ……修置产室、种莳、栽植、牧养……

6. ……栽植、捕捉

7. ……出行、种莳、针刺、乘船渡水

（三）

1. 七日庚申木满鬼

2. 八日辛酉木平柳

3. （九日）壬戌水定星

4. （十日癸亥水）执张　日出寅正二刻　昼六十……

5. 夏至五月中　夜……

6. 日入戌初二刻

注释：

[1] 残片一第四行“干”，是以八卦代替数字表示月九宫。九宫者，即二四为肩，六八为足．左三右七，戴九履一，五居中央。九宫又有以八卦或颜色表示的。

[2] 残片二第一行“五月大”，“五月”二字原缺。据下文“螳蜋生、鵙始鸣”，为五月物候，可知本月为五月无疑，据补。

[3] 残片二第二行“天德在亥”，“亥”字原缺。“天德”为吉神之一，正月生者见丁，二月生者见申，三月生者见壬，四月生者见辛，五月生者见亥，六月生者见甲，七月生者见癸，八月

生者见寅，九月生者见丙，十月生者见乙，十一月生者见巳，十二月生者见庚。残历为五月，据补“亥”字。

[4] 残片二第二行“月厌在午”，“在”字原缺，据重出之文补。所谓“月厌”，为恶神之一，月厌煞取法：正月戌、二月酉、三月申、四月未、五月午、六月巳、七月辰、八月卯、九月寅、十月丑、十一月子、十二月亥。本月为五月，故曰“月厌在午”。月厌是与月建相对的神煞，月建为阳，月厌为阴，也称阴建。正月阳建于寅，阴建在戌，逆行十二辰。月建即斗柄所建，象见于天，仰望而可见。月厌则是阴阳二气消长的根原，目不可见。推月建则可知月厌。月建左行，月厌右行，六十甲子相交相错而吉凶生。

[5] 残片二第二行“建壬午”，三字原缺，根据月建“五月（芒种至小暑前一日）建午”补“午”字。“五虎遁元”年上起月法，简称“五虎遁”，讲正月干支与年天干的关系：“甲己之年丙作首，乙庚之岁戊为头。丙辛必定寻庚起，丁壬壬位顺行流。更有戊癸何方起？甲寅之上好追求。”已知年干支为“庚辰”，根据“五虎遁”中的“乙庚之岁戊为头”，补出“壬”字。

[6] 残片二第五行“一日甲寅水成胃”，“一日甲寅水”五字原缺。此行为历日记载中的日序、干支、纳音五行等。六十甲子纳音，口诀如下：“甲子乙丑海中金，丙寅丁卯炉中火，戊辰己巳大林木，庚午辛未路旁土，壬申癸酉剑锋金，甲戌乙亥山头火，丙子丁丑涧下水，戊寅己卯城头土，庚辰辛巳白腊金，壬午癸未杨柳木，甲申乙酉井泉水，丙戌丁亥屋上土，戊子己丑霹雳火，庚寅辛卯松柏木，壬辰癸巳长流水，甲午乙未沙中金，丙申丁酉山下火，戊戌己亥平地木，庚子辛丑壁上土，壬寅癸卯金箔金，甲辰乙巳佛灯火，丙午丁未天河水，戊申己酉大驿土，庚戌辛亥钗钏金，壬子癸丑桑柘木，甲寅乙卯大溪水，丙辰丁巳沙中土，戊午己未天上火，庚申辛酉石榴木，壬戌癸亥大海水。”

据五月甲寅朔，六十甲子纳音“甲寅乙卯大溪水”补齐。

[7] 残片二第六行“二日乙卯水收昴”，“二日乙卯”、“昴”等字原缺。此行为历日记载中的日序、干支、纳音五行、建除、二十八宿直日等。据五月甲寅朔，案顺序补出“二日乙卯”。古代中国天学一直使用赤道坐标系统，二十八宿被用来作为这一坐标系统的表达方式，它们又被分成东、南、西、北四方四群，①见下表：

	二十八宿						
东	角	亢	氐	房	心	尾	箕
北	斗	牛	女	虚	危	室	壁
西	奎	娄	胃	昴	毕	觜	参
南	井	鬼	柳	星	张	翼	轸

根据第五行“一日甲寅水成胃”的“胃”，依照西方白虎七宿“奎、娄、胃、昴、毕、觜、参”的顺序，补出“昴”字。

[8] 残片四第三行“九日壬戌水定星”，“九日”二字原缺，本行内容依次为历日记载中的日序、干支、纳音五行、建除、二十八宿直日等，案顺序补。

① 江晓原：《12宫与28宿：世界历史上的星占学》，辽宁教育出版社，2004年，第217—218页。

[9] 残片四第四行“十日癸亥水执张”，“十日癸亥水”五字原缺，本行内容依次为历日记载中的日序、干支、纳音五行、建除、二十八宿直日等，案顺序补“十日癸亥”，按“六十甲子纳音”补“水”，参前注。

大部分缺失年干支的残历，由于其出土年代大致范围已定，根据残存信息，基本上就可以把年代确定下来。根据四月二十四日为芒种节；五月大，十五日戊辰，则朔在甲寅，张培瑜、卢央先生考证残片二为元至正十年庚辰(1350)五月历书残片，此不赘述。

我们从残片四中可以捕捉到的信息如下：

（一）第一行“七日庚申”，可推出本月朔在甲寅。

（二）第四至五行，显示五月初十为夏至。

有元一代，查《三千五百年历日天象》，可知残片四为至正十年庚辰(1350)五月历书残片。①

正月大，丙辰朔，初六辛酉雨水，廿一丙子惊蛰
二月小，丙戌朔，初七壬辰春分，廿二丁未清明
三月大，乙卯朔，初八壬戌谷雨，廿三丁丑立夏
四月小，乙酉朔，初八壬辰小满，廿四戊申芒种
五月大，甲寅朔，初十癸亥夏至，廿五戊寅小暑
六月大，甲申朔，初十癸巳大暑，廿六己酉立秋
七月小，甲寅朔，十一甲子处暑，廿六己卯白露
八月大，癸未朔，十二甲午秋分，廿七己酉寒露
九月大，癸丑朔，十三乙丑霜降，廿八庚辰立冬
十月小，癸未朔，十三乙未小雪，廿八庚戌大雪
十一大，壬子朔，十五丙寅冬至，三十辛巳小寒
十二小，壬午朔，十五丙申大寒

也就是说，残片四与经张培瑜、卢央先生考证过的残片二同为元至正十年庚辰(1350)五月历书，系残片二的后续部分。

下面我们可以利用另外两个规则对以上结论加以验证。首先请看历日每日之下配有建除十二客：建、除、满、平、定、执、破、危、成、收、开、闭。《钦定协纪辨方书》卷四：“历家以建、除、满、平、定、执、破、危、成、收、开、闭凡十二日，周而复始，观所值以定吉凶。每月交节则迭两值日，其法从月建上起建，与斗杓所指相应，如正月建寅，则寅日起建，顺行十二辰是也。”邓文宽先生解释说：建除十二客排列规律是“立春正月节”后之“寅”日为“建”，由此开始下排，概因古历正月建寅也。然后每逢节气之日（非中气）即须重复前日一次。这样就行成了“建”字与各“月”（指星命家的月份）纪日地支间的对应关系如下：②

① 张培瑜：《三千五百年历日天象》，河南教育出版社，1990年，第320页。

② 邓文宽：《敦煌古历丛识》，《敦煌学辑刊》1989年第1期，第107—118页。后收入邓文宽《敦煌吐鲁番天文历法研究》，甘肃教育出版社，2002年。

星命家的月份	“建”字对应的纪日地支
正月（立春至惊蛰前一日）	寅
二月（惊蛰至清明前一日）	卯
三月（清明至立夏前一日）	辰
四月（立夏至芒种前一日）	巳
五月（芒种至小暑前一日）	午
六月（小暑至立秋前一日）	未
七月（立秋至白露前一日）	申
八月（白露至寒露前一日）	酉
九月（寒露至立冬前一日）	戌
十月（立冬至大雪前一日）	亥
十一月（大雪至小寒前一日）	子
十二月（小寒至立春前一日）	丑

综合残片二与残片四，残历五月份的建除十二客排布情况如下（括号中的字是按顺序递补的）：

日序	初一	初二	初三	初四	五	六	七	八	九	十
干支	甲寅	乙卯	丙辰	丁巳	戊午	己未	庚申	辛酉	壬戌	癸亥
建除	成	收	（开）	（闭）	（建）	（除）	满	平	定	执
节气	无									

从表中可见，无论是建除十二客的排列顺序，还是午日为建，完全符合建除十二客排布规律。

其次，该件残存二十八宿直日的记载。“七曜日”的排列次序为日、月、火、水、木、金、土。大概从五代开始，人们又使用二十八宿注历。二十八宿从“角”宿开始，“角”为东方七宿(角、亢、氐、房、心、尾、箕)之首，而古代阴阳家又将东方与“木”相配（“东方甲、乙木”），即“角”宿必与七曜日的“木”相对应。七曜日是七天一周期，二十八宿是二十八天一周期，二十八是七的整四倍。于是，二十八宿注历同“七曜日”注历之间便形成了下列固定的对应关系：

七曜日	木	金	土	日	月	火	水
二十八宿	角	亢	氐	房	心	尾	箕
	斗	牛	女	虚	危	室	壁
	奎	娄	胃	昴	毕	觜	参
	井	鬼	柳	星	张	翼	轸

由表中可见，历日上凡注房、虚、昴、星四宿的日子均为“日曜日”，亦即星期日，当时称作“蜜”①。

① 邓文宽：《黑城出土〈西夏皇建元年庚午岁（1210年）具注历日〉残片考》，《文物》2007年第8期。

综合残片二与残片四，残历五月份的二十八宿注历情况如下：

日序	初一	初二	初三	初四	五	六	七	八	九	十
二十八宿	胃	（昴）	（毕）	（觜）	（参）	（井）	鬼	柳	星	张

也就是说元顺帝至正十年(1350年)五月初二和初九都应该是星期日。下面查陈垣《二十史朔闰表》[①]，看是否与之相符。

元顺帝至正十年五月初二	1350年6月6日	星期（日曜表6第2年）
元顺帝至正十年五月初九	1350年6月13日	星期（日曜表6第2年）

果然这两天都为星期天。验证的结果，再次表明残片四与残片二同为元至正十年（1350）五月历书，系残片二的后续部分。残片二前四行为月首部分，上段列月名、大小、月建(干支)。中段首行载本月节气日期时刻；二行为天德、月厌等月事吉凶神煞所在；三行为月中六候名称；四行为日躔十二次名称及日期时刻。残片二后二行为历日记载中的日序、干支、纳音五行等。残片四为历日记载中的日序、干支、纳音五行、建除、二十八宿直日等。残片一与残片三为历日记载中的吉凶宜忌。

又根据版框可知，残片一、二为一页之右半页，残片三为一页之左半页。至此，我们可以把这四个残片作出正确的拼合：

四	二
三	一

黑水城出土元代历日形式，张培瑜、卢央先生作过归纳，认为基本等同于明清历书：每月一页，由月首和历日记载两大部分组成。这两大部分又各分为上、中、下三段。月首部分上段列月名、大小、月建等；中段依次载本月节气日期时刻，天德、月厌等月事吉凶神煞所在，月中六候名称以及日躔十二次名称及日期时刻等；下段为月九宫图。历日记载记载部分上段为三伏；中段为日序、干支、纳音五行、建除、二十八宿直日等；下段为节气、日出入时刻、昼夜漏刻以及逐日吉凶宜忌等。经过重新拼接的M1·1284[F21：W25]历日文书，几乎全部反映出上述细节。

我们不妨把同在黑水城出土的西夏历日与元代历日作一简单对比。西夏的历日多为年历，以表格的形式撰写，右部表头自上而下为日、木、火、土、金、水、罗（罗睺）、孛（月孛）、炁（紫炁）九曜星宿，上部表头自右而左为一年十二个月的月序，月序下有每月的朔日干支和大小月、二十八宿直日以及二十四节气等。各曜占一横行，逐月以竖线隔开，网格中多为数字与地支的组合。那些数字与地支的组合，是以十二次为背景来记载九曜星宿运行情况的。西夏历日无论从格式上还是从内容上都深受宋代的影响。于此我们可以看出宋元之际，中国的历日文献在形式上发生了巨大的变化。

（作者通讯地址：河南省南阳市委组织部　473000；宁夏大学西夏学研究院　银川　750021）

（责任编辑：彭向前）

① 陈垣：《二十史朔闰表》，中华书局，1999年。

西夏学 第 11 辑 2015 年 3 月
Xixia Studies,Mar,2015,Vol.11

黑水城出土元末《签补站户文卷》之“急递铺户”考证

王亚莉

摘　要：为了适应政治、经济、文化和交通发展的需要，元代建立了以大都为中心遍及全国的驿传制度，还根据交通要道之地理远近、人数多寡设立了与驿站相辅助的急递铺站，专为传送官方的政令文书。黑水城出土的《签补站户文卷》中有“急递铺户”的信息，本文试图从亦集乃路驿站的地理概况、自然环境及铺兵传递速度等方面来推断元代亦集乃路驿站系统并未专设急递铺站，甘肃行省和亦集乃路总管府之间的公文往来可能由驿令和使臣稍送。

关键词：元代　亦集乃路　急递铺　黑水城　文书

元代政府设立了专用于军政大事公文传递的急递铺制度，沿袭了“古者置邮而传命，示速也”，急递铺与站赤相辅助才使得“通达边情、布定号令……以达四方文书之往来，其所系至重”。急递铺的设立始于中统元年（1260），“世祖受京兆分地，自燕京至开平府，复指开平府至京兆，始验地理远近，人数多寡，立急递站铺。每十里或十五里、二十里，则设一铺，于各州县所管民户及漏藉户内佥起铺兵”[1]。并且诏：“随处官司，设传递铺驿，每铺置铺兵五人，各处县官，置文薄一道付铺，遇有转递文字，当传铺即注名件到铺时刻，及转递人姓名与薄上，令转送人取下铺押字交收时刻还铺。稽滞者罪之。”元代的急递铺与站赤因地制宜，相互衔接，形成了四通八达的通讯网络，只传送官方文书而不承担物资运送，即“转送朝廷及方面及郡邑文书往来”。本文对黑水城出土《签补站户文卷》录文中的“急递铺户”信息进行考释，试图从亦集乃路纳怜道站赤的地理概况、铺兵传递速度和自然环境等因素推断元代亦集乃路并未设有急递铺站，亦集乃路总管府与甘肃行省之间的公文往来主要由驿令和使臣稍送。

一　《签补站户文卷》所见“急递铺户”之释析

李逸友先生编着的《黑城出土文书》（汉文文卷）对《签补站户文卷》进行了初步认定[2]并附有录文，[3]这部由 F116:W433、F116:W544、F1116:W543、F116:W434 和 F116:W5 组成的文书除一件包封外，其余四件都是甘肃行中书省给亦集乃路总管府的扎付，经总管府审核生效归档后由司吏张天福承行文

① 宋濂：《元史・兵志四・急递铺兵》卷一一〇，中华书局，1976 年，第 2695 页。
② 李逸友：《黑城出土文书》（汉文文书卷），科学出版社，1991 年，第 33、34 页。
③ 李逸友：《黑城出土文书》（汉文文书卷），科学出版社，1991 年，第 175、176、177 页。

书包封保存。2008 年出版的《中国藏黑水城汉文文献》第 5 册载有《签补站户文卷》的原件图版一宗，①编号分别为 M1·0923[F116:W433]、M1·0924、M1·0925、M1·0926、M1·0927[F116:W4543]、M1·0928、M1·0929 和 M1·0930[F116:W5]，收录了全部与签补站户内容相关的文书原图。结合站赤文书图版和李先生录文内容，笔者认为李先生归于提调站赤类的文书 F116:W437 应属《签补站户文卷》，杜立晖先生在《黑水城 F116：W434 元末签补站户试释》亦把 F116:W437 补入 F116：W434 中间部分，他认为文书中所记各处地名虽然无直接联系，但均与签补站户有关，推测出 F116：W434 可能是对两件或三件内容相关的转引和誊录，F116：W434 内容移录了诏令或圣旨中多款事例。②纵观这卷文书，用宣纸书写，纸色发黄，纸幅面宽，字体大，书写工整，可见是甘肃行省作为重要公文下达给亦集乃路路总管府的。文书的上下部分均有火烧痕迹，致使落款年份缺失，但从其中 F116：W433 上写有“讫至顺四年六月初八日钦遇……乏盖因给驿泛滥失于□治，今后迤北蒙古站赤以旧隶通”等语，以及 F116:W437 所载：“本户消乏今定杨小厮，盖因二户消乏，今比比皆然，如此取具会验至顺三年二月十七日……”，可判断《签补站户文卷》是至顺四年（1333）以后甘肃行省履行朝廷圣旨发至亦集乃路签补站户的紧急政令。F116:W437 是至顺三年（1332）二月拟定杨小厮盖因两名站户消乏的呈牒，当时消乏站户甚多，“今比比皆然”，故拟定再增加杨小厮等二户消乏。杨小厮等站户经过申报官府准予消乏。有的站户并不申报官府而逃走，站赤交通受到严重影响，甚至停顿。元顺帝登基以后，政局处于短暂的相对稳定时期，据《元史·兵志·站赤》载：“泰定元年（1324）三月，遣官赈给帖理干、木怜、纳怜等一百一十九站钞二十一万三千三百锭，粮七万六千二百四十四石八斗。北方站赤，每加津济，至此为最盛”③，这是杨小厮等站户消乏前八年的政府对北方站赤的赈济。以后的几年内皇位三次更迭，元代政局不稳。《元史·文宗纪》载至顺三年正月“癸未，给纳邻等十四驿粮及刍粟”④，地处荒漠中的亦集乃路站赤应在给粮之列。《签补站户文卷》是在这样的社会背景下签发的。

《签补站户文卷》内容相对具体完整，现存单件文书中有四处提到“急递铺户”，从其中 F116:W543 和 F116:W434 内容分析，这件扎付移录了朝廷圣旨中规定的签补条例。李逸友先生也在《黑城出土文书》站赤综述写到：“一方面规定‘得签补逃亡贫难户，除怯薛丹、驱口并昔宝赤及各投下已籍应当军、站户计’，并规定‘花园户、匠户、礼乐户、晋山种粱米户不许签补’；另一方面规定‘今据该路府州县于目……应当差民户及除差祇候、巡军、弓手、急递铺户内依验有抵业物力人丁之家佥补，如或不敷，于应有析居、改良、还俗僧、道籍等户，及投充别管司诸物户计内，依验人丁、事产、物力高强依例佥补’，然后‘替下站户收系当差，攒造文册申部呈……钦此’”，同一件文书又出现“又一款，如各处站户元申在逃复业，从差告官……同照勘”等句，内容冗繁，是在说明官员工作敷衍不负责还是签补站户须以他地为例？由于文书中间缺失字数较多，从后半段看，大致意思是站户消乏逃亡严重，主要原因是站役繁重、自然灾害和给驿泛滥。签补站户主要有三种方法：按财物和身份、不分户等一概签充、招诱站户复业。甘肃行省要求亦集乃路按此法推行。据李逸友先生所记 F116 房址内出土文书中未见有亦集乃路总管府相应的保洁文书或有关签补站户的残碎文书，亦集乃路如何签补站户不得而知，难以推测是否设有急递铺站使得“急递铺户”签充该地站户以应急。

文书可见政府按照“户等高低”和“诸色户计”来签充站户，元代按居民职业、种族、宗教及服

① 塔拉、杜建录、高国祥：《中国藏黑水城汉文文献》（第 5 册），国家图书馆出版社，2008 年，第 1137—1146 页。

② 杜立晖：《黑水城 F116：W434 元末签补站户文书试释》，《宁夏社会科学》2010 年第 4 期，第 114 页。

③（明）宋濂：《元史·兵志四》卷一一〇，中华书局，1976 年，第 2591 页。

④（明）宋濂：《元史·文宗纪五》卷三六，中华书局，1976 年，第 799 页。

差役的类别，细分为民户、站户、军户、匠户、医卜户、僧户、道户、商户、盐户、船户、冶户、急递铺户和也里可温户等。初步判断文卷中的“急递铺户”可能指的是京畿地区所设的急递铺站的应役户，而并非亦集乃路地区的人户或兵卒。从文献分析来看，亦集乃路是甘州通往和林要道上的交通枢纽，设有蒙古八站，军事地位相当重要。据《永乐大典》大德四年载：“大同路申：转递枢密院等衙门赴和林宣慰司投下文字，迤北具系蒙古军站草地，无处传递。本部（兵部）照的：大同迤北，元无所置急递铺。”所以自此以后，“诸衙门行移，宣慰司文字，合依甘肃行省例发付，省承发司就令使臣顺带相应”①，可见大德四年时甘肃行省并未设急递铺站，官府间的文书往来是通过乘驿使臣捎带的，未见史料提及元代末年甘肃行省的文书传递情况。另外，“初立急递铺时，取不能当差贫民，除其差发充铺兵，又不敷者，于漏藉户内贴补。今富人欲避差发，永充铺兵，宜择其富者，令充贴户，站户之贫者充铺兵”②。元初急递铺的兵卒由贫难户当差，至顺三年（1332）和至顺四年（1333）政府令各地把“急递铺户”签补为站户，与元初佥充办法截然相反。可见元末急递铺系统已经遭到严重破坏，管理混乱，当政者签补站户的无可奈何，又告知我们站赤和急递铺交通枢纽作用在兵荒马乱之年显得尤为重要。

二　元代亦集乃路地区未设急递铺之理由

1. 从甘肃纳怜驿地理环境来分析

元代岭北行省和内地之间的交通要道，有帖里干、木怜和纳怜三条驿道。《元史·地理志》载：“元贞元年，于六卫汉军内拨一千人赴称海屯田，北方立站帖里干、木怜、纳怜等一百一十九处。”③帖里干道和木怜道合成兀鲁思两道，专设为诸王朝觐、诏使往还、官吏迁转、粮饷运输的干道。帖里干道能通行大车，是大都经上都通往和林地区的正路，东起自大都，经上都、应昌等地，至鄂尔浑河上游的和林，也称为东道。木怜道由李凌台向西北行，经兴和、丰州、砂井、净州等地至和林，此路从上都西行入和林的道路，为西道。“纳怜”就是蒙古语“小”的意思，亦集乃路纳怜道站自成体系，专有蒙古军人应役，“今后除带金银字牌面通报军情机密重事，使臣行纳怜站道，其余一切出使人员具合兀鲁思两道”④，可见纳怜道亦集乃境内的站赤是唯一传送军情的小道，关系重大。这条站道是以东胜州（今内蒙古托克托县托克托古城）为起点，溯黄河而西，经甘肃行省东北部，到甘州（今甘肃张掖市）折向北行，经亦集乃路直达和林。史籍所载纳怜道共有站赤 47 道，因其大部分在甘肃境内，故又称甘肃纳怜驿。甘肃行省共辖七路，即中兴路、永昌路、甘州路、肃州路、沙洲路、瓦剌海路和亦集乃路，其中亦集乃路站赤是纳怜道上甘肃至和林间的供给地，“盖为北方蒙古人与甘肃诸城往来必经之途也”⑤。甘肃纳怜驿道，以亦集乃城为枢纽，北通和林，南连甘州，西抵察合台汗国，东经东胜到大都，四通八达，是元代通到西北边疆的专用驿道，地理位置极为重要。《永乐大典·析津志》所记河西一路站名里程：“应理州百八十野马泉百六十永昌府正西北六十辛汜百六十青寺百三十甘州。含站 忙不剌 肃州 赤斤 瓜州 沙州自北至兀端至十余里”⑥，应理州至甘州方位里程记载详明，甘州以西站赤里程阙知，这也说明甘肃行省直接提调的站赤限于甘州以东三路范围之内。亦集乃路纳怜道站赤及甘

① （元）《永乐大典·经世大典》卷一四五七五，中华书局，1994 年，第 6463 页。
② （民国）柯邵忞：《新元史·志第六八兵四》卷一〇一，第 2027 页。
③ （明）宋濂等：《元史·地理志》卷五八，中华书局，1976 年，第 1383 页。
④ （元）《永乐大典·经世大典》卷一九四二四，中华书局，1994 年，第 7219 页。
⑤ [意]马可·波罗、冯承钧：《马可波罗行纪》，上海书店，2001 年，第 132 页。
⑥ （明）《永乐大典·析津志》卷一九四二六，中华书局，1994 年，第 7293 页。

州以西兀鲁思站属于军事机密，故里程不见文字记载。文献对纳怜道记载较少，黑水城出土站赤文书恰好记载了亦集乃路纳怜道的蒙古各站情况，可补充纳怜道站赤记载的不足。黑水城出土站赤文书主要反映了甘肃行省亦集乃路境内纳怜道上设有在城站、盐池站、普竹站、狼心站、即的站、马兀木南子站、山口站和落卜赳站等蒙古八站，并可知其大致的地理方位，亦集乃路地区多荒漠和沙碛地，老百姓逐水草而居，站赤应该沿着额济纳河流而设立。元代急递铺的设立始于中统元年（1260），“世祖受京兆分地，自燕京至开平府，复指开平府至京兆，始验地理远近，人数多寡，立急递站铺。每十里或十五里、二十里，则设一铺，于各州县所管民户及漏藉户内佥起铺兵”①。亦集乃路蒙古八站之间是否有条件每十里、十五里或二十里设一铺专为传送公文？

《马可波罗行纪》详细记载了铺兵传送公文的情形：此一驿与彼驿之间，无论在何道上，大汗皆命在每三哩地置一小铺，铺周围得有房屋四十所，递送大汗文书之步卒居焉。每人腰系一宽大腰带，全悬小铃，俾其行时铃声远闻。彼等竭力奔走一切道路，止于相距三哩之别铺，别铺闻铃声，立命别一铺卒系铃以待。奔者抵铺，接替者取其所赍之物，暨铺书记所给之小文书一件，立从此铺奔至下三哩之铺。下铺亦有一接替之铺卒，辗转递送，由是每三哩一易铺卒，所以大汗有无数铺卒，日夜递送十日路程之文书消息。缘铺卒递送，日夜皆然，脱有必要时，百日路程之文书消息，十日夜可以递至，此诚伟举也。复次此种铺卒递送果实及其他异物于大汗，于一日间奔走十日程途之地。②《元史·兵志》记有“凡铺卒皆腰革带，悬铃、持枪、挟雨衣、赍文书以行。夜则持炬火，道狭则车马者、负荷者，闻铃避诸旁，夜亦以惊虎狼也。响及所之铺，则铺人出以俟其至，囊板以护之不破碎、不襞积、折小漆绢以御雨雪，不使濡湿之。及各铺得之，则又辗转递去”。亦集乃路地处西北荒漠之中，地广人稀，交通不便，远远达不到每三里地轮换一次铺兵，一日赶走十日路的条件。该地交通工具主要是马和驼，站赤文书多见“铺马车辆”、“铺马札子”、“驼马倒死”等信息，使臣和驿令都依赖于马驼而行，依靠铺兵步行接替传递紧急公文的可能性不大，可知亦集乃路并未设置急递铺。

2. 从铺兵的传送速度来推测

《元史》载中统元年“随处官司，设传递铺驿，每铺置铺丁五人。各处县官，置文簿一道付铺，遇有转递文字，当传铺所即注名件到铺时刻，及所辖转递人姓名，置簿，令转送人取下铺押字交收时刻还铺。本县官司时复照刷，稽滞者治罪。其文字，本县官司绢袋封记，以牌书号。其牌长五寸，阔一寸五分，以绿油黄字书号。若系边关急速公事，用匣子封锁，于上重别题号，及写某处文字、发遣时刻，以凭照勘迟速。其匣子长一尺，阔四寸，高三寸，用黑油红字书号。已上牌匣俱系营造小尺，上以千字文为号，仍将本管地境、置立铺驿卓望地名，递相传报。铺兵一昼夜行四百里……”③，又见《新元史》所记：“铺兵一昼夜行四百里。各路总管府委有俸正官一员，每季亲行提点。州县亦委有俸末职正官，上下半月照刷。有稽迟及磨擦损坏文字，即将铺司铺兵科罪。”④元代皇帝的诏书首先应送达甘肃行中书省的省治甘州，再由甘州送往亦集乃路总管府。从大都通往甘州的主要通道是由岭北行省到腹里的木怜道，即由大都向西北，经上都路、宝昌州、大同路到达丰州站，再由黄河南下宁夏府路、鸣沙州、西凉州，再抵达甘州，此地全长约为 4400 里。⑤试按急递铺“铺兵一昼夜行四百里”的速度推算，由皇帝在大都发出诏书到圣旨到达甘州的时间约为 11 天，如果考虑到沿途地势崎岖不

---

① （民国）柯邵忞：《新元史·志第六八兵四》卷一〇一，第 2027 页。
② [意]马可·波罗、冯承钧：《马可波罗行纪》，上海书店，2001 年，第 132 页。
③ （明）宋濂：《元史·兵志四》卷一〇一，中华书局，1976 年，第 2596 页。
④ （民国）柯邵忞：《新元史·志第六八兵四》卷一〇一，第 2027 页。
⑤ 谭其骧：《中国历史地图集》（元、明时期），中国地图出版社，1982 年。

平，还要穿越沙漠，如若遇到铺马瘦弱行驶缓慢等情况，沿途远远超过11天。“铺兵每名。十二时辰轮子一个”[①]，《元典章·入递》卷三七载：“亡宋收附以来，诸国悉平，比中统至元之初，公事浩繁，人递文字何啻百倍，铺兵人数曾不加多。若必以昼夜四百里责之，切恐往返频数疲劳，不能送解……渡涉江河，风浪险阻，不拘此限。”[②]可见铺兵一昼夜四百里的程限很难达到。马可·波罗写到：“从此甘州城首途，若骑行十六日，可抵一城，名曰亦集乃，城在北方沙漠边界，属唐古忒州。”从甘肃省的首府甘州顺黑水而下向北折行16日到达亦集乃城，马可波罗还记载从亦集乃城出发40日可抵达和林，“行人宜在此城预备四十日粮，盖离此亦集乃后，北行即入沙漠。行四十日，冬季酷寒，路绝人稀，亦无草木。惟在夏季始见有人”[③]。可见，从亦集乃城再至和林，自然环境更恶劣，几乎道路不通。《元史》也载：“甘肃岁籴粮于兰州，多至二万石，距宁夏各千余里至甘州，自甘州又千余里始达亦集乃路，而宁夏距亦集乃仅千里”[④]，试以1000公里推算，平均每天可行60多公里。若按照马可波罗的行驶速度计算，骑行从甘州经由亦集乃路抵达和林，共需56天。而偌大的亦集乃路，仅设立八个站赤接济，未免稀少。如若此段路程的驿传速度约为每天80至90公里，这完全是一般的运输速度，可见亦集乃路未曾设置急递铺。

3. 从亦集乃路的自然环境来考虑

甘肃行省亦集乃路的治所黑水城，位于今天内蒙古自治区阿拉善盟额济纳旗境内。该地区为汉代的居延旧址，西夏曾于此建立黑水军，入元统治后，至元二十三年（1286）始立亦集乃路总管府。亦集乃路建立在额济纳河下游绿洲上，南连广袤的戈壁，北靠浩瀚的荒漠，城郭附近一带的绿洲上宜农宜牧，粮畜兼备，人口居住较为分散。《元史·地理志》载：“亦集乃路，下。在甘州北一千五百里，城东北有大泽，西北俱接沙碛，乃汉之西海郡居延故城，夏国尝立威福军，元太祖二十一年（1227）内附。至元二十三年（1286）立总管府。同年以新军二百人凿合即渠于亦集乃地，计屯田九十余顷。”[⑤]随着额济纳河改道西移，造成此地气候干燥，降雨量少，易受风沙侵袭，居民转徙他处，城郭沦为废墟，属于典型的内陆性沙漠气候。文书也频繁记载该地的自然生态环境，如F131:W8“本路所辖站赤，沿路沙漠石川相难远窎”，F116:W397“本路概管蒙古八站俱系沙漠石川，酷寒重地，正当冲要驿”。元代把戈壁统称为石川沙漠，《经世大典》载：“本省地在极边，往来经涉沙漠……人稀路曲，所过艰险，比起岭北行省恶尤甚”[⑥]，这主要说明亦集乃路道路艰险，干燥寒冷，驼马倒死频繁，自然生态环境脆弱，农业时常欠收，农民靠天吃饭，站户逃亡时有发生。该地区的自然环境决定此地不宜设急递铺。兀鲁思两道木怜和帖里木是内地通往和林的宽阔驿道，重要或紧急军情急务的传送，应该不经纳怜道。亦集乃路虽地理位置及交通重要，但地广人稀，政事简单，地方政府与甘肃行省文书往来较少，没有必要专设急递铺。

据李遗友先生介绍亦集乃路出土的公文中没有皇帝及朝廷省部下发的诏书、咨文的原本，有发文单位的最上一级是直接管辖该路的甘肃行省中书省，还有平级单位如河西陇北道肃政廉房司亦集乃分司发给亦集乃路的公文，还有亦集乃路总管府向甘肃行中书省上报的申文和呈文副本，公文内容涉及到卷宗、人事、民籍、礼仪、军政事务、农牧、钱粮、站赤、诉讼、票据、儒学和封签等几大类。黑水城出土站赤文书反映亦集乃路站赤作用主要功能是计察军情，专为官员和军需而备，“甘肃纳怜释

---

① （民国）柯邵忞：《新元史·志第六八兵四》卷一〇一，第2027页。
② 沈刻：《元典章·兵部四·入递》“申台文字重封入递”条卷三七，第4页。
③ [意]马可·波罗、冯承均：《马可波罗行纪》，上海书店，2001年，第132页。
④ （明）宋濂：《元史·地理志》卷六〇，中华书局，1976年，第3351页。
⑤ （明）宋濂：《元史·地理志》卷六〇，中华书局，1976年，第1451页。
⑥ （明）《永乐大典·经世大典》卷一九四二一，中华书局，1994年，第7235页。

系蒙古军人应当，专备军情急务，其余非关紧要”[①]。又据《经世大典》载:“窃见斡鲁思、纳怜、胭脂城三处，具系边远沙碛之地，即目递运军器米粮数多。”[②]纳怜站赤的军事作用居于首位，元代甘肃行省和亦集乃路总管府之间公文往来通过使臣和驿令捎带的可能性极大。

（作者通讯地址：山西省太原市小店区新源小区 4—3—603　030600）

（责任编辑：潘洁）

① （明）《永乐大典·经世大典》卷一九四二一，中华书局，1994 年，第 7236 页。
② （明）《永乐大典·经世大典》卷一九四一八，中华书局，1994 年，第 7211 页。

黑水城出土F234：W10元代出首文书考*

张笑峰

摘　要： 新发现的黑水城出土F234：W10元代出首文书为研究元代基层官员出首问题提供了第一手资料。本文通过对该出首文书的两部分内容进行缀合，得其书写时间为元顺帝至正年间。其格式与黑水城所见诸呈文基本相同，应为呈文的一种。学官胡文整因收取学课钱，所管生员不来赴府读书状呈亦集乃路总管府出首，与史籍中侵盗钱粮"出首"规定较为相似，可见学课钱的收取并不符合元代体例规定。

关键词： 黑水城　元代　出首

本文所讨论的F234：W10元代出首文书是1983—1984年内蒙古文物考古研究所对黑水城进行系统清理发掘时发现的一大批元代文献之一。F234：W10 文书一直被归类为"府学文书"，但是通过缀合，发现其中明确记载有"出首前去，合行具呈"。所谓"首"，即"有咎自陈""出首"，"谓事将彰露，未经取问而出者"①。该出首文书不仅对研究元代亦集乃路地区基层教育等具体情况有着重要的价值，文书本身对于正史中较少的"出首"记载也具有重要的补阙作用。

目前，对于该文书的研究主要是依据李逸友先生《黑城出土文书（汉文文书卷）》一书中的录文，如吴超《亦集乃路的儒学管理初探》②、来云琴《元代亦集乃路儒学教育研究》③均对该录文进行转录；还有孙广文、兰天祥《元代亦集乃路儒学教育初探》④一文，都是根据该录文对文书中所载的生员来源、学课钱等问题进行讨论。但是，《黑城出土文书（汉文文书卷）》一书仅收录了该文书的前半部分，《中国藏黑水城汉文文献》出版时，也未将该文书的两部分拼合。而且，以上研究中所引用的录文多有讹误，讨论中也难免存在不妥之处，如将学官"胡文整"误认为是亦集乃路儒学教授等。此外，学界对于该文书中"出首"问题的讨论尚属空白。因此，本文拟参照《中国藏黑水城汉文文献》所收该文书图版重新录文、缀合，并在此基础上对文书内容、格式以及所涉及的出首等问题进行分析。

一　文书概况和缀合

该文书前半部分的图版收录于《中国藏黑水城汉文文献》第七册《府学文书》第1413页，出版

* 本文为宁夏大学校级课题NDSK-54的阶段性成果之一。

① （元）徐元瑞撰、杨讷点校：《吏学指南》，浙江古籍出版社，1988年，第65—66页。

② 吴超：《亦集乃路的儒学管理初探》，《阴山学刊》2009年第3期，第52页。

③ 来云琴：《元代亦集乃路儒学教育研究》，宁夏大学2011年硕士学位论文，第16—17页。

④ 孙广文、兰天祥：《元代亦集乃路儒学教育初探》，《宁夏社会科学》2009年第9期，第120—121页。

编号为 M1·1135，拟题为《亦集乃路儒学教授劝学事迹》，并记其尺寸为 25.3cm×28.7cm。[①]《黑城出土文书（汉文文书卷）》对该文书进行了描述，“竹纸，残，楷行书，背面墨书‘赡仰’二字，263×240 毫米”[②]。该文书的后半部分又分作两张图版，第一张图版收录在第七册《府学文书》第 1419 页，出版编号为 M1·1142，拟题为《府学文书》[③]；第二张图版收录在第九册《行文抬头与落款》第 1948 页，出版编号为 M1·1671，拟题为《落款》[④]。两张图版存在押行重叠部分，内容完全一致，可断定为一件文书。另外，在第十册中还收录了一件编号 M1•1855[84H•F150：W5/2096]的文书，拟题为《文书残件》，存“孛课钱”、“已于”、“本路所”、“先”等字，[⑤]字迹与该出首文书相同，应为同一件文书。然而，由于 M1•1855 文书残存信息较少，暂未缀合到以下录文中。

下面就是这件文书缀合后的录文：

1.　亦集乃路儒学教授所学□胡文整
2.　谨呈，自到任以来，为本路急阙[⑥]儒学教授，学校堕废、生[⑦]……
3.　总府劝谕儒户人民良家子弟学习诗书去后，至四月……
4.　杨只立古前来向文整诉说，杨[⑧]只立古有学生一名汝勇布，交□府[⑨]学读书……
5.　见将来为文整不肯收接，却将钱一十两分付本学生员许仲明收接，随有耳卜渠……
6.　向文整……如今这张太平奴有孩儿一个[⑩]，名昌娥儿，入学读书，后头[⑪]选日将来……如今先与你学课钱……
7.　两，文整亦……从回说，你每学生不来，没体例要你钞两，当……平奴等将……两分付……仲明
8.　收接，□□□□□……不见生员前来习学[⑫]诗书，文整思忖得……社长王朵只巴并杨只立古、胡不鲁罕、张太平……先与文整学课钱中统……十两，却将生员不行
9.　赴府读……说嘱，实是不便，今将各人元与学课钱……此出首前去，合行具呈
10.　亦集乃路总管府，伏乞
11.　详察施行，须至呈者
12.　右谨具
13.　呈
14.　　至正……　　亦集乃……

---

①《中国藏黑水城汉文文献》第七册，第 1413 页。
② 李逸友：《黑城出土文书》（汉文文书卷），科学出版社，1991 年，第 195 页。
③《中国藏黑水城汉文文献》第七册，第 1419 页。
④《中国藏黑水城汉文文献》第九册，第 1948 页。
⑤《中国藏黑水城汉文文献》第十册，第 2100 页。
⑥ 文书中为“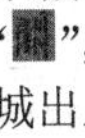”，为“阙”的俗写。
⑦“生”，《黑城出土文书》（汉文文书卷）第 195 页未录。
⑧“杨”，《黑城出土文书》（汉文文书卷）第 195 页未录。
⑨“府”，《黑城出土文书》（汉文文书卷）第 195 页漏录。
⑩“个”，《亦集乃路的儒学管理初探》第 52 页漏录。
⑪ 头”，《黑城出土文书》（汉文文书卷）第 195 页漏录。
⑫“习孛”，《亦集乃路的儒学管理初探》第 52 页误为“学习”。

二　文书的内容和格式

经过缀合以后，得其主要内容为：至正年间，亦集乃路总管府劝谕儒户人民、良家子弟学习诗书，社长王朵只巴并杨只立古、胡不鲁罕、张太平奴等人将学课钱交与生员许仲明等人收接。然而，由于“本路急阙儒学教授、学校堕废”，王朵只巴等人并不将生员送府读书。学官胡文整认为“与文整孝课钱”、“却将生员不行赴府读”实在不妥，于是将“各人元与孝课钱……”事状呈总管府“出首”，主动认罪。

该出首文书虽然内容稍残，但首尾基本完整，其书写格式与黑水城所见诸呈文基本相同，应为呈文的一种。先是抬头书写“亦集乃路儒孝教授所学□胡文整”，即上告人，然后提行书写“谨呈”，后书内容即管内事项，末尾书写“合行具呈”、“亦集乃路总管府，伏乞”、“详察施行，须至呈者”、“右谨具”、“呈”、年款及签押等语。《中国藏黑水城汉文文献》第二册所收宣使也先不花的两件呈文[①]如下：

M1•0247[F36:W6]《至元二十九年官用羊酒米酪文书》：

1.　　宣使也先不花
2.　　谨呈：至正廿九年五月初八日与
3.　　丞相、平章，就省堂上抬饭用过酒羊，未曾除破，合行具呈，
4.　　照验施行，须至呈者
5.　　　羊一口叁斗　　打馕面叁斤，小麦叁升
6.　　　白米半升折小麦半升　　酪壹升
7.　　　□半升
8.　右谨具
9.　呈
10　至正廿九年五月初九日　　宣……

M1·0248[F36:W1]《至正二十九年官用粮食文书》：

1.　宣使也先不花
2.　谨呈：至正廿九年五月初七日
3.　分省左右司官与
4.　朝廷差来官粮食未曾除破，合行具呈，伏乞
5.　□验施行，须至呈者
6.　　与少监□□，小麦壹硕捌斗……
7.　　与刑部郎中脱……陆斗，也立赤……
8.　　与府正不颜古……克列秃小麦……

这两件文书均以“宣使也先不花”、“谨呈”开头，结尾则是“合行具呈，伏乞”、“□验施行，须至呈者”及“右谨具”、“呈”，末行书写年款、签押。

以上所讨论的文书都是以个人名义上告的，《中国藏黑水城汉文文献》第五册所收广积仓仓官选

---

①《中国藏黑水城汉文文献》第二册，第348、349页。

任状[1]则为承办司属所呈。

M1•0761［F1:W54］《广积仓仓官选任状》：

1. 广积仓
2. 谨呈：照得本仓计厦人等勾当，年深若不革去存新选用，深为未便。卑所今将
3. ……□革去计厦。各各姓名开坐。合行具呈
4. 亦集乃路总管府，伏乞
5. 照验施行，须至呈者
6. 选用：
7. 九月　拜颜　安沙剌　木薛非
8. 布南伯　哈阿章　观昌　小李大
9. 朵黑朵　革城　王五

这件亦集乃路广积仓关于选用计厦人员的呈文，先是抬头书写承办司属“广积仓”，然后提行书写“谨呈”，后跟管内事项，文书末尾书“合行具呈”、“亦集乃路总管府，伏乞”、“照验施行，须至呈者”等术语，并附选用人员，与文书中“各各姓名开坐”互应，年款等不存。

另外，呈文中还有两种文书，一种是保结文书，呈文往往先是移录上级交代之事项，然后书写具体措施，末尾书“保结是实”、“合行具呈”、“伏乞”等术语。该类文书，如M1•0202［F116:W614］，[2]格式与前述诸文书格式不同，兹不赘述。另一种为曹状，如 M1•1134［F77:W1］《至正十五年李时敏代史允充任亦集乃路儒学教授》。[3]

1. 儒学教授李时敏
2. 谨呈，至正十五年二月内祗受
3. 敕牒，除充亦集乃路儒学教授代史允满阙。[4]时敏于至正十五年十二月初七日到任
4. 勾当，合行具呈
5. 亦集乃路总管府，伏乞
6. 照验施行，须至呈者

该文书与F234：W10出首文书格式基本一致，但性质不同，该文书是以个人名义呈报到任之类的事项。

三　文书中学官职位及出首问题

F234：W10出首文书第一行存“亦集乃路儒孛教授所学□胡文整”，由于“学”后残缺，李逸友先生认为可能是“正”字，[5]吴超等多从此说。但是，查看文书中该字残存笔画“”，应为“录”字。

①《中国藏黑水城汉文文献》第五册，第988页。
②《中国藏黑水城汉文文献》第二册，第289页。
③《中国藏黑水城汉文文献》第七册，第1412页。
④ 文书中为“”，为“阙”的俗写。
⑤ 李逸友：《黑城出土文书》（汉文文书卷），第48页。

元代诸路总管府设“儒学教授一员，秩九品。诸路各设一员，及学正一员、学录一员”[①]。元代学正、山长往往“历一考之上，例升府、州教授”，学录、教谕则“以次转补”[②]。学正、学录掌考校“应在学生员”、纠举“不事课业及一切违戾规矩者”[③]。学正，“教授之贰，其职甚不轻也”[④]，元代一些路州就存在“以学正行教授事，乃能若是，盖学正贰教官者也”[⑤]、“不设教授官，而以学正行教事”[⑥]的现象。亦集乃路“学校堕废”不仅与“本路急阙儒学教授”有关，与该路儒学学正一职阙失或不称职亦有所关联，而文书中胡文整并非“学正”之才。

目前，“学□”一职仅见于该出首文书，李逸友先生据此认为亦集乃路属于下路，“未必设置满员”，当然不排除这种可能性，但是元代学官往往依制而设，职位空缺并非常态。同为下路的集宁路置有庙学，《集宁路文宣王庙学碑》明确记载该路有以下学官，“学正完颜克敬”、“教授王叔凯”、“学禄贾瑞”、“教谕王光祖”[⑦]，可作为佐证。该庙学碑的立碑时间为元仁宗皇庆元年，到该出首文书所载的顺帝至正年间，此时的政治形势发生了变化，黑水城所出《肃州路官员名录》[⑧]就记载了元末肃州、亦集乃等路官员迁转、增设的现象，其中肃州路治中至少有两员，同知则至少为三员，官制混乱可见一斑，此时学官的设置亦是如此。此时在亦集乃路还存在拖欠学官薪俸的现象，M1·0403［Y1：W99］[⑨]所载即至正四年儒学教授杨景仁因俸禄“不曾支付”，状呈亦集乃路总管府要求支付。虽然，据 F39:W1 载，亦集乃路有即的站和旱忽鲁两处学田用于养士修学，[⑩]但是，两处学田所在均为沿河小片绿洲，如遇灾年，恐难有收成，租税以及学官、儒生等的禄米廪给就难以保证。因此，“儒学教授”急阙或在一定程度上是由于亦集乃路教学环境恶劣、薪酬难以得到支付等原因造成的。

文书中“学课钱”的性质与“束修”类似，但正史无载，仅见于《元曲选》中几处记载。元朝早期，学官并无薪俸，除收取生员束修别无其他收入，“诸州、府直隶者，有受敕教授，仰本路官将管下免差儒户内，选拣有余闲年少子弟之家，须要一名入府、州学，量其有无，自备束修，从教授读书，修习儒业”[⑪]。但是到元至元二十九年，元朝政府确立各处儒学教授俸禄，“定各处儒学教授俸，与蒙古、医学同”[⑫]。该文书末尾年款残存“至正”，此时学官薪俸制度早已完善。因此，收取学课钱并不妥当，况且正如文书中学官胡文整所言“没体例要你钞两”。

元代对于部分限内“出首”者往往会减轻处罚或者作免罪处理，《元典章》卷四七《诸赃二·侵盗·侵盗钱粮限内出首免罪》：“在前偷盗侵使了钱粮底人每，怕官司要罪过，逃走了多有。皇帝可怜见呵，与一个月日限，教他每尽实出首者。首出来呵，止征系官钱粮，与免本罪。如限外不首，却有别人首告出来，依着见定条格要罪过呵。”[⑬]那么，对于“过钱人”许仲明来说，“出首”减免处罚同

---

①《元史》卷九一《百官志七》，第 2316 页。
② 王颋点校：《庙学典礼》卷五《行台监察举呈正录山长减员》，浙江古籍出版社，1992 年，第 112 页。
③《元史》卷八一《选举志一》，第 2031 页。
④《吴文正集》卷二八《送传民善赴衡州路儒学正序》，《文渊阁四库全书》第 1197 册，台湾商务印书馆，1986 年，第 295 页。
⑤《吴文正集》卷四〇《临江路修学记》，《文渊阁四库全书》第 1197 册，第 426 页。
⑥《吴文正集》卷三九《滁州重修孔子庙记》，《文渊阁四库全书》第 1197 册，第 418 页。
⑦ 李兴盛、张涛：《元代集宁路文宣王庙学碑》，《内蒙古文物考古》2007 年第 2 期，第 98 页。
⑧《俄藏黑水城文献》第四册，上海古籍出版社，1997 年，第 228—229 页。
⑨《中国藏黑水城汉文文献》第三册，第 499 页。
⑩ 李逸友：《黑城出土文书》（汉文文书卷），第 195 页。
⑪王颋点校：《庙学典礼》卷一《岁贡儒吏》，第 18 页。
⑫《元史》卷九六《食货志四》，第 2450 页。
⑬陈高华等点校：《元典章》，中华书局、天津古籍出版社，2011 年，第 1582 页。

样适用。《元典章》卷四八《诸赃三·过钱·出首赃钱过钱人免罪》："受钱人出首到官，既亦准首，过钱人合行免罪相应。……既受钱人罪得首原，其过钱人即系因罪人而致罪，亦合原免相应。"[①]但是，这种"出首"减罪的情况有其必要条件，除了有严格规定日限外，犯罪不同种类也有所区别。元代对于诸如"户婚"、"奸非"等犯罪，即使"出首"，仍会加以重罚，"诸兄收弟妇者，杖一百七，妇九十七，离之。虽出首，仍坐"[②]、"诸子犯奸，父出首，仍坐之，诸奸不理首原"[③]。由于文书记载有限，很难得知"学课钱"的处理结果。但是，按照元代法律的规定，"出首"的学官胡文整及生员许仲明所受惩罚应该不重，且很有可能免除。

综上所述，通过对F234：W10文书前后两部分内容的缀合，得其为至正年间出首文书。文书的格式与黑水城所出的几件呈文格式基本相同，应为呈文的一种。学官胡文整为亦集乃路学录，而非学正。其因收取学课钱，所管生员不来赴府读书状呈亦集乃路总管府出首，与史籍中侵盗钱粮"出首"则较为类似，可见学课钱的收取并不符合元代体例规定。此外，该文书中学官设置问题与元末动荡的政局也有着一定的联系。

（作者通讯地址：宁夏大学西夏学研究院　银川　750021）

（责任编辑：潘洁）

① 陈高华等点校：《元典章》，第1603—1604页。
② （明）宋濂：《元史》卷一〇三《刑法志二》，中华书局，1976年，第2643页。
③《元史》卷一〇四《刑法志三》，第2654页。

蒙元时期西夏遗民人物补表

邓文韬

摘　要： 西夏遗民在元代被称为唐兀人或河西人，是蒙元时期重要的色目民族。前贤为解决元明清史籍中与西夏遗民史料较为分散的问题，先后作出辑录，但难免仍有缺漏。今又从元明清三代之正史、文集、笔记、方志、金石和宗教文献中共考出共80余名西夏遗民，列其姓名、字号、族称、居地、仕宦经历和主要事迹于表，并标注史料出处之书名、卷数及页码，以便学界同仁查阅使用。

关键词： 西夏遗民　蒙元　人物表　唐兀　河西人

1227年蒙古灭西夏，六次蒙夏战争中存活下来的西夏遗民，在元代因从军、出仕、求学等原因迁徙到全国各地，其事迹留存于元代的政令典章、文学作品、金石碑刻、佛经发愿文以及明清的方志文献中。由于其史料分布非常分散，给西夏遗民的研究工作造成了一定困难，因此历来学者都非常重视西夏遗民人物资料的整理和辑录工作。西夏遗民人物辑录的最初开创者是清朝考据学家钱大昕，他的《元史氏族表》第一次系统的梳理了元代数个唐兀世家，开列西夏遗民近160余人。民国初年，屠寄与柯劭忞先后编成《蒙兀儿史记》及《新元史》，亦收录西夏遗民世家，屠着录约200余人，柯着录约140人。

改革开放以来，在元代西夏遗民人物辑录工作上做出了突出贡献的是汤开建先生。1986年汤先生发表《元代西夏人物表》，详尽考证了370名蒙元时期的西夏人物的姓氏、世系、居地、生平、仕宦履历以及一生中的重要事迹；2003年，他又对成果作出了一定修改和增补，发表《增订<元代西夏人物表>》，将西夏遗民人物增录至461名；在2013年出版的《党项西夏史探微》一书中，汤先生再次作出增补，将元代西夏遗民人物补至近500人[①]。张琰玲、孙颖慧则对汤氏表中所未收录之西夏遗民女性人物作出了汇考，开列其姓氏、社会关系、封赠与事迹和史料来源等项[②]。王明荪、陈旭、李娜等研究者也在相关领域进行了西夏遗民人物的辑录[③]。

近年来，针对西夏遗民的研究成果层出不穷，不少碑传、方志以及佛教文献中的材料被学界发现，使得目前能见到的西夏遗民人物比昔时又有增多。笔者在撰写学位论文的过程中对传统史籍、方志、

---

① 汤开建：《元代西夏人物表》，《甘肃民族研究》1986年第1期，第53—79页；纪宗安、汤开建主编：《暨南史学》第二辑，暨南大学出版社，2003年，第195—216页；汤开建：《党项西夏史探微》，商务印书馆，2013年，第481—510页。

② 张琰玲、孙颖慧：《元代西夏女性遗民人物史料整理与研究》，《图书馆理论与实践》2013年第10期，第94—98页。

③ 王明荪：《元代唐兀人的儒学》，韩格平、魏崇武主编《元代文献与文化研究》，中华书局，2002年，第236—270页，辑出133名研习汉学之西夏遗民；陈旭：《吸收与融合——元代西夏遗民社会地位及其民族融合的历史考察》，《西北第二民族学院学报（哲学社会科学版）》2008年第2期，第44—55页，辑出元代仕宦世家14家128人；李娜：《元代江南地区西夏人的社会活动》，西北师范大学2012年硕士学位论文，第41—59页，亦辑录元代曾在江南地区活动的西夏遗民若干人。

碑刻材料进行了检阅，又发现不少《增订〈元代西夏人物表〉》（为行文简洁，以下在正文和注释中均简称《人物表》，并以收入《党项西夏史探微》的版本为准）未能收录的西夏遗民，故将其一并按《人物表》的格式进行整理，开列其姓名、字号、族称、居地、世次、职官、爵位、谥号、主要事迹和史源，共新增80余人。

在列表之前，尚需简要对相关概念进行界定。常用辞书中对“遗民”的解释按照广义和狭义可分为两种，狭义的遗民主要是指那些带有明显的政治倾向与价值判断，不肯出仕新朝或带有强烈的怀念前朝意识的人；广义的遗民指的是改朝换代之后幸存下来的前朝臣民，不带有任何政治与感情色彩，例如“其周德之衰乎，犹有先王之遗民焉”①，“二人相纣子，武庚禄父，治殷遗民”②等。同时，“遗民”一词除可指故国覆灭时存活下来的人外，也可以表示他们的“后裔”、“后代”之意，如“思深哉！其有陶唐氏之遗民乎？不然，何忧之远也。非令德之后，谁能若是”③，“莫与吴俗尚， 吴俗多文身。蛟龙刺两股，未变此遗民”④，“予观于土风，巴之人有好古乐道之诗焉，今其遗民犹有存者”⑤。学界目前对“西夏遗民”这一概念的定义主要是从广义上理解，并将生活在西夏灭亡之际的唐兀人和他们的子孙后代均视作西夏遗民。本表所指的“西夏遗民”概念，基本与此相同。

本表判断其是否为西夏遗民之标准主要有三个。第一是史籍中明确记载其为唐兀人、河西人、西夏人者。第二是使用“唐兀”（部分史籍作“唐吾”、“唐括”）、“嵬名”（部分史籍作“邬密”）、“都罗”、“夜蒲”、“嵬宰”等党项姓氏者。第三，针对一些族属不明，从姓名上也无法分辨的人物，其祖籍为西夏故地，也同样存在是西夏遗民的可能性，故仍录于表中俟考。后两种标准较易理解，故不再赘述。

最后，由于本人才疏学浅，可能还有很多文献没能读到，表中仍然会有很多缺漏和讹误，故还请方家指正批评。

姓名、字、号	族称、居地、世次	职官、爵位、谥号	主要事迹	史料来源
唐兀火鲁火孙	唐兀氏	至正八年任水达达路脱脱禾孙	讨伐、平定诈称大金子孙的锁火奴起义	《元史》卷四一《顺帝纪四》
薛阇干	河西人	领兵为宣慰	其吏诣廉访司，告其三十六事，而薛阇干率军人禽问者辱之；为崔彧揭发，从行台选御史往按问，夺其职	《元史》卷一七三《崔彧传》
任速	河西人氏	大德三年任襄阳路房州僧官	在房州普济寺备下若干武器，为人告发，此后元朝官方禁止河西僧持军器	《元典章》卷三五《拘收·拘禁僧人弓箭》
阿里鲜⑥	河西人	原系斡辰大王位下，通事，以宣差随邱处机东归	奉命往聘邱处机，伴其西行，又护送其东归	《长春真人西游记》卷上、卷下
恤克	西夏人	未见记载	元太宗用其计，自河中由河清县白坡渡	《续资治通

① （春秋）左丘明著，顾馨、徐明校点：《春秋左传》卷九襄公二十九年，辽宁教育出版社，1997年，第240页。

② （汉）司马迁：《史记》卷三五《管蔡世家》，中华书局，1959年，第1564页。

③ 《春秋左传》卷九襄公二十九年，第240页。

④（宋）梅尧臣：《宛陵集》卷二九《寄题苏子美沧浪亭》，文渊阁四库全书荟要本，吉林出版集团有限责任公司，2005年，第228页。

⑤ （清）钱谦益：《牧斋初学集》卷九四《父诰先封文林郎江西吉安府庐陵县知县加封征仕郎兵科给事中》，上海古籍出版社，1985年，第1965页。

⑥ 屠寄：《蒙兀儿史记》、柯邵忞《新元史》均将阿里鲜、阿剌浅、札八儿火者、阿三（哈散）误作一人。今从杨志玖《〈新元史·阿剌浅传〉证误》（见《元代回族史稿》，南开大学出版社，2003年，第370—378页）一文的考证，仅叙河西人阿里鲜事。

			河攻郑州	鉴》卷一六六宋理宗绍定五年壬辰条
长寿景仁	西夏人	湖广行省理问所知事	事亲孝，为母求医于曾彦鲁	《夷白斋稿》卷一九《赠曾彦鲁序》
王相嘉世礼	西夏人	至正二十二年任江浙行省通事	随同陈基吊宋徐绩墓	《夷白斋稿》卷二二《吊徐节孝先生序》
迁家纳	西夏人	平江路长洲县丞	不急以盘民，不缓以败事，不嫚以长傲，不阿以耴辱	《夷白斋稿》外集卷下《送长洲县迁家纳县丞代归诗序》
吉泰，字佑之	西夏之俊	从仕宪府	从虞集学《易》	《道园类稿》卷三一《吉泰佑之字说》
脱脱[1]	宁夏人	至正四年任江西湖东道肃政廉访副使	修建江西宪司新门	《道园类稿》卷二六《江西宪司新门记》
邬密[2]筠	西夏人	至正十六年为常熟守将杨椿参军谋事	未见事迹	《稗史集传·杨椿》
邬密执理，字本初	河西人，隐居贺兰山	至正初为集贤待制，除行枢密院佥书	赋五言绝句诗奉寄见心禅师方丈	《澹游集》卷上
郏经，字仲宜，号观梦道士、西清居士	西夏人[3]，籍陇右，居扬州路泰州、徙杭州路仁和县	乡贡进士，至正十五年任平江学录；不就张士诚辟举；洪武四年任江浙考试官	善琴操，能隐语。跋《录鬼簿》，序《青楼集》，有杂剧《鸳鸯冢》、《三塔记》、《鬼推门》3种，作《观梦》、《玩斋稿》等集	《録鬼簿·续编》，《梧溪集》卷五《谢郏仲义进士寄题澄江旧稾》，《赵氏铁网珊瑚》卷一五《题黄氏林屋山图》
朱畋，字启文	郏经之子	入明先后为中书宣使、工部奏差	文学过人，克继其父，亦善乐府、隐语	《录鬼簿·续编》，《文宪集》卷九《赠朱启文还乡省亲序》
普颜	唐兀氏	未见记载	至正二十年国子贡试中正榜	《至正庚子

① 汤开建：《增订<元代西夏人物表>》（以下简称《人物表》，以收入《党项西夏史探微》的版本为准）第498、499页共收录三个名为“脱脱”的西夏遗民，一者敦煌人，余姚达鲁花赤；二者字子安，天历、元统时任职南台；三者字清卿，至正时为都水大监。本表所列之脱脱为宁夏人，排除为第一者之可能性。是否与脱脱子安或脱脱清卿为同一人还有待考证。

② “邬密”为“嵬名”之异写，西夏皇族姓氏。

③ （明）赵琦美：《赵氏铁网珊瑚》卷一五《题黄氏林屋山图》，影印文渊阁四库全书第815册，商务印书馆，1986年，第745页记“西夏郏经用韵”，是知其为西夏人。

不花				国学贡试题名记》[①]
海达儿，字道原	唐兀氏	未见记载	至正二十六年国子贡试中正榜	《至正丙午国子监公试题名记》[②]
□喜，字彦□	唐兀氏	未见记载	至正二十六年国子贡试中正榜	《至正丙午国子监公试题名记》
唐兀不花	唐兀氏	礼店东寨千户	北元宣光元年，随礼店千户所正千户孙仲谅入明贡马	《明太祖实录》卷六九洪武四年十一月庚午
唐兀不花	居和林	北元丞相	面会与胡惟庸使者，谋与胡惟庸里应外合，攻扰明朝	《国史考异》卷二第二十一条
庄家	唐兀不花子	未见记载	送胡惟庸使封绩至哈剌章，告知其发兵攻击明朝边境	同上
李兰奚	河西右族	德清县达鲁花赤	新作德清县学祭器	《金华黄先生文集》卷一〇《德清县学祭器记》
康埜仙	唐兀氏	未见记载	娶答禄乃蛮氏别的因之孙女为妻	《金华黄先生文集》卷二八《答禄乃蛮氏先茔碑》
伯家奴	唐兀氏，女名奴伦	某达鲁花赤	其女嫁予中书省参知政事伯都	《金华黄先生文集》卷四三《太傅文安忠宪王家传》
爕理俞询	河西人	本白衣，受府辟出任统军经历于安福州。	工水墨，慷慨自负，惜武略非所长，作《孤隼叹》	《石初集》卷二一《孤隼欢》
唐括子宽，又名仲宽	唐括氏	照磨	与诗人张以宁合《次韵唐括仲宽照磨雪中》，《洗衣曲同唐括子宽赋》等作品	《翠屏集》卷一《次韵唐括仲宽照磨雪中》、《洗衣曲同唐括子宽赋》
唐括子举	唐括氏，家辽东	上怀恩州达鲁花赤	好学自修，安于先训；与程鉅夫交游；以姚燧为兄	《雪楼集》卷二四《跋唐括子举遗安堂记后》；《牧庵集》卷八《遗安堂记》
唐括师皋	子举之子	未见记载	好学有誉，孝其亲，信于友，一如其父	同上

① 见《宋元科举题名录》，北京图书馆古籍珍本丛刊21，书目文献出版社，1987年，第264页。
② 见《宋元科举题名录》，北京图书馆古籍珍本丛刊21，书目文献出版社，1987年，第265页。

唐兀那怀	唐兀氏	至正甲申任溧阳同知州事	未见事迹	《至正直记》卷一《徐州奇闻》
马元，字仲彬	唐古氏	至元四年任都水监	治会通河，改建东大闸	《漕运通志》卷一〇《改作东大闸记》
石贤，字安卿	西夏人，籍巩昌	至正十九年任昆山州同知	捐俸倡修平江路昆山州三皇庙	《吴都文萃续集》卷一七《昆山州重修三皇庙记》
赵伯不花	西夏郡人	至正十二年以奉议大夫任吴江知州	重修州儒学	《吴都文萃续集》卷六《儒学大成殿记》
卜颜	河西人	至大元年以进义副尉任龙泉县达鲁花赤	赋役均，词讼简，问荒田，崇学校，民称之；诗书从政、岂弟近民，着有《龙泉集》	《(康熙)吉安府重修龙泉县志》卷六《名宦传》
朵儿赤	河西人	大德六年任龙泉县达鲁花赤	未见事迹	《(康熙)吉安府重修龙泉县志》卷六《名宦传》
囊加歹	河西人	大德三年任龙泉县达鲁花赤	未见事迹	《(康熙)吉安府龙泉县重修县志》卷六《名宦传》
朵儿赤[①]	河西人，世侍濮州	至元二十二年以宣武将军任横州总管府达鲁花赤	守土有修学功	《(嘉靖)南宁府志》卷六《秩官志》
脱因，字宗善	河西人	至元六年任泾县达鲁花赤	有古人风，整修明伦堂	《(嘉庆)泾县志》卷一三《职官志》，卷三一《寄达鲁花赤脱因》
阔阔出	河西人	湘乡县知县	未见事迹	《(康熙)长沙府志》卷五《职官志》
嵬宰文兴，字光祖	唐兀儿人	至正九年由监察御史迁江东道肃政廉访司佥事	未见事迹	《(嘉庆)宁国府志》卷二《职官表》
山东，字子春，号元斋	河西人	出自世阀以胄学进身，元统元年任德清县达鲁花赤	崇学校、尚节义，修饰坛壝、廨舍；又特作预备仓及为祠以祀乡贤，整修桥梁，民为之立去思碑	《(康熙)德清县志》卷五《职官表》
马彻	西夏人	大德间为萧县达鲁花赤	有果断才能，捍水患。开南伏道口，北	《(嘉靖)徐

① 《人物表》第491页有朵儿赤，第503页有朵儿只。后者仅见于山西方志，前者《元史》有传，就他们的事迹来看，与本表所列之朵儿只、朵儿赤应并非一人。故并存之。

里			铁窗孔，县城赖以全。	州志》卷一一《宦迹传》
居里直	唐兀人[①]	初承父荫迁平定州同知，至正间监管州	以干济称，善政，民为立去思碑	《（成化）山西通志》卷七《名宦传》
买驴	唐兀人	延佑二年以承直郎任广西岭南道肃政廉访司佥事	未见事迹	《（嘉靖）广西通志》卷五《表三·秩官》
别台	唐兀人	元统二年以中顺大夫任广西岭南道肃政廉访司佥事	未见事迹	《（嘉靖）广西通志》卷五《表三·秩官》
喇勒喇斡	唐古人	大德十年任湖广行省左丞	未见事迹	《（雍正）广西通志》卷五二《秩官》
亦怜真,字显卿	唐兀氏	至元九年为旌德县达鲁花赤兼劝农使	廉明有干略，崇学育贤，劝民务本业，善教惠民；率兵镇压红巾军于小领山寨	《（嘉庆）旌德县志》卷六《职官》
高智	河西人	先后任江南行台侍御史、御史中丞	未见事迹	《（万历）杭州府志》卷九《会治职官表二》
萧伯颜	朔方人	登泰定元年甲子科进士第，授安州同知，转威州同知	以兴学化民为急，重修威州庙学	《（民国）威县志》卷一八《威州重修庙学记》
伯耀德	西夏进士	至元时任忠州达鲁花赤	修文庙、置学田，课上育民，教化聿新	《（道光）忠州直隶州志》卷七《名宦传》
察罕不花	河西人	延佑元年（一作延佑间）任永丰县达鲁花赤	重修永丰县儒学	《（同治）永丰县志》卷一〇《学校志》，卷一三《秩官表》
李纳加台	西夏侯，开国勋裔	至顺元年任安化县达鲁花赤	重修安化学宫	《（同治）安化县志》卷一七《重修儒学记》
也先帖陆尔[②]	西夏人	至正四年任广东道宣慰司都元帅府奏差	与经历罗理公等议复修包拯祠	《（崇祯）肇庆府志》卷二九《包孝肃公祠记》
哈剌	西夏人	至正二年为江西湖广道肃政廉访使	未见事迹	《（康熙）东乡县志》卷七

① 志书误作“唐元氏”，应系传抄之讹。

② 原文即此，据蒙古人命名习惯，或系传抄之讹，应为“也先帖睦尔”。

				《贞节传序》
金刚奴	河西宁夏人[1]	延佑二年以敦武校尉任常宁州达鲁花赤	捐己粟百石重修廉政桥	《(康熙)衡州府志》卷一〇《秩官志》，卷3《营建志》
崔嘉讷，字泰举	居延人[2]	至正元年任萧山县达鲁花赤	均税赋，平政治，鼎新县廨，役不病民；兴建萧山县儒学与翻修觉苑寺	《(嘉靖)萧山县志》卷二《萧山县记》、《重建儒学记》，卷六《觉苑寺兴造记》
爱鲁[3]	唐兀氏	元统二年任监利县达鲁花赤	文学、政事二美兼具； 重建县学大成殿	《(同知)监利县志》卷一〇《至元重建大成殿记》
孔吉祥	河西唐兀氏[4]，侨居天台	为僧纲，冒姓孔氏	唐兀进士孔安普之父	《(民国)台州府志》卷二三《选举表三》
宁猪狗	山丹人[5]	未见记载	事母甚孝，乡间称之	《(乾隆)甘肃通志》卷三八《孝义传》
昔宝赤	唐兀氏[6]	以近侍出监潞城，至正十六年监武强县	有嘉政于民，重修三皇庙	《(康熙)武强县志》卷八《三皇庙碑记》、《重修庙学记》
阿都赤，字孝卿[7]	西夏人	至正时以嘉议大夫由礼部出任温州路总管	有文学政事，所至得为治之要	《(弘治)温州府志》卷一九《思远楼记》
唐兀进义	唐兀氏	皇庆元年任澄城县达鲁花赤	出资助修县学讲堂	《(咸丰)澄城县志》卷二一《县学讲堂记》

① 志书误作“河南宁夏人”，应为“河西宁夏人之讹”。

② 居延即亦集乃路，故西夏黑水城。

③ 《人物表》第485页收入爱鲁，系昔里钤部长子。据《李爱鲁墓志》（录文见朱健路、刘佳：《元代唐兀人李爱鲁墓志考释》，《民族研究》2012年第3期，第76—80页）李爱鲁卒于至元二十四年。本表所收之爱鲁，元统二年尚任职，当与李爱鲁应属同名异人。

④ 志书误作“唐儿氏”，应系“唐兀氏”传抄之讹。

⑤ 志文原载其为“山丹卫人”，元朝无卫之建制，山丹在元朝为州，隶甘肃行省，为西夏故地。

⑥ 志书误作“唐元氏”，应系传抄之讹。

⑦ 《人物表》第506页据《(至顺)镇江志》列至元元年丹徒县达鲁花赤阿都赤。前至元元年丹徒县尚在南宋治下，不可能有达鲁花赤。后至元则又不符合志书的编纂年代。据该卷所列人物排列时间之先后顺序推测，此处应为“至元元年”应系“至治元年”之讹。然其距离至正时仍较远，此处之阿都赤应系同名异人。

吴允诚，本名把都帖木儿	河西大族[①]，居亦集乃	本仕北元为平章政事，永乐时降明，升都督同知，转都指挥，以功封恭顺伯	率百骑深入卜哈思地生获寇首哈剌乞台；从驾北征至宣冥河，败阿鲁台之党；征石灰秃，擒阔台赤还	《陇右金石录》卷九《吴恭顺伯碑》，《明史》卷一五六《吴允诚传》
纳加台教化	西夏人	未见记载	元统二年题摩崖诗刻于大伾山	《济南邓天骥等题诗》[②]
阿沙[③]	灵武唐吾氏	至元二十九年以威武将军监泉州路	捐俸买田五十余亩，入大开元万寿禅寺，以供佛赡僧	《修碧霄岩记》[④]
般若帖穆尔	阿沙之侄	至正十七年为福建闽海盗肃政廉访司佥事，十八年为建宁县达鲁花赤，二十七年任福建等处行中书省参知政事，分治广东	拘贪财玩寇之江浙行省平章三旦八，为湛卢书院请额赐于朝，新修伯父阿沙所刻之三世佛像	《修碧霄岩记》，《元史》卷四五《顺帝纪八》，《（康熙）松溪县志》卷一〇《湛卢书院记》
忽纳台	唐吾氏	至正二十七年任行中书省理问官	从般若帖穆尔游清源山	《修碧霄岩记》
张西源	宁夏人	元统三年为庆元路郡守	以教养缮修为急务，助庆元路儒学涂田	《庆元路儒学涂田记》[⑤]
文殊奴	甘肃省居住，唐兀人氏	□□路达鲁花赤	宣光五年八月十三日亡过；家人为追荐祈福为之立佛顶尊胜陀罗尼经幢	《文殊奴神识经幢》[⑥]
文舜卿	唐兀氏	中书省委官获鹿县驿	未见事迹	《重修鹿泉神应庙碑》[⑦]
把里耳儿	把里氏[⑧]	未见记载	题名于元西宁王速来蛮所立之六字真言碑碣[⑨]	《莫高窟六字真言碣》[⑩]
西夏公		永嘉郡守	命郡博士祝君定来请陈印翁摄永嘉书院事	《故建安书院山长陈公墓志铭》[⑪]
大都子敬	西夏唐兀氏	奉议大夫佥山东东西道肃政廉访司事，东平等处审囚分司	至正七年六月二十七日巡历郡县至曲阜，谨斋沐，祗谒林庙，致敬而还	《至正七年唐兀氏大都

① 《明史》谓其蒙古人，《吴恭顺伯碑》谓其“河西大族”，今从碑文，以其为河西人，收入本表。

② 浚县文物旅游局编：《天书地字——大伾文化 2》，文物出版社，2006 年，第 103 页。

③ 非《人物表》第 486 页所收之肃州路达鲁花赤阿沙。详考见崔红芬：《泉州清源山三世佛造像记考论》，《民族研究》2011 年第 3 期，第 63—68 页。

④ 泉州清源山风景名胜区管理委员会编：《清源山摩崖选粹》，中华书局，2004 年，第 54 页。

⑤ 章国庆编著：《天一阁明州碑林辑录》，上海古籍出版社，2008 年，第 41 页。

⑥ 方国瑜着、林超民编：《方国瑜文集》（第四辑），云南教育出版社，2001 年，第 303 页。

⑦ 孙继民、宋坤：《元代西夏遗民踪迹的新发现——元〈重修鹿泉神应庙碑〉考释》，《宁夏社会科学》2011 年第 2 期，第 99 页。

⑧ “把里”（把利）为党项姓氏，《新唐书·党项传》、西夏汉文《杂字·番姓名》、《西夏姓氏录》均有收录。

⑨ 同提名者，有解逆立嵬、逆立嵬等人，“均为西夏人姓名”（苏莹辉：《跋莫高窟造像及功德题名石刻拓本》，苏莹辉著：《敦煌论集》，台湾学生书局，1969 年，第 413 页），又有娄耳立嵬、张即立俺布、刘耳立嵬，从姓名来看也应是西夏遗民。

⑩ 宁夏大学西夏学研究院、甘肃古籍整理编译中心、国家图书馆编：《中国藏西夏文献》第 18 册，甘肃人民出版社、敦煌文艺出版社，2008 年，第 137 页。

⑪ 杨思好主编：《苍南金石志》，浙江古籍出版社，2011 年，第 34 页。

				子敬题名碣》[①]
耿完者秃	唐兀氏	亚中大夫宣政院判官	天历二年四月十九日卒，葬大都通州路清安乡	《耿完者秃墓志》[②]
驴儿	唐兀氏，居德州	至正间任泉州市舶司提举	未见事迹	《泉州海关志》[③]
喜饶益希	西夏禅师，	未见记载	为《红史》作者公哥朵儿只叙西夏国王属火命，成吉思汗属水命，阔端为西夏杰廊王转世等事	《红史·西夏简述》
高沙刺巴	河西僧	未见记载	建言于朝，请追封帝师八思巴	《佛祖历代通载》卷二二《英宗格根皇帝》
多罗只	河西僧	未见记载	至正间募缘庄严，建寺居石佛山，改名智果院	《西湖游览志》卷一二《南山城内胜迹》
李慧月，名立义，法号光明禅师	陇西人，僧籍隶贺兰山佛祖院	任福建路僧权，嘉兴府录首；至元二十八年自称终南山万寿禅寺主持	七岁遭掳，九岁在贺兰山佛祖院出家。后云游塞北、江南。至元二十七年印施十二部大藏经	西安市文物管理处藏汉文《大方广佛华严经》卷九题款[④]，碛砂藏《入伽楞经》卷一卷尾题记[⑤]
惠澄	西夏僧	未见记载	延佑年间与释法桢奉诏于易州兴国寺译出《菩提行释论》二十七卷，由惠澄译语，法桢自笔受缀文	《补续高僧传》卷一《法祯传》
敏公讲主	西夏僧，居凉州	未见记载	元初至江南求赎《大藏经》	《敏公讲主江南求法功德碑》[⑥]
八哈都儿	唐兀惕人	太宗窝阔台位下的异密	率领一支军队作为“探马”，防守贵由征服的浑汗地区	《史集》第2卷
姓名不详	唐兀地区来自哈剌塔什的一个穆斯林	未见记载	献给成吉思汗一车粮食，希望获允返回他的故国，合罕给他一车八里失，给他自由	《世界征服者史》上册《第一部·合罕言行录》

① 骆承烈主编：《石头上的儒家文献——曲阜碑文录》，齐鲁书社，2001年，第318页。
② 辽金城垣博物馆编：《北京元代史迹图志》，燕山出版社，2009年，第205页。
③ 泉州海关编：《泉州海关志》，厦门大学出版社，2005年，第99页。
④ 史金波：《西夏佛教史略》，宁夏人民出版社，1986年，第98页。
⑤ 李际宁：《关于“西夏刊汉文版大藏经”》，《文献》2000年第1期，第143—144页。
⑥ 高辉、于光建：《元〈敏公讲主江南求法功德碑〉考释》，《西夏研究》2012年第3期，第19页。

以下诸人存疑俟考				
即力嵬尼①		唐兀卫百户	克落军人口粮，将所带银牌典当钱钞，为人告发断罪	《元典章》卷二九《牌面·军官解典牌面》
邪卜不花	邪卜氏②	奉政大夫，大都督漕运副使	取唐兀人刘完泽之女	《道园类稿》卷四二《彭城郡侯刘公神道碑》
观音保，后改名李观	河西寿州人③	仕元为云南行省右丞，洪武初降明，授金齿军民指挥使司佥事	讨金齿诸部有功，招抚边夷土酋	《(景泰)云南图经志书》卷六《名宦》;《皇明大政纪》卷三洪武十二年二月乙丑
拓跋旭暾	拓跋氏④	至治二年任滕县同知	正书《滕县学田碑记》	《(万历)兖州府志》卷51《滕县学田记》
错监臧	西僧⑤	元贞二年授资善大夫昭文馆功德使司学士	奉旨建圣安寺于钱塘县州桥之东	《(成化)杭州府志》卷47《圣安寺》
耳力嵬⑥		至正八年任御史台管勾	未见事迹	《(民国)重修广元县志稿》第1编卷三《古迹陵墓志》
琥璐珣	虎氏⑦	未见记载	有《熙春台》等诗二首传世	《四朝诗》卷七三

（本表的制成也得益于学界近年来刊布的一系列碑刻或出土文献，在此一并表示感谢）

（作者通讯地址：宁夏大学西夏学研究院　银川　750021）

（**责任编辑：杨浣**）

① “力嵬”有西夏语音元素，又兼其任职于唐兀卫，故疑其为西夏遗民。

② 邪卜，为西夏党项人姓氏，《元史》中有也蒲甘卜、昂吉儿、昂阿秃以及余阙之妻耶卜氏。

③ 《元史·地理志》无寿州，存疑待考。

④ 拓跋氏本为鲜卑族姓，北魏孝文帝太和改革易拓跋为元氏。时游牧于青海的吐谷浑鲜卑或党项人未经改姓，仍姓拓跋。西夏皇族姓氏亦为拓跋，后元昊开国，弃李、赵赐姓，径改“嵬名”。蒙元时期，故西夏皇族一部分延用嵬名氏（或音转为邬密），如察罕、卜颜帖木儿；一些使用李姓，如李恒、李桢；一些恢复拓跋旧姓，如李恒之孙拓跋元善。另《按扎儿传》在《元史》卷一二二，属蒙古色目人之传记，同卷有唐兀人昔里钤部传记，并不在汉人、南人专属的一四六至一八八卷中，与西夏人属色目人不属汉人类似。综上，故蒙元时期姓拓跋氏者，有可能为西夏皇裔之后，列此待考。

⑤ “西僧”为元代对信仰藏传佛教僧人之统称，在元代历史舞台上有不少信仰藏传佛教的西夏僧人（如杨琏真伽）也被称为“河西僧”或“西僧”，但也未能排除其为吐蕃僧人之可能，故列入存疑。

⑥ “力嵬”为西夏语音元素，黑水城出土M1·0065[F111：W72]内有“吾即耳立嵬，羊一百六十口”等字，M1·0637[84H·F116:W366/1538]内有“石革阿立嵬”一名，学界推测此二人皆为党项人（潘洁:《元代赋税文书研究》，杜建录主编《西夏学》第四辑，宁夏人民出版社，2009年，第121页；张重艳:《也火汝足立嵬地土案文卷初探》，杜建录主编《西夏学》第六辑，上海古籍出版社，2010年，第96页；佟建荣:《〈中国藏黑水城文献〉中的西夏姓氏考证》，《宁夏社会科学》2010年第5期，第87页）立于肃南的“元重修文殊寺碑”中有僧官“耳力嵬黎忍普”一名，日本学者松井太认为亦属西夏遗民（松井太著，杨富学、刘锦译:《敦煌出土察合台汗国蒙古文令旨》，达力扎布主编《中国边疆民族研究》第四辑，中央民族大学出版社，2011年，第281页注3）。

⑦ 原诗题下未叙琥璐珣族属及生平，王叔盘编《元代少数民族诗选》（内蒙古人民出版社，1981年）第342页以其姓虎，而作唐兀虎氏同族，元初东迁汴梁（详见《牧庵集》卷一四《徽州路总管府达噜噶齐兼劝农事虎公神道碑》），此说证据尚不充分，故列此俟考。

图书在版编目(CIP)数据

西夏学. 第11辑 / 杜建录主编. —上海：上海古籍出版社，2015.8
ISBN 978-7-5325-7683-8

Ⅰ. ①西… Ⅱ. ①杜… Ⅲ. ①中国历史—西夏—文集
Ⅳ. ①K246.307-53

中国版本图书馆CIP数据核字(2015)第140706号

西夏学(第十一辑)
杜建录 主编
上海世纪出版股份有限公司
上 海 古 籍 出 版 社 出版
(上海瑞金二路272号 邮政编码:200020)
(1)网址：www.guji.com.cn
(2)E-mail：guji1@guji.com.cn
(3)易文网网址：www.ewen.co
上海世纪出版股份有限公司发行中心发行经销 上海颛辉印刷有限公司印刷
开本 889×1194 1/16 印张 20.25 字数 623,000
2015年8月第1版 2015年8月第1次印刷
印数：1—1,050
ISBN 978-7-5325-7683-8
K·2055 定价：88.00元
如有质量问题，读者可向工厂调换